安徽师范大学"双万计划"国家级一流本科专业（法学）建设点系列成果

2020年安徽省级教学示范课《刑法总论》建设成果

刑法总论案例教程

雍自元◎编著

安徽师范大学出版社

ANHUI NORMAL UNIVERSITY PRESS

·芜湖·

图书在版编目（CIP）数据

刑法总论案例教程 / 雍自元编著. — 芜湖：安徽师范大学出版社，2023.3
ISBN 978-7-5676-5812-7

Ⅰ.①刑… Ⅱ.①雍… Ⅲ.①刑法—案例—中国—高等学校—教材 Ⅳ.①D924.05

中国版本图书馆 CIP 数据核字（2022）第 212468 号

刑法总论案例教程

雍自元◎编著

XINGFA ZONGLUN ANLI JIAOCHENG

责任编辑：陈贻云
责任校对：辛新新
装帧设计：王晴晴　张德宝
责任印制：桑国磊
出版发行：安徽师范大学出版社
　　　　　芜湖市北京东路1号安徽师范大学赭山校区
网　　址：http://www.ahnupress.com/
发 行 部：0553-3883578　5910327　5910310（传真）
印　　刷：苏州市古得堡数码印刷有限公司
版　　次：2023年3月第1版
印　　次：2023年3月第1次印刷
规　　格：700 mm×1000 mm　1/16
印　　张：26.75
字　　数：426千字
书　　号：ISBN 978-7-5676-5812-7
定　　价：60.00元

凡发现图书有质量问题，请与我社联系（联系电话：0553-5910315）

编写说明

编写目的

党的二十大报告提出：坚持全面依法治国，推进法治中国建设。教育是国之大计、党之大计。全面依法治国是一个系统工程，法治人才培养是其重要组成部分。中共中央办公厅、国务院办公厅印发的《关于加强新时代法学教育和法学理论研究的意见》提出：法学教育应培育学生崇尚法治、捍卫公正、恪守良知的职业品格。

法学是应用之学，实践是滋养法学的沃土。理论从实践中来，到实践中去，唯有运用于司法实践，法学理论才能获得鲜活的生命。一个案例胜过一打文件，案例是活的教材，汇聚着规范的价值、理论的具象和实践的真实，是学习法律的载体与基石。

编写《刑法总论案例教程》，通过案例释法说理，以案例解释法律，以案例阐释理论。理论联系实际，可以使凝练的规范形象化，使抽象的理论具体化，使刑法真正成为活生生的法。案例学习能帮助学生了解法律在司法实践中运行的实际样态，助力学生联系案例学理论，联系案例学刑法，训练学生从具体到抽象、从抽象到具体的高阶思维习惯与实际运用能力，培养学生对法律的敬畏，提升学生对法治的信仰，增强学生对公平正义的直观感受。

案例来源

选入本书的案例来源于最高人民法院发布的指导案例、典型案例，最高人民检察院发布的指导性案例、典型案例，最高人民法院刑事审判庭主办的《刑事审判参考》中记载的指导案例,中国裁判文书网中公布的案例,司法实践中的其他案例等。

结构体例

整体结构:本书分为十六章,部分章下面设节。共203个案例。

案例编写结构:按照"知识点—问题—基本案情—处理结果—相关法条—简要评析"的逻辑顺序编写。

本书特点

(1)新颖性与典型性。本书选取的案例基本上为近年发生的案例,选取了《刑法修正案(十一)》中增加的新罪案例。指导性案例、典型案例占比大,引发社会关注的案例占有一定比例,案例具有代表性。

(2)体系性与简练性。本书案例编排依循刑法总论的理论体系,选择的案例观照刑法概述、犯罪论、刑事责任论、刑罚论,涉及罪名顾及刑法分则第一章至第九章,内容完整有体系。每个案例自成一体:"知识点"旨在提示该案例与刑法理论或规范的连接点;"问题"围绕"知识点",结合"基本案情"设计;"基本案情"突出关键情节,避免烦琐与冗长;"处理结果"减少诉讼过程介绍和证据列举;"相关法条"选择与"基本案情"最为贴近的部分;"简要评析"解答裁判理由,回应起始问题。案例整体结构紧凑简练。

(3)专业性与通识性。一方面,本书以刑法规范和刑法理论为支撑,既有理论阐释,也有法规解读,问题分析具有专业性。另一方面,本书的功能预设为辅助学生学习"刑法总论"课程,理解抽象的刑法法条和刑法学理论,培养学生理论联系实际,以法律解决实际问题的能力。因而,本书具有教材属性,而非学术著作,对于理论界的学术分歧和观点争论未给予充分体现。正因为如此,本书也具有了通识性。

不足之处

限于篇幅,本书对法条引用未尽完整,对裁判结果中涉及的赃物移交、民事赔偿等部分予以了删减。限于能力,简要评析部分可能不够全面与详尽,语言文字还需精练。不足之处,望读者给予批评指正。

目　录

第一章 刑法解释

案例1 李某组织同性卖淫案[①]

【知识点】

文理解释

【问题】

组织同性进行淫乱活动是否构成组织卖淫罪？

【基本案情】

2003年1月至8月，被告人李某以营利为目的，先后伙同刘某、冷某等人经预谋后采取张贴广告、登报的方式招聘"公关先生"并制定制度进行管理，在其经营的"金麒麟""廊桥"及"正麒"酒吧内，将"公关先生"介绍给同性嫖客，由同性嫖客带至他处从事同性卖淫活动。同年8月17日，李某被警方抓获归案。

【处理结果】

南京警方以涉嫌组织卖淫罪将李某等人刑事拘留。但检察机关认为刑法对组织同性卖淫行为没有明确界定，按照"法无明文规定不为罪"的刑事法律原则，李某等人的行为难以定罪，将其释放。后江苏省高级人民法院向最高人

---

① 本案例根据《刑事审判参考》指导案例第303号：李宁组织卖淫案编写。

民法院请示,最高人民法院向全国人民代表大会常务委员会(简称"全国人大常委会")汇报。2003年10月下旬,全国人大常委会作出答复:李某等人组织同性卖淫,符合组织卖淫罪对象条件。2004年2月17日,南京秦淮区人民法院以组织卖淫罪判处李某有期徒刑8年,并处罚金人民币6万元。

宣判后,李某以组织同性卖淫不构成犯罪、量刑过重为由提出上诉。二审法院审理后裁定:驳回上诉,维持原判。

【相关法条】

《刑法》第358条第1款[组织卖淫罪]:组织、强迫他人卖淫的,处五年以上十年以下有期徒刑,并处罚金;情节严重的,处十年以上有期徒刑或者无期徒刑,并处罚金或者没收财产。

【简要评析】

如何解释刑法中的概念,直接影响罪与非罪、此罪与彼罪的认定。从解释方法上分,刑法解释可以分为文理解释和论理解释。文理解释是对刑法用语条文的字义,包括单词、概念、术语所作的解释。文理解释要求对刑法语词的解释立足于语词本身的含义,不能超出语词涵盖的范围,其解释的结论不会让人感到意外。

本案中,被告人李某等人组织男性向男性提供性服务,其行为是否构成组织卖淫罪,关键在于对组织卖淫罪中的"卖淫"和被组织的对象,即"他人"的理解。首先,从本质上看,卖淫是向不特定的人出卖肉体的行为。至于行为人的性别是男是女,以及其对象是异性还是同性,均不影响该罪的成立。其次,从文理解释的角度看,"他人"应该是除自己以外的一切人,包括男性和女性。因此,将李某组织男性向男性提供性服务的行为解释为组织卖淫罪,并不违背立法本意和语词涵盖的范围。据此,李某的行为应该构成组织卖淫罪。

案例2 张某长非法采伐国家重点保护植物案①

【知识点】

文理解释

【问题】

采挖、移植红豆杉是否构成非法采伐国家重点保护植物罪②?

【基本案情】

2017年3月初,被告人张某长以400元的价格购买了村民蒋某园场内的一株红豆杉。随后,张某长独自上山采挖红豆杉,并雇请王某某将树运回自家花园栽种。后张某长得知竹山镇猎神村有一株红豆杉,并于同年3月19日前去采挖,同日晚邀请谢某某和张某某帮其搬运。张某长当场被抓获归案。后,采伐于竹山镇猎神村的红豆杉死亡。经鉴定,涉案的两株树木为野生南方红豆杉,系国家一级重点保护野生植物。

【处理结果】

重庆市万州区人民法院一审判决:张某长犯非法采伐国家重点保护植物罪,判处有期徒刑3年3个月,并处罚金人民币2万元。

宣判后,张某长及其辩护人以一审判决适用法律不当,张某长采挖、移栽红豆杉的行为并非采伐行为,量刑过重等为由提出上诉。重庆市第二中级人民法院二审认为,张某长的行为社会危害性小,其积极进行生态修复,主动缴纳罚金,认罪、悔罪态度较好,可以对其从轻处罚。遂改判:上诉人张某长犯

① 本案例根据重庆市第二中级人民法院(2019)渝02刑终75号刑事判决书编写。

② 根据2021年最高人民法院、最高人民检察院出台的《关于执行〈中华人民共和国刑法〉确定罪名的补充规定(七)》的规定,《刑法》第344条的罪名被修改为危害国家重点保护植物罪,取消非法采伐、毁坏国家重点保护植物罪和非法收购、运输、加工、出售国家重点保护植物、国家重点保护植物制品罪罪名。

非法采伐国家重点保护植物罪,判处有期徒刑3年,缓刑3年,并处罚金人民币2万元。

【相关法条】

《刑法》第344条[危害国家重点保护植物罪]:违反国家规定,非法采伐、毁坏珍贵树木或者国家重点保护的其他植物的,或者非法收购、运输、加工、出售珍贵树木或者国家重点保护的其他植物及其制品的,处三年以下有期徒刑、拘役或者管制,并处罚金;情节严重的,处三年以上七年以下有期徒刑,并处罚金。

【简要评析】

文理解释是对刑法用语条文的字义,包括单词、概念、术语所作的解释。文理解释要求对刑法语词的解释立足于语词本身的含义,不能超出语词涵盖的范围,其解释的结论一般不会让人感到意外。

本案中,从文理解释方法来看,"采"解释为摘取、选取、搜集、开发、挖掘,"伐"解释为砍斫、砍伐。"采伐"作为词语,事实上可以解释为采和伐。只要不相互冲突,就没有理由限制和消除"采"的固有含义,故"采伐"不应只理解为砍伐,还应当具有"采"的内涵,包括清除、迁移、改造、采挖、移栽。被告人张某长将两株国家一级重点保护野生植物红豆杉从山上采挖、移植到自己花园内,其行为属于"采伐",构成非法采伐国家重点保护植物罪。

案例3 王某珍容留卖淫案①

【知识点】

当然解释

【问题】

当然解释的结论是否当然合法?

① 本案例根据《刑事审判参考》指导案例第1386号:王怀珍容留卖淫案编写。

【基本案情】

被告人王某珍在当阳市经营休闲店。2017年6月2日,王某珍因容留侯某某在店内卖淫,被当阳市公安局行政拘留10日。2017年9月13日,王某珍又因容留林某某在店内卖淫,被当阳市公安局民警当场查获。

【处理结果】

当阳市人民法院认为,被告人王某珍曾因容留卖淫被行政处罚,在1年内又实施容留卖淫,其行为已经构成容留卖淫罪。鉴于其到案后,如实供述罪行,自愿认罪认罚,依法从轻处罚,遂判处王某珍拘役4个月,缓刑6个月,并处罚金人民币3000元。

宣判后,被告人未上诉,检察院未抗诉,判决发生法律效力。

【相关法条】

1.《刑法》第359条第1款[引诱、容留、介绍卖淫罪]:引诱、容留、介绍他人卖淫的,处五年以下有期徒刑、拘役或者管制,并处罚金;情节严重的,处五年以上有期徒刑,并处罚金。

2.最高人民法院、最高人民检察院《关于办理组织、强迫、引诱、容留、介绍卖淫刑事案件适用法律若干问题的解释》第8条:引诱、容留、介绍他人卖淫,具有下列情形之一的,应当依照刑法第三百五十九条第一款的规定定罪处罚:

……

(四)一年内曾因引诱、容留、介绍卖淫行为被行政处罚,又实施容留、介绍卖淫行为的;

……

【简要评析】

根据《刑法》第359条第1款和相关司法解释的规定,1年内曾因容留卖淫行为被行政处罚,又实施容留卖淫行为的,构成容留卖淫罪。这是对具有同类行为被行政处罚过的人作出的降低入罪门槛的规定,主要考虑到此类人员人身危险性大,主观恶性深。

本案中,被告人王某珍1年内曾因容留卖淫行为被行政处罚,又实施容留卖淫行为,符合该罪构成条件,成立容留卖淫罪。

需要注意的是,曾因引诱、容留、介绍卖淫犯罪被判处刑罚的人1年内又实施容留、介绍卖淫行为,但尚未达到入罪标准的,能否比照《关于办理组织、强迫、引诱、容留、介绍卖淫刑事案件适用法律若干问题的解释》第8条的规定,举轻以明重,将其当然解释为犯罪行为呢?

所谓当然解释,其基本含义是,如果刑法将较轻的甲行为规定为犯罪,那么比甲行为更重的乙行为,应当构成犯罪;如果刑法对较轻的甲行为规定了重处罚,那么比甲行为更重的乙行为,也应当受到重处罚。但是由于刑法实行罪刑法定原则,法无明文规定不为罪,法无明文规定不处罚,定罪量刑均应以刑法是否有明文规定为标准。当然解释的结论并非都能符合罪刑法定的要求,因此在适用"举轻以明重"的规则进行解释时,不能简单以案件事实严重为由定罪处罚,否则涉嫌类推。

对于1年内曾因引诱、容留、介绍卖淫行为被判处过刑罚,又实施容留、介绍卖淫行为的,由于缺乏刑法或司法解释的明文规定,不能将其类推为犯罪行为。同时,由于前一次犯罪行为已经被刑法评价,如果将前一次犯罪行为再作为后一次违法行为构成犯罪的标准,则有重复评价之嫌疑,因而不能根据当然解释规则,将曾因引诱、容留、介绍卖淫犯罪被判处刑罚后,1年内又实施类似违法行为的认定为犯罪。

案例4　李某受贿案[①]

【知识点】

扩大解释

---

① 本案例根据《刑事审判参考》指导案例第1352号:李群受贿案编写。

【问题】

国家工作人员接受房屋装修的行为是否属于受贿?

【基本案情】

被告人李某于2007年至2015年任石泉县残疾人联合会(以下简称"石泉县残联")理事长。2012年陕西省残疾人联合会下文,各市可按要求上报符合享受省级残疾人就业保障金支持集中安置残疾人就业企业补助资金项目(以下简称"残疾人企业补助项目")条件的企业,石泉县残联负责审核上报本县符合该项目条件的企业。2013年5月,某窗业有限责任公司(以下简称"某窗业公司")法定代表人韩某某得知李某的自建房已建设完成,便提出给李某的自建房安装窗户、幕墙,口头议定按成本价支付,经李某同意后,韩某某安排李某某全面负责该项工程并拆除了原已安装好的窗户。施工过程中,韩某某找到李某要求申报残疾人企业补助项目。2013年10月该工程完工后,李某某向李某出示工程结算单,工程款共计人民币51429.54元,但并未明确表示要求李某立即结算。后来,李某在明知某窗业公司不符合申报条件的情况下,向该公司提供制造虚假申报材料的方法,并利用职权帮助该公司顺利申报2013年残疾人企业补助项目。次年,某窗业公司获得补助款30万元。2014年、2015年,某窗业公司继续申报该补助项目,3年获取国家项目补助资金共计90万元。李某因帮助某窗业公司顺利申报残疾人企业补助项目一事产生私心,其房屋装修工程结束后一直未予结算工程款,某窗业公司也因项目申报一事得到李某的帮助未向李某索要该工程款,并于2014年年底核销了该笔工程款。在残疾人企业补助项目申报期间,李某于2013年、2015年分三次收受韩某某礼金共计10000元。经认定,李某自建房窗户、幕墙工程价值人民币51320元。2018年4月20日,李某向石泉县纪委退交赃款61000元,庭审中退交赃款320元。

【处理结果】

石泉县人民法院认为,被告人李某犯受贿罪,判处有期徒刑7个月,并处罚金人民币10万元。

宣判后,被告人李某不服,提出上诉称,其无明确的受贿、索贿意思,某窗业公司无具体的行贿意思表示,原审认定其收受某窗业公司51320元贿赂款,系其与该公司正常的债权债务关系。陕西省安康市中级人民法院二审裁定:驳回上诉,维持原判。

【相关法条】

1.《刑法》第385条第1款[受贿罪]:国家工作人员利用职务上的便利,索取他人财物的,或者非法收受他人财物,为他人谋取利益的,是受贿罪。

2.最高人民法院、最高人民检察院《关于办理贪污贿赂刑事案件适用法律若干问题的解释》第12条:贿赂犯罪中的"财物",包括货币、物品和财产性利益。财产性利益包括可以折算为货币的物质利益如房屋装修、债务免除等,以及需要支付货币的其他利益如会员服务、旅游等。后者的犯罪数额,以实际支付或者应当支付的数额计算。

【简要评析】

扩大解释是指根据立法原意,对刑法条文中的语词作超出字面意思的解释。扩大解释是对语词通常含义的扩张,但不能超出语词可能具有的含义。根据《关于办理贪污贿赂刑事案件适用法律若干问题的解释》的规定,贿赂犯罪中的"财物",包括货币、物品和财产性利益。财产性利益包括可以折算为货币的物质利益如房屋装修、债务免除等,以及需要支付货币的其他利益如会员服务、旅游等。这是对"财物"的扩大解释。

本案中,被告人李某属于国家工作人员,其接受了某窗业公司为自己装修房屋,并且一直未支付装修款。其接受的不是货币性财物,而是免除债务的财产性利益。相关司法解释将财产性利益解释为受贿罪中的"财物",这是根据社会现实和惩治受贿犯罪的需要对"财物"作出的扩大解释。因此,李某利用职务之便,非法收受他人财物,为他人谋取利益的行为,构成受贿罪。

案例5 尤某玲信用卡诈骗案①

【知识点】

扩大解释

【问题】

从他人借记卡上转走钱财,是否构成信用卡诈骗罪?

【基本案情】

2018年5月,被告人尤某玲在被害人杨某不知情的情况下,将杨某的邮政储蓄卡绑定到自己的手机微信上。截至2018年12月3日,尤某玲多次利用微信从杨某的储蓄卡内转出人民币66000元用于个人消费。

【处理结果】

阜新市细河区人民法院一审认定,被告人尤某玲犯信用卡诈骗罪,判处有期徒刑5年,并处罚金人民币5万元。

宣判后,被告人尤某玲以杨某的银行卡是储蓄卡,非信用卡,法院认定其犯信用卡诈骗罪,系适用法律错误等为由提出上诉。辽宁省阜新市中级人民法院二审认为,尤某玲的行为属于冒用他人信用卡的行为,构成信用卡诈骗罪,遂裁定:驳回上诉,维持原判。

【相关法条】

1.《刑法》第196条 [信用卡诈骗罪]:有下列情形之一,进行信用卡诈骗活动,数额较大的,处五年以下有期徒刑或者拘役,并处二万元以上二十万元以

① 本案例根据辽宁省阜新市中级人民法院(2020)辽09刑终66号刑事裁定书编写。

下罚金;数额巨大或者有其他严重情节的,处五年以上十年以下有期徒刑,并处五万元以上五十万元以下罚金;数额特别巨大或者有其他特别严重情节的,处十年以上有期徒刑或者无期徒刑,并处五万元以上五十万元以下罚金或者没收财产:

......

(三)冒用他人信用卡的;

......

2.全国人民代表大会常务委员会《关于〈中华人民共和国刑法〉有关信用卡规定的解释》:刑法规定的"信用卡",是指由商业银行或者其他金融机构发行的具有消费支付、信用贷款、转账结算、存取现金等全部功能或者部分功能的电子支付卡。

3.最高人民法院、最高人民检察院《关于办理妨害信用卡管理刑事案件具体应用法律若干问题的解释》第5条第2款:刑法第一百九十六条第一款第三项所称"冒用他人信用卡",包括以下情形:

......

(三)窃取、收买、骗取或者以其他非法方式获取他人信用卡信息资料,并通过互联网、通讯终端等使用的;

......

【简要评析】

扩大解释是指根据立法原意,对刑法条文中的语词作超出字面意思的解释。扩大解释是对语词通常含义的扩张,但不能超出语词可能具有的含义。根据全国人民代表大会常务委员会《关于〈中华人民共和国刑法〉有关信用卡规定的解释》,"信用卡"是指由商业银行或者其他金融机构发行的具有消费支付、信用贷款、转账结算、存取现金等全部功能或者部分功能的电子支付卡。可见,信用卡不仅包括国际通行意义上的具有透支功能的信用卡,也包括不具有透支功能的借记卡。此种解释虽然对信用卡的范围作了扩大,但仍然在人们预见范围之内,因而属于扩大解释。

本案中,被告人尤某玲将他人储蓄卡绑定到自己微信中,并多次进行转账,虽然该卡不具有透支功能,但根据全国人民代表大会常务委员会对信用卡的扩大解释,该卡也属于信用卡。根据最高人民法院和最高人民检察院《关于办理妨害信用卡管理刑事案件具体应用法律若干问题的解释》,窃取他人信用卡信息资料,并通过互联网、通讯终端等使用的行为属于冒用他人信用卡,因而尤某玲的行为构成信用卡诈骗罪。

案例6　陈某明等滥用职权案①

【知识点】

扩大解释

【问题】

受国家机关委托代表国家机关行使职权的组织中从事公务的人员能否认定为渎职罪的犯罪主体?

【基本案情】

2004年1月至2006年6月期间,被告人陈某明利用担任上海市奉贤区某镇推进镇保工作领导小组办公室负责人的职务便利,林某娟、李某权利用受上海市奉贤区某镇人民政府委托分别担任某村镇保工作负责人、经办人的职务便利,在从事被征用农民集体所有土地农业人员就业和社会保障工作过程中,违反相关规定,采用虚增被征用土地面积等方法徇私舞弊,共同或者单独将3个村114名不符合镇保条件的人员纳入镇保范围,致使该镇人民政府为上述人员缴纳镇保费用共计人民币600万余元、上海市社会保险事业基金结算管理中心为上述人员实际发放镇保资金共计人民币178万余元。

---

① 本案例根据最高人民检察院指导性案例第5号:陈根明、林福娟、李德权滥用职权案编写。

【处理结果】

上海市奉贤区人民法院一审认为,三被告人均构成滥用职权罪,判处被告人陈某明有期徒刑 2 年;被告人林某娟有期徒刑 1 年 6 个月,宣告缓刑 1 年 6 个月;被告人李某权有期徒刑 1 年,宣告缓刑 1 年。

一审判决后,被告人林某娟提出上诉。上海市第一中级人民法院二审裁定:驳回上诉,维持原判。

【相关法条】

1.《刑法》第 397 条第 1 款 [滥用职权罪]:国家机关工作人员滥用职权或者玩忽职守,致使公共财产、国家和人民利益遭受重大损失的,处三年以下有期徒刑或者拘役;情节特别严重的,处三年以上七年以下有期徒刑。本法另有规定的,依照规定。

2. 全国人民代表大会常务委员会《关于〈中华人民共和国刑法〉第九章渎职罪主体适用问题的解释》:在依照法律、法规规定行使国家行政管理职权的组织中从事公务的人员,或者在受国家机关委托代表国家机关行使职权的组织中从事公务的人员,或者虽未列入国家机关人员编制但在国家机关中从事公务的人员,在代表国家机关行使职权时,有渎职行为,构成犯罪的,依照刑法关于渎职罪的规定追究刑事责任。

【简要评析】

扩大解释是指根据立法原意,对刑法条文中的语词作超出字面意思的解释。扩大解释是对语词通常含义的扩张,但不能超出语词可能具有的含义。渎职罪的主体一般为国家机关中从事公务的人员,但是根据全国人民代表大会常务委员会《关于〈中华人民共和国刑法〉第九章渎职罪主体适用问题的解释》,受国家机关委托代表国家机关行使职权的组织中从事公务的人员,在代表国家机关行使职权时,有渎职行为,构成犯罪的,依照刑法关于渎职罪的规定追究刑事责任。该解释立足于国家机关工作人员的社会管理职责,以受托代表国家机关行使职权为核心内容和本质特征,适当扩大了该类犯罪中国家机关工作人员的范围,但这种解释并没有超出国家机关工作人员语词涵盖的范围,也没有超出国民预测的可能性,属于扩大解释,是允许的。

本案中,被告人林某娟、李某权作为在受国家机关委托代表国家机关行使职权的组织中从事公务的人员,在负责或经办被征地人员就业和保障工作过程中,故意违反有关规定,共同或单独擅自将不符合镇保条件的人员纳入镇保范围,致使公共财产遭受重大损失,并造成恶劣社会影响,其行为均已触犯刑法,也符合滥用职权罪所要求的犯罪主体条件,因而构成滥用职权罪。

案例7 温某等盗窃案①

【知识点】

缩小解释

【问题】

盗窃犯罪分子被采取强制措施后,主动交代司法机关尚未掌握的本人其他盗窃行为,是否属于自首?

【基本案情】

2020年7月14日凌晨3时,被告人温某、范某在山西省太原市某工地,趁无人之际,盗窃扣件30余袋。被盗扣件价值人民币3940元。

2020年10月25日凌晨2时,被告人温某、范某伙同"老婆子"(身份未核实),以同样的手段在山西省太原市某工地盗窃扣件20余袋。被盗扣件价值人民币2560元。

2020年11月22日,被告人温某、范某伙同"小英"(身份未核实)在山西省太原市盗窃铝沫、汽车轮毂。被盗铝材价值人民币11563元。

2020年11月24日,被告人温某、范某伙同"小英",以同样的手段在山西

---

① 本案例根据山西省太原市中级人民法院(2021)晋01刑终686号刑事裁定书编写。

省太原市盗窃铝沫20余袋。被盗铝材价值人民币7515元。

2020年12月25日,派出所民警在巡逻过程中,发现二被告人形迹可疑,且与10月25日被盗案中的嫌疑人特征相似,遂将二人传唤至派出所讯问。12月26日二人被刑事拘留。二人对10月25日盗窃扣件案供认不讳,同时交代了2020年7月14日、11月22日、11月24日实施盗窃的犯罪事实。

【处理结果】

山西省太原市晋源区人民法院一审认为,被告人温某、范某多次秘密窃取他人财物,数额较大,其行为均构成盗窃罪。因被告人温某系累犯,依法应从重处罚。综合两被告人的犯罪情节,判决:被告人温某有期徒刑2年5个月,并处罚金人民币5000元;被告人范某有期徒刑1年,并处罚金人民币5000元。

宣判后,温某以有自首情节、量刑过重为由提出上诉。山西省太原市中级人民法院二审裁定:驳回上诉,维持原判。

【相关法条】

1.《刑法》第67条第2款[自首]:被采取强制措施的犯罪嫌疑人、被告人和正在服刑的罪犯,如实供述司法机关还未掌握的本人其他罪行的,以自首论。

2.最高人民法院《关于处理自首和立功具体应用法律若干问题的解释》第2条:根据刑法第六十七条第二款的规定,被采取强制措施的犯罪嫌疑人、被告人和已宣判的罪犯,如实供述司法机关尚未掌握的罪行,与司法机关已掌握的或者判决确定的罪行属不同种罪行的,以自首论。

3.最高人民法院《关于处理自首和立功具体应用法律若干问题的解释》第4条:被采取强制措施的犯罪嫌疑人、被告人和已宣判的罪犯,如实供述司法机关尚未掌握的罪行,与司法机关已掌握的或者判决确定的罪行属同种罪行的,可以酌情从轻处罚;如实供述的同种罪行较重的,一般应当从轻处罚。

4.最高人民法院《关于处理自首和立功若干具体问题的意见》第3条:犯罪嫌疑人、被告人在被采取强制措施期间如实供述本人其他罪行,该罪行与司法机关已掌握的罪行属同种罪行还是不同种罪行,一般应以罪名区分。虽然如实供述的其他罪行的罪名与司法机关已掌握犯罪的罪名不同,但如实供述的其他犯罪与司法机关已掌握的犯罪属选择性罪名或者在法律、事实上密切关联,如因受贿被采取强制措施后,又交代因受贿为他人谋取利益行为,构成滥用职权罪的,应认定为同种罪行。

【简要评析】

缩小解释也称限缩解释,是指根据立法原意,对刑法条文中的语词作狭于字面意思的解释。根据《刑法》第67条第2款的规定,被采取强制措施的犯罪嫌疑人、被告人和正在服刑的罪犯,如实供述司法机关还未掌握的本人其他罪行的,以自首论。最高人民法院《关于处理自首和立功具体应用法律若干问题的解释》第2条对"司法机关还未掌握的本人其他罪行"作出了解释,即"与司法机关已掌握的或者判决确定的罪行属不同种罪行",如果属于同种罪行的,不能构成自首。这个解释缩小了《刑法》第67条第2款中的"司法机关还未掌握的本人其他罪行"这一语词的范围,属于缩小解释或者称其为限制解释。

本案中,被告人温某、范某因盗窃被公安机关刑事拘留,属于已经被采取强制措施的犯罪嫌疑人,他们如实交代了司法机关还未掌握的本人其他盗窃罪行。但由于其如实供述的盗窃行为与司法机关已经掌握的盗窃行为罪名相同,属于同种罪行,因而不能被认定为"司法机关还未掌握的本人其他罪行",也就不符合《刑法》第67条第2款的规定,不构成自首。但对于他们可以依法酌情从轻处罚。

案例8 郑某巧危险驾驶案[1]

【知识点】

缩小解释、体系解释

---

[1] 本案例根据《刑事审判参考》指导案例第900号:郑帮巧危险驾驶案编写。

【问题】

醉酒驾驶机动车致使本人重伤的是否构成交通肇事罪？

【基本案情】

2012年8月17日0时30分许,被告人郑某巧饮酒后驾驶无牌照的二轮摩托车搭载朱某行驶。由于郑某巧操作不当,其驾驶的摩托车撞到树上,致郑某巧、朱某受伤,车辆受损。经鉴定,郑某巧的损伤程度为重伤,朱某的损伤程度为轻伤,郑某巧血液酒精含量为105.5 mg/100 ml。郑某巧未取得机动车驾驶证,其到案后如实供述了犯罪事实。

【处理结果】

检察院以郑某巧犯交通肇事罪,向法院提起公诉。法院认为,郑某巧酒后驾驶机动车致本人重伤,不符合交通肇事罪的构成要件,不构成交通肇事罪。

检察院随即变更起诉,指控郑某巧犯危险驾驶罪。法院认为,郑某巧未取得机动车驾驶证,醉酒后驾驶无牌照机动车并发生交通事故,其行为构成危险驾驶罪。郑某巧到案后如实供述自己的罪行,且其血液酒精含量较低,情节轻微,可以免予刑事处罚。据此,法院依照《刑法》第133条之一第1款、第67条第3款、第37条之规定,判决郑某巧犯危险驾驶罪,免予刑事处罚。一审宣判后,郑某巧未提出上诉,检察机关亦未抗诉,判决发生法律效力。

【相关法条】

1.《刑法》第133条之一第1款 [危险驾驶罪]:在道路上驾驶机动车,有下列情形之一的,处拘役,并处罚金:

……

(二)醉酒驾驶机动车的;

……

2. 最高人民法院《关于审理交通肇事刑事案件具体应用法律若干问题的

解释》第2条:交通肇事具有下列情形之一的,处三年以下有期徒刑或者拘役:

(一)死亡一人或者重伤三人以上,负事故全部或者主要责任的;

……

交通肇事致一人以上重伤,负事故全部或者主要责任,并具有下列情形之一的,以交通肇事罪定罪处罚:

(一)酒后、吸食毒品后驾驶机动车辆的;

……

【简要评析】

缩小解释也称限缩解释,是指根据立法原意,对刑法条文中的语词作狭于字面意思的解释。体系解释是指同一刑法术语的含义,在整个刑法体系中是一致的和连贯的。

对最高人民法院《关于审理交通肇事刑事案件具体应用法律若干问题的解释》中"致一人以上重伤"中的"人"应当作缩小解释,即该"人"不包括本人。如果认为"人"包括本人和他人,就会带来逻辑上的混乱。根据该解释第2条第1款第1项的规定,交通肇事罪的定罪条件之一为:"死亡一人或者重伤三人以上,负事故全部或者主要责任"。很显然,此处的"死亡一人"不包括本人,因为如果本人已死亡,再规定其行为构成犯罪既无法律上的必要,也没有实际意义。从刑法的体系解释来看,同一法条或者关联法条中相同文字的内涵与外延应当是一致的。既然"死亡一人"中的"人"不包括本人,那么,该解释第2条第2款中的酒后驾驶"致一人以上重伤"中的"人"也不应当包括本人。

本案中,被告人郑某巧酒后驾驶机动车,致使自己重伤,搭乘人员轻伤,其行为不符合酒后驾驶机动车"致一人以上重伤,负事故全部或者主要责任"的交通肇事罪成立条件。虽然导致搭乘人员轻伤,但情节轻微,因而不构成交通肇事罪。犯罪一般是对他人法益的侵害,单纯的自损行为不构成犯罪,但如果自损行为同时侵害他人的权益,危及国家和公共安全,构成犯罪的,则应当依法定罪处罚。本案中,被告人郑某巧醉酒驾驶机动车,致自己重伤,不构成交通肇事罪,但其行为危及公共安全,可以构成危险驾驶罪。

案例9 侯某秋正当防卫案①

【知识点】

同类解释

【问题】

《刑法》第20条第3款中"其他严重危及人身安全的暴力犯罪"该如何理解?

【基本案情】

侯某秋系葛某经营的养生会所员工。2015年6月4日22时40分许,某足浴店股东沈某因怀疑葛某等人举报其店内有人卖淫嫖娼,遂纠集本店员工雷某、柴某等4人持棒球棍、匕首赶至葛某的养生会所。沈某先进入会所,无故推翻大堂盆栽挑衅,与葛某等人扭打。雷某、柴某等人后持棒球棍、匕首冲入会所,殴打店内人员,雷某持匕首两次刺中侯某秋右大腿。其间,柴某所持棒球棍掉落,侯某秋捡起棒球棍挥打,击中雷某头部致其当场倒地。后雷某经抢救无效,于6月24日死亡。经鉴定,侯某秋构成轻微伤,该会所另有2人被打致轻微伤。

【处理结果】

公安机关以侯某秋涉嫌故意伤害罪,移送检察机关审查起诉。杭州市人民检察院根据审查认定的事实,依据《刑法》第20条第3款的规定,认为侯某秋的行为属于正当防卫,不负刑事责任,决定对侯某秋不起诉。

---

① 本案例根据最高人民检察院指导性案例第48号:侯雨秋正当防卫案编写。

【相关法条】

1.《刑法》第20条第3款[特殊正当防卫]:对正在进行行凶、杀人、抢劫、强奸、绑架以及其他严重危及人身安全的暴力犯罪,采取防卫行为,造成不法侵害人伤亡的,不属于防卫过当,不负刑事责任。

2.最高人民法院、最高人民检察院、公安部《关于依法适用正当防卫制度的指导意见》第17条:刑法第二十条第三款规定的"其他严重危及人身安全的暴力犯罪",应当是与杀人、抢劫、强奸、绑架行为相当,并具有致人重伤或者死亡的紧迫危险和现实可能的暴力犯罪。

【简要评析】

同类解释是指当刑法列举了相关事项的同时又设置了概括性规定时,对于附随于确定性词语之后的概括性词语,应当根据确定性词语所涉及的同类事项确定其含义及范围。根据最高人民法院、最高人民检察院、公安部《关于依法适用正当防卫制度的指导意见》,《刑法》第20条第3款规定的"其他严重危及人身安全的暴力犯罪",应当是与杀人、抢劫、强奸、绑架行为相当,并具有致人重伤或者死亡的紧迫危险和现实可能的暴力犯罪。据此可见,该规定对《刑法》第20条第3款中的"其他严重危及人身安全的暴力犯罪"的解释属于同类解释。

本案中,沈某、雷某等人聚众持棒球棍、匕首等杀伤力很大的工具进行打砸,短时间内打伤2人,刺伤1人,其危害性与《刑法》第20条第3款中列举的杀人、抢劫、强奸、绑架行为相当,应当认定为该条款中的"其他严重危及人身安全的暴力犯罪"。面对这种不法侵害,侯某秋挥打棒球棍,击中雷某头部致其死亡的行为,按照《刑法》第20条第3款的规定,属于正当防卫,依法不负刑事责任。

第二章 刑法基本原则

第一节 罪刑法定原则

案例 10 张某中无罪案①

【知识点】

罪刑法定原则

【问题】

单位给予国家工作人员以财物,但不符合单位行贿罪的构成要件,该如何处理?

【基本案情】

被告张某中原系物美控股集团有限公司(以下简称"物美集团")董事长。2002年,张某中获悉国旅总社欲转让所持有的5000万股泰康公司股份,即通过国旅总社总经理办公室主任赵某(另案处理)向国旅总社负责人明确表达了物美集团收购该股份的意向。张某中请赵某提供帮助,并表示事成后不会亏待赵某。物美集团与国旅总社经多次谈判就收购股份达成一致。根据张某中的安排,2003年1月至2004年2月期间,物美集团的关联公司卡斯特经济评价

---

① 本案例根据最高人民法院(2018)最高法刑再3号刑事判决书编写。

中心以报销费用的方式分3次向赵某支付了30万元。

2002年,粤财公司决定转让所持有的5000万股泰康公司股份。泰康公司董事长陈某将这一信息告知张某中并建议其收购,张某中表示同意。为促成股权转让,陈某向张某中提出,股权转让后,给粤财公司总经理梁某500万元好处费,张某中表示接受。梁某的校友李某应陈某、张某中要求,也找梁某做工作。粤财公司与物美集团经多次谈判,最终以每股1.4元的价格达成一致。数月后,李某在梁某不知情的情况下,通过陈某向张某中索要500万元。张某中将500万元汇至李某的公司账户。梁某事后得知此事,明确表示与其无关,并拒绝接受该笔款项,该款一直被李某的公司占有。

【处理结果】

河北省衡水市中级人民法院一审判决,物美集团犯单位行贿罪,判处罚金人民币530万元,张某中犯单位行贿罪,判处有期徒刑3年,连同其诈骗罪和挪用资金罪,决定执行有期徒刑18年,并处罚金人民币50万元。

宣判后,张某中不服判决,提出上诉。河北省高级人民法院二审撤销对其诈骗罪量刑部分,维持了对其单位行贿罪和挪用资金罪的定罪量刑。

2016年10月,张某中向最高人民法院提出申诉。最高人民法院提审后认为,张某中不构成单位行贿罪,同时认定其也不构成挪用资金罪,最终改判张某中无罪。

【相关法条】

1.《刑法》第3条 [罪刑法定]:法律明文规定为犯罪行为的,依照法律定罪处刑;法律没有明文规定为犯罪行为的,不得定罪处刑。

2.《刑法》第393条 [单位行贿罪]:单位为谋取不正当利益而行贿,或者违反国家规定,给予国家工作人员以回扣、手续费,情节严重的,对单位判处罚金,并对其直接负责的主管人员和其他直接责任人员,处五年以下有期徒刑或者拘役,并处罚金。

【简要评析】

罪刑法定是刑法基本原则,法无明文规定不为罪,法无明文规定不处罚。即判定一个人的行为是否构成犯罪,以及应该判处何种刑罚的依据在于刑法的规定。根据《刑法》第393条的规定,单位行贿罪是指单位为谋取不正当利益而行贿,或者违反国家规定,给予国家工作人员以回扣、手续费,情节严重的行为。

本案中,张某中所在的物美集团给予赵某30万元,虽然是违反国家规定给予国家工作人员以回扣、手续费,但其行为属于单位行贿行为,综合全案看,其情节并不严重,因而依法不构成单位行贿罪。另外,物美集团虽然给予李某公司500万元,但该款项并非物美集团主动给予,而是李某索要的。物美集团收购股份的行为是正当的商业行为,并不是为了从李某或梁某处获得不正当利益,因而该行为也不符合单位行贿罪的构成条件,依法不构成单位行贿罪。

案例11　杨某无罪案①

【知识点】

罪刑法定原则

【问题】

利用分拣快递包裹的工作之便,窃取财物,是否构成犯罪?

【基本案情】

2013年11月15日凌晨3时许,被告人杨某趁在顺丰速运有限公司(简称"顺丰公司")分拣线上班之机,采取大物件掩藏小物件以躲避扫描的方式,盗走输送带上一部小米3TD手机后自用。经鉴定,被盗手机价值人民币

---

① 本案例根据四川省高级人民法院(2015)川刑提字第2号刑事裁定书编写。

1999 元。

【处理结果】

四川省双流县人民法院一审认定,被告人杨某犯盗窃罪,判处罚金人民币 3000 元。

宣判后,四川省双流县人民检察院以量刑畸轻为由提出抗诉。成都市中级人民法院二审认为,原判忽视了杨某窃取的手机系其经手的本单位财物这一案件事实,因而不成立盗窃罪。涉案财物价值人民币 1999 元,未达到职务侵占罪的立案标准。据此,改判被告人杨某无罪。四川省人民检察院提起抗诉,四川省高级人民法院维持了二审判决。

【相关法条】

1.《刑法》第 3 条 [罪刑法定]:法律明文规定为犯罪行为的,依照法律定罪处刑;法律没有明文规定为犯罪行为的,不得定罪处刑。

2.《刑法》第 264 条 [盗窃罪]:盗窃公私财物,数额较大的,或者多次盗窃、入户盗窃、携带凶器盗窃、扒窃的,处三年以下有期徒刑、拘役或者管制,并处或者单处罚金;数额巨大或者有其他严重情节的,处三年以上十年以下有期徒刑,并处罚金;数额特别巨大或者有其他特别严重情节的,处十年以上有期徒刑或者无期徒刑,并处罚金或者没收财产。

3.《刑法》第 271 条第 1 款 [职务侵占罪]:公司、企业或者其他单位的工作人员,利用职务上的便利,将本单位财物非法占为己有,数额较大的,处三年以下有期徒刑或者拘役,并处罚金;数额巨大的,处三年以上十年以下有期徒刑,并处罚金;数额特别巨大的,处十年以上有期徒刑或者无期徒刑,并处罚金。

4.最高人民检察院、公安部《关于公安机关管辖的刑事案件立案追诉标准的规定(二)》第 84 条:公司、企业或者其他单位的人员,利用职务上的便利,将本单位财物非法占为己有,数额在五千元至一万元以上的,应予立案追诉。①

【简要评析】

罪刑法定是刑法基本原则,依照《刑法》第3条的规定,法律明文规定为犯罪行为的,依照法律定罪处刑;法律没有明文规定为犯罪行为的,不得定罪处刑。根据《刑法》第271条和最高人民检察院、公安部《关于公安机关管辖的刑事案件立案追诉标准的规定(二)》的规定,公司、企业或者其他单位的工作人员,利用职务上的便利,将本单位财物非法占为己有,且数额达到5000元以上的,成立职务侵占罪。

本案中,首先,杨某作为顺丰公司的工作人员,受公司安排,负责快递包裹的分拣工作,具体经手涉案财物,对本单位财物具有临时的实际控制权,其利用这一职务上的便利,将财物非法占为己有。该行为属于公司工作人员利用职务上的便利,将本单位财物非法占为己有,不应以盗窃罪处理。其次,杨某虽然实施了职务侵占行为,但其侵占的财物价值为1999元,尚未达到5000元,依法不构成职务侵占罪,依照罪刑法定的原则,对其不应以犯罪论处。

案例12　张某波无罪案②

【知识点】

罪刑法定原则

【问题】

担保人帮助债权人开走债务人车辆,实现债权的行为,是否构成盗窃罪?

---

① 最高人民检察院、公安部2022年4月29日联合发布修订后的《关于公安机关管辖的刑事案件立案追诉标准的规定(二)》,第76条规定:"公司、企业或者其他单位的工作人员,利用职务上的便利,将本单位财物非法占为己有,数额在三万元以上的,应予立案追诉。"本案发生在2013年,应适用修订前的立案追诉标准。

② 本案例根据四川省成都市中级人民法院(2017)川01刑终171号刑事判决书编写。

【基本案情】

经张某波介绍并作为担保人,赵某于2014年7月20日向袁某借款人民币20万元。由于赵某一直未还钱,张某波通知袁某开走赵某的车用作抵押。2015年7月3日9时许,张某波趁赵某不备将其汽车钥匙拿走,让袁某的司机将赵某的一辆黑色奔驰ML63越野车开走。赵某随即报警,并电话联系张某波,张某波承认将车辆开走但拒绝退还车辆。袁某于2015年11月30日向人民法院申请保全扣押该车。经鉴定,该车价值人民币78万元。

【处理结果】

成都市双流区人民法院一审认为张某波的行为虽构成盗窃罪,但鉴于犯罪情节轻微,不需要判处刑罚,遂免予其刑事处罚。

宣判后,成都市双流区人民检察院提出抗诉,被告人张某波不服,提出上诉。抗诉机关认为,张某波盗窃车辆价值人民币78万元的这一犯罪行为没有法律规定的免予刑事处罚的具体情况,该判决违背了罪刑法定原则。上诉人张某波及其辩护人认为,本案系经济纠纷,张某波自身没有盗窃及非法占有他人财产的故意,不构成盗窃罪。成都市中级人民法院二审认为张某波无非法占有他人财产的故意,不构成盗窃罪,遂改判其无罪。

【相关法条】

1.《刑法》第3条 [罪刑法定]:法律明文规定为犯罪行为的,依照法律定罪处刑;法律没有明文规定为犯罪行为的,不得定罪处刑。

2.《刑法》第37条 [非刑罚性处置措施]:对于犯罪情节轻微不需要判处刑罚的,可以免予刑事处罚,但是可以根据案件的不同情况,予以训诫或者责令具结悔过、赔礼道歉、赔偿损失,或者由主管部门予以行政处罚或者行政处分。

3.《刑法》第264条 [盗窃罪]:盗窃公私财物,数额较大的,或者多次盗窃、入户盗窃、携带凶器盗窃、扒窃的,处三年以下有期徒刑、拘役或者管制,并处或者单处罚金;数额巨大或者有其他严重情节的,处三年以上十年以下有期徒刑,并处罚金;数额特别巨大或者有其他特别严重情节的,处十年以上有期徒刑或者无期徒刑,并处罚金或者没收财产。

【简要评析】

罪刑法定是刑法基本原则,依照《刑法》第3条的规定,法律明文规定为犯罪行为的,依照法律定罪处刑;法律没有明文规定为犯罪行为的,不得定罪处刑。判定一个人的行为是否构成犯罪,以及应该判处何种刑罚的依据在于刑法的规定。根据《刑法》第264条的规定,盗窃罪是指行为人具有非法占有目的,秘密窃取,将公私财物非法占为已有的行为。其中以非法占有为目的,是该罪暗含的必备要件。不符合该犯罪构成要件的,不构成盗窃罪。

本案中,张某波身为担保人,为帮助袁某实现债权,利用与赵某熟识之便,实施窃取赵某车辆钥匙,并让袁某司机将该车辆驶离固定停放地点的行为。但张某波在协助袁某取得赵某的车辆后,并无逃匿、潜逃的表现。其拒绝返还车辆仅是为了迫使赵某尽快清偿债务,并不具有非法占有车辆的目的。因此,依据罪刑法定原则,其行为不符合盗窃罪的构成条件,不能认定为盗窃罪。

案例13　张某利无罪案①

【知识点】

罪刑法定原则

【问题】

出售商务邀请函的行为是否构成出售出入境证件罪?

【基本案情】

2017年7月,被告人张某利以黑龙江省某对外贸易有限责任公司的名义,

---

① 本案例根据《刑事审判参考》指导案例第1411号:张永利出售出入境证件案编写。

以1600卢布向他人出售以商务洽谈为申请签证理由的邀请函。后他人持张某利出具的邀请函在我国驻俄罗斯联邦共和国哈巴罗夫斯克领馆为乌克兰籍人员安德鲁、亚娜(中文译名)申请了商务签证,安德鲁、亚娜持上述商务签证入境我国并在刘某娟等人的安排下,在北京市朝阳区某幼儿园非法从事劳务工作。

【处理结果】

北京市朝阳区人民检察院指控被告人张某利犯出售出入境证件罪,向北京市朝阳区人民法院提起公诉。朝阳区人民法院认为,本案证据仅能证明被告人张某利出售的是办理商务签证时所需的商务邀请函,该文件本身不属于刑法规定的出入境证件,张某利的行为不构成出售出入境证件罪。北京市朝阳区人民检察院于2019年1月2日以证据不足为由向法院申请撤回起诉。

【相关法条】

1.《刑法》第3条 [罪刑法定]:法律明文规定为犯罪行为的,依照法律定罪处刑;法律没有明文规定为犯罪行为的,不得定罪处刑。

2.《刑法》第320条 [提供伪造、变造的出入境证件罪,出售出入境证件罪]:为他人提供伪造、变造的护照、签证等出入境证件,或者出售护照、签证等出入境证件的,处五年以下有期徒刑,并处罚金;情节严重的,处五年以上有期徒刑,并处罚金。

3.最高人民法院、最高人民检察院《关于办理妨害国(边)境管理刑事案件应用法律若干问题的解释》第2条第2款:刑法第三百一十九条第一款规定的"出境证件",包括护照或者代替护照使用的国际旅行证件,中华人民共和国海员证,中华人民共和国出入境通行证,中华人民共和国旅行证,中国公民往来香港、澳门、台湾地区证件,边境地区出入境通行证,签证、签注,出国(境)证明、名单,以及其他出境时需要查验的资料。

4.最高人民法院、最高人民检察院《关于办理妨害国(边)境管理刑事案件应用法律若干问题的解释》第3条:刑法第三百二十条规定的"出入境证件",

包括本解释第二条第二款所列的证件以及其他入境时需要查验的资料。

5.国务院《外国人入境出境管理条例》第7条第1款:外国人申请办理签证,应当填写申请表,提交本人的护照或者其他国际旅行证件以及符合规定的照片和申请事由的相关材料。

【简要评析】

根据《刑法》第3条的规定,法律明文规定为犯罪行为的,依照法律定罪处刑;法律没有明文规定为犯罪行为的,不得定罪处刑。判定一个人的行为是否构成犯罪,以及应该判处何种刑罚的依据在于刑法的规定。

本案中,被告人张某利出售的是商务邀请函,不属于出入境证件。根据相关司法解释,出入境证件为护照或者代替护照使用的其他证件。商务邀请函是办理我国商务入境签证需要的文件之一,但并不是出入境证件本身。因此,张某利出售的商务邀请函不属于刑法范围内的出入境证件。据此,张某利仅出售商务邀请函的行为,不能认定为犯罪。

案例14 李某发伪造、买卖国家机关证件案①

【知识点】

禁止类推

【问题】

在没有明文规定的情况下,能否按照相类似的司法解释确定"情节严重"?

【基本案情】

被告人李某发曾在贵州省清镇市公安局某派出所担任过协勤,因跟随该派出所民警李某2一起工作,掌握了李某2在贵州省派出所基础信息系统的账号、密码。2015年5月至12月期间,代办车辆入户的李某1、韩某、王某等人找

---

① 本案例根据贵州省贵阳市中级人民法院(2018)黔01刑终389号刑事判决书编写。

到李某发,请其为他人办理清镇市居住证,用于车辆入户、过户。李某发为了牟利,趁李某2不备,私配了清镇市公安局治安大队办公室钥匙,用李某2的账号、密码进入贵州省派出所基础信息系统,并利用李某2的权限使用了清镇市公安局某派出所民警冯某某、清镇市公安局治安大队民警杨某某的账号、密码登录,然后利用上述人员的权限进行相关数据填报、审批、打印制作居住证,伪造居住证1402个,分别卖给李某1、韩某、王某等人,得款8万余元。李某1、韩某、王某等人用居住证为他人办理车辆入户、过户、驾驶证等。

【处理结果】

贵州省清镇市人民法院一审认为,被告人李某发侵犯了国家机关正常的管理活动和信誉,构成了伪造、买卖国家机关证件罪,并且伪造的数量较大,牵涉的人员众多,社会影响比较坏,比照伪造、买卖机动车行驶证、登记证书15本以上为"情节严重"的规定,李某发的行为属于情节严重,依法应当处3年以上10年以下有期徒刑。遂作出一审判决:被告人李某发犯伪造、买卖国家机关证件罪,判处有期徒刑4年,并处罚金人民币4000元。

宣判后,被告人李某发不服判决,提出上诉。李某发的辩护人提出,原判将上诉人李某发办理的居住证比照最高人民法院、最高人民检察院《关于办理与盗窃、抢劫、诈骗、抢夺机动车相关刑事案件具体应用法律若干问题的解释》第2条所规定的"机动车行驶证、登记证书"予以定罪处罚没有法律依据。

贵州省贵阳市中级人民法院二审认为,原判决引用最高人民法院、最高人民检察院《关于办理与盗窃、抢劫、诈骗、抢夺机动车相关刑事案件具体应用法律若干问题的解释》并据此认定上诉人李某发的行为属于"情节严重"、应当处3年以上10年以下有期徒刑系适用法律错误,违反了《刑法》第3条"法律明文规定为犯罪行为的,依照法律定罪处刑;法律没有明文规定为犯罪行为的,不得定罪处刑"所确立的罪刑法定、禁止类推解释的基本原则,应予纠正。遂改判李某发犯伪造、买卖国家机关证件罪,判处有期徒刑3年,并处罚金人民币4000元。

【相关法条】

1.《刑法》第3条 [罪刑法定]:法律明文规定为犯罪行为的,依照法律定罪处刑;法律没有明文规定为犯罪行为的,不得定罪处刑。

2.《刑法》第280条第1款 [伪造、变造、买卖国家机关公文、证件、印章罪]:伪造、变造、买卖或者盗窃、抢夺、毁灭国家机关的公文、证件、印章的,处三年以下有期徒刑、拘役、管制或者剥夺政治权利,并处罚金;情节严重的,处三年以上十年以下有期徒刑,并处罚金。

3.最高人民法院、最高人民检察院《关于办理与盗窃、抢劫、诈骗、抢夺机动车相关刑事案件具体应用法律若干问题的解释》第2条:伪造、变造、买卖机动车行驶证、登记证书,累计三本以上的,依照刑法第二百八十条第一款的规定,以伪造、变造、买卖国家机关证件罪定罪,处三年以下有期徒刑、拘役、管制或者剥夺政治权利。

伪造、变造、买卖机动车行驶证、登记证书,累计达到第一款规定数量标准五倍以上的,属于刑法第二百八十条第一款规定中的"情节严重",处三年以上十年以下有期徒刑。

【简要评析】

根据《刑法》第3条的规定,法律明文规定为犯罪行为的,依照法律定罪处刑;法律没有明文规定为犯罪行为的,不得定罪处刑。罪刑法定禁止类推,即禁止将刑法没有规定的情形依照刑法中类似的条文类推为犯罪,或者将刑法没有确定的刑罚类推适用于行为人。

本案中,被告人李某发违法制作居住证并予以出售,触犯《刑法》第280条规定的伪造、买卖国家机关证件罪。但其行为是否属于"情节严重",并无相关司法解释予以明确规定。一审法院根据《关于办理与盗窃、抢劫、诈骗、抢夺机动车相关刑事案件具体应用法律若干问题的解释》的规定,将李某发伪造、买卖1402个居住证的行为与伪造、变造、买卖机动车行驶证、登记证书的行为进行类比,认定为情节严重,属于类推适用,有违罪刑法定原则,因而应当予以纠正。

第二节　对犯罪人适用法律平等原则

案例15　徐某平故意杀人案[①]

【知识点】

对犯罪人适用刑法平等原则

【问题】

能人犯罪,能网开一面吗?

【基本案情】

2002年5月26日晚,被告人徐某平为工作及家庭琐事与其妻子即被害人丁某发生争吵。争吵过程中,徐某平扼住了丁某颈部,并持茶杯猛击其头部,致丁某窒息死亡。随后,徐某平用钢锯将丁某的尸体肢解为四块,抛至消防蓄水池内。同月29日,徐某平潜逃至外地。

另查明,徐某平被捕前,以他的名义申报的国家专利有10项。其主编的《中国轻纺面料图集》填补了国内空白。其组织开发的"金昌EX6000"印花电脑设计分色软件,是当时国内少有的可参与国际竞争的专业软件,仅在绍兴县推广后,每年轻纺业增加的附加值就达3.5亿元,截至2003年6月依然占据着全国纺织业50%左右的市场,还销往许多国家。徐某平主持攻克的转移印花辊筒雕刻工艺,被科技部列为国家级高新技术项目。他支持开发的数控激光直撞制网机,是国家两个五年计划都没有攻破的项目,徐某平仅用两年时间就一举攻克。对徐某平在中国纺织技术领域的贡献,业内有着广泛的认同。他在纺织行业也拥有极高的知名度。在关押期间,徐某平完成了3项实用新型

[①] 本案例根据浙江省绍兴市中级人民法院(2003)绍中刑初字第15号刑事附带民事判决书编写。

技术,专家均评价很高。

【处理结果】

绍兴市中级人民法院一审以故意杀人罪,判处被告人徐某平死刑,剥夺政治权利终身。

一审判决前后,近200人上书法院请求不要判处徐某平死刑。他们认为,徐某平为中国纺织行业、为地方轻纺科技事业作出了突出贡献,应当从轻处罚,让他"戴罪立功"。

一审宣判后,徐某平不服,提出上诉。2003年12月25日,浙江省高级人民法院依法裁定:驳回上诉,维持原判。

【相关法条】

1.《刑法》第4条 [对犯罪人适用法律平等原则]:对任何人犯罪,在适用法律上一律平等。不允许任何人有超越法律的特权。

2.《刑法》第232条 [故意杀人罪]:故意杀人的,处死刑、无期徒刑或者十年以上有期徒刑;情节较轻的,处三年以上十年以下有期徒刑。

【简要评析】

我国《刑法》第4条规定"对任何人犯罪,在适用法律上一律平等。不允许任何人有超越法律的特权",此即对犯罪人适用法律平等原则。该原则要求,任何人不因身份、地位、民族、种族、财产状况、受教育程度等方面的不同,在犯罪时受到差别对待。

本案中,徐某平故意杀害自己的妻子,并肢解尸体,抛尸逃匿。其犯罪性质恶劣,手段残忍,社会影响严重,依法应该判处死刑。虽然徐某平在中国纺织技术领域的业绩突出,对国家有着重大贡献,但根据《刑法》第4条规定的对犯罪人适用法律平等原则,不能因其才能业绩突出而有所区别,从而对其网开一面。据此,根据徐某平犯罪情节、手段、后果,对其判处死刑,依法未给予其从轻处罚。

案例16　奚某明受贿案①

【知识点】

对犯罪人适用法律平等原则

【问题】

高官犯罪,是否平等适用法律?

【基本案情】

1996年至2015年,被告人奚某明在担任最高人民法院经济审判庭副庭长、民事审判第二庭庭长、审判委员会委员、副院长期间,利用职务上的便利,为相关单位和个人在案件处理、公司上市等事项上提供帮助,直接或通过其亲属收受相关人员给予的财物折合人民币共计1.14亿余元。

【处理结果】

天津市第二中级人民法院一审判决,奚某明犯受贿罪,判处无期徒刑,剥夺政治权利终身,并处没收个人全部财产。奚某明当庭表示服判,不上诉。

【相关法条】

1.《刑法》第4条[对犯罪人适用法律平等原则]:对任何人犯罪,在适用法律上一律平等。不允许任何人有超越法律的特权。

2.《刑法》第385条第1款[受贿罪]:国家工作人员利用职务上的便利,索取他人财物的,或者非法收受他人财物,为他人谋取利益的,是受贿罪。

3.《刑法》第386条[对犯受贿罪的处罚规定]:对犯受贿罪的,根据受贿所得数额及情节,依照本法第三百八十三条的规定处罚。索贿的从重处罚。

_____

①本案例根据《最高法原副院长奚晓明受贿案一审　涉案逾1.14亿元》编写。资料来源:中国新闻网(https://www.chinanews.com.cn/gn/2017/01-10/8119663.shtml)。

4.《刑法》第383条第1款[对犯贪污罪的处罚规定]:对犯贪污罪的,根据情节轻重,分别依照下列规定处罚:

……

(三)数额特别巨大或者有其他特别严重情节的,处十年以上有期徒刑或者无期徒刑,并处罚金或者没收财产;数额特别巨大,并使国家和人民利益遭受特别重大损失的,处无期徒刑或者死刑,并处没收财产。

【简要评析】

根据《刑法》第4条的规定,对任何人犯罪在适用法律上一律平等,任何人不因身份、地位、民族、种族、财产状况、受教育程度的不同而受到刑法的差别对待。绳不挠曲,法不阿贵,平等适用法律是我国宪法的基本原则,也是刑法的重要原则。

本案中,奚某明受贿金额高达1.14亿余元,严重败坏司法机关的形象,社会影响恶劣。虽然其曾经担任最高人民法院法官,身居高位,但根据《刑法》第4条的规定,刑法对犯罪人适用法律一律平等,不允许任何人有超越法律的特权。任何人不能因为其社会地位高,而享有超越法律的特权。人民法院认定奚某明构成受贿罪,判处其无期徒刑,剥夺政治权利终身,并处没收个人全部财产,体现了刑法对犯罪人适用法律平等原则。

案例17　高某松醉驾案①

【知识点】

对犯罪人适用刑法平等原则

【问题】

名人犯罪,是否平等适用法律?

———————————
① 本案例根据《刑事审判参考》改革开放四十周年典型案例:高晓松醉驾案编写。

【基本案情】

2011年5月9日22时许,被告人高某松醉酒驾驶越野客车,行驶至北京市东城区东直门外大街附近时发生交通事故,致4车追尾、3人受伤。他人报警后,高某松在案发现场等候处理,民警赶至现场将其抓获。经鉴定,高某松血液酒精含量为243.04 mg/100 ml。

【处理结果】

2011年5月17日,北京市东城区人民法院判决:被告人高某松犯危险驾驶罪,判处拘役6个月,并处罚金人民币4000元。

一审宣判后,公诉机关未抗诉,被告人高某松没有上诉,判决发生法律效力。

【相关法条】

1.《刑法》第4条 [对犯罪人适用法律平等原则]:对任何人犯罪,在适用法律上一律平等。不允许任何人有超越法律的特权。

2.《刑法》第133条之一 [危险驾驶罪]:在道路上驾驶机动车,有下列情形之一的,处拘役,并处罚金:

……

(二)醉酒驾驶机动车的;

……

【简要评析】

根据《刑法》第4条规定,对任何人犯罪在适用法律上一律平等,任何人不因身份、地位、民族、种族、财产状况、受教育程度的不同而受到刑法的差别对待。

本案中,高某松在北京市繁华地段醉酒驾驶并发生交通事故,危害公共安全,造成4车追尾、3人受伤的后果,且其酒精含量已经达到醉酒驾驶(80 mg/100 ml)

认定标准的3倍以上,其行为已经构成危险驾驶罪。虽然高某松是影视界名人,但根据《刑法》第4条的规定,任何人犯罪,在适用刑法时,不因社会地位和身份等因素的不同而有所区别。综合其犯罪情节与后果,对其判处拘役6个月是恰当的。

案例18　巴某孟和"纸面服刑"案①

【知识点】

对犯罪人适用刑法平等原则

【问题】

对犯罪人执行刑罚是否应该体现平等原则?

【基本案情】

1993年6月9日,被告人巴某孟和因杀害同村村民白某春被人民法院判处有期徒刑15年,剥夺政治权利2年。1993年9月28日,巴某孟和违法保外就医并长期脱管漏管。2007年7月,陈巴尔虎旗看守所为其违法开具《刑满释放证明书》。之后,巴某孟和违规入党、违规当选嘎查达(村主任)、人大代表等。2017年4月11日,公安机关将巴某孟和依法收监。经查,巴某孟和在担任嘎查达期间涉嫌贪污29万余元。

【处理结果】

2018年6月14日,人民法院以贪污罪判处巴某孟和有期徒刑3年,并处罚金人民币20万元,与原判故意杀人罪剩余刑期并罚,决定执行有期徒刑15年,剥夺政治权利2年,并处罚金人民币20万元。

---

① 本案例根据《内蒙古巴图孟和"纸面服刑"案调查问责情况公布》编写。资料来源:中国新闻网(https://www.chinanews.com.cn/sh/2021-04-08/9449997.shtml)。

【相关法条】

《刑法》第4条 [对犯罪人适用法律平等原则]:对任何人犯罪,在适用法律上一律平等。不允许任何人有超越法律的特权。

【简要评析】

根据《刑法》第4条的规定,对任何人犯罪,在适用法律上一律平等,不允许任何人有超越法律的特权。适用法律上的平等包含了刑罚执行上的平等,平等地受到刑法的追究才能使该原则最终落到实处。

本案中,巴某孟和被判处有期徒刑15年,本该在监狱服刑,却以保外就医为名,长期脱离监管,游离于刑罚处罚之外,严重违背了对犯罪人适用法律平等原则,人民法院依法对其予以纠正是正确的。

第三节 罪责刑相适应原则

案例19 杨某毅强奸案①

【知识点】

罪责刑相适应原则

【问题】

对强奸幼女致其死亡的犯罪人,能否从宽处罚?

【基本案情】

被告人杨某毅系广西壮族自治区灵山县某村村民,2018年10月4日12时许,杨某毅见同村幼女杨某某(被害人,殁年10岁)独自一人到百香果收购点

---

① 本案例根据最高人民法院(2021)最高法刑核78493152号刑事裁定书编写。

卖百香果,遂产生奸淫之念。当杨某某卖完百香果回家时,杨某毅便携带一把折叠刀抢先到杨某某返家必经的瘦沙岭脚下一竹丛中守候。当杨某某走到竹丛时,杨某毅拦住杨某某并强行将其抱往瘦沙岭。杨某某反抗并大声哭喊,杨某毅猛掐杨某某颈部致其昏迷并用折叠刀捅刺杨某某。随后,杨某毅对杨某某实施奸淫,并拿走杨某某卖百香果所得的32元钱。之后,杨某毅将杨某某塞进蛇皮袋中,用树藤捆扎袋口,以扔、踢、滚等方式将蛇皮袋带至瘦沙岭山脚,将蛇皮袋在水坑中浸泡十余分钟后,搬至附近草丛中藏匿并逃离现场。经鉴定,杨某某系被他人强暴、伤害过程中胃内容物反流进入气管,支气管和气管被锐器刺破,气管外周围血管损伤出血,血液直接流入气管、支气管,造成气管、支气管填塞,最终因机械性窒息死亡。10月6日凌晨2时许,杨某毅在其父杨某的陪同下到派出所投案,如实供述罪行。

【处理结果】

2019年7月,广西壮族自治区钦州市中级人民法院认定杨某毅犯强奸罪,依法判处死刑,剥夺政治权利终身。

宣判后,杨某毅提出上诉。广西壮族自治区高级人民法院认为杨某毅犯强奸罪,但有自首情节,改判其死刑,缓期2年执行,剥夺政治权利终身,并对杨某毅限制减刑。

2020年11月3日,最高人民法院作出再审决定,指令广西壮族自治区高级人民法院另行组成合议庭对该案进行再审。经再审,广西壮族自治区高级人民法院改判:被告人杨某毅犯强奸罪,判处死刑,剥夺政治权利终身。

【相关法条】

1.《刑法》第5条[罪责刑相适应原则]:刑罚的轻重,应当与犯罪分子所犯罪行和承担的刑事责任相适应。

2.《刑法》第48条第1款[死刑]:死刑只适用于罪行极其严重的犯罪分子。对于应当判处死刑的犯罪分子,如果不是必须立即执行的,可以判处死刑同时宣告缓期二年执行。

3.《刑法》第50条 [死缓变更]：判处死刑缓期执行的,在死刑缓期执行期间,如果没有故意犯罪,二年期满以后,减为无期徒刑；如果确有重大立功表现,二年期满以后,减为二十五年有期徒刑；如果故意犯罪,情节恶劣的,报请最高人民法院核准后执行死刑；对于故意犯罪未执行死刑的,死刑缓期执行的期间重新计算,并报最高人民法院备案。

对被判处死刑缓期执行的累犯以及因故意杀人、强奸、抢劫、绑架、放火、爆炸、投放危险物质或者有组织的暴力性犯罪被判处死刑缓期执行的犯罪分子,人民法院根据犯罪情节等情况可以同时决定对其限制减刑。

4.《刑法》第67条第1款 [自首]：犯罪以后自动投案,如实供述自己的罪行的,是自首。对于自首的犯罪分子,可以从轻或者减轻处罚。其中,犯罪较轻的,可以免除处罚。

【简要评析】

罪责刑相适应是刑法基本原则。罪责刑相适应意味着犯多大的罪,就应承担多大的刑事责任,法院也应判处其相应的刑罚,重罪重罚,轻罪轻罚,罪刑相称,罚当其罪。在分析罪重罪轻和刑事责任大小时,不仅要看犯罪的客观危害,而且也要综合考虑行为人的主观恶性和人身危险性,根据罪行和罪犯各方面因素综合体现的社会危害性程度,确定其刑事责任,处以相应的刑罚。罪犯受到应有的惩罚是罪责刑相适应原则的要求,是司法公正的彰显,也是使人民群众感受司法公平正义的前提。

本案中,杨某毅强奸幼女,并故意杀害被害人。其间采用掐脖子、刺眼睛、刺颈部、强奸、踢、滚、浸泡等手段致人死亡,其犯罪手段残忍,罪行极为严重,社会影响恶劣；罪犯主观恶性和人身危险性大,社会危害程度高,承担的刑事责任大,应该予以的刑罚处罚也应该严厉。虽然杨某毅有自首情节,但综合考虑其客观危害和主观恶性,不足以对其从宽处罚。因此,二审判处其死缓并限制减刑明显过轻,再审法院对其判处死刑立即执行是恰当的。

案例20 赵某华非法持有枪支案^①

【知识点】

罪责刑相适应原则

【问题】

非法持有枪支,社会危害性较小,如何适用刑罚?

【基本案情】

2016年8月至10月12日期间,被告人赵某华在天津市河北区摆设射击摊位进行营利活动。2016年10月12日22时许,公安机关在巡查过程中发现赵某华的上述行为,将其抓获归案,当场查获涉案枪形物9支及相关枪支配件、塑料弹。经鉴定,涉案9支枪形物中的6支为能正常发射、以压缩气体为动力的枪支。

【处理结果】

天津市河北区人民法院一审认为,被告人赵某华构成非法持有枪支罪,应依法予以处罚。赵某华自愿认罪,可酌情从轻处罚,遂判处被告人赵某华有期徒刑3年6个月。

宣判后,赵某华不服,以其不知道持有的是枪支,没有犯罪故意,行为不具有社会危害性,原判量刑过重为由提出上诉。2017年1月26日,天津市第一中级人民法院二审判决:上诉人赵某华犯非法持有枪支罪,判处有期徒刑3年,缓刑3年。在缓刑考验期限内,依法实行社区矫正。

【相关法条】

1.《刑法》第5条[罪责刑相适应原则]:刑罚的轻重,应当与犯罪分子所犯

① 本案例根据天津市第一中级人民法院(2017)津01刑终41号刑事判决书编写。

罪行和承担的刑事责任相适应。

2.《刑法》第128条第1款 [非法持有枪支罪]：违反枪支管理规定，非法持有、私藏枪支、弹药的，处三年以下有期徒刑、拘役或者管制；情节严重的，处三年以上七年以下有期徒刑。

3. 最高人民法院《关于审理非法制造、买卖、运输枪支、弹药、爆炸物等刑事案件具体应用法律若干问题的解释》第5条第2款：具有下列情形之一的，属于刑法第一百二十八条第一款规定的"情节严重"：

……

（二）非法持有、私藏以火药为动力发射枪弹的非军用枪支二支以上或者以压缩气体等为动力的其他非军用枪支五支以上的；

……

4. 公安部《公安机关涉案枪支弹药性能鉴定工作规定》第3条：鉴定标准。

……

（三）对不能发射制式弹药的非制式枪支，按照《枪支致伤力的法庭科学鉴定判据》（GA/T 718-2007）的规定，当所发射弹丸的枪口比动能大于等于1.8焦耳/平方厘米时，一律认定为枪支。

……

5. 最高人民法院、最高人民检察院《关于涉以压缩气体为动力的枪支、气枪铅弹刑事案件定罪量刑问题的批复》（2018年3月30日施行）第1条：对于非法制造、买卖、运输、邮寄、储存、持有、私藏、走私以压缩气体为动力且枪口比动能较低的枪支的行为，在决定是否追究刑事责任以及如何裁量刑罚时，不仅应当考虑涉案枪支的数量，而且应当充分考虑涉案枪支的外观、材质、发射物、购买场所和渠道、价格、用途、致伤力大小、是否易于通过改制提升致伤力，以及行为人的主观认知、动机目的、一贯表现、违法所得、是否规避调查等情节，综合评估社会危害性，坚持主客观相统一，确保罪责刑相适应。

【简要评析】

罪责刑相适应是刑法基本原则。罪责刑相适应意味着犯多大的罪，就应承担多大的刑事责任,法院也应判处其相应的刑罚,做到重罪重罚,轻罪轻罚,罪刑相称,罚当其罪;在分析罪重罪轻和刑事责任大小时,不仅要看犯罪的客观社会危害,而且也要综合考虑行为人的主观恶性和人身危险性,根据罪行和罪犯各方面因素综合体现的社会危害性程度,确定其刑事责任,处以相应的刑罚。

本案中,根据《刑法》第128条和相关司法解释,非法持有以压缩气体等为动力的其他非军用枪支5支以上的,依法应当判处3年以上7年以下有期徒刑。赵某华非法持有以压缩气体为动力的非军用枪支6支,依照法律规定已构成非法持有枪支罪,应判处3年以上7年以下有期徒刑。但综合考虑赵某华非法持有的枪支均刚刚达到枪支认定标准(枪口比动能大于等于1.8焦耳/平方厘米),犯罪行为的社会危害性相对较小,其非法持有枪支的目的是从事经营,主观恶性、人身危险性相对较低,二审期间,赵某华能如实供述犯罪事实,认罪态度较好,有悔罪表现等情节,综合来看,其社会危害性程度低,刑事责任小,可酌情予以从宽处罚。二审法院对其判处有期徒刑3年,缓刑3年的判决较好地考虑了犯罪事实与法律规定,符合罪责刑相适应原则。

值得一提的是,赵某华案件后,最高人民法院和最高人民检察院出台了《关于涉以压缩气体为动力的枪支、气枪铅弹刑事案件定罪量刑问题的批复》,提出对于非法制造、买卖、运输、邮寄、储存、持有、私藏、走私以压缩气体为动力且枪口比动能较低的枪支的行为,在决定是否追究刑事责任以及如何裁量刑罚时,不仅应当考虑涉案枪支的数量,还应综合考虑枪支的实际状况和行为人的主观认知、动机目的、一贯表现、违法所得、是否规避调查等情节,综合评估社会危害性,坚持主客观相统一,确保罪责刑相适应。这是值得肯定的。

案例 21　许某盗窃案①

【知识点】

罪责刑相适应原则

【问题】

因自动柜员机出错,取出数额巨大的现金,应如何适用刑罚?

【基本案情】

2006 年 4 月 21 日晚,被告人许某持自己不具备透支功能、余额为 176.97 元的银行卡到广州市商业银行自动柜员机准备取款 100 元。许某在自动柜员机上无意中输入取款 1000 元的指令,自动柜员机随即出钞 1000 元。许某经查询,发现其银行卡中仍有 170 余元,意识到银行自动柜员机出现异常,能够超出账户余额取款且不能如实扣款,于是他当晚在该自动柜员机持上述银行卡取款 170 多次,共计取款 17 万余元。许某还将自动柜员机出现异常的情况告知同事郭某山,郭某山亦采取同样的手段共计取款近 2 万元。同月 24 日下午,许某携款逃匿。2007 年 5 月 22 日,许某在陕西省宝鸡市被抓获归案,且未退还赃款。

另查明,许某取款的自动柜员机于 2006 年 4 月 21 日 17 时许由运营商广州某公司进行系统升级后出现异常,经核查发现该自动柜员机对于 1000 元以上的取款交易,每取 1000 元按 1 元形成交易报文向银行主机报送。

【处理结果】

广州市中级人民法院于 2007 年 11 月 20 日作出一审判决,认定被告人许某犯盗窃罪,判处无期徒刑,剥夺政治权利终身,并处没收个人全部财产。

宣判后,许某不服,提出上诉。广东省高级人民法院于 2008 年 1 月 9 日作

① 本案例根据《刑事审判参考》改革开放四十周年典型案例:许霆盗窃案编写。

出裁定,撤销广州市中级人民法院一审判决,将案件发回广州市中级人民法院重新审理。

广州市中级人民法院重审后认为,被告人许某以非法占有为目的,采取秘密手段窃取银行经营资金的行为,已构成盗窃罪。盗窃金额共计17万余元。许某盗窃金融机构,数额特别巨大,依法本应适用"无期徒刑或者死刑,并处没收财产"的刑罚。鉴于许某是在发现银行自动柜员机出现异常后产生犯意,采用持卡窃取金融机构经营资金的手段,其行为与有预谋或者采取破坏手段盗窃金融机构的犯罪有所不同;从案发具有一定偶然性看,许某犯罪的主观恶性尚不是很大。根据本案具体的犯罪事实、犯罪情节和对于社会的危害程度,对许某可在法定刑以下判处刑罚。该院于2008年3月31日作出判决:被告人许某犯盗窃罪,判处有期徒刑5年,并处罚金人民币2万元。该判决依法报请最高人民法院核准后生效。

许某不服重审判决,再次提出上诉。2008年5月,广东省高级人民法院裁定驳回上诉,维持原判。

【相关法条】

1.《刑法》第5条[罪责刑相适应]:刑罚的轻重,应当与犯罪分子所犯罪行和承担的刑事责任相适应。

2.《刑法》第264条[盗窃罪]:盗窃公私财物,数额较大或者多次盗窃的,处三年以下有期徒刑、拘役或者管制,并处或者单处罚金;……有下列情形之一的,处无期徒刑或者死刑,并处没收财产:

(一)盗窃金融机构,数额特别巨大的;

(二)盗窃珍贵文物,情节严重的。①

3.最高人民法院、最高人民检察院、公安部《关于盗窃罪数额认定标准问

---

① 《刑法修正案(八)》将该条修改为:"盗窃公私财物,数额较大的,或者多次盗窃、入户盗窃、携带凶器盗窃、扒窃的,处三年以下有期徒刑、拘役或者管制,并处或者单处罚金;数额巨大或者有其他严重情节的,处三年以上十年以下有期徒刑,并处罚金;数额特别巨大或者有其他特别严重情节的,处十年以上有期徒刑或者无期徒刑,并处罚金或者没收财产。"

题的规定》:根据刑法第二百六十四条的规定,结合当前的经济发展水平和社会治安状况,现对盗窃罪数额认定标准规定如下:

一、个人盗窃公私财物"数额较大",以五百元至二千元为起点。

二、个人盗窃公私财物"数额巨大",以五千元至二万元为起点。

三、个人盗窃公私财物"数额特别巨大",以三万元至十万元为起点。[①]

【简要评析】

罪责刑相适应是刑法基本原则。罪责刑相适应原则要求对犯罪人适用的刑罚应当与犯罪分子所犯罪行,与其所承担的刑事责任相适应。在判断罪行轻重和刑事责任大小时,不仅要看犯罪的客观社会危害性,而且要考虑行为人的主观恶性和人身危险性,根据罪行和罪犯各方面因素综合体现的社会危害性程度,确定其应该承担的刑事责任,进而处以相应的刑罚。

根据《刑法》第264条(2011年刑法修正案(八)修订之前)的规定,盗窃金融机构,数额特别巨大的,处无期徒刑或者死刑,并处没收财产。本案中许某盗窃数额17万余元,其行为已经构成盗窃罪,且属盗窃金融机构,数额特别巨大。许某没有法定减轻处罚情节,应当判处无期徒刑以上刑罚。但是,鉴于许某是在偶然发现自动柜员机出现异常后临时起意,利用自动柜员机的故障通过持卡取款的方式实施犯罪等特殊情况,其犯罪的主观恶性、犯罪情节和社会危害性要比有预谋盗窃或采取破坏性手段盗窃自动柜员机内的资金轻,其刑事责任相对小,对其判处无期徒刑明显过重。重审法院对其减轻处罚,判处有期徒刑5年,并处罚金人民币2万元符合罪责刑相适应原则,也充分体现了法律效果与社会效果的统一。

[①] 该规定被最高人民法院、最高人民检察院2013年4月2日公布的《关于办理盗窃刑事案件适用法律若干问题的解释》取代。《关于办理盗窃刑事案件适用法律若干问题的解释》第1条第1款规定:"盗窃公私财物价值一千元至三千元以上、三万元至十万元以上、三十万元至五十万元以上的,应当分别认定为刑法第二百六十四条规定的'数额较大'、'数额巨大'、'数额特别巨大'。"

案例22　梁某勋贩卖淫秽物品牟利案①

【知识点】

罪责刑相适应原则

【问题】

贩卖淫秽物品按照数量量刑是否符合罪责刑相适应原则？

【基本案情】

2015年4月,被告人梁某勋在某购物网站上开设了一家网店,经销相关软件和供他人进行网上信息存储、读取、下载的云盘。2015年5月11日,梁某勋在该网店以28.8元的价格向张某某出售了含有视频、图片资源的网络云盘。经鉴定,该云盘内所含的视频906部、图片24张属于淫秽物品。2015年5月间,梁某勋通过该网店向颜某等19人销售含有视频、图片的网络云盘,获利9000余元。经鉴定,上述云盘中所含的视频316部、图片24张属于淫秽物品。

【处理结果】

安吉县人民法院一审认为,被告人梁某勋的行为构成贩卖淫秽物品牟利罪,且属于情节特别严重,考虑到其属于初犯,有坦白情节,对其从轻处罚,判处其有期徒刑10年,并处罚金人民币1万元。

宣判后,被告人梁某勋以本案淫秽物品的数量认定有误,量刑过重等为由提出上诉,浙江省湖州市中级人民法院二审认为,综合考虑梁某勋贩卖淫秽物品的时间、次数、非法获利、传播范围等具体情况,不宜认定为"情节严重"。遂依法改判:梁某勋犯贩卖淫秽物品牟利罪,判处其有期徒刑4年,并处罚金人民币1万元。

---

① 本案例根据《刑事审判参考》指导案例第1351号:梁世勋贩卖淫秽物品牟利案编写。

【相关法条】

1.《刑法》第 5 条 [罪责刑相适应]:刑罚的轻重,应当与犯罪分子所犯罪行和承担的刑事责任相适应。

2.《刑法》第 363 条第 1 款 [制作、复制、出版、贩卖、传播淫秽物品牟利罪]:以牟利为目的,制作、复制、出版、贩卖、传播淫秽物品的,处三年以下有期徒刑、拘役或者管制,并处罚金;情节严重的,处三年以上十年以下有期徒刑,并处罚金;情节特别严重的,处十年以上有期徒刑或者无期徒刑,并处罚金或者没收财产。

3.最高人民法院、最高人民检察院《关于办理利用互联网、移动通讯终端、声讯台制作、复制、出版、贩卖、传播淫秽电子信息刑事案件具体应用法律若干问题的解释》第 1 条:以牟利为目的,利用互联网、移动通讯终端制作、复制、出版、贩卖、传播淫秽电子信息,具有下列情形之一的,依照刑法第三百六十三条第一款的规定,以制作、复制、出版、贩卖、传播淫秽物品牟利罪定罪处罚。

(一)制作、复制、出版、贩卖、传播淫秽电影、表演、动画等视频文件二十个以上的;

……

4.最高人民法院、最高人民检察院《关于办理利用互联网、移动通讯终端、声讯台制作、复制、出版、贩卖、传播淫秽电子信息刑事案件具体应用法律若干问题的解释》第 2 条:实施第一条规定的行为,数量或者数额达到第一条第一款第(一)项至第(六)项规定标准五倍以上的,应当认定为刑法第三百六十三条第一款规定的"情节严重";达到规定标准二十五倍以上的,应当认定为"情节特别严重"。

5.最高人民法院、最高人民检察院《关于利用网络云盘制作、复制、贩卖、传播淫秽电子信息牟利行为定罪量刑问题的批复》(2017 年 12 月 1 日施行)第 2 条:对于以牟利为目的,利用网络云盘制作、复制、贩卖、传播淫秽电子信息的行为,在追究刑事责任时,鉴于网络云盘的特点,不应单纯考虑制作、复制、贩卖、传播淫秽电子信息的数量,还应充分考虑传播范围、违法所得、行为人一贯表现以及淫秽电子信息、传播对象是否涉及未成年人等情节,综合评估社会危害性,恰当裁量刑罚,确保罪责刑相适应。

【简要评析】

根据《刑法》第5条的规定,刑罚的轻重,应当与犯罪分子所犯罪行和承担的刑事责任相适应。《刑法》第363条规定,以牟利为目的,贩卖淫秽物品的,构成贩卖淫秽物品牟利罪。情节严重的,处3年以上10年以下有期徒刑,并处罚金;情节特别严重的,处10年以上有期徒刑或者无期徒刑,并处罚金或者没收财产。根据《关于办理利用互联网、移动通讯终端、声讯台制作、复制、出版、贩卖、传播淫秽电子信息刑事案件具体应用法律若干问题的解释》,以牟利为目的,贩卖淫秽视频20个以上即可构成贩卖淫秽物品牟利罪,100个以上即属于"情节严重",500个以上即属于"情节特别严重"。如果简单套用该司法解释的规定,贩卖网络云盘1个,如果其中含有的淫秽视频500个以上,即达到"情节特别严重"的标准,应判处10年以上有期徒刑或者无期徒刑。但是该司法解释出台时,利用网络云盘贩卖淫秽物品的情况尚未出现。随着网络技术的发展,利用网络云盘制作、复制、贩卖、传播淫秽电子信息的犯罪行为开始出现。由于网络云盘的存储数量巨大,单个云盘存储的淫秽视频可达上万部,但通常情况下,此类案件获利数额不大,传播人数不多,如果简单套用前述司法解释规定的数量作为量刑标准处理此类行为,可能导致量刑畸重,违背罪责刑相适应原则。

本案中,被告人梁某勋利用网络云盘贩卖淫秽视频时间两个多月,云盘内含有视频1222部,传播人数20人,违法所得9000余元。一审法院按照上述司法解释的规定,认定其行为属于"情节特别严重",判处其有期徒刑10年,该判决结果明显过重,有违罪责刑相适应原则。二审法院依照司法解释规定的门槛认定其行为构成贩卖淫秽物品牟利罪,但在认定被告人梁某勋行为是否属于情节严重时,综合考虑了淫秽物品的传播时间、传播范围,行为人的获利数额、悔罪表现等情节,未将其行为认定为"情节特别严重",遂改判其有期徒刑

4年。

　　值得一提的是，2017年12月1日施行的《关于利用网络云盘制作、复制、贩卖、传播淫秽电子信息牟利行为定罪量刑问题的批复》对此类行为的刑罚裁量提供了指导。即对于利用网络云盘制作、复制、贩卖、传播淫秽电子信息牟利案件，量刑时应该综合评估传播范围、违法所得、行为人一贯表现以及淫秽电子信息、传播对象是否涉及未成年人等情节，恰当裁量刑罚。本案二审判决结果是在《关于利用网络云盘制作、复制、贩卖、传播淫秽电子信息牟利行为定罪量刑问题的批复》公布实施之前作出的，但该判决与此批复的内在精神是吻合的，遵循了罪责刑相适应的刑法基本原则。

第三章　刑法效力范围

第一节　刑法的空间效力

案例23　谢伦伯格走私毒品案[①]

【知识点】

属地原则

【问题】

外国人在中国领域内走私毒品,是否属于我国刑法管辖范围?

【基本案情】

凯姆、史蒂芬与"周先生"(均在逃)等人实施有组织的国际贩毒活动。2014年10月中旬,凯姆雇佣翻译许某为其工作,指使许某到大连市租赁仓库、订购轮胎,接收"周先生"、简某荣(因运输毒品罪、非法持有毒品罪被另案判处无期徒刑)从广东省运往大连市的藏有222包甲基苯丙胺(俗称"冰毒")的20吨塑料颗粒并放入仓库,同时告知许某,将委派一名外籍人士处理此批货物。11月19日,凯姆指派加拿大人谢伦伯格到大连与许某会合,拟将毒品藏

[①] 本案例根据《加籍被告谢伦伯格被依法判处死刑》编写。资料来源:人民网(http://world.people.com.cn/n1/2019/0115/c1002-30538041.html)。

匿在轮胎内胆中走私至澳大利亚。此后,谢伦伯格要求许某带其购买了用于将毒品与轮胎内胆重新包装的工具,订购了轮胎、内胎和二手集装箱。谢伦伯格查看货物、评估工作量后,将船期由 11 月更改为 12 月。2014 年 11 月 27 日下午,谢伦伯格给麦某祥(因运输毒品罪被另案处理)打电话,要求其帮助另找仓库存放毒品。麦某祥随后给大连仓储经营商户打电话联系仓库事宜。29 日,许某向公安机关报案。谢伦伯格察觉后,于 12 月 1 日凌晨离开酒店前往大连机场准备逃往泰国。途中,谢伦伯格更换新的 SIM 卡。当日 13 时,飞机经停广州时,谢伦伯格被公安机关抓获。经鉴定,公安机关查获的 222 包冰毒净重 222.035 千克。

【处理结果】

2018 年 11 月 20 日,大连市中级人民法院一审以走私毒品罪(未遂)从轻判处谢伦伯格有期徒刑 15 年,并处没收个人财产人民币 15 万元,驱逐出境。

宣判后,谢伦伯格不服,提出上诉。2018 年 12 月 29 日,辽宁省高级人民法院依法开庭审理此案。辽宁省人民检察院出庭检察员当庭提出,被告人谢伦伯格极有可能参与了有组织的国际贩毒活动,在走私毒品犯罪过程中起重要作用,一审法院认定其为从犯和犯罪未遂并从轻处罚明显不当,建议发回重新审判。法庭采纳了检察机关意见,裁定将本案发回大连市中级人民法院重新审判。

2019 年 1 月 14 日,大连市中级人民法院重审认为,谢伦伯格的行为构成走私毒品罪,其系主犯,属于犯罪既遂。根据谢伦伯格犯罪的事实、性质、情节和对社会的严重危害程度,以走私毒品罪判处谢伦伯格死刑,并处没收个人全部财产。

宣判后,谢伦伯格不服,提出上诉,辽宁省高级人民法院于 2019 年 8 月 10 日裁定:驳回上诉,维持原判。

【相关法条】

1.《刑法》第 6 条第 1 款 [属地管辖权]:凡在中华人民共和国领域内犯罪

的,除法律有特别规定的以外,都适用本法。

2.《刑法》第11条 [外交代表刑事管辖豁免]:享有外交特权和豁免权的外国人的刑事责任,通过外交途径解决。

3.《刑法》第347条第2款 [走私、贩卖、运输、制造毒品罪]:走私、贩卖、运输、制造毒品,有下列情形之一的,处十五年有期徒刑、无期徒刑或者死刑,并处没收财产:

(一)走私、贩卖、运输、制造鸦片一千克以上、海洛因或者甲基苯丙胺五十克以上或者其他毒品数量大的;

……

【简要评析】

根据我国《刑法》第6条的规定,凡在中华人民共和国领域内犯罪的,除法律有特别规定的以外,都适用我国《刑法》。根据《刑法》第11条的规定,享有外交特权和豁免权的外国人的刑事责任,通过外交途径解决。

本案中,加拿大人科伦伯格在我国领域内走私冰毒,其数额超过222千克,已经构成走私毒品罪,依法应该在15年有期徒刑、无期徒刑或者死刑幅度内判处主刑。由于谢伦伯格不属于享有外交特权和豁免权的外国人,对其在我国领域内犯罪,应该受到我国刑法的管辖。大连市中级人民法院依照我国刑法对其走私毒品行为判处死刑是刑法属地管辖原则的体现。

案例24　江某日本被杀案[①]

【知识点】

属人原则

[①] 本案例根据《专家谈江歌案:中日两国对该案都有刑事管辖权》编写。资料来源:中国新闻网(https://www.chinanews.com.cn/sh/2017/11-15/8376656.shtml)。

【问题】

中国人在外国犯罪,中国刑法有无管辖权?

【基本案情】

江某,山东青岛人,生前是日本法政大学硕士研究生。被告人陈某峰是在日本大东文化大学就读的中国留学生,系江某同住室友刘某的前男友。2016年11月3日凌晨,江某应刘某要求到日本东京某车站去接刘某回公寓,抵达公寓楼时,陈某峰等在公寓楼前,三人发生了争辩。刘某进屋后,陈某峰刺中江某数刀。江某因失血过多,抢救无效死亡。

【处理结果】

2017年12月20日,日本东京地方裁判所以故意杀人罪和恐吓罪判处陈某峰有期徒刑20年。

【相关法条】

1.《刑法》第7条第1款 [属人管辖权]:中华人民共和国公民在中华人民共和国领域外犯本法规定之罪的,适用本法,但是按本法规定的最高刑为三年以下有期徒刑的,可以不予追究。

2.《刑法》第10条 [对外国刑事判决的消极承认]:凡在中华人民共和国领域外犯罪,依照本法应当负刑事责任的,虽然经过外国审判,仍然可以依照本法追究,但是在外国已经受过刑罚处罚的,可以免除或者减轻处罚。

3.《刑法》第232条[故意杀人罪]:故意杀人的,处死刑、无期徒刑或者十年以上有期徒刑;情节较轻的,处三年以上十年以下有期徒刑。

【简要评析】

根据《刑法》第7条的规定,中国公民在中华人民共和国领域外犯我国刑法规定之罪的,适用我国刑法,但是最高刑为3年以下有期徒刑的,可以不予追究。

本案中,陈某峰是中国公民,在日本故意杀人,按照我国刑法规定,该罪法定最高刑为死刑,因而不属于刑法规定的可不追究刑事责任的范围,意即我国刑法对陈某峰故意杀人案件具有管辖权。虽然日本根据属地原则对该案件进行了管辖,但是我国对外国判决采用消极承认原则,该案件虽然经过日本审判,仍然可以依照我国刑法追究陈某峰的刑事责任。如果陈某峰回到中国,我国司法机关仍可依法对其享有追诉权,但是因陈某峰在国外已经受过刑罚处罚,可以免除或者减轻处罚。

案例25　章某颖美国被杀案①

【知识点】

保护管辖原则

【问题】

中国公民在国外被外国人杀害,我国刑法有无管辖权?

【基本案情】

2017年6月9日,中国访问学者章某颖在美国伊利诺伊大学香槟分校附近上了一辆黑色轿车,然后失联。随后,美国警方逮捕了犯罪嫌疑人——27岁的白人男子克里斯滕森。据调查,克里斯滕森将章某颖带回自己的公寓,对她进行暴力性侵后,又将其杀害并弃尸他处。为了掩盖罪行,克里斯滕森彻底清理了公寓和车辆。但调查人员还是在床垫、地板、墙面、地毯和棒球棒上发现了血迹。经检测,这些血迹是章某颖的。

---

① 本案例根据《终身监禁!章莹颖案判决出炉　陪审团未判被告死刑》编写。资料来源:中国新闻网(https://www.chinanews.com.cn/hr/2019/07-19/8899914.shtml)。

【处理结果】

当地时间2019年7月18日,美国伊利诺伊州皮奥里亚联邦法院认定克里斯滕森构成一项谋杀致死罪,两项虚假陈述罪,判处其终身监禁。

【相关法条】

1.《刑法》第8条[保护管辖权]:外国人在中华人民共和国领域外对中华人民共和国国家或者公民犯罪,而按本法规定的最低刑为三年以上有期徒刑的,可以适用本法,但是按照犯罪地的法律不受处罚的除外。

2.《刑法》第10条[对外国刑事判决的消极承认]:凡在中华人民共和国领域外犯罪,依照本法应当负刑事责任的,虽然经过外国审判,仍然可以依照本法追究,但是在外国已经受过刑罚处罚的,可以免除或者减轻处罚。

3.《刑法》第232条[故意杀人罪]:故意杀人的,处死刑、无期徒刑或者十年以上有期徒刑;情节较轻的,处三年以上十年以下有期徒刑。

【简要评析】

根据《刑法》第8条的规定,外国人在中华人民共和国领域外对中华人民共和国国家或者公民犯罪,而按照我国刑法规定,最低刑为3年以上有期徒刑的,可以适用我国刑法,但是按照犯罪地的法律不受处罚的除外。

本案中,克里斯滕森系外国公民,其在美国强奸、故意杀害中国公民章某颖,所犯罪行最低刑为3年以上有期徒刑,而且按照犯罪地即美国的法律也是犯罪,因而根据《刑法》第8条的规定,我国可以适用保护管辖原则对该案进行管辖。虽然该案被美国法院依据属地管辖原则进行了审判,但是我国对外国判决采用消极承认的原则,即使经过美国法院审判,我国法院对该案仍有刑事管辖权。

案例 26　阿丹·奈姆等抢劫案①

【知识点】

普遍管辖原则

【问题】

对于我国缔结或者参加的国际条约规定的犯罪,我国刑法是否有管辖权?

【基本案情】

印度尼西亚人阿丹·奈姆受他人指使,先后招引印度尼西亚的利都安·喜拉依特、达马·步得拉、约翰·罗斯曼多、乌山·阿瓦思得·阿喜羊等9人结成犯罪团伙。1999年6月8日,阿丹·奈姆召集上述9人,发给每人1把刀作为作案工具。当晚,上述10人乘坐事先准备好的2艘快艇在马来西亚海域追上泰国籍油轮"暹罗差猜号"(SIAMXANXAI),阿丹·奈姆带领利都安·喜拉依特、达马·步得拉等人持刀先行登上该油轮,首先控制该油轮驾驶台,然后将被害人差猜·炎塞埃、能为·胜挪等17名泰国船员捆绑起来,关押于该油轮的船舱、走廊和饭堂中。而后,渥里·默默希特、渣依那·宾·沙拉卡等人也登上该油轮,与已在油轮上的阿丹·奈姆等6人轮流看守泰国船员。1999年6月10日晚,阿丹·奈姆等人在马来西亚海域除继续将泰国船员能为·胜挪扣留外,将其余16名泰国船员赶下1艘快艇放走。阿丹·奈姆指使达马·步得拉、约翰·罗斯曼多等人将该油轮的船名"暹罗差猜号"(SIAMXANXAI)涂改为"奥米号"(OMY),将注册港曼谷(BANGKOK)涂改为新加坡(SINGAPORE)。劫得该油轮后,阿丹·奈姆指挥该油轮沿着马来西亚—菲律宾—中国台湾航线航行,并于17日进入中国领海。次日,与中国杂货轮"正阳一号"(另案处理)联系销赃该油轮上的柴油。当被涂改为"奥米号"的"暹罗差猜号"油轮与"正阳一号"正在接驳柴油时,被中国警方现场查获,并缴获被涂改为"奥米号"的泰国油轮"暹罗

---

① 本案例根据《刑事审判参考》指导案例第245号:阿丹·奈姆等抢劫案编写。

差猜号"(价值人民币473万余元)以及该油轮装载的柴油1900吨(价值人民币361万元)。

【处理结果】

2001年1月31日,广东省汕头市人民检察院以抢劫罪对阿丹·奈姆等10人提起公诉。汕头市中级人民法院一审认为,被告人阿丹·奈姆、利都安·喜拉依特、达马·步得拉等人无视中华人民共和国参加的《联合国海洋法公约》《制止危及海上航行安全非法行为公约》等国际法律和中华人民共和国法律,以夺取船只及船上货物为目的,在国际航线上非法登临他国船只,以胁迫、捆绑手段制服船员后劫夺并控制船只,并在中华人民共和国领域内进行销赃,其行为均已触犯《刑法》第9条、第263条之规定,构成抢劫罪,且抢劫数额特别巨大。考虑到共同犯罪中各被告人的作用大小等因素,分别判处被告人阿丹·奈姆有期徒刑15年,并处罚金人民币3万元,驱逐出境;判处被告人利都安·喜拉依特有期徒刑13年,并处罚金人民币2万元,驱逐出境。其他被告人也被判处相应刑罚。

一审宣判后,被告人阿丹·奈姆等人均服判,未提出上诉。

【相关法条】

1.《刑法》第9条[普遍管辖权]:对于中华人民共和国缔结或者参加的国际条约所规定的罪行,中华人民共和国在所承担条约义务的范围内行使刑事管辖权的,适用本法。

2.《刑法》第263条[抢劫罪]:以暴力、胁迫或者其他方法抢劫公私财物的,处三年以上十年以下有期徒刑,并处罚金;有下列情形之一的,处十年以上有期徒刑、无期徒刑或者死刑,并处罚金或者没收财产:

……

(四)多次抢劫或者抢劫数额巨大的;

……

【简要评析】

为有效地同国际犯罪作斗争,有关国际公约对国际犯罪规定了普遍管辖原则。根据普遍管辖原则,世界上每个主权国家都有权对国际犯罪实行刑事管辖,而不论这种犯罪是否在本国领域内发生,是否由本国公民实施,也不论是否侵害本国国家或公民的利益,只要罪犯在其领域内被发现,就可以行使刑事管辖权。由此构成的国际社会完整有效的刑事管辖体系,堵住了由于世界各国固守国家司法主权而形成的打击国际犯罪中出现的管辖漏洞,有利于更有效地与犯罪作斗争。

普遍管辖原则的适用也有例外:首先,普遍管辖原则在适用主体上具有限制,即不适用于享有外交特权和刑事管辖豁免权的外交代表。其次,普遍管辖原则在适用对象上,仅限于世界各国普遍认同的国际犯罪,而不是适用于任何犯罪。所谓国际犯罪,根据有关国际条约的规定,一般包括五类:

第一,危害人类和平与安全的犯罪,包括侵略罪、战争罪、反人道罪、非法使用武器罪、灭绝种族罪等;第二,侵犯基本人权的犯罪,包括种族隔离罪、种族歧视罪、劫持人质罪、贩卖和使用奴隶罪、国际贩卖人口罪、酷刑罪等;第三,破坏国际秩序的犯罪,包括侵害应受国际保护人员罪,劫持航空器罪,危害国际民用航空安全罪,妨害国际航空罪,海盗罪,危害海上航空安全罪,危害大陆架固定平台安全罪,破坏海底电缆、管道罪,非法使用邮件罪等;第四,危害公众利益的犯罪,包括毒品犯罪、非法获取和使用核材料罪、破坏环境罪等;第五,危害国家利益的犯罪,包括妨害国家货币罪,毁坏、盗窃、非法转移国家珍贵文物和文化财产罪等。

根据我国《刑法》第9条的规定,对于中华人民共和国缔结或者参加的国际条约所规定的罪行,中华人民共和国在所承担条约义务的范围内行使刑事管辖权。本案中,被告人阿丹·奈姆等人为印度尼西亚人,他们在马来西亚海域抢劫泰国油轮的行为,属于国际犯罪中的海盗行为。该团伙犯罪人在中国领域内被抓获。根据我国参加的《联合国海洋法公约》和《制止危及海上航行安全非法行为公约》的有关规定,以及我国《刑法》第9条确定的普遍管辖原则,我国可以对阿丹·奈姆等人在我国领域外的海上抢劫犯罪行为行使刑事管辖权。为此,广东省汕头市中级人民法院对此案进行了审理,并依照我国刑法对其进行判决是有法律依据的。

案例27 糯康等故意伤害、劫持船只、运输毒品案①

【知识点】

属地原则、保护管辖原则、普遍管辖原则

【问题】

外国人在航行于域外的中国船只上犯罪,我国刑法是否有管辖权?

【基本案情】

2011年9月底10月初,为报复中国船只被缅甸军队征用而清剿自己所在的犯罪集团,缅甸籍被告人糯康先后与被告人桑康·乍萨、依莱、翁蔑、弄罗(均另案处理)预谋策划劫持中国船只、杀害中国船员,并在船上放置毒品栽赃陷害。

2011年10月5日晨,根据糯康授意,在桑康·乍萨指挥下,翁蔑带领温那、碗香等人(均另案处理),携带枪支,驾乘快艇,在湄公河"梭崩"与"散布岛"之间的"弄要"附近劫持中国船只"玉兴8号""华平号",捆绑控制船员,并将事先准备的毒品分别放置在两艘船上。被告人扎西卡与扎波、扎拖波(均为同案被告人,已判刑)接到翁蔑等人通知后赶到"弄要"参与武装劫船。两船被劫至泰国境内停靠。翁蔑、扎西卡、扎波等人在船上向中国船员开枪射击后驾乘快艇逃离。按照与依莱、弄罗的约定,在岸边等候的泰国不法军人随即向两艘中国船只开枪射击,而后登船继续射击,并将中国船员尸体抛入湄公河。

案发当天,经现场勘查,在"玉兴8号"驾驶室发现被害人杨某尸体,在"玉

---

① 本案例根据《刑事审判参考》改革开放四十周年典型案例:糯康犯罪集团故意杀人、运输毒品、劫持船只、绑架案编写。

兴 8 号""华平号"上共查获 919600 粒毒品可疑物。同月 7 日至 11 日,在清盛港附近陆续打捞出被蒙眼、蒙嘴、捆绑双手的黄某、王某等 12 具被害人尸体。经鉴定,上述 13 人均为枪弹伤导致死亡。查获的毒品可疑物系冰毒,净重 84516.01 克。

2011 年 4 月 2 日,被告人桑康·乍萨与翁蔑、扎西卡、扎波等人在湄公河"挡石栏"滩头将中国货船"渝西 3 号"船长冉某和老挝客船"金木棉 3 号"船长罗某劫为人质。次日,又在"孟巴里奥"附近水域将中国货船"正鑫 1 号""中油 1 号""渝西 3 号"劫持至"三颗石"附近,并将 15 名中国船员扣押为人质。之后,"正鑫 1 号"船长钟某甲被强行带走并与罗某、冉某一同关押。罗某、冉某在被关押期间遭捆绑、殴打,被迫与老挝金木棉公司和"正鑫 1 号"出资人于某某联系交钱赎人。经于某某与糯康派出的代表弄罗谈判,4 月 6 日下午,弄罗将收到的 2500 万泰铢赎金交付给被告人依莱后,罗某、冉某、钟某获释。三艘中国货船及船员最终被缅甸政府解救。

【处理结果】

云南省昆明市中级人民法院一审认定,被告人糯康犯故意杀人罪、运输毒品罪、劫持船只罪,数罪并罚,决定执行死刑,并处没收个人全部财产;以故意杀人罪、运输毒品罪、绑架罪、劫持船只罪,数罪并罚,判处被告人桑康·乍萨和依莱死刑,并处没收个人全部财产。其他被告人也被判处相应刑罚。

宣判后,糯康等人不服判决,提出上诉。2013 年 2 月 26 日,云南省高级人民法院裁定:驳回上诉、维持原判。

【相关法条】

1.《刑法》第 6 条 [属地管辖权]:凡在中华人民共和国领域内犯罪的,除法律有特别规定的以外,都适用本法。

凡在中华人民共和国船舶或者航空器内犯罪的,也适用本法。

犯罪的行为或者结果有一项发生在中华人民共和国领域内的,就认为是在中华人民共和国领域内犯罪。

2.《刑法》第 8 条 [保护管辖权]:外国人在中华人民共和国领域外对中华人民共和国国家或者公民犯罪,而按本法规定的最低刑为三年以上有期徒刑的,可以适用本法,但是按照犯罪地的法律不受处罚的除外。

3.《刑法》第 9 条 [普遍管辖权]:对于中华人民共和国缔结或者参加的国际条约所规定的罪行,中华人民共和国在所承担条约义务的范围内行使刑事管辖权的,适用本法。

4.《刑法》第 122 条 [劫持船只、汽车罪]:以暴力、胁迫或者其他方法劫持船只、汽车的,处五年以上十年以下有期徒刑;造成严重后果的,处十年以上有期徒刑或者无期徒刑。

5.《刑法》第 232 条 [故意杀人罪]:故意杀人的,处死刑、无期徒刑或者十年以上有期徒刑;情节较轻的,处三年以上十年以下有期徒刑。

6.《刑法》第 239 条 [绑架罪]:以勒索财物为目的绑架他人的,或者绑架他人作为人质的,处十年以上有期徒刑或者无期徒刑,并处罚金或者没收财产;情节较轻的,处五年以上十年以下有期徒刑,并处罚金。

犯前款罪,杀害被绑架人的,或者故意伤害被绑架人,致人重伤、死亡的,处无期徒刑或者死刑,并处没收财产。

……

7.《刑法》第 347 条第 2 款 [走私、贩卖、运输、制造毒品罪]:走私、贩卖、运输、制造毒品,有下列情形之一的,处十五年有期徒刑、无期徒刑或者死刑,并处没收财产:

(一)走私、贩卖、运输、制造鸦片一千克以上、海洛因或者甲基苯丙胺五十克以上或者其他毒品数量大的;

(二)走私、贩卖、运输、制造毒品集团的首要分子;

(三)武装掩护走私、贩卖、运输、制造毒品的;

(四)以暴力抗拒检查、拘留、逮捕,情节严重的;

(五)参与有组织的国际贩毒活动的。

【简要评析】

刑事管辖权是一个国家主权的组成部分。根据《刑法》第6条的规定,凡在中华人民共和国领域内犯罪的,除法律有特别规定的以外,一律适用我国刑法。凡在中华人民共和国船舶或者航空器内犯罪的,也适用我国刑法。本案中"玉兴8号""华平号"都属于中国船只,糯康等人在我国船舶上故意杀人,依法属于我国刑法管辖范围。

根据《刑法》第8条的规定,我国刑法对外国人在我国领域外侵犯我国国家和公民利益的行为采用保护主义原则进行管辖。本案中,糯康等人在湄公河对我国公民进行绑架勒索赎金,构成绑架罪,我国刑法规定的最低刑为3年以上有期徒刑,且按照犯罪地的法律也是犯罪,因此应该适用我国刑法。

根据《刑法》第9条的规定,对于中华人民共和国缔结或者参加的国际条约所规定的罪行,中华人民共和国在所承担条约义务的范围内行使刑事管辖权。本案中,毒品犯罪属于国际条约规定的犯罪。1988年12月19日,联合国通过《禁止非法贩运麻醉药品和精神药物公约》,于1990年11月11日生效。该公约规定,犯罪发生在犯罪时悬挂其国旗的船只或按其法律注册的飞行器上时,各缔约国应确立本国的管辖权。我国全国人民代表大会常务委员会于1989年9月4日批准了该公约。因此,对于发生在悬挂我国国旗的船只上的运输毒品犯罪行为,我国刑法有管辖权。另外,全国人民代表大会常务委员会于1992年12月28日发布了关于我国加入《反对劫持人质国际公约》的决定,对发生在我国领域内或在我国登记的船只或飞机上的劫持人质罪行,我国享有管辖权。本案中,糯康等人实施了运输毒品、劫持人质行为,这两项犯罪均属于我国参加的国际条约规定的犯罪,对此,我国有义务也有权力进行管辖。

第二节　刑法的时间效力

案例28　麻某钢强奸、故意杀人案[1]

【知识点】

刑法的溯及力

【问题】

1992年实施强奸、故意杀人，2020年犯罪嫌疑人被抓获，如何适用刑法？

【基本案情】

1992年3月20日22时许，被告人麻某钢在原南京医学院（现南京医科大学）校园内发现林某独自在教室自习，遂持铁棍将林某暴力胁迫至教学楼门厅外口处强行与林某发生了性关系，其间因遭到林某反抗，麻某钢用铁棍多次击打林某头部。后因担心罪行败露，麻某钢将林某拖至一窨井处，将林某头朝下投入窨井后盖上井盖，又将林某的书包、书本、衣物等随身物品投入旁边另一窨井内。作案后，麻某钢因形迹可疑被校卫队队员盘查时逃离现场。同年3月24日，被害人林某的尸体在窨井内被发现。经鉴定，被害人林某系被他人用钝器击打头部致颅脑损伤合并溺水引起机械性窒息而死亡。案发4天后，南京警方立案侦查，但因破案条件不足，凶手没有明确。直至2020年2月23日，犯罪嫌疑人麻某钢被抓获。

【处理结果】

因案发时间与处理时间超过20年，此案是否追诉需报最高人民检察院审

---

[1] 本案例根据《追诉，为了迟来的正义》编写。资料来源：检察日报（http://news.jcrb.com/jsxw/2021/202101/t20210126_2246070.html）。

核。最高人民检察院认为,犯罪嫌疑人麻某钢涉嫌故意杀人罪、强奸罪,法定最高刑为死刑,虽然经过了28年,但是麻某钢犯罪的性质、情节、后果特别严重,依法必须追诉,决定对犯罪嫌疑人麻某钢核准追诉。

2020年10月14日,南京市中级人民法院依据1979年刑法作出一审判决:被告人麻某钢犯故意杀人罪,判处死刑,剥夺政治权利终身;犯强奸罪,判处有期徒刑7年,决定执行死刑,剥夺政治权利终身。

一审宣判后,被告人麻某钢不服判决,提出上诉。2021年1月19日,江苏省高级人民法院裁定:驳回上诉,维持原判,并依法报请最高人民法院核准执行死刑。

【相关法条】

1.《刑法》第12条第1款 [溯及力]:中华人民共和国成立以后本法施行以前的行为,如果当时的法律不认为是犯罪的,适用当时的法律;如果当时的法律认为是犯罪的,依照本法总则第四章第八节的规定应当追诉的,按照当时的法律追究刑事责任,但是如果本法不认为是犯罪或者处刑较轻的,适用本法。

2.《刑法》第87条 [追诉时效期限]:犯罪经过下列期限不再追诉:

......

(四)法定最高刑为无期徒刑、死刑的,经过二十年。如果二十年以后认为必须追诉的,须报请最高人民检察院核准。

3.《刑法》(1979年)第132条 [故意杀人罪]:故意杀人的,处死刑、无期徒刑或者十年以上有期徒刑;情节较轻的,处三年以上十年以下有期徒刑。

4.《刑法》(1979年)第139条第1款 [强奸罪]:以暴力、胁迫或者其他手段强奸妇女的,处三年以上十年以下有期徒刑。

5.《刑法》第232条 [故意杀人罪]:故意杀人的,处死刑、无期徒刑或者十年以上有期徒刑;情节较轻的,处三年以上十年以下有期徒刑。

6.《刑法》第236条第1款 [强奸罪]:以暴力、胁迫或者其他手段强奸妇女的,处三年以上十年以下有期徒刑。

7.最高人民法院《关于适用刑法第十二条几个问题的解释》第1条:刑法

第十二条规定的"处刑较轻",是指刑法对某种犯罪规定的刑罚即法定刑比修订前刑法轻。法定刑较轻是指法定最高刑较轻;如果法定最高刑相同,则指法定最低刑较轻。

8.最高人民法院《关于适用刑法第十二条几个问题的解释》第2条:如果刑法规定的某一犯罪只有一个法定刑幅度,法定最高刑或者最低刑是指该法定刑幅度的最高刑或者最低刑;如果刑法规定的某一犯罪有两个以上的法定刑幅度,法定最高刑或者最低刑是指具体犯罪行为应当适用的法定刑幅度的最高刑或者最低刑。

【简要评析】

根据《刑法》第12条第1款的规定,如果行为当时的法律认为是犯罪的,依照刑法总则第4章第8节的规定应当追诉的,按照当时的法律追究刑事责任。但是如果新生效的刑法不认为是犯罪或者处刑较轻的,适用新法。该规定体现了我国刑法在溯及力方面采用的是从旧兼从轻原则。而所谓追诉时效,是指刑事法律规定的,对犯罪分子追究刑事责任的有效期限。法定最高刑为无期徒刑、死刑的,一般经过20年,不再追诉。如果20年后认为必须追诉的,须报请最高人民检察院核准。

本案中,麻某钢涉嫌故意杀人罪、强奸罪,法定最高刑均为死刑,虽然经过了20年,但其犯罪性质、情节、后果特别严重,具有追诉必要性,因而最高人民检察院核准追诉。

本案发生在1979年刑法生效期间,审判发生在1997年刑法生效期间,且1979年刑法和1997年刑法对于强奸罪与故意杀人罪的法定最高刑和最低刑规定相同,按照《刑法》第12条规定的从旧兼从轻原则,应该依照1979年刑法定罪处刑。因此,人民法院依照1979年刑法判决麻某钢犯强奸罪和故意杀人罪,数罪并罚,决定执行死刑,剥夺政治权利终身。

案例29　仇某侵害英雄烈士名誉、荣誉案①

【知识点】

刑法的溯及力

【问题】

从旧兼从轻的刑法溯及力原则在刑法修正前后如何适用？

【基本案情】

2020年6月，印度军队公然违背与我方达成的共识，悍然越线挑衅。在与之交涉和激烈斗争中，解放军新疆军区某边防团团长祁发宝身先士卒，身负重伤；营长陈红军、战士陈祥榕突入重围营救，奋力反击，英勇牺牲；战士肖思远突围后义无反顾返回营救战友，战斗至生命最后一刻；战士王焯冉在渡河支援途中，拼力救助被冲散的战友脱险，自己却被淹没在冰河中。同年6月，陈红军、陈祥榕、肖思远、王焯冉被评定为烈士；2021年2月，中央军委追授陈红军"卫国戍边英雄"荣誉称号，追记陈祥榕、肖思远、王焯冉一等功，授予祁发宝"卫国戍边英雄团长"荣誉称号。

2021年2月19日上午，被告人仇某为博取眼球，使用其新浪微博账户"辣笔小球"（粉丝数250余万人），先后发布2条微博，歪曲卫国戍边官兵祁发宝、陈红军、陈祥榕、肖思远、王焯冉等人的英雄事迹，诋毁、贬损卫国戍边官兵的英雄精神，侵害英雄烈士名誉、荣誉。上述微博在网络上迅速扩散，引起公众强烈愤慨，造成恶劣社会影响。

【处理结果】

2021年2月25日，江苏省南京市公安局建邺分局以仇某涉嫌寻衅滋事罪

① 本案例根据最高人民检察院指导性案例第136号：仇某侵害英雄烈士名誉、荣誉案编写。

提请批准逮捕。3月1日,建邺区人民检察院以仇某涉嫌侵害英雄烈士名誉、荣誉罪对其批准逮捕。2021年5月31日,南京市建邺区人民法院认定被告人仇某犯侵害英雄烈士名誉、荣誉罪,判处有期徒刑8个月;并责令其自判决生效之日起10日内通过国内主要门户网站及全国性媒体公开赔礼道歉,消除影响。

判决宣告后,仇某未上诉,判决已生效。2021年6月25日,仇某在《法治日报》及法制网发布道歉声明。

【相关法条】

1.《刑法》第12条第1款[溯及力]:中华人民共和国成立以后本法施行以前的行为,如果当时的法律不认为是犯罪的,适用当时的法律;如果当时的法律认为是犯罪的,依照本法总则第四章第八节的规定应当追诉的,按照当时的法律追究刑事责任,但是如果本法不认为是犯罪或者处刑较轻的,适用本法。

2.《刑法》第293条第1款[寻衅滋事罪]:有下列寻衅滋事行为之一,破坏社会秩序的,处五年以下有期徒刑、拘役或者管制:

……

(四)在公共场所起哄闹事,造成公共场所秩序严重混乱的。

3.《刑法》第299条之一[侵害英雄烈士名誉、荣誉罪]:侮辱、诽谤或者以其他方式侵害英雄烈士的名誉、荣誉,损害社会公共利益,情节严重的,处三年以下有期徒刑、拘役、管制或者剥夺政治权利。

【简要评析】

根据《刑法》第12条第1款的规定,如果行为当时的法律认为是犯罪的,依照刑法总则第4章第8节的规定应当追诉的,按照当时的法律追究刑事责任,但是如果新生效的刑法不认为是犯罪或者处刑较轻的,适用新法。该规定体现了我国刑法在溯及力方面采用的是从旧兼从轻原则。据此,发生在《刑法修正案(十一)》(2021年3月1日生效)实施前的行为,在《刑法修正案(十一)》实施后尚未处理或者正在处理的,应当根据《刑法》第12条规定的从旧兼从轻原则,追究刑事责任。

本案中,被告人仇某的行为发生在2021年2月,当时《刑法修正案(十一)》尚未生效,但审判发生在2021年5月,此时《刑法修正案(十一)》已经生效。侵害英雄烈士名誉、荣誉罪是《刑法修正案(十一)》新增的罪名,该罪确定的法定最高刑为3年有期徒刑,比寻衅滋事罪的法定最高刑5年有期徒刑更轻。根据从旧兼从轻的刑法溯及力原则,对仇某的行为应以侵害英雄烈士名誉、荣誉罪定罪处罚。

案例30　许某峰等侵犯著作权案①

【知识点】

刑法的溯及力

【问题】

《刑法修正案(十一)》生效前后,侵犯著作权罪应该适用新法还是旧法?

【基本案情】

2017年年底,为谋取非法利益,蓝某(另案处理)在未经著作权人北京某科技公司许可的情况下,伙同朱某、宋某(均另案处理)以10万元的价格非法获取《问道》1.60版本服务端程序,并由朱某改编为与《问道》1.60版本实质性相似的《一战成名》和《一鸣惊人》两个私服游戏。2018年1月,蓝某带领团队成员被告人许某峰、孙某泽等人负责推广《一战成名》。许某峰、孙某泽负责宣传拉玩家,并按照各自拉进的玩家充值金额拿提成。截至2018年5月,许某峰和孙某泽非法经营额分别达到105万元和76万元。后,该两名被告人主动投案自首,并认罪认罚、赔偿被害人损失。

①本案例根据江苏省高级人民法院(2021)苏刑终34号刑事判决书编写。

【处理结果】

2020年11月19日,江苏省徐州市中级人民法院作出一审判决,被告人许某峰犯侵犯著作权罪,判处有期徒刑2年,并处罚金人民币32万元;被告人孙某泽犯侵犯著作权罪,判处有期徒刑1年6个月,并处罚金人民币23万元。

宣判后,许某峰不服判决,提出上诉。2021年3月3日,江苏省高级人民法院二审维持对被告人孙某泽的一审判决;改判上诉人许某峰犯侵犯著作权罪,判处有期徒刑2年,缓刑3年,并处罚金人民币32万元。

【相关法条】

1.《刑法》第12条第1款[溯及力]:中华人民共和国成立以后本法施行以前的行为,如果当时的法律不认为是犯罪的,适用当时的法律;如果当时的法律认为是犯罪的,依照本法总则第四章第八节的规定应当追诉的,按照当时的法律追究刑事责任,但是如果本法不认为是犯罪或者处刑较轻的,适用本法。

2.《刑法》第217条(《刑法修正案(十一)》生效后)[侵犯著作权罪]:以营利为目的,有下列侵犯著作权或者与著作权有关的权利的情形之一,违法所得数额较大或者有其他严重情节的,处三年以下有期徒刑,并处或者单处罚金;违法所得数额巨大或者有其他特别严重情节的,处三年以上十年以下有期徒刑,并处罚金:

(一)未经著作权人许可,复制发行、通过信息网络向公众传播其文字作品、音乐、美术、视听作品、计算机软件及法律、行政法规规定的其他作品的;

......

3.《刑法》第217条(《刑法修正案(十一)》生效前)[侵犯著作权罪]:以营利为目的,有下列侵犯著作权情形之一,违法所得数额较大或者有其他严重情节的,处三年以下有期徒刑或者拘役,并处或者单处罚金;违法所得数额巨大或者有其他特别严重情节的,处三年以上七年以下有期徒刑,并处罚金:

(一)未经著作权人许可,复制发行其文字作品、音乐、电影、电视、录像作品、计算机软件及其他作品的;

......

4.最高人民法院、最高人民检察院《关于办理侵犯知识产权刑事案件具体应用法律若干问题的解释》第5条第2款：以营利为目的，实施刑法第二百一十七条所列侵犯著作权行为之一，违法所得数额在十五万元以上的，属于"违法所得数额巨大"；具有下列情形之一的，属于"有其他特别严重情节"，应当以侵犯著作权罪判处三年以上七年以下有期徒刑，并处罚金：

（一）非法经营数额在二十五万元以上的；

......

【简要评析】

根据《刑法》第12条的规定，发生在《刑法修正案（十一）》（2021年3月1日生效）实施前的行为，在《刑法修正案（十一）》实施后尚未处理或者正在处理的，应当根据《刑法》第12条规定的从旧兼从轻原则，追究刑事责任。

本案二审期间《刑法修正案（十一）》生效，无论是按照《刑法修正案（十一）》生效之前的刑法还是按照《刑法修正案（十一）》生效后的刑法，许某峰等人的行为均符合侵犯著作权罪的构成条件，且属于"有其他特别严重情节"，应该在第二个量刑幅度内判处刑罚。但相比较而言，《刑法修正案（十一）》生效之前，刑法对此种情形规定的最高刑为7年，而修正后刑法对此种情形规定的最高刑为10年，前者更低，对该罪的处罚更轻，根据《刑法》第12条规定的从旧兼从轻的溯及力原则，对该罪应该适用修正前的刑法进行处罚。由于被告人有自首、认罪认罚、赔偿被害人损失等情节，二审法院依法对被告人作出了前述判决。

第四章　犯罪的概念和特征

案例31　黄某间谍案[1]

【知识点】

犯罪的概念和特征

【问题】

间谍行为是否构成犯罪？

【基本案情】

1997年7月，被告人黄某大学毕业后，进入某研究所工作，后因违反劳动纪律受到单位处理，从2003年2月起待岗，2004年2月自动离职。黄某因对单位心生不满，同时为了获取非法金钱利益，产生了向境外间谍组织出卖国家秘密的念头。2002年春节后，黄某通过网络主动联系某国间谍组织，与之建立情报关系。2002年6月至2011年9月，黄某先后多次与该间谍组织代理人会面，并接受任务和指示，向该间谍组织提供其非法收集、窃取的我国国家秘密，对国家安全造成特别严重危害。2011年12月20日，黄某被抓获归案。

【处理结果】

2014年4月22日，成都市中级人民法院一审认定黄某犯间谍罪，判处死

---

[1] 本案例根据《刑事审判参考》改革开放四十周年典型案例：黄宇间谍案编写。

刑,剥夺政治权利终身,并处没收个人全部财产。

宣判后,黄某未提出上诉。

【相关法条】

1.《刑法》第13条 [犯罪概念]:一切危害国家主权、领土完整和安全,分裂国家、颠覆人民民主专政的政权和推翻社会主义制度,破坏社会秩序和经济秩序,侵犯国有财产或者劳动群众集体所有的财产,侵犯公民私人所有的财产,侵犯公民的人身权利、民主权利和其他权利,以及其他危害社会的行为,依照法律应当受刑罚处罚的,都是犯罪,但是情节显著轻微危害不大的,不认为是犯罪。

2.《刑法》第110条 [间谍罪]:有下列间谍行为之一,危害国家安全的,处十年以上有期徒刑或者无期徒刑;情节较轻的,处三年以上十年以下有期徒刑:

(一)参加间谍组织或者接受间谍组织及其代理人的任务的;

(二)为敌人指示轰击目标的。

3.《刑法》第113条 [危害国家安全罪适用死刑、没收财产的规定]:本章上述危害国家安全罪行中,除第一百零三条第二款、第一百零五条、第一百零七条、第一百零九条外,对国家和人民危害特别严重、情节特别恶劣的,可以判处死刑。

犯本章之罪的,可以并处没收财产。

【简要评析】

根据《刑法》第13条的规定,犯罪是严重危害社会,触犯刑法,应受刑罚处罚的行为。根据《刑法》第110条的规定,参加间谍组织或者接受间谍组织及其代理人的任务、为敌人指示轰击目标的行为构成间谍罪。

本案中,被告人黄某为泄私愤和非法牟利,通过网络主动联络并投靠外国间谍组织,接受该间谍组织代理人的任务和指示,向该组织提供我国国家秘密,其涉及的国家秘密密级高,数量大,作案时间近10年,其行为已经严重危害我国的国家安全,符合刑法规定的间谍罪的构成条件,应该受到刑罚处罚。

人民法院对其间谍犯罪行为予以认定,并依法判处死刑是恰当的。

案例32　赵某永受贿案①

【知识点】

犯罪的概念和特征

【问题】

国家工作人员受贿是否构成犯罪?

【基本案情】

2003年至2018年,被告人赵某永利用担任中共陕西省委常委、政法委书记、陕西省人民政府省长、中共陕西省委书记等职务上的便利,为有关单位和个人在工程承揽、企业经营、职务晋升、工作调动等事项上谋取利益,单独或伙同其妻等人非法收受他人给予的财物,折合人民币共计7.17亿余元。其中2.9亿余元尚未实际取得。

【处理结果】

2020年7月31日,天津市第一中级人民法院依法宣判:赵某永犯受贿罪,判处死刑,缓期2年执行,剥夺政治权利终身,并处没收个人全部财产,在其死刑缓期执行2年期满依法减为无期徒刑后,终身监禁,不得减刑、假释。

赵某永当庭表示服从法院判决,不上诉。

【相关法条】

1.《刑法》第13条 [犯罪概念]:一切危害国家主权、领土完整和安全,分裂国家、颠覆人民民主专政的政权和推翻社会主义制度,破坏社会秩序和经济秩

---

① 本案例根据《陕西省委原书记赵正永受贿案一审宣判》编写。资料来源:人民网(http://legal.people.com.cn/gb/n1/2020/0731/c42510-31805702.html)。

序,侵犯国有财产或者劳动群众集体所有的财产,侵犯公民私人所有的财产,侵犯公民的人身权利、民主权利和其他权利,以及其他危害社会的行为,依照法律应当受刑罚处罚的,都是犯罪,但是情节显著轻微危害不大的,不认为是犯罪。

2.《刑法》第385条第1款 [受贿罪]:国家工作人员利用职务上的便利,索取他人财物的,或者非法收受他人财物,为他人谋取利益的,是受贿罪。

【简要评析】

根据《刑法》第13条的规定,犯罪是严重危害社会,触犯刑法,应受刑罚处罚的行为。根据《刑法》第385条第1款的规定,国家工作人员利用职务上的便利,索取他人财物的,或者非法收受他人财物,为他人谋取利益的,是受贿罪。

本案中,被告人赵某永作为国家工作人员,利用职务上的便利,非法收受他人财物,为他人谋取利益,数额特别巨大,其行为严重损害了国家工作人员职务行为的廉洁性、败坏了国家工作人员的形象,具有严重的社会危害性。赵某永的行为已经触犯了刑法关于受贿罪的规定,应当受到刑罚处罚。据此,人民法院以受贿罪对其判处死刑,缓期2年执行,并决定在其死刑缓期执行2年期满依法减为无期徒刑后,终身监禁,不得减刑、假释。

案例33　孙某斌故意杀人案①

【知识点】

犯罪的概念与特征

【问题】

故意非法剥夺他人生命,是否构成犯罪?

---

① 本案例根据最高人民法院发布的"人民法院依法惩处涉医犯罪典型案例"案例2:孙文斌故意杀人案编写。

【基本案情】

2019 年 11 月 12 日,被告人孙某斌之母(95 岁)因患哮喘、心脏病、脑梗死后遗症等疾病到北京市某医院住院治疗,同月 22 日出院。其间,医院曾下达病危病重通知书。同年 12 月 4 日,因孙母在家中不能正常进食,孙某斌将其送至北京市另一医院。后经急诊诊治未见好转,被留院观察。孙某斌认为孙母的病情未好转与首诊医生杨某的诊治有关,遂对杨某怀恨在心。12 月 8 日,孙某斌携带一把尖刀,扬言要报复杨某,并多次拒绝医院对孙母做进一步检查和治疗。12 月 24 日 6 时许,杨某在急诊科抢救室护士站向孙某斌介绍孙母的病情时,孙某斌突然从腰间拔出尖刀,当众持刀反复切割杨某颈部,致杨某颈髓横断合并创伤失血性休克死亡。孙某斌作案后拨打 110 报警投案。

【处理结果】

北京市第三中级人民法院一审认定被告人孙某斌故意非法剥夺他人生命,其行为已构成故意杀人罪。判处其死刑,剥夺政治权利终身。

宣判后,被告人孙某斌不服判决,提出上诉。北京市高级人民法院二审裁定:驳回上诉,维持原判。

【相关法条】

1.《刑法》第 13 条 [犯罪概念]:一切危害国家主权、领土完整和安全,分裂国家、颠覆人民民主专政的政权和推翻社会主义制度,破坏社会秩序和经济秩序,侵犯国有财产或者劳动群众集体所有的财产,侵犯公民私人所有的财产,侵犯公民的人身权利、民主权利和其他权利,以及其他危害社会的行为,依照法律应当受刑罚处罚的,都是犯罪,但是情节显著轻微危害不大的,不认为是犯罪。

2.《刑法》第 232 条 [故意杀人罪]:故意杀人的,处死刑、无期徒刑或者十年以上有期徒刑;情节较轻的,处三年以上十年以下有期徒刑。

【简要评析】

根据《刑法》第13条的规定,犯罪是严重危害社会,触犯刑法,应受刑罚处罚的行为。根据《刑法》第232条的规定,故意非法剥夺他人生命的,依法成立故意杀人罪。

本案中,被告人孙某斌故意杀害医生杨某,严重侵犯他人的生命权,社会危害性极大,其行为已经触犯刑法,构成故意杀人罪。其预谋并当众杀人,犯罪动机卑劣,手段特别残忍,性质极其恶劣,罪行极其严重,应依法严厉惩处。虽然孙某斌有自首情节,但不足以对其从轻处罚,人民法院遂对其判处死刑,剥夺政治权利终身。

案例34　于某伟等非法储存危险物质案①

【知识点】

犯罪的概念与特征

【问题】

非法储存危险物质,造成特大爆炸,严重危害公共安全的行为是否构成犯罪?

【基本案情】

被告人于某伟系天津某物流公司(以下简称"某公司")的实际出资人、实际控制人。2013年1月至2014年5月,被告人于某伟等人以贿赂手段非法取得多份临时港口危险化学品经营批复,后又伪造材料骗取通过环境影响评估验收、消防验收审核及安全验收评价,于2015年6月23日违法取得港口经营许可证和港口危险货物作业附证。

---

① 本案例根据《刑事审判参考》改革开放四十周年典型案例:于学伟等非法储存危险物质、非法经营、危险物品肇事、单位行贿案编写。

2013年5月20日至2015年8月12日,某公司非法储存氰化钠、甲基磺酰氯等剧毒化学品7种,总计近5万吨。此外,某公司还违法违规经营和储存烧碱、电石、硝酸铵等其他危险化学品,数额达4780万余元。于某伟等人在某公司日常经营过程中,存在违规存放硝酸铵,严重超负荷经营、超量存储、违规混存、超高堆码危险货物,违规开展拆箱、搬运、装卸等严重违反安全生产管理规定的问题。2015年8月12日22时许,某公司危险品仓库运抵区南侧集装箱内的硝化棉由于湿润剂散失出现局部干燥,在高温等因素的作用下加速分解放热,积热自燃,引起相邻区的硝酸铵等危险化学品发生爆炸,造成165人死亡、8人失踪、798人受伤,304幢建筑物、12428辆商品汽车、7533个集装箱受损,直接经济损失68.66亿元。

【处理结果】

2016年11月9日,天津市第二中级人民法院作出一审判决,被告人于某伟犯非法储存危险物质罪、非法经营罪、危险物品肇事罪、单位行贿罪,数罪并罚,决定执行死刑,缓期2年执行,剥夺政治权利终身。其他被告人也被判处相应刑罚。

宣判后,各被告人均未提出上诉,检察院没有抗诉,判决发生法律效力。

【相关法条】

1.《刑法》第13条 [犯罪概念]:一切危害国家主权、领土完整和安全,分裂国家、颠覆人民民主专政的政权和推翻社会主义制度,破坏社会秩序和经济秩序,侵犯国有财产或者劳动群众集体所有的财产,侵犯公民私人所有的财产,侵犯公民的人身权利、民主权利和其他权利,以及其他危害社会的行为,依照法律应当受刑罚处罚的,都是犯罪,但是情节显著轻微危害不大的,不认为是犯罪。

2.《刑法》第125条 [非法制造、买卖、运输、邮寄、储存枪支、弹药、爆炸物罪,非法制造、买卖、运输、储存危险物质罪]:非法制造、买卖、运输、邮寄、储存枪支、弹药、爆炸物的,处三年以上十年以下有期徒刑;情节严重的,处十年以上有期徒刑、无期徒刑或者死刑。

非法制造、买卖、运输、储存毒害性、放射性、传染病病原体等物质,危害公共安全的,依照前款的规定处罚。

……

3.《刑法》第136条 [危险物品肇事罪]:违反爆炸性、易燃性、放射性、毒害性、腐蚀性物品的管理规定,在生产、储存、运输、使用中发生重大事故,造成严重后果的,处三年以下有期徒刑或者拘役;后果特别严重的,处三年以上七年以下有期徒刑。

4.《刑法》第225条 [非法经营罪]:违反国家规定,有下列非法经营行为之一,扰乱市场秩序,情节严重的,处五年以下有期徒刑或者拘役,并处或者单处违法所得一倍以上五倍以下罚金;情节特别严重的,处五年以上有期徒刑,并处违法所得一倍以上五倍以下罚金或者没收财产:

(一)未经许可经营法律、行政法规规定的专营、专卖物品或者其他限制买卖的物品的;

……

(四)其他严重扰乱市场秩序的非法经营行为。

5.《刑法》第393条 [单位行贿罪]:单位为谋取不正当利益而行贿,或者违反国家规定,给予国家工作人员以回扣、手续费,情节严重的,对单位判处罚金,并对其直接负责的主管人员和其他直接责任人员,处五年以下有期徒刑或者拘役,并处罚金。因行贿取得的违法所得归个人所有的,依照本法第三百八十九条、第三百九十条的规定定罪处罚。

【简要评析】

根据《刑法》第13条的规定,犯罪是严重危害社会、触犯刑法、应受刑罚处罚的行为。

本案中,于某伟等人为谋取私利,采取贿赂、欺骗等非法手段获取危险化学品经营资质。其置周边人民群众的生命、财产安全于不顾,非法储存危险物质,对危险物质疏于管理,导致危险化学品爆炸,造成165人死亡、8人失踪、

798人受伤,巨额财产损失的严重危害结果。其犯罪手段卑劣,主观恶性深,社会危害性大,其行为触犯了刑法当中非法储存危险物质罪、非法经营罪、危险物品肇事罪和单位行贿罪,应该受到刑罚处罚。

案例35　陆某销售假药、妨害信用卡管理案[①]

【知识点】

社会危害性

【问题】

为自己和病友购买国外仿制药品,并有妨害信用卡管理的行为,是否构成犯罪?

【基本案情】

2002年,陆某被查出患有慢粒性白血病,需要长期服用抗癌药品。国内对症治疗白血病的正规抗癌药品"格列卫"系列系瑞士进口,每盒人民币23500元。2004年9月,陆某通过他人从日本购买由印度生产的同类药品,价格每盒约为人民币4000元,服用效果与瑞士进口的"格列卫"相同。之后,陆某直接从印度赛诺公司购买抗癌药物,并通过QQ群等方式向病友推荐。随着购药患者的增多,药品价格降至每盒人民币200余元。

2013年3月,经印度赛诺公司与陆某商谈,由陆某在中国国内设立银行账户,接收患者的购药款,并定期将购药款转账到印度赛诺公司指定的中国国内银行账户,在陆某统计好各病友具体购药数量并告知印度赛诺公司后,再由印度赛诺公司直接将药品邮寄给患者。印度赛诺公司承诺对提供账号的病友免费供应药品。陆某在QQ病友群里发布了印度赛诺公司的想法,患者罗某春愿意提供本人及其妻子的银行账号,以换取免费药品。陆某通过网银U盾使用管理罗某春提供的账号。

① 本案例根据湖南省沅江市人民检察院沅检公刑不诉〔2015〕1号不起诉决定书编写。

一段时间后,罗某春怕被怀疑为洗钱,不愿再提供账户。2013年8月,陆某通过网络购买了3张用他人身份信息开设的银行借记卡,陆某使用了其中的1张借记卡,并通过网银U盾使用管理该账号,将病友购药款转账到印度赛诺公司指定的账户。

后经查实,共有21名白血病患者通过陆某先后提供并管理的3个银行账户向印度赛诺公司购买了价值约12万元的10余种抗癌药品。陆某为病友们提供的帮助全是无偿的。后经鉴定,所购买的10余种抗癌药品中有3种系未经我国批准进口的药品。

【处理结果】

2014年7月,湖南沅江市人民检察院对陆某以妨害信用卡管理罪、销售假药罪提起公诉。后沅江市人民检察院认为,陆某购买药品是为了自用或代购,且其代购是无偿的,因而不属于销售假药罪。陆某购买他人借记卡并使用的行为,违反了金融管理法规,但情节显著轻微,危害不大。遂依法决定对陆某不起诉。

【相关法条】

1.《刑法》第13条 [犯罪概念]:一切危害国家主权、领土完整和安全,分裂国家、颠覆人民民主专政的政权和推翻社会主义制度,破坏社会秩序和经济秩序,侵犯国有财产或者劳动群众集体所有的财产,侵犯公民私人所有的财产,侵犯公民的人身权利、民主权利和其他权利,以及其他危害社会的行为,依照法律应当受刑罚处罚的,都是犯罪,但是情节显著轻微危害不大的,不认为是犯罪。

2.《刑法》第141条(《刑法修正案(十一)》修正前)[生产、销售假药罪]:生产、销售假药的,处三年以下有期徒刑或者拘役,并处罚金;对人体健康造成严重危害或者有其他严重情节的,处三年以上十年以下有期徒刑,并处罚金;致人死亡或者有其他特别严重情节的,处十年以上有期徒刑、无期徒刑或者死刑,并处罚金或者没收财产。

本条所称假药,是指依照《中华人民共和国药品管理法》的规定属于假药和按假药处理的药品、非药品。

3.《刑法》第177条之一 [妨害信用卡管理罪]:有下列情形之一,妨害信用卡管理的,处三年以下有期徒刑或者拘役,并处或者单处一万元以上十万元以下罚金;数量巨大或者有其他严重情节的,处三年以上十年以下有期徒刑,并处二万元以上二十万元以下罚金:

……

(二)非法持有他人信用卡,数量较大的;

……

4.《药品管理法》(2001年版)第48条第3款:有下列情形之一的药品,按假药论处:

……

(二)依照本法必须批准而未经批准生产、进口,或者依照本法必须检验而未经检验即销售的;

……

【简要评析】

根据《刑法》第13条的规定,犯罪是严重危害社会、触犯刑法、应受刑罚处罚的行为,但是情节显著轻微,危害不大的,不认为是犯罪。

本案中,按照当时《药品管理法》的相关规定,从国外进口的未经批准的药品属于假药。但陆某从国外购买药是为了自用或为他人代购,陆某并未从中获利,其行为不是销售行为,不符合《刑法》第141条规定的销售假药罪。陆某通过网络购买了3张以他人身份信息开设的借记卡,并使用其中1张借记卡的行为,违反了金融管理法规,但其目的和用途均是方便购买药品的患者支付自服药品款项,情节显著轻微,危害不大,根据《刑法》第13条的规定,不认为是犯罪。据此,人民检察院依法对该案作出不起诉的决定。

需要提醒的是,《刑法修正案(十一)》对刑法第141条进行了修改,取消了"本条所称假药,是指依照《中华人民共和国药品管理法》的规定属于假药和按假药处理的药品、非药品"的条款。2019年12月1日,修订后的《药品管理法》生效,该法不再将"未经批准进口的药品"作为假药处理。其中第124条中规定:未经批准进口少量境外已合法上市的药品,情节较轻的,可以依法减轻或者免予处罚。

案例36　王某等危害珍贵、濒危野生动物案①

【知识点】

社会危害性

【问题】

买卖人工繁殖的鹦鹉,是否构成犯罪?

【基本案情】

王某是河南商丘人,为了挣钱给女儿看病,2019年她开始养殖费氏鹦鹉。2020年9月上旬,王某以每对25元的价格将30只费氏鹦鹉销售给当地的鸟店经营者田某。随后,田某又将上述鹦鹉连同自己从他处收购的共计44只费氏鹦鹉,以每对35元的价格转售给鹦鹉养殖户刘某。9月16日,该批鹦鹉在徐州汽车站转运时被徐州警方查获,随后公安机关又在王某的家中起获147只费氏鹦鹉。经鉴定,以上鹦鹉均为《濒危野生动植物种国际贸易公约》附录Ⅱ所列费氏鹦鹉,被核准为国家二级重点保护野生动物而禁止交易。

【处理结果】

2020年12月24日,公安机关以王某、田某和刘某涉嫌危害珍贵、濒危野生动物罪,将该案移送徐州铁路运输检察院审查起诉。检察院认为,涉案费氏鹦鹉系人工繁育,商丘当地费氏鹦鹉人工繁育历史已有20余年,技术成熟、养

---

① 本案例根据《贩卖30只费氏鹦鹉,诉重罪还是不起诉?》编写。资料来源:新华网(http://www.news.cn/legal/2021-12/18/c_1128175484.htm)。

殖规模较大,案发后国家林草局在河南省对人工繁育的费氏鹦鹉开展专用标识管理试点,对确属人工繁育的、来源合法的费氏鹦鹉,加载专用标识后,凭标识销售。王某等3人的上述行为已无社会危害性,不应认为是犯罪。徐州铁路运输检察院于2021年11月9日对王某等3人非法交易费氏鹦鹉案作出不起诉的决定。

【相关法条】

1.《刑法》第13条 [犯罪概念]:一切危害国家主权、领土完整和安全,分裂国家、颠覆人民民主专政的政权和推翻社会主义制度,破坏社会秩序和经济秩序,侵犯国有财产或者劳动群众集体所有的财产,侵犯公民私人所有的财产,侵犯公民的人身权利、民主权利和其他权利,以及其他危害社会的行为,依照法律应当受刑罚处罚的,都是犯罪,但是情节显著轻微危害不大的,不认为是犯罪。

2.《刑法》第341条第1款 [危害珍贵、濒危野生动物罪]:非法猎捕、杀害国家重点保护的珍贵、濒危野生动物的,或者非法收购、运输、出售国家重点保护的珍贵、濒危野生动物及其制品的,处五年以下有期徒刑或者拘役,并处罚金;情节严重的,处五年以上十年以下有期徒刑,并处罚金;情节特别严重的,处十年以上有期徒刑,并处罚金或者没收财产。

3.最高人民法院《关于审理破坏野生动物资源刑事案件具体应用法律若干问题的解释》第1条:刑法第三百四十一条第一款规定的"珍贵、濒危野生动物",包括列入国家重点保护野生动物名录的国家一、二级保护野生动物,列入《濒危野生动植物种国际贸易公约》附录一、附录二的野生动物以及驯养繁殖的上述物种。

4.最高人民法院《关于审理破坏野生动物资源刑事案件具体应用法律若干问题的解释》第3条第2款:非法猎捕、杀害、收购、运输、出售珍贵、濒危野生动物具有下列情形之一的,属于"情节特别严重":

(一)达到本解释附表所列相应数量标准的;

......①

5.最高人民法院、最高人民检察院、公安部、司法部《关于依法惩治非法野生动物交易犯罪的指导意见》第9条:实施本意见规定的行为,在认定是否构成犯罪以及裁量刑罚时,应当考虑涉案动物是否系人工繁育、物种的濒危程度、野外存活状况、人工繁育情况、是否列入国务院野生动物保护主管部门制定的人工繁育国家重点保护野生动物名录,以及行为手段、对野生动物资源的损害程度、食用涉案野生动物对人体健康的危害程度等情节,综合评估社会危害性,确保罪责刑相适应。相关定罪量刑标准明显不适宜的,可以根据案件的事实、情节和社会危害程度,依法作出妥当处理。

【简要评析】

根据《刑法》第341条的规定,非法收购、运输、出售国家重点保护的珍贵、濒危野生动物的构成犯罪。列入《濒危野生动植物种国际贸易公约》附录Ⅰ、附录Ⅱ名录的驯养繁殖的野生动物也属于本罪的犯罪对象。涉案野生动物的数量是衡量情节严重和情节特别严重的重要标准。

本案中,王某等3人收购和买卖的鹦鹉属于珍贵、濒危野生动物,且3人的行为均已经达到情节特别严重的标准,依法应该认定为危害珍贵、濒危野生动物罪,且应在10年以上有期徒刑的范围内判处刑罚。但考虑到王某等3人收购和出售的是人工繁育的鹦鹉,随着经济社会发展,对非法收购、运输、出售人工繁育的观赏性动物定罪并适用较重刑罚不符合大众的认知和预期,也不符合野生动物保护实际。《关于依法惩治非法野生动物交易犯罪的指导意见》也提出,对于该类案件的处理要考虑案件的事实、情节和社会危害程度,依法作出妥善处理。本案中的费氏鹦鹉系人工繁育,且人工繁育技术成熟、养殖规模较大,案发后国家林草局在河南省对人工繁育的费氏鹦鹉开展专用标识管

---

① 根据该司法解释附表,鹦鹉科(所有种)均属于国家Ⅱ级保护动物,非法猎捕、杀害、收购、运输、出售,数量达到6只的为"情节严重",达到10只的为"情节特别严重"。另,该解释已经被《关于办理破坏野生动物资源刑事案件适用法律若干问题的解释》(2022年4月9日生效)取代。

理试点。凡此种种表明,王某等3人的上述行为已无社会危害性,据此,人民检察院依照《刑法》第13条的规定,认为王某等3人的行为不构成犯罪,对其作出不起诉的决定。类似案件以往多被作为犯罪,徐州铁路运输检察院对该案件的处理具有积极的法律效果和社会效果。

案例37　王某军收购玉米案①

【知识点】

社会危害性

【问题】

无证收购玉米是否具有严重的社会危害性?

【基本案情】

2014年11月13日至2015年1月20日,内蒙古巴彦淖尔市临河区某村村民王某军,利用农闲时间在未办理粮食收购许可证,未经工商行政管理机关核准登记并颁发营业执照的情况下,在临河区白脑包镇附近村组收购玉米,并将所收购的玉米卖给巴彦淖尔市粮油公司杭锦后旗蛮会分库,经营数额21万余元,获利6000元。案发后,王某军主动退缴非法获利6000元,后主动投案自首。

【处理结果】

2016年4月,内蒙古自治区巴彦淖尔市临河区人民法院一审认为,被告人王某军违反国家法律和行政法规规定,未经粮食主管部门许可及工商行政管理机关核准登记并颁发营业执照,非法收购玉米,非法经营数额较大,其行为构成非法经营罪。鉴于被告人王某军案发后主动到公安机关投案自首,主动退缴全部违法所得,有悔罪表现,认定被告人王某军犯非法经营罪,判处有期

---

① 本案例根据最高人民法院指导案例97号:王力军非法经营再审改判无罪案编写。

徒刑1年,缓刑2年,并处罚金人民币2万元。

宣判后,王某军未上诉,检察机关未抗诉,判决发生法律效力。2016年12月16日,最高人民法院作出再审决定,指令由巴彦淖尔市中级人民法院对被告人王某军非法经营一案进行再审。

再审法院认为,王某军的行为违反了当时的国家粮食流通管理有关规定,但尚未达到严重扰乱市场秩序的危害程度,不具备与《刑法》第225条规定的非法经营罪相当的社会危害性和刑事处罚的必要性,不构成非法经营罪,遂改判原审被告人王某军无罪。该判决已经生效。

【相关法条】

1.《刑法》第13条 [犯罪概念]:一切危害国家主权、领土完整和安全,分裂国家、颠覆人民民主专政的政权和推翻社会主义制度,破坏社会秩序和经济秩序,侵犯国有财产或者劳动群众集体所有的财产,侵犯公民私人所有的财产,侵犯公民的人身权利、民主权利和其他权利,以及其他危害社会的行为,依照法律应当受刑罚处罚的,都是犯罪,但是情节显著轻微危害不大的,不认为是犯罪。

2.《刑法》第225条[非法经营罪]:违反国家规定,有下列非法经营行为之一,扰乱市场秩序,情节严重的,处五年以下有期徒刑或者拘役,并处或者单处违法所得一倍以上五倍以下罚金;情节特别严重的,处五年以上有期徒刑,并处违法所得一倍以上五倍以下罚金或者没收财产:

……

(四)其他严重扰乱市场秩序的非法经营行为。

【简要评析】

根据《刑法》第13条的规定,犯罪是严重危害社会、触犯刑法、应该受到刑罚处罚的行为。

本案中,王某军虽然在没有取得粮食收购许可证,未经工商行政管理机关核准登记并颁发营业执照的情况下收购了玉米,但其获利较小,且并没有对经济秩序和社会秩序造成严重影响,不具有严重的社会危害性,因而不能将其收购玉米的行为作为《刑法》第225条非法经营罪中"其他严重扰乱市场秩序的非法经营行为"处理。因其行为不具有严重的社会危害性,因而不构成犯罪。

第五章　危害行为及因果关系

第一节　危害行为

案例38　陆某林高空抛物案[①]

【知识点】

危害行为、作为

【问题】

高空抛物属于何种形式的行为?

【基本案情】

2021年3月25日,被告人陆某林在吉林省白城市某小区某楼601室内,为图个人方便,将一个长约40厘米,宽约15厘米,重约2千克的陶瓷制抽水马桶水箱盖从窗户抛下,砸到楼下停放的一辆面包车的顶棚,造成该面包车顶棚长约90厘米、宽约50厘米的凹陷及挡风玻璃破损。

【处理结果】

2021年5月14日,吉林省白城市洮北区人民法院作出一审判决,认定被

[①] 本案例根据吉林省白城市中级人民法院(2021)吉08刑终121号刑事裁定书编写。

告人陆某林的行为构成高空抛物罪。鉴于被告人陆某林有坦白、认罪认罚、赔偿被害人经济损失,取得被害人谅解等情节,遂判决被告人陆某林犯高空抛物罪,判处有期徒刑6个月,并处罚金人民币2000元。

宣判后,被告人陆某林不服判决,认为量刑过重,请求适用缓刑。吉林省白城市中级人民法院二审裁定:驳回上诉,维持原判。

【相关法条】

《刑法》第291条之二 [高空抛物罪]:从建筑物或者其他高空抛掷物品,情节严重的,处一年以下有期徒刑、拘役或者管制,并处或者单处罚金。

有前款行为,同时构成其他犯罪的,依照处罚较重的规定定罪处罚。

【简要评析】

根据《刑法》第13条的规定,犯罪是严重危害社会,触犯刑法,应受刑罚处罚的行为。危害行为的表现形式主要有作为和不作为。所谓作为,是行为人以积极的身体活动实施刑法禁止实施的危害行为,即"不当为而为"。高空抛物是《刑法》第291条之二规定的犯罪行为,属于刑法禁止的行为。

本案中,被告人陆某林故意从6楼将抽水马桶水箱盖抛掷楼下,其以积极的身体活动实施了刑法所禁止的行为,危及社会管理秩序,构成高空抛物罪。其违反的是刑法中的禁止性规范,属于不当为而为的作为型犯罪。如果其高空抛物行为同时构成故意毁坏财物罪或者以危险方法危害公共安全罪等其他犯罪的,应依法依照处罚较重的规定定罪处刑。

案例39　钱某秋妨害安全驾驶案[①]

【知识点】

危害行为、作为

---

① 本案例根据吉林省长春市中级人民法院(2021)吉01刑终12号刑事判决书编写。

【问题】

殴打行驶中的客车司机,属于何种形式的行为?

【基本案情】

2020年6月25日,被告人钱某秋乘坐由王某波驾驶的大型客车沿102国道从长春站到陶家屯站,车上载有30名左右的乘客。途中大客车路过陶家屯站点时因避让路上摩托车而未停车,后在站点前124米处停车,钱某秋因车未在站点停车,心生气愤拒绝下车,见司机王某波启动客车行驶,钱某秋走到王某波身边用手提袋击打王某波面部,致使王某波对正在行驶的客车采取紧急制动,随后二人发生争吵,车长报警后,被告人钱某秋被公安机关传唤到案。

【处理结果】

2020年11月26日,吉林省公主岭市人民法院一审判决:被告人钱某秋犯以危险方法危害公共安全罪,判处有期徒刑3年6个月。

宣判后,被告人钱某秋不服判决,提出上诉。吉林省长春市中级人民法院二审认为,钱某秋犯妨害安全驾驶罪,判处有期徒刑10个月,并处罚金人民币2000元。

【相关法条】

1.《刑法》第114条[放火罪、决水罪、爆炸罪、投放危险物质罪、以危险方法危害公共安全罪]:放火、决水、爆炸以及投放毒害性、放射性、传染病病原体等物质或者以其他危险方法危害公共安全,尚未造成严重后果的,处三年以上十年以下有期徒刑。

2.《刑法》第133条之二[妨害安全驾驶罪]:对行驶中的公共交通工具的驾驶人员使用暴力或者抢控驾驶操纵装置,干扰公共交通工具正常行驶,危及公共安全的,处一年以下有期徒刑、拘役或者管制,并处或者单处罚金。

……

有前两款行为,同时构成其他犯罪的,依照处罚较重的规定定罪处罚。

【简要评析】

作为型危害行为是指行为人以积极的身体活动实施刑法禁止实施的危害行为。对行驶中的公共交通工具的驾驶人员使用暴力,干扰公共交通工具正常行驶,危及公共安全,具有严重的社会危害性,因而刑法禁止该种行为。在《刑法修正案(十一)》生效之前,该种行为一般按照以危险方法危害公共安全罪处理,《刑法修正案(十一)》生效后,该种行为一般构成妨害安全驾驶罪,但如果同时构成其他犯罪,则按照处罚较重的犯罪定罪处罚。

本案中,钱某秋对行驶中的大客车司机进行殴打,尽管没有造成其他危害结果,但已经干扰公共交通工具正常行驶,危及公共安全。其积极实施刑法禁止的行为,属于作为型犯罪。

需要注意的是,本案还涉及新旧刑法的适用问题。一审判决对其按照以危险方法危害公共安全罪定罪处罚,但在二审期间,《刑法修正案(十一)》生效,钱某秋的行为符合妨害安全驾驶罪的构成条件。按照《刑法》第12条的规定,根据从旧兼从轻的刑法溯及力原则,二审法院依法以妨害安全驾驶罪对钱某秋定罪量刑。

案例40　郭某明等贩卖毒品案[①]

【知识点】

危害行为、作为

【问题】

贩卖毒品属于何种形式的行为?

---

① 本案例根据最高人民检察院发布的"检察机关依法惩治寄递违禁品犯罪典型案例"案例一:郭某明等人贩卖毒品案编写。

【基本案情】

2020年6月至8月期间,被告人郭某明通过VPN"翻墙"使用境外网站注册Telegram软件,以"隔壁老王叔"的网名创建聊天群组并在该群组内发布贩卖毒品大麻的信息。购毒人员通过该群私信郭某明下单购买大麻,并以比特币、门罗币等数字货币向其支付毒资。郭某明先后四次通过上述方式向傅某某等人贩卖大麻51.01克。另查明,2020年7月31日、8月4日,郭某明先后两次通过Telegram软件向他人购买毒品大麻,并约定以寄递方式交付。被告人李某君先后两次帮助他人将装有大麻的包裹通过快递邮寄到郭某明提供的收件地址。同年9月2日,公安民警查获李某君第二次邮寄快递包裹内的大麻99.03克。

【处理结果】

2021年2月26日,浙江省瑞安市人民法院以贩卖毒品罪判处被告人郭某明有期徒刑3年6个月,并处罚金人民币14000元;判处被告人李某君有期徒刑10个月,并处罚金人民币4000元。该判决已生效。

【相关法条】

《刑法》第347条第4款 [走私、贩卖、运输、制造毒品罪]:走私、贩卖、运输、制造鸦片不满二百克、海洛因或者甲基苯丙胺不满十克或者其他少量毒品的,处三年以下有期徒刑、拘役或者管制,并处罚金;情节严重的,处三年以上七年以下有期徒刑,并处罚金。

【简要评析】

作为型危害行为是指行为人以积极的身体活动实施刑法禁止实施的危害行为。毒品严重危害人的健康,容易引发其他犯罪,严重破坏社会管理秩序,因此,《刑法》第347条第1款规定,贩卖毒品,无论数量多少,都应当追究刑事责任,予以刑事处罚。可见,贩卖毒品是刑法禁止的行为。

本案中,郭某明通过聊天群销售毒品,并以寄递方式多次购买、出售毒品,其以积极的身体活动实施了刑法禁止的贩卖毒品行为,构成贩卖毒品罪。其违反的是禁止性规范,不当为而为,属于作为型犯罪。

案例41　朱某谦袭警案①

【知识点】

危害行为、作为

【问题】

袭击执行公务的警察,是何种形式的行为?

【基本案情】

2021年4月23日23时许,定州市公安局大辛庄派出所民警张某和辅警王某1接110派警后,着警察制服,驾驶警车前往大辛庄镇东四旺村出警,经过东四旺村某KTV时,被王某2无故拦住,后被一同在KTV喝酒的被告人朱某谦等人拉拽阻扰,朱某谦对辅警王某1进行辱骂,用脚踹民警张某的左腿,致张某左腿120平方厘米软组织挫伤,经鉴定属轻微伤。

2021年4月25日下午,被告人朱某谦经传唤自动到派出所接受讯问,在侦查机关向其出示案发时的监控录像后,朱某谦供认其犯罪事实。

【处理结果】

河北省定州市人民法院一审认定被告人朱某谦犯袭警罪,判处有期徒刑1年。

宣判后,被告人朱某谦不服判决,提出上诉。河北省保定市中级人民法院二审裁定:驳回上诉,维持原判。

---

① 本案例根据河北省保定市中级人民法院(2021)冀06刑终789号刑事裁定书编写。

【相关法条】

《刑法》第277条第5款[袭警罪]：暴力袭击正在依法执行职务的人民警察的，处三年以下有期徒刑、拘役或者管制；使用枪支、管制刀具，或者以驾驶机动车撞击等手段，严重危及其人身安全的，处三年以上七年以下有期徒刑。

【简要评析】

作为型危害行为，是行为人以积极的身体活动实施刑法禁止实施的危害行为。人民警察担负着维护人民群众生命财产安全的职责，袭击警察，阻碍警察执行职务的行为严重危害社会管理秩序，因此《刑法》第277条第5款规定，采用暴力的方式袭击正在执行职务的人民警察，构成袭警罪。

本案中，被告人朱某谦辱骂辅警，用脚踹民警张某的左腿，导致其轻微伤，其行为属于暴力袭击正在依法执行职务的人民警察，构成袭警罪。由于其积极地实施了刑法所禁止的行为，违反的是禁止性规范，不当为而为，因而属于作为型犯罪。

案例42　黄某某提供侵入、非法控制 计算机信息系统程序、工具案①

【知识点】

危害行为、作为

【问题】

为他人提供侵入、非法控制计算机信息系统的程序、工具，属于何种形式的行为？

---

① 本案例根据北京市海淀区检察院发布的"网络科技犯罪典型案例"案例六："薅羊毛"——黄某某提供侵入、非法控制计算机信息系统程序、工具案编写。

【基本案情】

2018年,被告人黄某某通过互联网向他人提供专门针对某购物App非法开发的仿冒App,通过修改官方软件认证机制,让无资格参加优惠活动的用户获得资格。同时,黄某某通过互联网向他人出售违规注册的某购物App账号、密码,配合仿冒App使用进行违规交易,导致被害单位某信息技术有限公司在经营活动中遭受经济损失。经统计,仿冒App被安装348人次,黄某某违法所得共计人民币64900元。

【处理结果】

2019年9月19日,北京市海淀区人民法院依法判决:被告人黄某某犯提供侵入、非法控制计算机信息系统程序、工具罪,判处有期徒刑3年6个月,并处罚金人民币5000元。判决已生效。

【相关法条】

《刑法》第285条 [非法侵入计算机信息系统罪,非法获取计算机信息系统数据、非法控制计算机信息系统罪,提供侵入、非法控制计算机信息系统程序、工具罪]:违反国家规定,侵入国家事务、国防建设、尖端科学技术领域的计算机信息系统的,处三年以下有期徒刑或者拘役。

违反国家规定,侵入前款规定以外的计算机信息系统或者采用其他技术手段,获取该计算机信息系统中存储、处理或者传输的数据,或者对该计算机信息系统实施非法控制,情节严重的,处三年以下有期徒刑或者拘役,并处或者单处罚金;情节特别严重的,处三年以上七年以下有期徒刑,并处罚金。

提供专门用于侵入、非法控制计算机信息系统的程序、工具,或者明知他人实施侵入、非法控制计算机信息系统的违法犯罪行为而为其提供程序、工具,情节严重的,依照前款的规定处罚。

单位犯前三款罪的,对单位判处罚金,并对其直接负责的主管人员和其他直接责任人员,依照各该款的规定处罚。

【简要评析】

作为型危害行为是指行为人以积极的身体活动实施刑法禁止实施的危害行为。《刑法》第285条第3款规定了提供侵入、非法控制计算机信息系统程序、工具罪,表明该行为被刑法禁止实施。

本案系一起典型的黑产类"薅羊毛"网络科技犯罪案件。被告人黄某某为他人提供专门针对某购物App非法开发的仿冒App,通过修改官方软件认证机制,让无资格参加优惠活动的用户获得资格,自己从中牟利,导致相关单位遭受经济损失,构成提供侵入、非法控制计算机信息系统程序、工具罪。黄某某积极地实施了刑法禁止的行为,属于作为型犯罪。

案例43　鲍某故意杀人案①

【知识点】

不作为、法定义务

【问题】

妻子落水,丈夫不救助,是否构成不作为?

【基本案情】

鲍某和朱某系夫妻,二人常常因为鲍某喝酒、赌博发生争吵。2020年8月12日晚上,两人参加完朋友生日宴,在回家路上,喝了酒的鲍某与妻子再次发生争吵、扭打。随后,朱某情绪失控直接下车,独自步行往海盐黄桥方向走去。鲍某驾车寻找到朱某后,劝说其回家。正在气头上的朱某不同意回家,朝着鲍某大吼大叫,鲍某气急败坏地离开。冷静后,他重新调头往妻子离开的方向行驶。当鲍某再次看到朱某时,朱某正站在桥边。朱某看到丈夫鲍某后,直

---

① 本案例根据《看到妻子跳河后驾车离开　男子涉嫌故意杀人罪被判刑》编写。资料来源:中国新闻网(https://www.chinanews.com.cn/sh/2020/12-28/9372657.shtml)。

接翻过栏杆跳进了河中。鲍某在案发地逗留 10 多分钟后离开现场,没有采取任何救助措施。回到家后,鲍某约朋友吃了夜宵。随后两天,鲍某都躲在家里"睡觉"。8 月 15 日,朱某的尸体被发现。鲍某出于害怕,到派出所报警称妻子朱某不见了,但他并没有说出事发当晚的实情。为掩盖真相,鲍某还向妻子好友薛某询问妻子去向,并去妻子工作单位寻找妻子。8 月 16 日,心中一直惴惴不安的鲍某向朋友吐露,案发当天好像看到有人从黄桥上掉下去了,还特意叮嘱朋友不要将事情说出去。后鲍某被抓获。

【处理结果】

2020 年 12 月 10 日,法院一审以故意杀人罪判处被告人鲍某有期徒刑 3 年 10 个月。鲍某未上诉,判决已生效。

【相关法条】

1.《刑法》第 232 条 [故意杀人罪]:故意杀人的,处死刑、无期徒刑或者十年以上有期徒刑;情节较轻的,处三年以上十年以下有期徒刑。

2.《婚姻法》第 20 条第 1 款 [夫妻扶养义务]:夫妻有互相扶养的义务。①

【简要评析】

根据刑法理论,危害社会的行为分为作为和不作为。刑法上的不作为,是指刑法要求行为人必须履行实施某种特定积极行为的义务,行为人能够履行而没有履行该义务的行为,即"当为而不为"。不作为犯罪需符合三个条件:(1)行为人负有实施特定积极行为的义务(作为义务)。(2)行为人能够履行特定义务。法律规范与法律秩序只是要求能够履行义务的人履行义务,而不会强求不能履行义务的人履行义务。(3)行为人不履行特定义务,造成或可能造成危害结果。可见,构成不作为犯以行为人负有实施某种积极行为的特定义务为前提,法律明文规定的义务是最为常见的义务来源。

本案中,朱某是鲍某的妻子,按照婚姻法的规定,夫妻双方有互相扶养的

---

① 2021 年 1 月 1 日《民法典》生效的同时《婚姻法》废止,该条被《民法典》第 1059 条取代。

义务,包括相互扶助、救助、供养等义务。朱某跳入河中,生命处于紧迫的危险状态,鲍某作为朱某的丈夫,负有救助朱某的法定义务,他也有能力救助,但其不仅自己没有采取任何救助措施,也没有请求他人救助,甚至还隐瞒了妻子跳河的事实,放任朱某死亡这一危害结果的发生,其行为侵害了刑法所保护的公民生命权,当为而不为,成立不作为型故意杀人罪。

案例44　杨某荣等拒不执行判决、裁定案[①]

【知识点】

不作为、法定义务

【问题】

拒不执行法院判决,是否成立不作为?

【基本案情】

郑某宏在受委托为被告人杨某荣、颜某英夫妻拆除养殖用房时摔伤,被送进医院治疗。为了避免自己的房产在之后的民事诉讼中被法院拍卖执行,杨某荣、颜某英虚构了与朋友姜某富300万元的债务,并将房屋办理了抵押登记。

2015年4月15日,郑某宏死亡。杨某荣、颜某英前后共支付郑某宏家属约20万元,其他损失双方未达成协议。郑某宏家属向衢江区人民法院提起民事诉讼,法院于同年10月8日作出民事判决,判决杨某荣、颜某英赔偿郑某宏家属各项损失共计375526.66元(不包括已赔偿的部分)。判决生效后,杨某荣、颜某英未按判决履行赔偿义务,郑某宏家属向衢江区人民法院申请强制执行。法院多次向杨某荣、颜某英了解房产情况,并向姜某富了解其与杨某荣、颜某英的借款及抵押情况,杨某荣、颜某英表示无财产、无能力全额赔偿,姜

---

① 本案例根据《刑事审判参考》指导案例第1396号:杨建荣、颜爱英、姜雪富拒不执行判决、裁定案编写。

某富表示其享有杨某荣、颜某英300万元的债权真实,导致涉案民事生效判决无法执行到位。

【处理结果】

衢州市衢江区人民法院一审认为,被告人杨某荣、颜某英、姜某富均构成拒不执行判决、裁定罪。根据各共犯人作用大小,分别判处有期徒刑6个月,缓刑1年至拘役3个月,缓刑4个月不等刑罚。

宣判后,被告人杨某荣、颜某英提出上诉。衢州市中级人民法院二审裁定:驳回上诉,维持原判。

【相关法条】

1.《刑法》第313条第1款[拒不执行判决、裁定罪]:对人民法院的判决、裁定有能力执行而拒不执行,情节严重的,处三年以下有期徒刑、拘役或者罚金;情节特别严重的,处三年以上七年以下有期徒刑,并处罚金。

2.《人民法院组织法》第53条:人民法院作出的判决、裁定等生效法律文书,义务人应当依法履行;拒不履行的,依法追究法律责任。

【简要评析】

根据刑法理论,刑法上的不作为,是指刑法要求行为人必须履行实施某种特定积极行为的义务,行为人能够履行而没有履行该义务的行为,即"当为而不为",属于不作为。不作为犯以行为人负有实施某种积极行为的特定义务为前提,法律明文规定的义务是最为常见的义务来源。根据《人民法院组织法》的规定,人民法院作出的判决、裁定等生效法律文书,义务人应当依法履行。

本案中,人民法院判决被告人杨某荣、颜某英赔偿郑某宏家属各项损失共计375526.66元。判决生效后,两被告人有执行判决的法定义务,且有能力履行该义务,但却伙同姜某富虚构高额债务,伪造有关被执行人无履行能力的重要证据,并转移涉案房产,以此逃避履行判决义务,造成法院判决无法得到执行,构成拒不执行判决、裁定罪。被告人当为而不为,其行为方式属于不作为。

案例 45 胡某金拒不支付劳动报酬案①

【知识点】

不作为、法律行为产生的义务

【问题】

拒不支付劳动报酬是否成立不作为？

【基本案情】

被告人胡某金于 2010 年 12 月承包了四川省双流县（2015 年改为成都市双流区）黄水镇某景观工程的部分施工工程,之后聘用多名民工入场施工。施工期间,胡某金累计收到发包人支付的工程款 51 万余元。2011 年 6 月 5 日工程完工后,胡某金以工程亏损为由拖欠李某某等 20 余名民工工资 12 万余元。6 月 9 日,双流县人力资源和社会保障局责令胡某金支付拖欠的民工工资,胡某金却于次日早上乘飞机逃匿。

【处理结果】

四川省双流县人民法院于 2011 年 12 月 29 日作出一审判决,认定被告人胡某金犯拒不支付劳动报酬罪,判处有期徒刑 1 年,并处罚金人民币 2 万元。

宣判后,被告人未上诉,检察机关未抗诉,判决发生法律效力。

【相关法条】

1.《刑法》第 276 条之一第 1 款 [拒不支付劳动报酬罪]:以转移财产、逃匿等方法逃避支付劳动者的劳动报酬或者有能力支付而不支付劳动者的劳动报酬,数额较大,经政府有关部门责令支付仍不支付的,处三年以下有期徒刑或者拘役,并处或者单处罚金;造成严重后果的,处三年以上七年以下有期徒

---

① 本案例根据最高人民法院指导案例 28 号:胡克金拒不支付劳动报酬案编写。

刑,并处罚金。

2.《劳动合同法》第30条第1款:用人单位应当按照劳动合同约定和国家规定,向劳动者及时足额支付劳动报酬。

【简要评析】

根据刑法理论,刑法上的不作为,是指刑法要求行为人必须履行实施某种特定积极行为的义务,行为人能够履行而没有履行该义务的行为,即"当为而不为"。构成不作为犯以行为人负有实施某种积极行为的特定义务为前提,法律行为是义务来源之一。

本案中,被告人胡某金基于聘用民工劳动这一法律行为产生了支付民工工资的义务,其收到发包人工程款51万余元,需支付民工工资12万余元,这说明其有能力履行支付劳动报酬的义务,但其拒不支付劳动报酬,数额较大,且在政府有关部门责令其支付后逃匿,已经构成拒不支付劳动报酬罪。其具有履行支付民工工资的义务和履行该义务的能力,但拒不履行该义务,其行为方式属于不作为。

案例46　韦某强奸、故意杀人案[①]

【知识点】

不作为、先行行为引起的义务

【问题】

被害人因躲避强奸失足落水,行为人不救助,是否构成不作为?

【基本案情】

2011年6月26晚10时40分许,被告人韦某看到被害人李某(女,殁年17岁)独行,即上前搭讪,后将李某强行带至桥洞下斜坡处,并采用语言威胁、拳

---

① 本案例根据《刑事审判参考》指导案例第834号:韦凤强奸、故意杀人案编写。

打、卡喉咙等暴力手段欲对李某实施强奸,因遭到李某反抗而未果。李某在逃离过程中滑落河中。韦某看到李某在水中挣扎,未予救助,并逃离现场。后李某溺水死亡。

【处理结果】

无锡市中级人民法院一审认定,被告人韦某犯故意杀人罪,判处死刑,缓期2年执行,剥夺政治权利终身;犯强奸罪,判处有期徒刑3年;数罪并罚,决定执行死刑,缓期2年执行,剥夺政治权利终身,同时限制对其减刑。

一审宣判后,被告人韦某未上诉,检察机关未提出抗诉,判决发生法律效力。

【相关法条】

1.《刑法》第232条 [故意杀人罪]:故意杀人的,处死刑、无期徒刑或者十年以上有期徒刑;情节较轻的,处三年以上十年以下有期徒刑。

2.《刑法》第236条第1款 [强奸罪]:以暴力、胁迫或者其他手段强奸妇女的,处三年以上十年以下有期徒刑。

【简要评析】

根据刑法理论,不作为犯以行为人负有实施某种特定积极行为的义务为前提。先行行为可以成为特定义务来源。所谓先行行为引起的义务,是指由于行为人先前实施的行为,使某种合法权益处于危险状态时,该行为人负有采取有效措施积极防止危害结果发生的义务。

本案中,被告人韦某对被害人李某实施强奸行为,遭遇被害人李某的反抗而未得逞。强奸是刑法禁止的行为,被告人积极实施刑法禁止的行为,构成强奸罪,属于作为型犯罪。被害人李某因逃离强奸而跌落水中,此结果由被告人韦某先行强奸行为引起,在刑法所保护的社会关系因其先前行为而处于危险状态时,韦某有救助李某的义务,他也有救助的能力,但其未实施救助行为,导致李某溺亡。韦某不救助的行为与被害人死亡之间具有因果关系,因而就此行为成立不作为型故意杀人罪。

第二节　因果关系

案例 47　徐某钦等非法拘禁案①

【知识点】

因果关系、介入因素

【问题】

被害人逃离非法拘禁过程中失足坠亡,该结果和非法拘禁之间是否具有因果关系?

【基本案情】

2019 年 12 月 18 日上午,被告人徐某钦为索取债务,在佛山市禅城区找到被害人覃某某,并要求覃某某还钱。同日 15 时 38 分许,徐某钦在覃某某筹钱未果的情况下,将覃某某带回居住地,并警告覃某某不还钱不能离开。后被告人徐某钦与被告人谢某竟轮流对覃某某进行看管,并催促覃某某还钱。19 日凌晨,覃某某仍未能筹到钱款,谢某竟打了覃某某两巴掌。12 月 21 日 13 时许,覃某某趁徐某钦、谢某竟睡觉之机,从房间窗户爬出逃跑,不料失足坠楼身亡。

【处理结果】

佛山市南海区人民法院一审认为,被告人徐某钦、谢某竟构成非法拘禁罪,分别判处有期徒刑 12 年和 10 年。

宣判后,两被告人认为自己的行为与被害人的死亡没有因果关系,不应被

---

① 本案例根据广东省佛山市中级人民法院(2020)粤 06 刑终 1044 号刑事裁定书编写。

认定因非法拘禁造成他人死亡,提出上诉。二审法院驳回上诉,维持原判。

【相关法条】

《刑法》第238条 [非法拘禁罪]:非法拘禁他人或者以其他方法非法剥夺他人人身自由的,处三年以下有期徒刑、拘役、管制或者剥夺政治权利。具有殴打、侮辱情节的,从重处罚。

犯前款罪,致人重伤的,处三年以上十年以下有期徒刑;致人死亡的,处十年以上有期徒刑。使用暴力致人伤残、死亡的,依照本法第二百三十四条、第二百三十二条的规定定罪处罚。

为索取债务非法扣押、拘禁他人的,依照前两款的规定处罚。

国家机关工作人员利用职权犯前三款罪的,依照前三款的规定从重处罚。

【简要评析】

刑法上的因果关系是指危害行为与危害结果之间的引起与被引起关系。一般认为,危害行为具有引起危害结果发生的内在可能性,且合乎规律地引起危害结果的发生,此时可以认定二者之间具有因果关系。在存在介入因素的情况下,初始行为与最终结果之间的因果关系是否中断,应当综合考察以下四个方面的因素:(1)行为人的行为导致结果发生的可能性的大小;(2)介入因素的异常性大小;(3)介入因素对结果发生作用的大小;(4)介入因素是否属于行为人的管辖、控制范围,介入因素是不是由危害行为引起。

当被告人实施危害行为后,介入了被害人行为,导致危害结果发生时,应根据案件具体情况判断被害人实施的行为是否具有通常性。如果被告人实施的行为,导致被害人不得不或者在通常情况下会实施介入行为,则该介入行为对被告人的行为与结果之间的因果关系没有影响。如果被害人的介入行为属于通常情况下不会实施的行为,即异常行为,该介入行为对结果又起到决定性作用,则不能将结果归责于被告人的行为。

本案中,被告人徐某钦、谢某竟为了索债,对被害人实施了非法拘禁行为,并致使被害人坠亡,虽然介入了被害人的逃跑行为,但被害人逃跑属于通常情况下一般人都会实施的行为，或者说是在案发当时被害人不得不实施的行为，该介入行为并非异常行为，不能中断非法拘禁行为与被害人死亡结果之间的因果关系。因而，被害人死亡结果应由两被告人承担，对二人应依法在非法拘禁致人死亡的法定刑幅度内判处刑罚。

案例48　汪某樟交通肇事案①

【知识点】

因果关系、介入因素

【问题】

肇事者在交通事故发生后不履行救助义务，导致被害人被其他车辆二次辗轧后死亡，肇事者与被害人死亡结果间是否存在因果关系？

【基本案情】

2018年7月5日20时23分，被告人汪某樟驾驶二轮电动车从高枧驶往海游方向，途中与靠道路右侧同向行走的被害人陈某根发生碰撞，致使陈某根倒在车道中，汪某樟也连人带车摔倒。汪某樟起来后，发现倒在车道中间并发出"哎呦"一声的陈某根，但汪某樟只顾捡拾自己的东西，扶二轮电动车。此时，许某洁驾驶小型轿车行驶至事发地点，将倒地的陈某根辗轧。二次碰撞后，许某洁下车查看，并问被告人汪某樟有什么东西，汪某樟回答没有。许某洁遂准备上车。在此过程中，汪某樟驾车逃离现场。许某洁上车后，发现车子仍然开不动，倒车后发现车前倒着一个人，遂报警、报医。警察和医生到达现场时，陈某根已经死亡。经鉴定，汪某樟承担事故主要责任，许某洁承担次要责任，陈某根无责任。

---

① 本案例根据《刑事审判参考》指导案例第1364号：汪庆樟交通肇事案编写。

【处理结果】

三门县人民法院一审认为,汪某樟犯交通肇事罪,且因逃逸致一人死亡,判处有期徒刑7年。

宣判后,被告人汪某樟上诉提出,陈某根是因为后车辗轧致死,并非其逃逸造成,原判量刑过重,请求依法改判。台州市中级人民法院二审裁定:驳回上诉,维持原判。

【相关法条】

1.《刑法》第133条[交通肇事罪]:违反交通运输管理法规,因而发生重大事故,致人重伤、死亡或者使公私财产遭受重大损失的,处三年以下有期徒刑或者拘役;交通运输肇事后逃逸或者有其他特别恶劣情节的,处三年以上七年以下有期徒刑;因逃逸致人死亡的,处七年以上有期徒刑。

2.最高人民法院《关于审理交通肇事刑事案件具体应用法律若干问题的解释》第5条第1款:"因逃逸致人死亡",是指行为人在交通肇事后为逃避法律追究而逃跑,致使被害人因得不到救助而死亡的情形。

【简要评析】

刑法中的因果关系是指危害行为与危害结果之间的引起与被引起关系。在行为人的行为与结果之间介入其他因素时,要根据具体情况综合判断行为人的行为与结果之间的因果关系。

本案中,要判断许某洁的辗轧行为是否阻断汪某樟的碰撞、逃逸行为与被害人陈某根死亡之间的因果关系,需要考虑以下因素:(1)汪某樟逃逸行为导致发生被害人死亡结果危险性的大小;(2)许某洁第二次碰撞行为异常性的大小;(3)许某洁第二次碰撞行为对结果发生作用力的大小;(4)许某洁第二次碰撞是否为汪某樟逃逸行为的可控范围。

被告人汪某樟将被害人撞倒在车道中间,且明知受害人陈某根受伤倒地不能自救,在晚上来往车辆较多的公路上,正常人都会合理预见被害人若得不到救助,随时有被后车辗轧的可能。汪某樟的先行肇事行为使受害人面临生命安全的紧迫危险,汪某樟负有采取措施排除危险或者防止危害结果发生的特定义务,但其选择了逃逸、不作为。因此,后车二次辗轧行为的发生和介入应该在汪某樟合理预见的能力范围之内。汪某樟的逃逸行为导致被害人陈某根再次被辗轧甚至死亡的危险性增大,后车事故不属于异常介入因素,并不能阻断汪某樟肇事、逃逸与被害人陈某根死亡之间的因果关系,汪某樟需对被害人死亡结果负责。

案例49 张某抢劫案[①]

【知识点】

因果关系、介入因素

【问题】

医院抢救中的失误能否中断抢劫行为与被害人死亡结果之间的因果关系?

【基本案情】

2007年7月26日21时许,被告人张某携带尖刀伺机抢劫。张某看见被害人赵某君背挎包独自行走,即尾随赵某君,趁赵某君翻找钥匙开门之机,持刀上前抢其挎包。因赵某君呼救、反抗,张某持刀连刺其前胸、腹部、背部等处十余刀,抢得挎包后逃离现场。挎包内装有现金人民币1400余元、三星手机1部及商场购物卡3张、银行卡、身份证等物品。赵某君被闻讯赶来的家人及邻居送往医院抢救。次日12时许,赵某君因左髂总静脉破裂致失血性休克,经抢救无效死亡。尸检证实,赵某君左髂总静脉破裂未缝合,考虑由于静脉内血栓形成、后腹膜血肿压迫、失血性休克等,导致术中未能及时发现左髂总静脉破裂。经鉴定,该种情况符合《医疗事故处理条例》第33条第(一)(二)项的规

① 本案例根据《刑事审判参考》指导案例第685号:张校抢劫案编写。

定的,"在紧急情况下为抢救垂危患者生命而采取紧急医学措施造成不良后果的""在医疗活动中由于患者病情异常或者患者体质特殊而发生的医疗意外的"情形,不属于医疗事故。

【处理结果】

长春市中级人民法院一审认为,被告人张某犯抢劫罪,判处死刑,剥夺政治权利终身,并处没收个人全部财产。

一审宣判后,被告人张某及其辩护人提出上诉称:救治医院未发现赵某君左髂总静脉破裂,造成赵某君左髂总静脉未缝合致失血性休克,虽不构成医疗事故,但不排除存在医疗过错或医疗过失,不能排除救治措施与赵某君死亡之间有因果关系。吉林省高级人民法院二审裁定:驳回上诉,维持原判。

【相关法条】

《刑法》第263条[抢劫罪]:以暴力、胁迫或者其他方法抢劫公私财物的,处三年以上十年以下有期徒刑,并处罚金;有下列情形之一的,处十年以上有期徒刑、无期徒刑或者死刑,并处罚金或者没收财产:

······

(五)抢劫致人重伤、死亡的;

······

【简要评析】

刑法因果关系理论认为,在行为人的行为与结果之间介入其他因素时,要根据具体情况综合判断行为人的行为与结果之间的因果关系。

本案中,被害人赵某君系左髂总静脉破裂致失血性休克导致死亡,而左髂总静脉破裂是由被告人张某所捅刺。从本案尸体鉴定结论看,被害人颈部、胸腹部等要害部位均有刺创,损伤部位共有十余处,肺、左髂总动脉、左髂总静脉均被被告人刀刺破裂,说明被害人赵某君已被严重刺伤,所受损伤已严重危及其生命。在本案的因果关系中,被告人实施的行为本身就具有足以造成危害结果产生的效力,至少是被害人赵某君死亡的主要原因,医院救治中的失误,并没有使抢劫行为的效果缓和或超越替代了抢劫行为而引起结果发生。或者说,医院的抢救行为并不能中断被告人的抢劫行为与被害人死亡结果之间的因果关系,被告人张某的抢劫行为与被害人死亡结果之间的因果关系并没有中断,因而,被告人的行为符合抢劫致人死亡的情形。

案例50　吴某清无罪案①

【知识点】

危害行为、因果关系

【问题】

被他人推入水中,连带造成第三人落水溺亡,因果关系如何认定?

【基本案情】

2016年8月23日凌晨,黎某益伙同黎某波、黎某亮(被害人)到某村边的鱼塘内偷钓鱼。2时许,3人被塘主吴某清发现,吴某清大喊一声"又来偷鱼",3人立刻逃跑。黎某益和黎某波往鱼塘边的田里跑去,黎某亮则跳入鱼塘往东南侧排水口游去,并在排水口附近的水泥斜坡处上岸。吴某清捡起两块小石头丢向黎某亮,但都没有打到,又捡起一根约1米长的树杈,挡在黎某亮面前,防止其逃走。此时,黎某益冲过去从后面将吴某清推入水中,吴某清被推后直接撞到在斜坡处刚上岸的黎某亮,并与其一同跌入鱼塘。后黎某益与黎某波逃离现场。落水后,黎某亮抓住吴某清的衣服,吴某清用手推开黎某亮自己游上岸。爬上塘基后,吴某清没有发现黎某亮的身影,就开始大声呼救,见没人回应,就赶回家中打电话报警,结果黎某亮溺水死亡。

---

① 本案例根据《偷钓者被追不慎溺亡　鱼塘主二审改判无罪》编写。资料来源:民主与法制网(http://www.mzyfz.com/html/2204/2022-04-26/content-1561245.html)。

【处理结果】

2017年12月25日,茂名市电白区人民法院作出一审判决,认定被告人吴某清的行为构成过失致人死亡罪,判处其有期徒刑2年,同时认定黎某益犯过失致人死亡罪,判处有期徒刑4年。

宣判后,各被告人均不服判决,提出上诉。茂名市中级人民法院二审认为,吴某清不构成犯罪。上诉人黎某益当场使用暴力,故意推吴某清跌入鱼塘的行为触犯抢劫罪、过失致人死亡罪两个罪名,依法应择一重罪从重处罚。遂改判:吴某清无罪;根据上诉不加刑原则,以抢劫罪判处上诉人黎某益有期徒刑4年。

【相关法条】

1.《刑法》第233条 [过失致人死亡罪]:过失致人死亡的,处三年以上七年以下有期徒刑;情节较轻的,处三年以下有期徒刑。本法另有规定的,依照规定。

2.《刑法》第269条 [抢劫罪]:犯盗窃、诈骗、抢夺罪,为窝藏赃物、抗拒抓捕或者毁灭罪证而当场使用暴力或者以暴力相威胁的,依照本法第二百六十三条的规定定罪处罚。

【简要评析】

刑法上的因果关系是指危害行为与危害结果之间的引起与被引起的关系。但作为原因的行为应该是具有社会危害性的行为,危害行为需在人的意识支配之下实施。

本案中,吴某清被黎某益推入鱼塘,连带将站在其对面的黎某亮撞入水中,不应负刑事责任。首先,吴某清并没有实施危害社会的行为,他是被人推搡后,身体不受意识支配,导致连带黎某亮一起入水,此行为并非吴某清故意或者过失心态下实施的危害社会行为。其次,刑法上的因果关系是危害行为与危害结果之间的因果关系,因吴某清没有实施危害社会的行为,也就谈不上和黎某亮死亡结果之间的因果关系,也不该对该死亡结果负责。最后,因黎某亮落水并非吴某清实施的危害行为所导致,吴某清并没有因此产生救助黎某亮的义务,其也没有救助黎某亮的法定或者职务上的义务,其推开黎某亮,自己爬上岸,不能视为不作为。

被告人黎某益推搡吴某清,吴某清身体不受控制撞向黎某亮,导致黎某亮入水溺亡。黎某益应该预见到自己推吴某清入水时,可能会导致黎某亮连带落水,但其为了逃避抓捕,疏忽大意没有预见这一危害结果的发生。在二人落水后,未施加救助,即逃离现场。虽然黎某益的推搡行为与黎某亮的死亡结果之间介入了吴某清的撞击行为,但是该介入因素是由黎某益引起,遭人推搡撞击他人的异常性较小,因而该介入因素不能阻断黎某益的行为与黎某亮死亡之间的因果关系,应认定黎某益构成过失致人死亡罪。同时,黎某益在盗窃过程中为抗拒抓捕使用了暴力,有导致他人死亡的严重情节,因而依照《刑法》第269条的规定,成立转化型抢劫罪。因其只实施了一个暴力行为,触犯两个罪名,按照刑法理论属于想象竞合犯,一般按照从一重处断原则处理,故二审法院以抢劫罪对其定罪处刑。

案例51　都某过失致人死亡案[①]

【知识点】

因果关系、多因一果

【问题】

行为人对被害人实施轻微暴力,导致有特异体质的被害人发病死亡,对该行为应当如何定性?

【基本案情】

2011年9月30日19时许,被告人都某及其子都某乙在亲属家吃过晚饭

———————————
① 本案例根据《刑事审判参考》指导案例第1079号:都某过失致人死亡案编写。

后,都某准备驾车回家。其间,适逢住在另一幢楼房的陈某驾车回家取物。陈某将车辆停在两幢楼房前方路口,堵住了车辆行进通道,致都某所驾车辆无法驶出。双方遂发生口角,继而发生打斗。在打斗过程中,都某拳击、脚踹陈某头部、腹部,致其鼻腔出血。后陈某报警。双方在派出所大厅等候处理期间,陈某突然倒地,经送医院抢救无效于当日死亡。经鉴定,陈某有高血压并冠状动脉粥样硬化性心脏病,因发生纠纷后情绪激动、头面部(鼻根部)受外力作用等导致机体应激反应,促发有病变的心脏骤停而死亡。

【处理结果】

一审法院以过失致人死亡罪判处被告人都某有期徒刑3年。

宣判后,被告人都某及其辩护人认为,原审法院适用法律不当,应当依法改判都某无罪,提出上诉。二审法院裁定:驳回上诉,维持原判。

【相关法条】

《刑法》第233条 [过失致人死亡罪]:过失致人死亡的,处三年以上七年以下有期徒刑;情节较轻的,处三年以下有期徒刑。本法另有规定的,依照规定。

【简要评析】

刑法上的因果关系是指危害行为与危害结果之间的引起与被引起关系。因果关系理论认为,只有危害行为与危害结果之间存在引起与被引起的关系,才能将危害结果归责于行为人。

本案中,首先,被害人陈某死亡与被告人都某的行为之间具有因果关系。陈某患有高血压并冠状动脉粥样硬化性心脏病,因发生纠纷后情绪激动、头面部(鼻根部)受外力作用等导致机体应激反应,促发有病变的心脏骤停而死亡。由此可知,被害人陈某的死亡属于多因一果情形。死亡的直接原因是心脏病,而引发心脏病的原因是发生纠纷后情绪激动,以及头面部(鼻根部)受外力作用等导致机体应激反应。虽然在被告人都某的暴力击打行为与被害人死亡结果之间介入了被害人的特异体质这一因素,但不可否认的是,正是因为被告人都某的暴力行为引发被害人陈某的身体产生应激反应,导致其有病变的心脏骤停而死亡。被害人的特异体质不足以阻断被告人都某的行为与被害人死亡结果之间的因果关系。因此,被告人的行为是被害人死亡结果发生的必要条件,两者具有刑法上的因果关系。

其次,本案中,被告人都某对被害人的死亡结果具有过失。人的头部是敏感且较为脆弱的区域,被告人作为一个精神健全、身体健康的成年人,应当预见到用拳头击打他人头部可能造成他人受伤或者死亡的风险,但其由于疏忽大意没有预见,最终导致被害人陈某因发生纠纷后情绪激动、头面部(鼻根部)受外力作用等导致机体应激反应,促发有病变的心脏骤停而死亡,故被告人都某应当承担过失致人死亡罪的刑事责任。

案例52　夏某某等重大责任事故案[①]

【知识点】

因果关系、多因一果

【问题】

营运拖船证照不全,发生重大事故,管理人是否与危害结果之间具有因果关系?

【基本案情】

2012年3月,在左某某的召集下,"X号"等四艘平板拖船的股东夏某某、刘某某、段某某、伍某某等十余人签订了联营协议,左某某负责日常经营管理及财务,并与段某某共同负责船只调度;夏某某、夏英某、刘某某负责"X号"平板拖船的具体经营。在未依法取得船舶检验合格证书、船舶登记证书、水路运输许可证、船舶营业运输证等经营资质的情况下,上述四艘平板拖船即进行货

----

① 本案例根据最高人民检察院指导性案例第97号:夏某某等人重大责任事故案编写。

运车辆的运输业务。

2012年12月8日晚12时许,按照段某某的调度安排,夏某某、刘某某驾驶的"X号"在安化县烟溪镇十八渡码头搭载四台货运车,前往安化县平口镇。因"X号"无车辆固定装置,夏某某、刘某某仅在车辆左后轮处塞上长方形木条、三角木防止其滑动,并且未要求驾乘人员离开驾驶室实行"人车分离"。次日凌晨3时许,因刘某某操作不当,船体发生侧倾,致使所搭载的四台货运车辆滑入柘溪水库,沉入水中。该事故造成9名司乘人员当场溺亡,直接经济损失100万元。

【处理结果】

法院认定,夏某某、刘某某、左某某、段某某、夏英某等均构成重大责任事故罪,分别判处有期徒刑。

【相关法条】

《刑法》第134条第1款[重大责任事故罪]:在生产、作业中违反有关安全管理的规定,因而发生重大伤亡事故或者造成其他严重后果的,处三年以下有期徒刑或者拘役;情节特别恶劣的,处三年以上七年以下有期徒刑。

【简要评析】

刑法上的因果关系是指危害行为与危害结果之间的引起与被引起关系。认定刑法上的因果关系需考察危害行为导致结果发生的可能性的大小,危害行为是否内在包含了危害结果发生的可能性,是否合乎规律地导致危害结果的发生。

本案中,造成沉船事故的原因是多方面的,存在多因一果的问题,涉案人员既有直接从事生产、作业的人员,又有投资人、实际控制人等。由于左某某、段某某作为投资人、实际控制人,未取得经营资质和安全生产许可证、未制定安全生产管理规定或规章制度、不提供安全生产条件和必要设施等不履行安全监管职责,在存在重大安全隐患的情况下进行生产、作业,该行为已经内在包含了导致人员损害和财产损失发生的极大可能性。虽然事故的发生介入了夏某某、刘某某的违规行为或者其他因素,但该因素不足以阻断投资人、实际控制人的行为与事故后果之间的因果关系,因此,也应当依法追究左某某、段某某重大责任事故罪的刑事责任。

案例53 杨某武玩忽职守案①

【知识点】

因果关系、多因一果

【问题】

监管人员的渎职行为与危害结果之间是否存在因果关系?

【基本案情】

2007年9月8日,王某未经相关部门审批,在深圳市龙岗区龙岗街道经营某俱乐部。被告人杨某武是该俱乐部所在辖区派出所所长。民警在日常检查中,发现王某无法提供消防许可证、娱乐经营许可证等必需证件,提供的营业执照复印件上的名称和地址与实际不符,且已过有效期。因此前接受过王某的宴请,杨某武没有督促责任区民警依法及时取缔该俱乐部。针对该俱乐部经营过程中存在超时超员、涉黄涉毒、未配备专业保安人员、发生多起治安案件等治安隐患,杨某武既没有依法责令该俱乐部停业整顿,也没有责令责任区民警跟踪监督该俱乐部进行整改。由于杨某武的行为,该俱乐部在2008年3月龙岗区开展的"扫雷"行动和2008年6月至8月期间广东省公安厅组织开展的"百日信息会战"中均未进行整改或停业。该俱乐部原有问题一直存在,安全隐患没有得到及时排除。2008年9月20日晚,该俱乐部发生特大火灾,造成44人死亡、64人受伤的严重后果。另查明,杨某武共收受王某人民币30

---

① 本案例根据最高人民检察院指导性案例第8号:杨周武玩忽职守、徇私枉法、受贿案编写。

万元。

【处理结果】

深圳市龙岗区人民法院一审认定,被告人杨某武犯玩忽职守罪,判处有期徒刑5年;犯受贿罪,判处有期徒刑10年;数罪并罚,决定执行有期徒刑13年。

一审判决后,被告人杨某武没有上诉,检察机关没有抗诉,判决发生法律效力。

【相关法条】

《刑法》第397条第1款 [滥用职权罪;玩忽职守罪]:国家机关工作人员滥用职权或者玩忽职守,致使公共财产、国家和人民利益遭受重大损失的,处三年以下有期徒刑或者拘役;情节特别严重的,处三年以上七年以下有期徒刑。本法另有规定的,依照规定。

【简要评析】

刑法中的因果关系是指危害行为与危害结果之间的引起与被引起关系。负有监管职责的国家机关工作人员没有认真履行其监管职责,未能有效防止危害结果发生,虽然危害结果的发生可能还有直接责任人员的责任,但这不足以阻断渎职行为与危害结果之间的因果关系。

本案中,被告人杨某武作为派出所所长,对辖区内的娱乐场所负有监督管理职责,其明知某俱乐部未取得合法的营业执照擅自经营,且存在众多消防、治安隐患,但其因收受贿赂,对应该履行的职责严重不负责任,使本应停业整顿或被取缔的某俱乐部持续违法经营,最终导致发生44人死亡、64人受伤的特大消防事故,造成了人民群众生命财产的重大损失。虽然俱乐部火灾可能由直接责任人员造成,但这不影响杨某武玩忽职守行为与危害结果之间因果关系的成立。

第六章 犯罪主体

第一节 自然人犯罪主体

案例54 蔡某被收容教养案①

【知识点】

刑事责任年龄

【问题】

《刑法修正案(十一)》生效前,未满14周岁的人故意杀人,如何处理?

【基本案情】

2019年10月20日,13岁的男孩蔡某将10岁的女孩淇淇诱骗到家中,意图对淇淇不轨,在遭到淇淇的激烈反抗之后,蔡某对淇淇连续砍了7刀,最终导致淇淇流血过多死亡。之后,蔡某将淇淇的尸体装进大垃圾袋,扔到了小区绿化带的灌木丛中。后蔡某被抓获归案,到案后,蔡某如实供述其杀害淇淇的事实。

---

① 本案例根据《13岁男孩杀害10岁女孩 警方通报:依法收容教养》编写。资料来源:北京日报(https://baijiahao.baidu.com/s?id=1648322212641929488)。

【处理结果】

公安机关依据《刑法》(《刑法修正案(十一)》生效前)第17条第4款之规定,按照法定程序报经上级公安机关批准,于2019年10月24日依法对蔡某收容教养。

【相关法条】

1.《刑法》第17条(《刑法修正案(十一)》生效前)[刑事责任年龄]:已满十六周岁的人犯罪,应当负刑事责任。

……

因不满十六周岁不予刑事处罚的,责令他的家长或者监护人加以管教;在必要的时候,也可以由政府收容教养。

2.《刑法》第17条(《刑法修正案(十一)》生效后)[刑事责任年龄]:已满十六周岁的人犯罪,应当负刑事责任。

……

已满十二周岁不满十四周岁的人,犯故意杀人、故意伤害罪,致人死亡或者以特别残忍手段致人重伤造成严重残疾,情节恶劣,经最高人民检察院核准追诉的,应当负刑事责任。

对依照前三款规定追究刑事责任的不满十八周岁的人,应当从轻或者减轻处罚。

因不满十六周岁不予刑事处罚的,责令其父母或者其他监护人加以管教;在必要的时候,依法进行专门矫治教育。

【简要评析】

《刑法修正案(十一)》生效前,刑法规定未满14周岁属于完全不负刑事责任年龄段,该年龄段的人实施的任何危害社会的行为均不承担刑事责任,但应责令其家长或者监护人加以管教;在必要的时候,也可以由政府收容教养。

本案发生在《刑法修正案(十一)》生效之前,蔡某故意实施杀人行为,但因其未满14周岁,根据当时的刑法规定,不能对其追究刑事责任。但由于其行为造成的社会危害性大,体现出的人身危险性大,依法对其进行收容教养。

如果此案发生在《刑法修正案(十一)》生效后,修正后的《刑法》第17条第3款规定,对已满12周岁未满14周岁的未成年人实施的故意杀人、故意伤害罪,致人死亡或者以特别残忍手段致人重伤造成严重残疾,情节恶劣,经最高人民检察院核准追诉的,应当负刑事责任。据此,蔡某可能会因故意杀人,致人死亡,情节恶劣,经最高人民检察院核准,而被追究刑事责任。

案例55 赵某花等人故意伤害、强奸案[①]

【知识点】

刑事责任年龄

【问题】

未成年人实施严重危害社会的行为,如何处罚?

【基本案情】

2013年12月23日21时许,被告人赵某花、金某廷(两人已满16周岁未满18周岁)与金某知、郑某、金某兰、李某斌、金某(5人均已满14周岁未满16周岁)等人,因对被害人李某某曾经在背后说过他们坏话产生报复心理,将李某某骗至某练歌厅包房后,对被害人李某某实施了殴打。经鉴定,被害人李某某的损伤程度为轻伤。因害怕被害人回家后报警,赵某花等人伙同刘某、崔某(未满16周岁)于当日23时许,将被害人李某某带至金某知家中,将被害人李某某非法拘禁至2013年12月25日9时许。在此期间,李某斌、金某知、赵某花、金某兰教唆崔某与被害人李某某发生性关系,崔某拒绝与被害人李某某发生性关系,于是金某知、金某兰、赵某花强行扒了被害人李某某的衣服,让裸

———————

[①] 本案例根据延边朝鲜族自治州中级人民法院(2014)延中刑终字第110号刑事判决书编写。

体的李某某平躺在崔某前面,但崔某还是以没有感觉为由不肯与李某某发生性关系。4人教唆崔某抠摸被害人李某某的胸部与阴部,并且让被害人李某某抠摸崔某的生殖器,但是最终崔某未与被害人李某某发生性关系。

【处理结果】

延吉市人民法院一审以故意伤害罪,对被告人赵某花免于刑事处罚,以强奸罪,判处赵某花有期徒刑2年,以非法拘禁罪,判处其有期徒刑六6个月,数罪并罚,决定执行有期徒刑2年3个月。以故意伤害罪,对被告人金某廷免于刑事处罚;以强奸罪,判处被告人李某斌、金某知、金某兰有期徒刑1年6个月到2年不等。

一审宣判后,赵某花、李某斌、金某知、金某兰均上诉。延边朝鲜族自治州中级人民法院二审维持对赵某花和金某廷的判决,对被告人李某斌、金某知、金某兰以强奸罪分别判处有期徒刑,并宣告缓刑。

【相关法条】

1.《刑法》第17条(《刑法修正案(十一)》生效前)[刑事责任年龄]:已满十六周岁的人犯罪,应当负刑事责任。

已满十四周岁不满十六周岁的人,犯故意杀人、故意伤害致人重伤或者死亡、强奸、抢劫、贩卖毒品、放火、爆炸、投放危险物质罪的,应当负刑事责任。

已满十四周岁不满十八周岁的人犯罪,应当从轻或者减轻处罚。

因不满十六周岁不予刑事处罚的,责令他的家长或者监护人加以管教;在必要的时候,也可以由政府收容教养。

2.《刑法》第17条(《刑法修正案(十一)》生效后)[刑事责任年龄]:已满十六周岁的人犯罪,应当负刑事责任。

已满十四周岁不满十六周岁的人,犯故意杀人、故意伤害致人重伤或者死亡、强奸、抢劫、贩卖毒品、放火、爆炸、投放危险物质罪的,应当负刑事责任。

已满十二周岁不满十四周岁的人,犯故意杀人、故意伤害罪,致人死亡或者以特别残忍手段致人重伤造成严重残疾,情节恶劣,经最高人民检察院核准追诉的,应当负刑事责任。

对依照前三款规定追究刑事责任的不满十八周岁的人,应当从轻或者减轻处罚。

因不满十六周岁不予刑事处罚的,责令其父母或者其他监护人加以管教;在必要的时候,依法进行专门矫治教育。

3.《刑法》第29条[教唆犯]:教唆他人犯罪的,应当按照他在共同犯罪中所起的作用处罚。教唆不满十八周岁的人犯罪的,应当从重处罚。

如果被教唆的人没有犯被教唆的罪,对于教唆犯,可以从轻或者减轻处罚。

【简要评析】

根据《刑法修正案(十一)》生效前《刑法》第17条的规定,已满16周岁的人犯罪的,应当对刑法中规定的犯罪承担刑事责任;已满14周岁不满16周岁的人犯强奸罪的,应当负刑事责任。对于已满14周岁不满18周岁的犯罪人,应当从轻或者减轻处罚。

本案发生在《刑法修正案(十一)》生效之前,应该依照修正前的《刑法》判断各行为人的刑事责任:

(1)赵某花和金某廷均年满16周岁,二人殴打被害人李某某,致人轻伤,符合刑法当中故意伤害罪的构成要件,因而构成故意伤害罪;赵某花另有非法拘禁和教唆崔某强奸的行为,因而另成立非法拘禁罪和强奸罪。因此对赵某花应该以故意伤害罪、非法拘禁罪和强奸罪,数罪并罚。

(2)金某知、郑某、金某兰、李某斌、金某5人均已满14周岁未满16周岁,虽然他们也有故意伤害李某某的行为,但故意伤害没有出现致人重伤或者死亡的结果,依《刑法》第17条第2款的规定,他们不构成故意伤害罪。但李某斌、金某知、金某兰教唆崔某强奸被害人李某某,符合《刑法》第17条第2款规定中的强奸罪,因而应当对强奸罪负刑事责任。

(3)崔某虽有猥亵李某某的行为,但因其未满16周岁,依法不对该行为负刑事责任。

（4）赵某花、金某廷、李某斌、金某知、金某兰均未满18周岁，属于未成年人犯罪，依法应当从轻或者减轻处罚。

需要注意的是，《刑法修正案（十一）》对《刑法》第17条中规定的刑事责任年龄作出了修改，增加了第3款，即关于已满12周岁未满14周岁行为人的刑事责任的规定。但是，对于已满16周岁和已满14周岁未满16周岁行为人承担刑事责任的范围，以及未成年人犯罪后的从宽处罚原则，均没有变化。因此，即使此案发生在《刑法修正案（十一）》生效后，各行为人刑事责任承担的原则不会发生变化。

案例56　徐某富被强制医疗案①

【知识点】

精神病人的刑事责任能力

【问题】

精神病人危害社会，是否承担刑事责任？

【基本案情】

徐某富在2007年下半年开始出现精神异常，表现为凭空闻声，认为别人在议论他，有人要杀他，紧张害怕，夜晚不睡，随时携带刀自卫，外出躲避。因未接受治疗，病情加重。2012年11月18日4时许，徐某富在其经常居住地听到有人开车来杀他，遂携带刀和榔头欲外出撞车自杀。门卫张某某得知其出去要撞车自杀，未给其开门。徐某富见张某某手持一部手机，便认为张某某要叫人来对其加害。徐某富当即用携带的刀刺杀张某某身体，用榔头击打张某某的头部，致其当场死亡。

2012年12月10日，徐某富被公安机关送往成都市第四人民医院住院治疗。经成都某司法鉴定所鉴定后认定：（1）被鉴定人徐某富患有精神分裂症，

―――――――――

① 本案例根据最高人民法院指导案例63号：徐加富强制医疗案编写。

幻觉妄想型;(2)被鉴定人徐某富2012年11月18日4时作案时无刑事责任能力。2013年1月成都市第四人民医院对被申请人的病情作出证明,证实徐某富需要继续治疗。

【处理结果】

四川省成都市武侯区人民法院于2013年1月24日作出强制医疗决定书:对被申请人徐某富实施强制医疗。

【相关法条】

《刑法》第18条第1款[特殊人员的刑事责任能力]:精神病人在不能辨认或者不能控制自己行为的时候造成危害结果,经法定程序鉴定确认的,不负刑事责任,但是应当责令他的家属或者监护人严加看管和医疗;在必要的时候,由政府强制医疗。

【简要评析】

根据《刑法》第18条第1款的规定,精神病人在不能辨认或者不能控制自己行为的时候造成危害结果,经法定程序鉴定确认的,不负刑事责任,但是应当责令他的家属或者监护人严加看管和医疗;在必要的时候,由政府强制医疗。

本案中,被申请人徐某富虽然使用凶器打击,致使他人死亡,但由于其患有精神分裂症,经鉴定,其作案时不能辨认和控制自己的行为,属于无刑事责任能力人,依法不应该令其承担刑事责任。因其病症是被害幻觉妄想症,经常假想要被他人杀害。其害怕被害,外出必带刀等防卫工具,如果不加约束治疗,具有危害社会的可能。据此,人民法院遂决定对其依法强制医疗。

案例 57　林某厦故意杀人案①

【知识点】

精神病人的刑事责任能力

【问题】

精神病人危害社会,是否一概不承担刑事责任?

【基本案情】

2018年9月19日下午,被告人林某厦的女儿林某某与同学叶某某(殁年9岁)发生小摩擦,林某厦因叶某某未按其要求公开向自己女儿道歉而起意报复。同年9月21日下午,林某厦随身携带事先准备的刀具进入叶某某所在的某小学,将其带至男厕所并残忍杀害。后林某厦拨打110报警并在现场等候公安人员到达将其抓获。经鉴定,林某厦案发时处于精神分裂症缓解期,具有完全刑事责任能力。

【处理结果】

温州市中级人民法院一审认为,被告人林某厦持刀故意杀人,并致人死亡,其行为已构成故意杀人罪。根据其犯罪情节、手段、后果依法判决林某厦死刑,剥夺政治权利终身。

林某厦不服判决,提出上诉,浙江省高级人民法院二审裁定:驳回上诉,维持原判。

【相关法条】

《刑法》第18条第2款 [特殊人员的刑事责任能力]:间歇性的精神病人在

---

① 本案例根据《杀害女儿班级同学　罪犯林建厦被执行死刑》编写。资料来源:中国新闻网(https://www.chinanews.com.cn/sh/2020/07-17/9241109.shtml)。

精神正常的时候犯罪,应当负刑事责任。

【简要评析】

根据《刑法》第18条第1款和第2款的规定,精神病人在不能辨认或者不能控制自己行为时造成危害结果的,经鉴定,如缺乏刑事责任能力则不能令其承担刑事责任。但是间歇性精神病人在精神正常时危害社会,构成犯罪的,应当承担刑事责任。

本案中,林某厦实施了故意非法剥夺他人生命的行为,案发时处于精神分裂症缓解期。但其事先准备了作案工具,准确到达犯罪现场,并找到与女儿有摩擦的学生,将其带到隐蔽场所予以杀害,这些行为表明其对自己的行为有辨认和控制能力,属于完全刑事责任能力人,依法应该对自己的故意杀人行为承担刑事责任。据此,法院认定其行为构成故意杀人罪,并对其判处了相应的刑罚。

案例58 杜某军故意杀人案[①]

【知识点】

精神病人的刑事责任能力

【问题】

行为人具有轻度精神障碍,实施危害社会的行为,是否承担刑事责任?

【基本案情】

1996年7月7日,被告人杜某军欲与同村马某友之妻施某发生性关系,遭到拒绝后,杜某军便抓住施某的二儿子马某东(时年9岁),将马某东的头部往炕栏上撞击后,又将其扔在院子里的地上,踩其头部两脚,然后又拿起扁担击打施某和马某东的头部,造成马某东重伤,施某轻伤,杜某军作案后逃离现

---

① 本案例根据《刑事审判参考》指导案例第927号:杜成军故意杀人案编写。

场。因故意伤害，杜某军被判处有期徒刑5年。

刑满释放后，杜某军对马某友家一直怀恨在心，伺机报复。2007年9月8日9时许，杜某军见马某友的大儿媳张某抱着儿子马某星（殁年1岁）去同村村民杜某山家串门，便尾随至杜某山家院子，用木棍击打张某的头部。张某放下马某星抱住头部，在场村民刘某梅准备抱起马某星时被杜某军用胳膊肘撞倒。张某抱起马某星跑进杜某山家窑内，杜某军追进去，先将马某星打倒在地，后将张某压倒在沙发上殴打。杜某军的母亲、父亲、村民马某珍闻讯赶来进行劝止，张某趁机抱起马某星跑出门外，杜某军又追上用木棍将张某打倒在地。之后，杜某军持木棍和铁錾击打张某、马某星母子头面部，致马某星头颅骨粉碎性骨折当场死亡，致张某急性失血性休克死亡。

另查明，杜某军患有轻度精神发育迟滞伴精神障碍。但平日能独立劳作，生活能自理，喜欢赌博、爱贪小便宜，还有敲诈勒索村民钱财的行为。杜某军作案后，逃离现场。

【处理结果】

榆林市中级人民法院一审认为，被告人杜某军犯故意杀人罪，判处其死刑，剥夺政治权利终身。

一审宣判后，被告人杜某军提出上诉。其辩护人提出，杜某军精神发育迟滞并伴有精神障碍，具有法定从轻情节，应当对其从轻或者减轻处罚。陕西省高级人民法院二审裁定：驳回上诉，维持原判。

【相关法条】

《刑法》第18条第3款 [特殊人员的刑事责任能力]：尚未完全丧失辨认或者控制自己行为能力的精神病人犯罪的，应当负刑事责任，但是可以从轻或者减轻处罚。

【简要评析】

根据《刑法》第18条第3款的规定，尚未完全丧失辨认或者控制行为能力的精神病人犯罪的,应当负刑事责任,但是可以从轻或者减轻处罚。这就意味着,此类人可以作为犯罪主体,但对其是否从轻或者减轻处罚,需根据行为人的精神状况对犯罪的影响程度决定。

本案中,虽然杜某军有轻度精神障碍,但从日常生活表现看,杜某军的精神障碍对其辨认和控制自己行为能力的影响较小。从作案过程看,杜某军动机清晰,目的明确;作案对象、作案过程具有明确性、针对性、报复性;作案后逃离现场,有自我保护意识。凡此种种说明其在实施故意杀人犯罪时具有与正常人基本相当的辨认能力和控制能力,其精神障碍对其辨认和控制自己行为的影响甚微。综合考虑其犯罪情节、手段、后果、精神障碍对犯罪的影响程度等事实,依法可以不对其从轻或者减轻处罚。故此,法院在认定其行为构成故意杀人罪的同时,判处其死刑,剥夺政治权利终身是符合法律规定的。

案例59　马某武故意伤害案①

【知识点】

醉酒者的刑事责任能力

【问题】

醉酒后故意伤害他人,是否承担刑事责任?

【基本案情】

2019年11月30日,被告人马某武酒后因琐事与其母亲杨某发生矛盾,多次对杨某进行殴打,造成杨某头部、躯干部及四肢多发大片皮下出血,双侧肋骨多发骨折伴肋间出血,当日杨某死亡。经鉴定,被害人杨某系受钝性外力致创伤性失血性休克死亡。

另查明,被告人马某武曾因犯盗窃罪、脱逃罪,被判处无期徒刑,2010年9月21日经多次减刑后刑满释放。

---

① 本案例根据河北省沧州市中级人民法院(2021)冀09刑终76号刑事裁定书编写。

【处理结果】

河北省任丘市人民法院一审认为,被告人马某武的行为已构成故意伤害(致死)罪。被告人有犯罪前科,从重处罚,遂判处其有期徒刑15年,剥夺政治权利2年。

宣判后,被告人马某武以案发时处于醉酒状态,不能对自己的行为有所认知,无故意行为,原判量刑过重为由,提出上诉。河北省沧州市中级人民法院二审裁定:驳回上诉,维持原判。

【相关法条】

1.《刑法》第18条第4款[醉酒的人的刑事责任能力]:醉酒的人犯罪,应当负刑事责任。

2.《刑法》第234条[故意伤害罪]:故意伤害他人身体的,处三年以下有期徒刑、拘役或者管制。

犯前款罪,致人重伤的,处三年以上十年以下有期徒刑;致人死亡或者以特别残忍手段致人重伤造成严重残疾的,处十年以上有期徒刑、无期徒刑或者死刑。本法另有规定的,依照规定。

【简要评析】

根据《刑法》第18条第4款的规定,醉酒的人犯罪,应当负刑事责任,并不能因为醉酒对他们从宽处理。这是因为,行为人对醉酒状态是可以避免和控制的,对醉酒后可能会因辨认与控制能力降低,造成社会损害应该有所预见,即对醉酒状态负有责任。因此,即使醉酒后辨认能力和控制能力有所降低,并在醉酒状态下造成社会危害结果,也不会因此影响其应承担的刑事责任。

本案中,被告人马某武醉酒后故意伤害他人,致人死亡,按照《刑法》第18条第4款的规定,不应得到从宽处理。对其应该按照《刑法》第234条第2款规定的故意伤害致人死亡的情形予以处罚。且被告人有犯罪前科,应酌情从重处罚。据此,人民法院对其判处有期徒刑15年。

案例60　彭某故意杀人案①

【知识点】

吸食毒品者的刑事责任能力

【问题】

吸食毒品后实施犯罪行为,是否需承担刑事责任?

【基本案情】

2005年5月5日凌晨,被告人彭某因服食摇头丸药性发作,在其暂住处持刀朝同室居住的被害人阮某森胸部捅刺,致阮某森抢救无效死亡。当晚9时许,被告人彭某到公安局投案自首。经鉴定,彭某系吸食摇头丸和K粉后出现精神病症状,在精神病状态下作案,评定为限定刑事责任能力。

另查明,彭某此前已因吸毒产生过幻觉。

【处理结果】

福州市中级人民法院一审判决:被告人彭某犯故意杀人罪,判处无期徒刑,剥夺政治权利终身。

一审宣判后,被告人彭某不服,提出上诉。福建省高级人民法院二审裁定:驳回上诉,维持原判。

【相关法条】

《刑法》第18条第1款[特殊人员的刑事责任能力]:精神病人在不能辨认或者不能控制自己行为的时候造成危害结果,经法定程序鉴定确认的,不负刑事责任,但是应当责令他的家属或者监护人严加看管和医疗;在必要的时候,由政府强制医疗。

---

① 本案例根据《刑事审判参考》指导案例第431号:彭崧故意杀人案编写。

【简要评析】

根据《刑法》第18条第1款的规定,精神病人在不能辨认或者不能控制自己行为的时候造成危害结果,经法定程序鉴定确认的,不负刑事责任。

本案中,被告人彭某是一个心智正常的人,其实施杀人行为时虽在辨认、控制能力上与其没吸食毒品时有区别,但其当时出现精神障碍,并非精神病发作,而显然是受吸食毒品的影响,故被告人彭某并非刑法意义上的精神病人,不能对其犯罪行为从宽处罚。

针对此种情形,也可以运用刑法中的原因自由行为来理解。具有辨认、控制能力的行为人,故意或者过失使自己一时陷入丧失或者尚未完全丧失辨认、控制能力的状态,并在该状态下实施了符合犯罪构成的行为,依法应当承担刑事责任,刑法理论称其为"原因自由行为"。使自己陷入丧失或者尚未完全丧失辨认、控制能力状态的行为,称为原因行为;在该状态下实施的犯罪行为,称为结果行为。由于行为人可以自由决定自己是否陷入原因行为,故称为"原因自由行为"。

本案中,被告人彭某在杀人时控制、辨认能力已经减弱,但彭某明知自己吸食毒品后会出现幻觉仍故意吸食,进而出现精神障碍将阮某森杀死,应该属于"原因自由行为",应承担故意杀人罪的刑事责任。

案例61　苏某强敲诈勒索案①

【知识点】

盲人的认定及低视力者的刑事责任能力

【问题】

低视力的人犯罪,是否应从宽处罚?

---

① 本案例根据《刑事审判参考》指导案例第469号:苏同强、王男敲诈勒索案编写。

【基本案情】

被告人苏某强和王某经预谋,决定向宾馆、酒店发送具有恐吓内容的电子邮件,以勒索财物。苏某强提供了其冒用"尹某某"的身份办理的两张银行卡作为接收敲诈所得钱款的账号。王某则使用电脑注册了电子邮箱,并于2006年6月9日和16日先后通过该邮箱向北京市某宾馆和东莞市某酒店发送电子邮件,以爆炸相威胁,各勒索人民币20万元,并要求将款汇往苏某强所开账户内。某宾馆和某酒店接到恐吓电子邮件后,向公安机关报案,二被告人被抓获归案。

【处理结果】

北京市朝阳区人民法院一审认为,被告人苏某强、王某采用威胁、恐吓的方式向他人勒索数额巨大的财物,二被告人的行为均已构成敲诈勒索罪,但二被告人犯罪未遂,遂各判处有期徒刑3年6个月。

一审宣判后,被告人苏某强提出上诉称,其双眼矫正视力分别为0.06和0.08,并持有视力残疾证书,可以证明其属于"盲人",依法可以从轻、减轻或者免除处罚。

北京市第二中级人民法院二审认为,苏某强所持的残疾人证书可证明其视力为二级低视力,但根据相关标准尚不能认定为盲人,不能适用《刑法》第19条的规定对其从轻、减轻或者免除处罚。

【相关法条】

1.《刑法》第19条 [又聋又哑的人或盲人犯罪的刑事责任]:又聋又哑的人或者盲人犯罪,可以从轻、减轻或者免除处罚。

2.《刑法》第274条 [敲诈勒索罪]:敲诈勒索公私财物,数额较大或者多次敲诈勒索的,处三年以下有期徒刑、拘役或者管制,并处或者单处罚金;数额巨大或者有其他严重情节的,处三年以上十年以下有期徒刑,并处罚金;数额特别巨大或者有其他特别严重情节的,处十年以上有期徒刑,并处罚金。

【简要评析】

根据《刑法》第19条的规定，盲人犯罪，可以从轻、减轻或者免除处罚。但对于"盲人"的界定，并无专门规定。

《残疾人实用评定标准》与《人体重伤鉴定标准》关于视力障碍或者残疾的分类不完全一致，但二者均以0.05的视力值作为判断"盲"的基准点，当双眼中最好眼的矫正视力低于0.05时，就认定被测评人为"盲人"。可见，医学上的盲人并不是通常所说的"双目失明"或者"失去视力"，而可能拥有极为微弱的视力。

本案中，被告人苏某强的两眼矫正视力分别为0.06和0.08，被评定为"二级低视力"残疾人。但按照医学标准，他并不属于盲人。据此，法院未予认定被告人苏某强系盲人是正确的。

根据《刑法》第19条的规定，即使是盲人犯罪，也未必一定从宽处罚，而应当在全面分析犯罪性质、情节和危害程度的基础上，重点分析"盲人"身份对实施犯罪行为的具体影响。对于被告人实施犯罪行为与其"盲人"身份有直接联系的，应当依法从宽处罚。对于盲人被告人实施的与"盲人"身份无关或者无直接关系的犯罪，则未必从宽处罚。

案例62　赵某林抢劫案[①]

【知识点】

聋哑人的刑事责任能力

【问题】

聋哑人犯罪如何承担刑事责任？

---

①本案例根据贵州省高级人民法院（2018）黔刑终295号刑事裁定书编写。

【基本案情】

被告人赵某林与被害人赵某某系堂兄弟关系,均系聋哑人。案发前,赵某林认为赵某某盗走其现金8000元,欲到赵某某家找回失窃现金。2017年8月28日21时许,赵某林撬开赵某某家中板壁后进入厨房,趁赵某某在厨房熟睡之机,将赵某某藏于裤裆内的8000余元取出,被赵某某发现,二人发生打斗。赵某某用柴刀朝赵某林头部砍杀,赵某林避让并将柴刀抢到后扔在地,用自己携带的菜刀朝赵某某头部、面部、手臂乱砍数刀,然后携带从赵某某处搜得的现金逃离现场。赵某某在被送往医院抢救途中死亡。案发后,赵某林之兄赵某2向被害人家属支付人民币14000元。

【处理结果】

贵州省黔东南苗族侗族自治州中级人民法院一审判决:被告人赵某林犯抢劫罪,判处有期徒刑15年,剥夺政治权利5年。

宣判后,赵某林以量刑过重为由,提出上诉。贵州省高级人民法院二审裁定:驳回上诉,维持原判。

【相关法条】

1.《刑法》第19条 [又聋又哑的人或盲人犯罪的刑事责任]:又聋又哑的人或者盲人犯罪,可以从轻、减轻或者免除处罚。

2.《刑法》第263条 [抢劫罪]:以暴力、胁迫或者其他方法抢劫公私财物的,处三年以上十年以下有期徒刑,并处罚金;有下列情形之一的,处十年以上有期徒刑、无期徒刑或者死刑,并处罚金或者没收财产:

……

(五)抢劫致人重伤、死亡的;

……

3.《刑法》第269条 [抢劫罪]:犯盗窃、诈骗、抢夺罪,为窝藏赃物、抗拒抓捕或者毁灭罪证而当场使用暴力或者以暴力相威胁的,依照本法第二百六十三条的规定定罪处罚。

【简要评析】

根据《刑法》第19条的规定,聋哑人犯罪,可以从宽处罚。是否从宽处罚,应该根据犯罪情况而定。

本案中,赵某林入室盗窃,在盗窃过程中为窝藏赃物对被害人赵某某实施暴力,其行为构成《刑法》第269条规定的转化抢劫罪,在抢劫过程中,赵某林为制服被害人反抗而杀人,导致被害人死亡,依法应当判处10年以上有期徒刑、无期徒刑或死刑。考虑到赵某林是聋哑人,且认罪态度较好,赔偿被害人家属等情节,法院对其从轻判处有期徒刑15年。

案例63　杨某波受贿、徇私舞弊不移交刑事案件案①

【知识点】

犯罪主体的特殊身份

【问题】

受贿罪、徇私舞弊不移交案件罪的犯罪主体需符合哪些条件?

【基本案情】

2016年4月至2019年年初,被告人杨某波在担任贺州市平桂(管理)区矿产资源规费征收管理站站长,贺州市平桂区自然资源局党组书记、局长期间,利用职务上的便利,先后三次向常兴公司的法人代表吴某2及其父亲吴某1索取钱财共计68.8万元。

2017年至2018年期间,常兴公司、万江公司、飞碟水泥公司三家企业因涉嫌非法越界开采矿石,被贺州市平桂区自然资源局立案调查,该局执法监察大

---

① 本案例根据广西壮族自治区贺州市中级人民法院(2021)桂11刑终129号刑事裁定书编写。

队提出该三起案件已达到刑事立案标准,需依法移交公安机关追究刑事责任,但被告人杨某波均以需向平桂区政府汇报等借口为由,对依法应当移交司法机关追究刑事责任的上述三起案件,均未按照《行政执法机关移送涉嫌犯罪案件的规定》等法律规定在法定期限内移交公安机关。直至2020年2月,迫于扫黑除恶严峻形势,杨某波才同意将该三起案件移交公安机关。

【处理结果】

贺州市平桂区人民法院一审判决:被告人杨某波犯受贿罪,判处有期徒刑3年4个月,并处罚金人民币30万元;犯徇私舞弊不移交刑事案件罪,判处有期徒刑1年6个月。决定执行有期徒刑4年6个月,并处罚金人民币30万元。

宣判后,杨某波不服判决,提出上诉。广西壮族自治区贺州市中级人民法院二审裁定:驳回上诉,维持原判。

【相关法条】

1.《刑法》第93条第1款[国家工作人员的范围]:本法所称国家工作人员,是指国家机关中从事公务的人员。

2.《刑法》第385条[受贿罪]:国家工作人员利用职务上的便利,索取他人财物的,或者非法收受他人财物,为他人谋取利益的,是受贿罪。

国家工作人员在经济往来中,违反国家规定,收受各种名义的回扣、手续费,归个人所有的,以受贿论处。

3.《刑法》第402条[徇私舞弊不移交刑事案件罪]:行政执法人员徇私舞弊,对依法应当移交司法机关追究刑事责任的不移交,情节严重的,处三年以下有期徒刑或者拘役;造成严重后果的,处三年以上七年以下有期徒刑。

【简要评析】

刑法中的某些犯罪,其主体除了需具备刑法总则规定的刑事责任年龄、刑事责任能力之外,还需要具备其他条件。比如受贿罪的主体是国家工作人员、徇私舞弊不移交刑事案件罪的主体是行政执法人员。不具备特定身份的,无法构成该种犯罪。

本案中,被告人杨某波曾担任贺州市平桂(管理)区矿产资源规费征收管理站站长,贺州市平桂区自然资源局党组书记、局长等职务,具有国家工作人员身份。其利用职务便利,索取他人财物共68.8万元,数额巨大,其行为已构成受贿罪,且系索贿,依法应当从重处罚。同时,杨某波利用其行政执法人员的身份,徇私舞弊,对依法应当移交司法机关追究刑事责任的案件不移交,情节严重,其行为又构成徇私舞弊不移交刑事案件罪。

案例64 刘某职务侵占案[①]

【知识点】

犯罪主体的特殊身体

【问题】

职务侵占罪的犯罪主体需符合哪些条件?

【基本案情】

被告人刘某原系长沙市天心区国金街负一层某运动品牌专卖店店长,该品牌隶属于湖南某商贸有限公司。2018年2月至2018年12月,被告人刘某采取销售货物不走公司收银系统,直接使用微信、支付宝收取货款的方式,将本应归公司收取的100236元货物销售款占为己有,用于偿还其个人赌博债务。2019年12月,刘某知悉公司即将对库存货物进行盘点的情况后,多次发送假调单,将货物空调至武汉等地的其他店面。2019年1月,公司盘点发现上述情况后,刘某向公司返还其中的1818元。2020年12月8日,公安机关抓获被告人刘某,其归案后如实供述犯罪事实,并自愿认罪认罚。

① 本案例根据湖南省长沙市中级人民法院(2021)湘01刑终765号刑事判决书编写。

【处理结果】

长沙市天心区人民法院一审判决被告人刘某犯职务侵占罪,判处有期徒刑1年。

宣判后,被告人刘某不服判决,提出上诉。考虑到刘某有坦白、认罪认罚、赔偿被害单位经济损失等情节,长沙市中级人民法院二审改判刘某犯职务侵占罪,判处有期徒刑9个月。

【相关法条】

《刑法》第271条[职务侵占罪、贪污罪]:公司、企业或者其他单位的工作人员,利用职务上的便利,将本单位财物非法占为己有,数额较大的,处三年以下有期徒刑或者拘役,并处罚金;数额巨大的,处三年以上十年以下有期徒刑,并处罚金;数额特别巨大的,处十年以上有期徒刑或者无期徒刑,并处罚金。

国有公司、企业或者其他国有单位中从事公务的人员和国有公司、企业或者其他国有单位委派到非国有公司、企业以及其他单位从事公务的人员有前款行为的,依照本法第三百八十二条、第三百八十三条的规定定罪处罚。

【简要评析】

根据《刑法》第271条的规定,职务侵占罪的主体为公司、企业或者其他单位的工作人员。本案中,被告人刘某作为某运动品牌专卖店店长,属于公司工作人员,其利用职务便利,将本单位销售款非法占为己有,数额较大,其行为符合职务侵占罪的构成条件。需要注意的是,如果刘某属于国家工作人员,则不符合职务侵占罪的主体条件,可能构成贪污罪。

案例65 雷某虐待被监管人案①

【知识点】

犯罪主体的特殊身份

【问题】

虐待被监管人罪的犯罪主体需具备什么条件?

【基本案情】

2018年4月23日9时许,四川省内江市看守所在押人员邱某1、张某等人因琐事发生争执和扭打,值班民警被告人雷某将邱某1提出监室带到值班监控室卫生间过道,使用橡胶警棍对邱某1臀部进行抽打。2018年9月24日21时50分许,被告人雷某在看守所值班过程中,认为在押人员邱某1违反监规不服从管教,便擅自带领其他监室留所服刑人员将邱某1提押出监室,采取打耳光、脚踢、用警棍打臀部、反手交叉背铐手铐等方式对邱某1进行殴打、体罚,虐待长达数十分钟后才让其回监室。随后雷某通过监控视频听见邱某1向同监室人员讲述被其体罚,邱某2建议邱某1向驻所检察官反映此事后,再次带领多名留所服刑人员将邱某2、邱某1押出监室,雷某先对邱某2、邱某1采取打耳光、脚踢等方式进行殴打、体罚,后将邱某2带到民警值班休息室内摔倒在地,造成邱某2左上中切牙和右上侧切牙冠折、右上中切牙脱落。经鉴定,邱某2损伤属于轻伤二级。事后,雷某投案自首,赔偿被害人经济损失并取得被害人谅解。

【处理结果】

四川省资中县人民法院一审认为,雷某行为已构成虐待被监管罪。鉴于其有自首、赔偿被害人经济损失等情节,判处其拘役6个月,缓刑6个月。

---

① 本案例根据四川省内江市中级人民法院(2019)川10刑终143号刑事裁定书编写。

宣判后,被告人雷某认为量刑过重,请求对其免予刑事处罚,提出上诉。内江市中级人民法院二审裁定:驳回上诉,维持原判。

【相关法条】

刑法第248条第1款[虐待被监管人罪]:监狱、拘留所、看守所等监管机构的监管人员对被监管人进行殴打或者体罚虐待,情节严重的,处三年以下有期徒刑或者拘役;情节特别严重的,处三年以上十年以下有期徒刑。致人伤残、死亡的,依照本法第二百三十四条、第二百三十二条的规定定罪从重处罚。

【简要评析】

根据《刑法》第248条第1款的规定,虐待被监管人罪的主体为监狱、拘留所、看守所等监管机构的监管人员。本案中,雷某作为看守所值班民警,对被看守人员进行殴打,情节严重,已经构成虐待被监管人罪。人民法院根据其犯罪事实和悔罪表现,依法对其判处刑罚。

第二节　单位犯罪主体

案例66　某期货公司大连营业部背信运用受托财产案①

【知识点】

单位犯罪

【问题】

单位犯罪需具备哪些条件?

---

① 本案例根据《刑事审判参考》指导案例第1388号:兴正期货大连营业部背信运用受托财产案编写。

【基本案情】

被告单位某期货公司大连营业部系某期货公司的下属分支机构,被告人孟某伟于2009年8月至2014年7月在该营业部担任总经理,负责该营业部全部工作。被告人陈某于2013年8月至2014年7月在该营业部担任客户经理,负责开发及维护客户。2013年,陈某认识了高某夫妇,并向他们介绍了大连营业部的保本理财产品。高某要求保证资金安全,并且随取随用。陈某请示了孟某伟后,口头承诺投资期货在保本利息上达到7%的年收益率。2013年10月22日,高某与该期货公司签订了《期货经纪合同》及相关附属文件,开立了期货保证金账户,并向账户内转入人民币1670万元。陈某向高某索要了期货账户交易密码。孟某伟、陈某未能为高某找到第三方投资顾问,在未通知高某也未取得其同意的情况下,二人商议后决定自行使用高某的期货账户交易密码进行交易。2013年10月31日至2014年1月20日期间,孟某伟、陈某擅自运用高某期货账户进行交易,造成高某期货保证金账户亏损人民币1043.1万元,共计产生交易手续费153万余元,其中为该期货公司赚取手续费82万余元。案发后,孟某伟、陈某等返还高某191万元。

【处理结果】

大连市中级人民法院一审判决:被告单位某期货公司大连营业部犯背信运用受托财产罪,判处罚金人民币100万元;判决孟某伟、陈某犯背信运用受托财产罪,分别判处有期徒刑3年6个月,并处罚金人民币15万元和有期徒刑3年,并处罚金人民币10万元。

宣判后,被告单位上诉称本案系单位员工的个人行为,单位不构成背信运用受托财产罪。被告人孟某伟、陈某上诉称原判事实不清。辽宁省高级人民法院二审裁定:驳回上诉,维持原判。

【相关法条】

1.《刑法》第30条 [单位负刑事责任的范围]:公司、企业、事业单位、机关、团体实施的危害社会的行为,法律规定为单位犯罪的,应当负刑事责任。

2.《刑法》第31条 [单位犯罪的处罚原则]:单位犯罪的,对单位判处罚金,并对其直接负责的主管人员和其他直接责任人员判处刑罚。本法分则和其他法律另有规定的,依照规定。

3.《刑法》第185条之一第1款 [背信运用受托财产罪]:商业银行、证券交易所、期货交易所、证券公司、期货经纪公司、保险公司或者其他金融机构,违背受托义务,擅自运用客户资金或者其他委托、信托的财产,情节严重的,对单位判处罚金,并对其直接负责的主管人员和其他直接责任人员,处三年以下有期徒刑或者拘役,并处三万元以上三十万元以下罚金;情节特别严重的,处三年以上十年以下有期徒刑,并处五万元以上五十万元以下罚金。

【简要评析】

根据《刑法》第30条的规定,单位犯罪是指公司、企业等实施的严重危害社会,且刑法将其规定为单位犯罪的行为。单位犯罪的条件为:主体为《刑法》第30条规定的单位,单位在客观上实施了刑法规定为单位犯罪的行为,一般表现为由单位集体决定或者由负责人决定。在主观上表现为单位成员的行为体现了单位的意志,往往具有为单位谋取非法利益的目的。

本案中,首先,某期货公司大连营业部属于《刑法》第30条规定的公司。其次,二被告人的行为属于职务行为,代表了某期货公司大连营业部。孟某伟是营业部经理,负责营业部的全部工作,其权限来自总部的日常经营授权,陈某是客户经理,负责开发和维护客户。二人均以营业部的名义与高某进行接洽协商,二人擅自操作客户期货账户的行为是经过单位负责人决定的职务行为。该行为符合《刑法》第185条之一规定的"违背受托义务,擅自运用客户资金或者其他委托、信托的财产,情节严重"的构成条件。最后,孟某伟和陈某的行为体现的是单位意志。二人擅自操作客户期货账户的主观目的是完成公司业绩目标,为单位赚取期货交易手续费,且二人的犯罪所得收益归营业部所享有。以上事实表明,孟某伟、陈某的行为属于职务行为。综上可以认为,该起犯罪应该认定为单位犯罪。根据《刑法》第31条和第185条之一的规定,法院对被告单位某期货公司大连营业部判处罚金,并对其直接负责的主管人员和其他直接责任人员孟某伟、陈某判处相应的刑罚。

案例67　某公司员工侵犯公民个人信息案①

【知识点】

单位犯罪

【问题】

单位犯罪与单位成员犯罪,如何区分?

【基本案情】

2011年至2013年9月,被告人郑某、杨某在分别担任某公司西北区婴儿营养部市务经理、兰州分公司婴儿营养部甘肃区域经理期间,为了抢占市场份额,推销该公司生产的奶粉,授意该公司员工被告人杨某红、李某林、杜某娟、孙某通过拉关系、支付好处费等手段,多次从多家医院医务人员手中非法获取公民个人信息。其中,被告人郑某、杨某、杨某红、李某林、杜某娟和孙某非法获取公民个人信息分别为40507条、45659条、20085条、14163条、10448条和963条。

【处理结果】

一审法院认为,被告人郑某、杨某、杨某红、李某林、杜某娟、孙某均构成侵犯公民个人信息罪,根据他们的犯罪情节,除对孙某免予刑事处罚外,对其他被告人分别判处相应刑罚。

宣判后,各被告人均以自己的行为是公司行为,本案属于单位犯罪为由提出上诉。

---

① 本案例根据《企业合规典型案例:雀巢员工侵犯公民个人信息案》编写。资料来源:腾讯网(https://new.qq.com/omn/20200630/20200630A0P9X200.html)。

二审法院认为,某公司的政策、员工行为规范等证据证实,该公司禁止员工从事侵犯公民个人信息的违法犯罪行为。各上诉人违反公司管理规定,为提升个人业绩而实施的非法获取公民个人信息的行为属个人行为。遂驳回上诉,维持原判。

【相关法条】

1.《刑法》第30条[单位负刑事责任的范围]:公司、企业、事业单位、机关、团体实施的危害社会的行为,法律规定为单位犯罪的,应当负刑事责任。

2.《刑法》第253条之一[侵犯公民个人信息罪]:违反国家有关规定,向他人出售或者提供公民个人信息,情节严重的,处三年以下有期徒刑或者拘役,并处或者单处罚金;情节特别严重的,处三年以上七年以下有期徒刑,并处罚金。

……

窃取或者以其他方法非法获取公民个人信息的,依照第一款的规定处罚。

单位犯前三款罪的,对单位判处罚金,并对其直接负责的主管人员和其他直接责任人员,依照各该款的规定处罚。

【简要评析】

根据《刑法》第30条的规定,单位犯罪是指公司、企业等实施的严重危害社会,且刑法将其规定为单位犯罪的行为。单位犯罪的条件为:主体为《刑法》第30条规定的单位,在客观上实施了由单位集体决定或者由负责人决定,刑法规定为单位犯罪的行为,在主观上表现为单位成员的行为体现了单位的意志,往往具有为本单位谋取非法利益之目的。

本案中,从某公司的内部管理规定看,公司从不允许员工以非法方式收集消费者个人信息,并且从不为此向员工、医务人员提供资金。该制度表明,非法获取公民个人信息的行为不是由本单位集体决定或者由负责人决定的行为,并非体现单位意志,因而不属于单位行为,不符合单位犯罪的条件。据此,某公司不构成犯罪。员工为自身利益,非法侵犯公民个人信息的行为属于个人行为,只能由员工自己对该犯罪行为承担刑事责任。

案例68　赵某合同诈骗案[①]

【知识点】

单位犯罪

【问题】

以犯罪为目的设立的单位,实施危害社会行为,能否认定为单位犯罪?

【基本案情】

2013年11月底,被告人赵某出资设立国众公司。2014年2月23日,赵某虚构国众公司与中豪公司签订《战略合作协议》、中豪公司已收国众公司预付款1000万元的事实,取得森源公司黄某的信任,以共同开发土地为名,骗取森源公司与国众公司签订《合作开发协议》,并收取森源公司先期投入资金人民币400万元。该款被赵某用于归还债务、消费等。案发后,赵某亲属与黄某协商用两套房产和一辆奥迪轿车抵等额欠款,并对多出款项进行了约定。

另查明,2015年6月16日,赵某因犯诈骗罪被北京市第三中级人民法院判处无期徒刑,剥夺政治权利终身,并处没收个人全部财产。

【处理结果】

秦皇岛市中级人民法院于2019年11月28日作出一审判决:被告单位国众公司无罪;被告人赵某犯合同诈骗罪,判处有期徒刑10年,并处罚金人民币10万元。连同前判无期徒刑,剥夺政治权利终身,并处没收个人全部财产,决定执行无期徒刑,剥夺政治权利终身,并处没收个人全部财产。

宣判后,赵某不服判决,提出上诉。河北省高级人民法院二审裁定:驳回上诉,维持原判。

[①] 本案例根据河北省高级人民法院(2020)冀刑终11号刑事裁定书编写。

【相关法条】

1.最高人民法院《关于审理单位犯罪案件具体应用法律有关问题的解释》第2条：个人为进行违法犯罪活动而设立的公司、企业、事业单位实施犯罪的，或者公司、企业、事业单位设立后，以实施犯罪为主要活动的，不以单位犯罪论处。

2.《刑法》第224条 [合同诈骗罪]：有下列情形之一，以非法占有为目的，在签订、履行合同过程中，骗取对方当事人财物，数额较大的，处三年以下有期徒刑或者拘役，并处或者单处罚金；数额巨大或者有其他严重情节的，处三年以上十年以下有期徒刑，并处罚金；数额特别巨大或者有其他特别严重情节的，处十年以上有期徒刑或者无期徒刑，并处罚金或者没收财产：

……

【简要评析】

根据最高人民法院《关于审理单位犯罪案件具体应用法律有关问题的解释》第2条的规定，个人为进行违法犯罪活动而设立公司、企业、事业单位实施犯罪的，或者公司、企业、事业单位设立后，以实施犯罪为主要活动的，不以单位犯罪论处。本案中，赵某作为国众公司的实际控制人，以非法占有为目的，在签订合同过程中虚构事实，骗取他人财物，数额特别巨大，其行为已构成合同诈骗罪。鉴于国众公司设立后，以实施合同诈骗犯罪为主要活动，不以单位犯罪论处。因此，对本案以自然人犯罪处理，认定赵某构成合同诈骗罪，被告单位无罪。

案例69 "e租宝"集资诈骗案[①]

【知识点】

单位犯罪

【问题】

单位实施集资诈骗行为,如何处罚?

【基本案情】

被告单位安徽某诚控股集团于2014年6月至2015年4月期间,被告单位某诚国际控股集团有限公司于2015年5月至12月期间,在丁某等人的操纵下,在没有银行业金融机构资质的前提下,利用"e租宝""芝麻金融"等网络平台发布虚假的融资租赁债权项目及个人债权项目,包装成多种理财产品进行销售,以承诺还本付息等为诱饵,通过电视台、网络、散发传单等途径向社会公开宣传,先后吸收115万余人资金共计762亿余元。二被告单位集资后,除将部分集资款用于返还集资本息,以及支付员工工资、房租、广告宣传费用等运营成本外,其余大部分集资款在丁某的授意下被肆意挥霍、随意赠予他人,以及用于走私等违法犯罪活动,造成集资款损失共计380亿余元。

被告人丁某作为二被告单位的实际控制人,在进行决策的同时,与高层管理人员被告人丁某2、张某、彭某等人负责指挥、管理集资活动,被告人雍某、松某、许某负责制作虚假的债权项目,被告人刘某曼、朱某敏、刘某静按照丁某、丁某2等人指示,负责收取、支付、调动集资款。

另查明,被告某诚国际控股集团有限公司和丁某还犯有其他罪行。

---

① 本案例根据《e租宝案二审最终裁定:驳回丁宁等23人上诉、维持原判》编写。资料来源:金融界(https://finance.jrj.com.cn/it-finance/2017/11/29111923712540.shtml)。

【处理结果】

2017年9月12日,北京市第一中级人民法院一审判决:某诚国际控股集团有限公司犯集资诈骗罪、走私贵重金属罪,数罪并罚,判处罚金人民币18.03亿元;安徽某诚控股集团犯集资诈骗罪,判处罚金人民币1亿元;丁某犯集资诈骗罪、走私贵重金属罪、非法持有枪支罪、偷越国境罪,数罪并罚,决定执行无期徒刑,剥夺政治权利终身,并处没收个人财产人民币50万元,罚金人民币1亿元。其他人也分别被判处相应刑罚。

一审宣判后,二被告单位没有提出上诉,丁某等被告人提出上诉。北京市高级人民法院二审裁定:驳回上诉,维持原判。

【相关法条】

1.《刑法》第30条 [单位负刑事责任的范围]:公司、企业、事业单位、机关、团体实施的危害社会的行为,法律规定为单位犯罪的,应当负刑事责任。

2.《刑法》第31条 [单位犯罪的处罚原则]:单位犯罪的,对单位判处罚金,并对其直接负责的主管人员和其他直接责任人员判处刑罚。本法分则和其他法律另有规定的,依照规定。

3.《刑法》第192条[集资诈骗罪]:以非法占有为目的,使用诈骗方法非法集资,数额较大的,处三年以上七年以下有期徒刑,并处罚金;数额巨大或者有其他严重情节的,处七年以上有期徒刑或者无期徒刑,并处罚金或者没收财产。

单位犯前款罪的,对单位判处罚金,并对其直接负责的主管人员和其他直接责任人员,依照前款的规定处罚。

【简要评析】

根据《刑法》第30条的规定,单位犯罪是指公司、企业等实施的严重危害社会,且刑法将其规定为单位犯罪的行为。根据《刑法》第31条的规定,对单位犯罪,除刑法分则另有规定的,实行"双罚",即对单位判处罚金,并对其直接负责的主管人员和其他直接责任人员判处刑罚。

本案中,被告单位某诚国际控股集团有限公司和安徽某诚控股集团以非法占有为目的,虚构事实,实施集资诈骗行为,严重扰乱金融秩序。两被告单位均构成集资诈骗罪。其非法吸收115万余人资金,造成集资款损失共计380亿余元,数额特别巨大,情节特别严重,社会影响恶劣。被告单位负责人丁某、丁某2、张某、彭某等人负责指挥、管理集资活动,是单位集资诈骗犯罪中直接负责的主管人员;被告人雍某、松某、许某、刘某曼、朱某敏、刘某静积极参与组织、策划、实施集资诈骗行为,是单位集资诈骗犯罪中的直接责任人员。对单位实施集资诈骗罪的,依法实行"双罚"。据此,人民法院按照《刑法》第200条的规定,对两被告单位和丁某等人实行了相应的处罚。

案例70　朱某和等私分国有资产案①

【知识点】

单位犯罪

【问题】

单位犯罪,是否一律"双罚"?

【基本案情】

安徽省农业科学院(以下简称"省农科院")农业经济和信息研究所(以下简称"经信所")是隶属于省农科院的县级全额预算事业法人单位,承担《安徽农业科学》杂志的编辑出版工作。2007年和2013年,经信所、《安徽农业科学》杂志社先后开设了安徽吴楚科技文化传播有限责任公司(以下简称"吴楚科技公司")、合肥菊香农业科技信息咨询有限公司(以下简称"菊香公司"),实际负责人分别是被告人朱某和与曹某华。

经信所在承担《安徽农业科学》杂志编辑出版职责期间,先后通过经信所、

---

① 本案例根据安徽省铜陵市中级人民法院(2018)皖07刑终113号刑事判决书编写。

吴楚科技公司、菊香公司的账户向投稿作者收取版面费,收入大量资金。其间,朱某和主持召开经信所所务会,研究出台分配制度改革方案,后与曹某华、袁某红在该改革方案未报省农科院审核批准亦未经安徽省财政厅等有关单位同意的情况下,根据改革方案的内容,与《安徽农业科学》杂志社其他在编编辑讨论通过了劳务费计算标准,并依劳务费计算标准向《安徽农业科学》杂志社正式编辑发放劳务费和汽油费。2007年至2015年期间,经信所、《安徽农业科学》杂志社以单位名义将《安徽农业科学》杂志版面费收入共计11804277.28元以劳务费、汽油费的名义通过编制实名发放花名册领取、编制虚列聘用人员发放花名册领取以及虚开发票报销等方式私分给《安徽农业科学》12名在编编辑。

【处理结果】

安徽省枞阳县人民法院一审判决:被告人朱某和犯私分国有资产罪,判处有期徒刑3年,缓刑5年,并处罚金人民币49万元;被告人曹某华犯私分国有资产罪,判处有期徒刑3年,缓刑4年,并处罚金人民币39万元;被告人袁某红犯私分国有资产罪,判处有期徒刑3年,缓刑3年,并处罚金人民币39万元。

宣判后,各被告人以量刑过重为由提出上诉。安徽省铜陵市中级人民法院二审认为,上诉人曹某华、袁某红有坦白、退赃等悔罪表现,且系从犯,遂判处曹某华有期徒刑2年,缓刑3年,并处罚金人民币30万元;判处袁某红拘役6个月,缓刑1年,并处罚金人民币20万元。同时维持了对朱某和的判决。

【相关法条】

1.《刑法》第30条[单位负刑事责任的范围]:公司、企业、事业单位、机关、团体实施的危害社会的行为,法律规定为单位犯罪的,应当负刑事责任。

2.《刑法》第31条[单位犯罪的处罚原则]:单位犯罪的,对单位判处罚金,并对其直接负责的主管人员和其他直接责任人员判处刑罚。本法分则和其他法律另有规定的,依照规定。

3.《刑法》第396条第1款[私分国有资产罪]:国家机关、国有公司、企业、事业单位、人民团体,违反国家规定,以单位名义将国有资产集体私分给个人,数额较大的,对其直接负责的主管人员和其他直接责任人员,处三年以下有期徒刑或者拘役,并处或者单处罚金;数额巨大的,处三年以上七年以下有期徒刑,并处罚金。

【简要评析】

根据《刑法》第30条和第31条的规定,一般情况下,单位犯罪的,对单位判处罚金,并对其直接负责的主管人员和其他直接责任人员判处刑罚。但是刑法分则另有规定的,则依照分则的规定处罚。

本案中,经信所、《安徽农业科学》杂志社违反国家有关规定,以单位名义将违规收取的费用集体私分给个人,涉案资金达到11804277.28元,数额巨大,其行为侵犯了国有资产的管理制度及其所有权,构成私分国有资产罪。本罪属于单位犯罪,但根据《刑法》第396条的规定,犯本罪不处罚单位,只处罚私分国有资产的直接负责的主管人员和其他直接责任人员。因此,法院对朱某和、曹某华、袁某红判处了相应刑罚。

第七章　犯罪主观心态

第一节　犯罪故意

案例71　张某扣故意杀人、故意毁坏财物案①

【知识点】

直接故意

【问题】

为复仇连续捅刺多人,如何认定其主观心态?

【基本案情】

被告人张某扣与被害人王某新系邻居。1996年8月27日,因邻里纠纷,王某新之子王某军(时年17岁)故意伤害致张某扣之母死亡。同年12月5日,王某军被人民法院以故意伤害罪判处有期徒刑7年。张某扣对其母亲被伤害致死心怀怨恨,加之工作、生活长期不如意,心理逐渐失衡。

2018年春节前,张某扣发现王某军回家过年,产生报复杀人之念,他准备了单刃刀、汽油燃烧瓶、玩具手枪、帽子、口罩等作案工具,并暗中观察王某军

①　本案例根据《张扣扣案二审当庭宣判　维持一审死刑判决》编写。资料来源:正义网(http://news.jcrb.com/jxsw/201904/t20190412_1987983.html)。

及其家人的行踪。2018年2月15日12时许,张某扣持刀朝王某军及其父兄三人颈部、胸腹部等处割、刺数刀,致三人死亡。后张某扣回家取来菜刀、汽油燃烧瓶,又将王某军之兄的小轿车车窗玻璃砍碎,并用汽油燃烧瓶将车点燃,致该车严重受损,毁损价值32142元。张某扣随即逃离现场。2018年2月17日,张某扣到公安机关投案。

【处理结果】

2019年1月8日,汉中市中级人民法院一审判决:张某扣犯故意杀人罪,判处死刑,剥夺政治权利终身,犯故意毁坏财物罪判处有期徒刑4年,决定执行死刑,剥夺政治权利终身。

张某扣不服判决,提出上诉。2019年4月11日,陕西省高级人民法院二审裁定:驳回上诉,维持原判。2019年7月17日,最高人民法院核准对张某扣的死刑判决。

【相关法条】

1.《刑法》第14条 [故意犯罪]:明知自己的行为会发生危害社会的结果,并且希望或者放任这种结果发生,因而构成犯罪的,是故意犯罪。

故意犯罪,应当负刑事责任。

2.《刑法》第232条 [故意杀人罪]:故意杀人的,处死刑、无期徒刑或者十年以上有期徒刑;情节较轻的,处三年以上十年以下有期徒刑。

3.《刑法》第275条 [故意毁坏财物罪]:故意毁坏公私财物,数额较大或者有其他严重情节的,处三年以下有期徒刑、拘役或者罚金;数额巨大或者有其他特别严重情节的,处三年以上七年以下有期徒刑。

【简要评析】

根据《刑法》第14条第1款的规定,明知自己的行为会发生危害社会的结果,并且希望或者放任这种结果发生的是故意犯罪。其中,明知自己的行为会发生危害社会的结果,却希望危害结果发生的心态是直接故意。"希望"表现为积极的追求,想方设法地完成,为犯罪作预谋、准备等。

本案中,张某扣为了报仇,对王某军及其父兄等人蓄意报复,事先准备了犯罪工具,进行了伪装。其明知自己连续捅刺他人,可能导致他人死亡,却对这种危害结果持积极追求的心态,属于直接故意。在这种心态支配之下,实施了非法剥夺他人生命的行为,构成故意杀人罪。另外,他还在同样的心态之下,实施毁坏他人财物的行为,构成故意毁坏财物罪,两罪并罚,最终被判处死刑。虽然张某扣有自首情节,但鉴于其主观恶性和人身危险性较大,不足以对其从宽处罚,因而,人民法院对其判处死刑。

案例72　侯某臣投放危险物质案①

【知识点】

直接故意

【问题】

因仇富而投放有毒物质,其主观心态如何认定?

【基本案情】

被告人侯某臣因仇富,心态失衡,于2020年4月3日7时许,将浸泡过农药"克百威"的5斤有毒玉米粒,投放至某村村民放牧经过的路段,意图毒害村民牲畜,后被村民及时发现并报案,未造成牲畜中毒等严重后果。民警当场查获7包农药"克百威",并在案发地查获已被侯某臣掩埋的有毒玉米粒。

【处理结果】

吉林省通榆县人民法院认为,被告人侯某臣犯投放危险物质罪,判处有期徒刑3年。

宣判后,侯某臣不服判决,提出上诉。吉林省通榆县人民检察院也提出抗

① 本案例根据吉林省白城市中级人民法院(2021)吉08刑终3号刑事裁定书编写。

诉。吉林省白城市中级人民法院二审期间,侯某臣撤回上诉。二审法院裁定:驳回抗诉,维持原判。

【相关法条】

1.《刑法》第14条 [故意犯罪]:明知自己的行为会发生危害社会的结果,并且希望或者放任这种结果发生,因而构成犯罪的,是故意犯罪。

故意犯罪,应当负刑事责任。

2.《刑法》第114条 [放火罪、决水罪、爆炸罪、投放危险物质罪、以危险方法危害公共安全罪]:放火、决水、爆炸以及投放毒害性、放射性、传染病病原体等物质或者以其他危险方法危害公共安全,尚未造成严重后果的,处三年以上十年以下有期徒刑。

【简要评析】

根据《刑法》第14条第1款的规定,明知自己的行为会发生危害社会的结果,却希望危害结果发生的心态是直接故意。"希望"表现为积极的追求,想方设法地完成,为犯罪作预谋、准备等。

本案中,被告人侯某臣明知自己的投毒行为可能会导致不特定多数人的财产遭受损害,但因为仇富心理作祟,其将浸泡过农药的有毒玉米粒,投放至村民放牧经过的路段,积极追求危害结果的发生,其主观上对危害结果的发生持希望,即积极追求的心态,属于直接故意。在这种心态支配之下,侯某臣实施了投放危险物质的行为,危害公共安全,其行为已构成投放危险物质罪。

案例73　韦某希破坏生产经营案①

【知识点】

直接故意

---

① 本案例根据广西壮族自治区柳州市中级人民法院(2021)桂02刑终379号刑事附带民事裁定书编写。

【问题】

为泄愤报复,毁坏他人种植的树苗,是何种犯罪心态?

【基本案情】

2013年2月19日,广西壮族自治区融安县泗顶镇某村某屯与韦某1签订《林地承包合同》,将位于"闷水岭"(地名)面积455亩的集体土地发包给韦某1经营管理,使用期30年,韦某1一次性付清土地承包金25万元。被告人韦某希及全屯50位村民代表在该份承包合同上签名同意。当日,韦某希领取了土地承包分红款5748元。此后,被害人韦某1、莫某在承包地种植了杉树幼苗。韦某希认为被害人侵占了其自留山并向有关部门反映,但因其所指被侵占的土地权归其所在屯集体所有,其诉求不获支持。韦某希为泄愤报复,于2016年9月2日持柴刀将韦某1、莫某种植的杉幼树砍倒,价值26000元,为此,融安县人民法院以破坏生产经营罪,判处韦某希有期徒刑7个月。韦某希于2017年9月14日刑满释放。2021年1月初,韦某希仍不服,雇请钩机把韦某1、莫某在上述相关土地上种植的杉树挖毁。经调查,被毁林面积共计0.53公顷,被毁坏林木价值22800元。2021年4月7日,韦某希被抓获归案。

【处理结果】

融安县人民法院一审认定,被告人韦某希犯破坏生产经营罪,判处有期徒刑1年6个月。

被告人韦某希不服判决,提出上诉。广西壮族自治区柳州市中级人民法院二审裁定:驳回上诉,维持原判。

【相关法条】

1.《刑法》第14条 [故意犯罪]:明知自己的行为会发生危害社会的结果,并且希望或者放任这种结果发生,因而构成犯罪的,是故意犯罪。

故意犯罪,应当负刑事责任。

2.《刑法》第276条 [破坏生产经营罪]:由于泄愤报复或者其他个人目的,毁坏机器设备、残害耕畜或者以其他方法破坏生产经营的,处三年以下有期徒刑、拘役或者管制;情节严重的,处三年以上七年以下有期徒刑。

【简要评析】

根据《刑法》第14条的规定,明知自己的行为会发生危害社会的结果,却希望危害结果发生的心态是直接故意。"希望"表现为积极的追求,想方设法地完成,为犯罪作预谋,准备等。

本案中,被告人韦某希出于泄愤报复,明知砍倒他人承包土地上种植的杉树苗,会导致他人财产损失,破坏他人生产经营等危害结果,在已经因此被判处刑罚的情况下,仍不思悔改,雇请他人挖毁树苗,这表明其具有积极追求该危害结果发生的主观心理,因而其犯罪心态属于直接故意。在这种心态支配之下,实施了破坏别人生产经营的行为,构成破坏生产经营罪。

案例74　贺某生等破坏交通设施案①

【知识点】

间接故意

【问题】

为了逃避检查,在高速公路上倾倒沙子,属于何种犯罪心态?

【基本案情】

2020年10月6日2时许,被告人于某全驾驶货车运输沙子进入北京市,行驶至密云区司马台检查站北侧附近时,车辆及沙子的所有人贺某生为逃避超载处罚,指使司机于某全将货车装载的65.8吨沙子倾倒在应急车道及部分高速路主路上。这些沙子足以使路过车辆发生倾覆、毁坏危险,造成车辆拥堵。

---

① 本案例根据北京市第三中级人民法院(2021)京03刑终672号刑事裁定书编写。

后二人经电话通知到案,到案后如实供述了以上事实。于某全支付沙子清运费 14500 元。另查明,贺某生因犯盗伐林木罪,曾被判处有期徒刑 3 年,缓刑 4 年,其尚在缓刑考验期内。

【处理结果】

北京市密云区人民法院判决认为,被告人贺某生、于某全犯破坏交通设施罪,鉴于二人有自首情节,且已支付沙子清运费用,认罪认罚,依法对其减轻处罚。遂判处被告人贺某生有期徒刑 1 年 10 个月;与前罪有期徒刑 3 年并罚,决定执行有期徒刑 4 年;判处被告人于某全有期徒刑 1 年 3 个月。

宣判后,二被告人不服判决,提出上诉。北京市第三中级人民法院二审裁定:驳回上诉,维持原判。

【相关法条】

1.《刑法》第 14 条 [故意犯罪]:明知自己的行为会发生危害社会的结果,并且希望或者放任这种结果发生,因而构成犯罪的,是故意犯罪。

故意犯罪,应当负刑事责任。

2.《刑法》第 117 条 [破坏交通设施罪]:破坏轨道、桥梁、隧道、公路、机场、航道、灯塔、标志或者进行其他破坏活动,足以使火车、汽车、电车、船只、航空器发生倾覆、毁坏危险,尚未造成严重后果的,处三年以上十年以下有期徒刑。

【简要评析】

根据《刑法》第 14 条的规定,行为人明知自己的行为可能会发生危害社会的结果,却放任这种危害结果发生的,为间接故意。"放任"表现为不管不问,听之任之。往往是为了一个目的而放任另一个危害结果的出现或者不计后果,放任犯罪行为的发生。

本案中,贺某生、于某全明知将沙子倾倒在高速公路上,可能会导致过往车辆发生倾覆、毁坏危险,但为了逃避检查,仍然进行了倾倒,对可能造成其他车辆发生倾覆、毁坏的危险,不管不顾,听之任之,属于"放任",其主观心态为间接故意。在这种心态之下,实施在高速公路上倾倒沙子的行为,成立破坏交通设施罪。

案例75 吴某忠故意杀人案①

【知识点】

间接故意

【问题】

为了逃跑,拖行伤者致人死亡是何种主观心态?

【基本案情】

2017年8月9日21时20分许,被告人吴某忠酒后驾驶小轿车行驶到玉林市某路口左转时,将行人刘规某撞倒,后又将由被害人钟某驾驶的、搭乘着钟某女儿钟善某、钟润某的二轮摩托车撞倒,导致钟某、钟善某、钟润某倒地,同时钟某的脚和二轮摩托车被卡在小轿车的前保险杠和前轮处。周围群众见状,即上前拍打小轿车车门示意停车。但吴某忠在稍作停留后又加速往前开车,致使被卡在前保险杠下的二轮摩托车以及被害人钟某被拖行。此时,多名群众追赶小轿车并大声呼喊,但被告人吴某忠仍驾车快速前进。被害人钟某在被拖行一公里左右后,自行从小轿车的前保险杠上脱落。吴某忠继续驾车逃逸,后被警察抓获。钟某经送医院抢救无效死亡。经检验,吴某忠案发时血液中的酒精含量为271 mg/100 ml。经法医鉴定,被害人钟某符合全身多处严重损伤导致创伤性休克死亡。

---

① 本案例根据《吴惠忠昨日被执行死刑》编写。资料来源:玉林新闻网(https://www.gxyl-news.com/html/news/2021/03/212465.html)。

【处理结果】

玉林市中级人民法院一审宣判,以故意杀人罪判处被告人吴某忠死刑,剥夺政治权利终身。

宣判后,吴某忠提起上诉。广西壮族自治区高级人民法院二审裁定:驳回上诉,维持原判。

【相关法条】

1.《刑法》第14条 [故意犯罪]:明知自己的行为会发生危害社会的结果,并且希望或者放任这种结果发生,因而构成犯罪的,是故意犯罪。

故意犯罪,应当负刑事责任。

2.《刑法》第133条之一 [危险驾驶罪]:在道路上驾驶机动车,有下列情形之一的,处拘役,并处罚金:

……

(二)醉酒驾驶机动车的;

……

有前两款行为,同时构成其他犯罪的,依照处罚较重的规定定罪处罚。

3.《刑法》第232条 [故意杀人罪]:故意杀人的,处死刑、无期徒刑或者十年以上有期徒刑;情节较轻的,处三年以上十年以下有期徒刑。

【简要评析】

根据《刑法》第14条的规定,行为人明知自己的行为可能会发生危害社会的结果,却放任这种危害结果发生的,为间接故意。"放任"表现为不管不问,听之任之,往往是为了一个目的而放任另一个危害结果的出现或者不计后果,放任犯罪行为的发生。

本案中,被告人吴某忠明知自己驾车拖行他人的行为会导致他人死亡的后果,在周围群众多次拍打车门、呼叫停车的情况下,仍加速行驶。其为了逃跑,对被害人生死置之不理,听之任之,其主观心态是"放任"。其故意非法剥夺他人生命的行为构成故意杀人罪。

另外,吴某忠血液检出酒精含量为 271 mg/100 ml 毫升,属于醉酒驾驶机动车,本身构成危险驾驶罪,但是根据《刑法》第 133 条之一第 3 款的规定,危险驾驶同时构成其他罪的,依照处罚较重的规定定罪处罚。本案中,故意杀人罪比危险驾驶罪法定刑重,因而吴某忠应该被认定为故意杀人罪。

案例76　刘某以危险方法危害公共安全案[①]

【知识点】

间接故意

【问题】

因投资失败,冲撞人行道上的行人,其主观心态如何认定?

【基本案情】

2021 年 5 月 22 日 11 时 40 分许,被告人刘某因无法接受投资失败的现实,驾驶自己的宝马轿车沿大连市中山区五惠路由西向东行驶时,突然加速、故意冲闯红灯,冲撞正在人行道斑马线过马路的行人,造成 5 人死亡、2 人重伤、4 人轻伤、2 人受伤。之后,刘某驾车继续行驶至五惠路与解放路交汇处,追尾一厢式货车后停下,刘某弃车逃离现场。当日下午,刘某归案。

【处理结果】

辽宁省大连市中级人民法院一审认定,被告人刘某构成以危险方法危害公共安全罪,判处死刑,剥夺政治权利终身。

宣判后,被告人刘某不服,提出上诉。辽宁省高级人民法院二审裁定:驳回上诉,维持原判。

---

　　① 本案例根据《大连宝马冲撞人群致 5 死　司机二审获死刑》编写。资料来源:新浪新闻(https://news.sina.com.cn/zx/2022−02−09/doc−ikyamrmz9817262.shtml)。

【相关法条】

1.《刑法》第14条 [故意犯罪]：明知自己的行为会发生危害社会的结果，并且希望或者放任这种结果发生，因而构成犯罪的，是故意犯罪。

故意犯罪，应当负刑事责任。

2.《刑法》第115条第1款 [放火罪、决水罪、爆炸罪、投放危险物质罪、以危险方法危害公共安全罪]：放火、决水、爆炸以及投放毒害性、放射性、传染病病原体等物质或者以其他危险方法致人重伤、死亡或者使公私财产遭受重大损失的，处十年以上有期徒刑、无期徒刑或者死刑。

【简要评析】

根据《刑法》第14条的规定，行为人明知自己的行为可能会发生危害社会的结果，却放任这种危害结果发生的，其主观心态为间接故意。"放任"表现为不管不问，听之任之，往往是为了一个目的而放任另一个危害结果的出现或者不计后果，放任犯罪行为的发生。

本案中，被告人刘某因无法接受投资失败的结果，在公路上驾驶车辆过程中突然加速、故意冲闯红灯，冲撞斑马线、人行道上的行人，造成5人死亡、8人受伤的严重危害结果。其主观上属于明知自己的行为会发生危害社会的结果，但对他人的生命安全置之不顾，对损害结果听之任之，不计后果，放任危害结果发生的间接故意。在这种心态下导致不特定多数人的人身安全遭受严重损害，成立以危险方法危害公共安全罪。

案例77 王某碧重婚案①

【知识点】

对法律的认识错误

---

① 本案例根据贵州省贵阳市中级人民法院(2020)黔01刑终76号刑事附带民事裁定书编写。

【问题】

对法律的错误认识,是否影响犯罪的成立?

【基本案情】

何某与被告人王某碧于2005年1月开始同居生活,先后生育3个孩子,2010年8月10日,何某与被告人王某碧办理结婚登记手续。2014年9月25日被告人王某碧自行离家外出,后与被告人陈某清自2015年年初以夫妻名义共同生活,并先后生育两个子女,在医院住院生产期间,二被告人以"夫妻""配偶"名义在医院进行登记。后因子女上学需上户口,公安机关告知被告人王某碧、陈某清,王某碧与何某的婚姻关系仍存续。

【处理结果】

贵州省贵阳市花溪区人民法院审理此案过程中,被告人王某碧称其以为夫妻分居两年后婚姻关系自动解除。法院认为对法律的认识错误不影响其犯罪的构成。遂判决被告人王某碧犯重婚罪,判处拘役5个月;被告人陈某清无罪。

宣判后,原审自诉人何某不服,以"陈某清应构成重婚罪,对王某碧的量刑过轻"等为由提出上诉。贵州省贵阳市中级人民法院二审裁定:驳回上诉,维持原判。

【相关法条】

《刑法》第258条[重婚罪]:有配偶而重婚的,或者明知他人有配偶而与之结婚的,处二年以下有期徒刑或者拘役。

【简要评析】

对法律的认识错误是指行为人对自己的行为在法律上是否构成犯罪、构成何罪或者应当受到何种处罚的错误认识。根据罪刑法定的原则,只能依据法律判断和认定行为的性质,行为人对法律的错误认识一般不影响定罪量刑。

本案中,被告人王某碧在与何某尚存在合法婚姻关系且已生育3名子女的情况下,又与被告人陈某清以夫妻名义共同生活并陆续生育两名子女,其行为是对已有合法婚姻关系的侵害,符合重婚罪的构成条件。即使王某碧对法律存在错误认识,认为分居2年原婚姻关系自动解除,但该错误认识不影响对其犯罪的认定,人民法院对其以重婚罪论处是恰当的。

案例78　邬某德故意杀人案①

【知识点】

对象认识错误

【问题】

对行为对象的错误认识是否影响犯罪成立?

【基本案情】

被告人邬某德想到自己离婚后经济困顿、孤独无后,迁怒于前妻的现任丈夫熊某1,遂产生报复熊某1之念。2019年11月28日21时许,邬某德携带水果刀来到熊某2(熊某1哥哥)家,误以为是熊某1家。邬某德从窗户爬入室内,误以为躺在床上的被害人黎某(熊某1祖母)是熊某1,遂朝黎某的胸腹部等处捅刺数刀,后爬窗逃离。邬某德又想到熊某1父母熊某3、游某曾经对其辱骂,随即前往熊某3家,入室后持刀捅刺熊某3头面、胸腹部等处十余下,捅刺游某胸腹部等处数下,之后逃离现场。3名被害人均系因锐器刺破心脏等主要脏器并伴失血性休克死亡。

【处理结果】

江西省宜春市中级人民法院一审认定,被告人邬某德犯故意杀人罪,判处

---

① 本案例根据最高人民法院邬洪德故意杀人死刑复核刑事裁定书编写。

死刑,剥夺政治权利终身。

宣判后,邬某德提出上诉。江西省高级人民法院二审裁定:驳回上诉,维持原判。

【相关法条】

《刑法》第232条 [故意杀人罪]:故意杀人的,处死刑、无期徒刑或者十年以上有期徒刑;情节较轻的,处三年以上十年以下有期徒刑。

【简要评析】

刑法当中的犯罪对象认识错误是指行为人对自己的行为所指向对象的具体性质或种类在认识上发生错误。对象认识错误分为:(1)对同一性质具体对象的认识错误。该种认识错误没有引起客体发生变化,认识内容和发生的事实属于同一犯罪构成,也称为具体的事实认识错误。无论根据法定符合说还是具体符合说,此种认识错误不影响对行为人性质的认定。(2)对不同性质的具体对象的认识错误。该种认识错误对打击对象的认识错误引发了客体错误,认识内容和发生的事实属于不同的犯罪构成,也称为抽象的事实认识错误。此种认识错误应该视情况而定其行为性质。

本案中,被告人邬某德误将熊某1祖母黎某当成熊某1,进行捅刺,在事实上其对自己的犯罪对象发生了错误认识,但此种认识错误属于对同一犯罪,即故意杀人罪构成要件内的事实认识错误。此时,邬某德对犯罪对象的错误认识不影响其故意杀人罪罪名的认定。因而,其虽然没有如己所愿杀死熊某1,但仍然构成故意杀人罪。另外,虽然其连杀3人,但其属于刑法理论上的连续犯,不实行数罪并罚,只按照一罪,即故意杀人罪论处。

案例79 孙某某故意伤害案[①]

【知识点】

打击错误

【问题】

意欲侵害的对象与实际打击的对象不一致,如何定罪处罚?

【基本案情】

2019年5月30日,被告人孙某某得知姐姐孙某1与堂姑孙某2曾相约一起吃饭,遂找到孙某2,质问其为什么没有叫自己一起吃饭,后又到孙某1工作场所,质问孙某1为什么没有叫自己一起吃饭,二人发生争吵。孙某1同事曲某在催促孙某某离开时与孙某某发生口角,进而在店门口发生肢体冲突,同事朱某随即参与其中。孙某1在三人中间拉架,其间,孙某某从其裤子口袋里掏出一把理发剪刀,朝曲某等人捅刺,不料却捅伤孙某1颈部,致其经抢救无效死亡。经鉴定,曲某伤情构成轻伤二级,朱某不构成轻微伤。

【处理结果】

山东省青岛市黄岛区人民法院一审以故意伤害罪,判处被告人孙某某有期徒刑10年6个月。

宣判后,被告人孙某某以其主观上没有伤害孙某1的故意,应构成过失致人死亡罪等为由,提出上诉。青岛市中级人民法院二审裁定:驳回上诉,维持原判。

【相关法条】

《刑法》234条[故意伤害罪]:故意伤害他人身体的,处三年以下有期徒刑、

---

① 本案例根据山东省青岛市中级人民法院(2021)鲁02刑终201号刑事裁定书编写。

拘役或者管制。

犯前款罪,致人重伤的,处三年以上十年以下有期徒刑;致人死亡或者以特别残忍手段致人重伤造成严重残疾的,处十年以上有期徒刑、无期徒刑或者死刑。本法另有规定的,依照规定。

【简要评析】

打击错误又称方法错误,是指行为人对自己意欲侵害的对象实施侵害行为,由于行为本身的偏差,导致实际受害的对象与意欲侵害的对象不一致的情形。对于打击错误,刑法理论通说和司法实践采取法定符合说,即行为人所认识的事实与实际发生的事实,只要在犯罪构成范围内是一致的,就属于故意犯罪既遂。

本案中,孙某某掏出理发剪刀本想捅刺曲某、朱某,表明其主观上有伤害他人的故意,客观上实施了捅刺行为,但却因行为偏差刺中孙某1,造成了孙某1死亡的后果,该种情形符合刑法中"打击错误"的特征。根据刑法中法定符合说理论,孙某某主观上意欲侵害他人健康权,客观上侵犯了他人的健康权,所以就侵犯健康权而言,主客观一致,应该将其行为认定为故意伤害罪,且属于犯罪既遂。

第二节　犯罪过失

案例80　苏某勇重大责任事故案①

【知识点】

疏忽大意的过失

---

① 本案例根据北京市第一中级人民法院(2019)京01刑终80号刑事裁定书编写。

【问题】

违规安装燃气热水器,导致被害人洗澡时死亡的,行为人主观心态如何认定?

【基本案情】

2017年11月30日11时许,被告人苏某勇受公司指派,到被害人沈某家中安装燃气热水器。在安装操作过程中,苏某勇违反操作规程,未将燃气热水器排烟管道末端直通室外。2018年1月30日23时许,被害人沈某在使用该燃气热水器洗澡时一氧化碳中毒死亡。经分析,该热水器排烟管道末端未直通室外,造成烟气回流,是导致事故发生的主要原因。

【处理结果】

北京市石景山区人民法院一审认为,被告人苏某勇犯重大责任事故罪,判处有期徒刑1年6个月。

被告人不服判决,提出上诉,北京市第一中级人民法院二审裁定:驳回上诉,维持原判。

【相关法条】

1.《刑法》第15条 [过失犯罪]:应当预见自己的行为可能发生危害社会的结果,因为疏忽大意而没有预见,或者已经预见而轻信能够避免,以致发生这种结果的,是过失犯罪。

过失犯罪,法律有规定的才负刑事责任。

2.《刑法》第134条第1款 [重大责任事故罪]:在生产、作业中违反有关安全管理的规定,因而发生重大伤亡事故或者造成其他严重后果的,处三年以下有期徒刑或者拘役;情节特别恶劣的,处三年以上七年以下有期徒刑。

【简要评析】

根据《刑法》第 15 条的规定,应当预见自己的行为可能发生危害社会的结果,因为疏忽大意而没有预见,导致危害结果发生的,是过失犯罪。过失犯罪,法律有规定的才负刑事责任。根据《刑法》第 134 条的规定,在生产、作业中违反有关安全管理的规定,因而发生重大伤亡事故或者造成其他严重后果的,构成重大责任事故罪,该罪属于过失犯罪。

本案中,被告人苏某勇在安装燃气热水器过程中,应该预见到违反操作规程,未将燃气热水器排烟管道末端直通室外,可能导致他人使用热水器时一氧化碳中毒死亡的后果,但由于疏忽大意没有预见该危害结果的发生,因而其主观上属于疏忽大意的过失,依法构成重大责任事故罪。

案例 81　罗某乾过失致人死亡案①

【知识点】

疏忽大意的过失

【问题】

邀请他人聚餐,被邀请人酒后跳河溺亡,邀请人是否构成犯罪?

【基本案情】

2019 年 9 月 8 日,被告人罗某乾与任某燊、李某草、李某昊聚会。罗某乾多次提议在不同地点连续饮酒。在李某草出现走路摇晃、坐立不稳、情绪不安等一般醉酒状况后,罗某乾对李某草进行了劝慰和安抚。之后,李某草异常状况不断加剧,陆续出现胡言乱语、乱砸乱打、往自己头上泼水、以头撞桌、用啤酒瓶盖割腕、跨越江边护栏等举动。罗某乾只是采取劝说等一般安抚行为,没

_____

① 本案例根据《云南李心草溺亡案一审宣判》编写。资料来源:中国法院网(https://www.chinacourt.org/article/detail/2020/09/id/5466509.shtml)。

有采取相应的有效救助措施,而且为避免麻烦及承担救助费用,未采纳报警、送医的合理建议,其采用打耳光的粗暴方式为李某草醒酒,致使李某草情绪更加不稳,最终翻越江边护栏坠江溺亡。

【处理结果】

2020年9月21日,昆明市盘龙区人民法院作出一审判决:被告人罗某乾犯过失致人死亡罪,判处有期徒刑1年6个月。

宣判后,被告人罗某乾表示服判不上诉。李某草母亲不服,提起上诉。昆明市中级人民法院二审裁定:驳回上诉,维持原判。

【相关法条】

1.《刑法》第15条 [过失犯罪]:应当预见自己的行为可能发生危害社会的结果,因为疏忽大意而没有预见,或者已经预见而轻信能够避免,以致发生这种结果的,是过失犯罪。

过失犯罪,法律有规定的才负刑事责任。

2.《刑法》第233条 [过失致人死亡罪]:过失致人死亡的,处三年以上七年以下有期徒刑;情节较轻的,处三年以下有期徒刑。本法另有规定的,依照规定。

【简要评析】

过失致人死亡罪是指行为人应当预见危害结果的发生,但由于疏忽大意没有预见,或者已经预见,但轻信危害结果可以避免,以致他人死亡的犯罪行为。

本案中,被告人罗某乾邀请李某草等人聚餐,在看到李某草第一次翻越围栏欲跳江之时,就应该预见到李某草醉酒后可能会有过激反应和异常行为,但由于疏忽大意,没有预见,也没有尽到安全、周到照顾的义务,其采用扇耳光等粗暴醒酒方法导致被害人情绪更加不稳,最终被害人跳河溺亡,被告人罗某乾的上述行为与被害人李某草死亡之间具有因果关系。因其主观上存在过失,应该认定为过失致人死亡罪。

案例82　周某春过失致人死亡案①

【知识点】

过于自信的过失

【问题】

货车司机未按照约定路线行使,未制止乘客翻窗,乘客坠亡,其主观心态如何认定?

【基本案情】

被告人周某春系某公司签约司机。2021年2月6日下午,其通过平台接到被害人车某某搬家订单后,于当日20时38分驾车到达约定地点。因等候装车时间长,且车某某拒绝接受付费装车服务并支付延时等候费,导致订单赚钱少,周某春心生不满。21时14分,周某春搭载车某某出发,但未提醒坐在副驾驶位置的车某某系好安全带。途中,周某春又向车某某提出可提供付费卸车搬运服务,再遭拒绝,更生不满。

被告人周某春未按平台推荐路线行驶,自行选择一条相对省时但人车稀少、灯光昏暗的偏僻路线。车某某发现周某春偏离导航路线并驶入偏僻路段,四次提示偏航,周某春态度恶劣,与车某某发生争吵。车某某心生恐惧,把头伸出窗外要求停车。周某春发现车某某用双手抓住货车右侧窗户下沿,上身探出了车外,可能坠车,虽打开双闪警示后车,但未采取制止或制动措施。随后,车某某从车窗坠落,周某春遂停车并拨打120和110。车某某因头部与地面碰撞致重度颅脑损伤,经抢救无效于2021年2月10日死亡。

---

① 本案例根据《"货拉拉女乘客坠亡案"二审宣判:驳回上诉,维持原判》编写。资料来源:人民网(http://society.people.com.cn/n1/2022/0107/c1008-32326498.html)。

【处理结果】

2021年9月10日,长沙市岳麓区人民法院一审认为,被告人周某春的行为已构成过失致人死亡罪。鉴于其有自首、自愿认罪认罚、积极对被害人施救等情节,判处周某春有期徒刑1年,缓刑1年。

宣判后,周某春不服,提出上诉,2022年1月7日,长沙市中级人民法院作出二审裁定:驳回上诉,维持原判。

【相关法条】

1.《刑法》第15条 [过失犯罪]:应当预见自己的行为可能发生危害社会的结果,因为疏忽大意而没有预见,或者已经预见而轻信能够避免,以致发生这种结果的,是过失犯罪。

过失犯罪,法律有规定的才负刑事责任。

2.《刑法》第233条 [过失致人死亡罪]:过失致人死亡的,处三年以上七年以下有期徒刑;情节较轻的,处三年以下有期徒刑。本法另有规定的,依照规定。

【简要评析】

根据《刑法》第233条的规定,过失致人死亡罪是指行为人应当预见危害结果的发生,但由于疏忽大意没有预见,或者已经预见,但轻信危害结果可以避免,以致他人死亡的犯罪行为。

本案中,被告人周某春在发现被害人车某某离开座位并探身出车窗这一危险举动后,已经预见到车某某可能坠车,但他只是打开双闪警示后车,未采取制止或制动措施,以致发生车某某坠亡的危害结果。其主观心态属于已经预见危害结果可能发生,但轻信能够避免的过于自信的过失。另外,周某春对被害人车某某要求其按照约定线路行使不加理睬,对被害人请求停车不予理会,造成被害人恐惧,导致被害人跳车身亡,其上述行为与被害人跳窗坠亡的结果之间具有因果关系。因其主观上存在过失,应该认定为过失致人死亡罪。

案例83 付某奎交通肇事案①

【知识点】

过于自信的过失

【问题】

过于自信的过失与疏忽大意的过失有何不同？

【基本案情】

2019年11月9日9时52分许，被告人付某奎驾驶小型轿车沿104国道由西向东行驶途中，已提前预判到骑行在其前方非机动车车道的被害人肖某礼将借机动车车道行驶以躲避停在非机动车车道的车辆，但付某奎认为其车速比电动车快，能在电动车借道前先行驶过去，就没有减速。结果其所驾驶的轿车撞到借道行驶的被害人肖某礼的电动车，电动车又撞到停在路边的重型仓栅式货车，导致肖某礼因颅脑损伤当场死亡。经认定，被告人付某奎负事故的主要责任。

事故发生后，被告人付某奎报警并在现场等候处理，到案后如实供述犯罪事实，且认罪认罚，赔偿被害人近亲属部分损失并取得谅解。

【处理结果】

江苏省睢宁县人民法院一审以交通肇事罪，判处被告人付某奎有期徒刑10个月，缓刑1年6个月。

被告人付某奎不服判决，提出上诉。江苏省徐州市中级人民法院二审裁定：驳回上诉，维持原判。

---

① 本案例根据江苏省徐州市中级人民法院(2020)苏03刑终299号刑事裁定书编写。

【相关法条】

1.《刑法》第 15 条 [过失犯罪]:应当预见自己的行为可能发生危害社会的结果,因为疏忽大意而没有预见,或者已经预见而轻信能够避免,以致发生这种结果的,是过失犯罪。

过失犯罪,法律有规定的才负刑事责任。

2.《刑法》第 133 条 [交通肇事罪]:违反交通运输管理法规,因而发生重大事故,致人重伤、死亡或者使公私财产遭受重大损失的,处三年以下有期徒刑或者拘役;……

【简要评析】

过于自信的过失与疏忽大意的过失是过失犯罪的两种主观心态。二者的区别在于,前者属于有认识的过失,后者属于无认识的过失。如果是已经预见到危害结果可能发生,但却轻信能够避免的属于过于自信的过失,如果是由于疏忽大意没有预见到危害结果发生的,属于疏忽大意的过失。

本案中,被告人付某奎在已经预见到前方骑电动车的被害人肖某礼可能会借机动车车道行驶以躲避停在非机动车车道的车辆,但付某奎认为其车速比电动车快,能在电动车借道前先行驶过去,因而没有减速,以致其所驾轿车撞到被害人肖某礼的电动车,电动车又撞到路边的重型货车,导致肖某礼死亡的后果。被告人付某奎主观上已经预见到危害结果的发生,但轻信能够避免,符合过于自信的过失心态。不符合应该预见到被害人会借道机动车道,但因疏忽大意没有预见到的情形,因而不属于疏忽大意的过失。

案例 84　刘某灼过失致人死亡、故意杀人案[①]

【知识点】

疏忽大意的过失、直接故意

[①] 本案例根据最高人民法院刘忠灼故意杀人死刑复核刑事裁定书编写。

【问题】

直接故意与疏忽大意的过失之间的区别?

【基本案情】

2016年8月29日晚11时许,被告人刘某灼与林某甲相约打猎,刘某灼的猎枪走火击中林某甲,致林某甲死亡。事后,刘某灼将林某甲的尸体掩埋。次日凌晨1时许,刘某灼到林某甲家中欲放回猎枪,以制造林某甲已回家的假象,不料被林某甲的女儿林某乙发现。因担心事情败露,刘某灼谎称林某甲在山中受伤,将林某乙骗至某松树林,刘某灼先后采用手臂勒扼颈部、锄头击打头部等手段,致林某乙死亡,并将林某乙的尸体就地掩埋。

【处理结果】

福建省福州市中级人民法院一审认定,被告人刘某灼犯故意杀人罪,判处死刑,剥夺政治权利终身;犯过失致人死亡罪,判处有期徒刑6年;犯非法持有枪支罪,判处有期徒刑5年;决定执行死刑,剥夺政治权利终身。

被告人刘某灼在法定期限内没有上诉、检察机关没有抗诉,判决生效。

【相关法条】

1.《刑法》第14条[故意犯罪]:明知自己的行为会发生危害社会的结果,并且希望或者放任这种结果发生,因而构成犯罪的,是故意犯罪。

故意犯罪,应当负刑事责任。

2.《刑法》第15条[过失犯罪]:应当预见自己的行为可能发生危害社会的结果,因为疏忽大意而没有预见,或者已经预见而轻信能够避免,以致发生这种结果的,是过失犯罪。

过失犯罪,法律有规定的才负刑事责任。

3.《刑法》第232条[故意杀人罪]:故意杀人的,处死刑、无期徒刑或者十年以上有期徒刑;情节较轻的,处三年以上十年以下有期徒刑。

4.《刑法》第233条 [过失致人死亡罪]:过失致人死亡的,处三年以上七年以下有期徒刑;情节较轻的,处三年以下有期徒刑。本法另有规定的,依照规定。

【简要评析】

根据《刑法》第14条的规定,明知自己的行为会发生危害社会的结果,并且希望或者放任这种结果发生,因而构成犯罪的,是故意犯罪。根据《刑法》第15条的规定,应当预见自己的行为可能发生危害社会的结果,因为疏忽大意而没有预见,或者已经预见而轻信能够避免,以致发生这种结果的,是过失犯罪。

本案中,被告人刘某灼猎枪走火导致被害人林某甲死亡,其主观上属于应当预见自己的行为可能发生危害社会的结果,因为疏忽大意而没有预见,因而构成过失致人死亡罪。后其为掩盖罪行,明知用手臂勒扼颈部、锄头击打头部等行为会导致林某乙的死亡,却积极实施该行为,追求危害结果的发生,其主观上为直接故意,其行为构成故意杀人罪。另外,刘某灼故意非法持有枪支的行为,应认定为非法持有枪支罪。

案例85 张某博过失致人死亡案①

【知识点】

疏忽大意的过失、间接故意

【问题】

轻微殴打导致被害人死亡,行为人主观上是故意还是过失?

【基本案情】

2013年5月13日14时许,被告人张某博在北京市西城区某十字路口,因

---

① 本案例根据《刑事审判参考》指导案例第1080号:张润博过失致人死亡案编写。

所骑电动车险些与骑自行车的被害人甘某龙相撞,两人为此发生口角。其间,甘某龙先动手击打张某博,张某博使用拳头还击,打到甘某龙面部致其倒地摔伤头部。同月27日,甘某龙在医院经抢救无效死亡。经鉴定,甘某龙系重度颅脑损伤死亡。

【处理结果】

北京市第二中级人民法院一审认为,被告人张某博的行为构成过失致人死亡罪,判处被告人张某博有期徒刑6年。

宣判后,被告人张某博未上诉,公诉机关提出抗诉认为,被告人张某博的行为应认定为故意伤害罪。北京市高级人民法院二审裁定:驳回抗诉,维持原判。

【相关法条】

1.《刑法》第14条 [故意犯罪]:明知自己的行为会发生危害社会的结果,并且希望或者放任这种结果发生,因而构成犯罪的,是故意犯罪。

故意犯罪,应当负刑事责任。

2.《刑法》第15条 [过失犯罪]:应当预见自己的行为可能发生危害社会的结果,因为疏忽大意而没有预见,或者已经预见而轻信能够避免,以致发生这种结果的,是过失犯罪。

过失犯罪,法律有规定的才负刑事责任。

3.《刑法》第233条 [过失致人死亡罪]:过失致人死亡的,处三年以上七年以下有期徒刑;情节较轻的,处三年以下有期徒刑。本法另有规定的,依照规定。

4.《刑法》第234条 [故意伤害罪]:故意伤害他人身体的,处三年以下有期徒刑、拘役或者管制。

犯前款罪,致人重伤的,处三年以上十年以下有期徒刑;致人死亡或者以特别残忍手段致人重伤造成严重残疾的,处十年以上有期徒刑、无期徒刑或者死刑。本法另有规定的,依照规定。

【简要评析】

根据《刑法》第14条的规定,故意犯罪的成立不仅要求有危害行为存在,行为人还要对行为的危害后果有认知或预见,并且希望或者放任该结果发生。该主观故意往往通过客观行为体现出来。对此,可以结合案发起因、被告人与被害人的关系、打击工具、打击部位、打击力度、双方力量对比和介入因素等综合分析判断。从实践来看,间接故意伤害往往表现为行为人明知自己的行为可能产生伤害结果,但是对该结果不管不问,听之任之,放任该危害结果的发生。构成故意伤害(致人死亡)罪的行为,应当在客观上具有高度的致害危险性。

本案中,被告人张某博与被害人素不相识,事发突然,双方均未能控制自己的情绪,相互实施了攻击行为,且是被害人甘某龙先动手。被告人张某博在遭受对方推打时实施回击行为,实施行为时没有使用任何工具,且打中被害人面部一下,见被害人倒地后即停止侵害,行为较为克制,没有进一步的伤害行为。因此,在主观上,如果认定被告人张某博对被害人甘某龙死亡后果有明知或预见,进而认为被告人放任危害后果发生,过于勉强。但被告人张某博在因琐事与被害人发生争执并相互殴打时,应当预见自己的行为可能造成被害人伤亡的后果,由于疏忽大意未能预见,致被害人倒地后因颅脑损伤死亡,可以认为其存在疏忽大意的过失。

值得注意的是,轻微暴力致人死亡的案件较为复杂,除了类似本案的行为人意图对被害人造成轻微痛苦而实施攻击行为的情况外,还有行为人意图摆脱被害人控制或拉扯而实施的强力甩手、转身等防御行为造成他人倒地磕碰或引起原有病症发作死亡的情况。一般而言,后者的危险性较小,有的属于本能之举,亦可能不以犯罪论处,除非争执发生在马路边、行进的公共交通工具上等极易摔倒磕碰的场合或者对年老体弱者及幼童等特殊对象实施。此外,虽然是采用拳打脚踢掌推等徒手方式殴打被害人,但打击没有节制或者当时场所特殊而具有高度危险性的,如长时间殴打,或者在楼梯口、车辆穿行的马路边猛推、追赶被害人的,在一定情况下也可以认定行为人具有伤害故意。

第三节 意外事件

案例86 穆某祥无罪案①

【知识点】

意外事件

【问题】

私自加高三轮车,车顶碰到村民违规拉接的裸露电线,车身带电,导致乘客触电死亡,是过失犯罪还是意外事件?

【基本案情】

1999年9月6日10时许,被告人穆某祥驾驶其农用三轮车,载客行至江苏省灌南县硕湖乡某路段时,看见前方有交通局工作人员正在检查过往车辆。因自己的农用三轮车有关费用欠缴,穆某祥担心被查到受罚,遂驾车左拐,在村民李某华家住宅附近停车让乘客下车。因车顶碰触李某明从李某华家所接电线接头的裸露处,车身带电,导致下车的乘客张某森触电身亡。

勘验查明,穆某祥在车顶上焊接有角铁行李架,致使该车实际外形尺寸超出有关交通管理法规规定。李某明套户接李某华家电表的火线对地距离不符合安全标准。

【处理结果】

灌南县人民检察院以被告人穆某祥犯过失致人死亡罪起诉至灌南县人民法院,法院认为:被告人穆某祥的行为属意外事件,不构成犯罪。遂作出判决:被告人穆某祥无罪。

---

① 本案例根据《刑事审判参考》指导案例第201号:穆志祥被控过失致人死亡案编写。

一审宣判后,灌南县人民检察院提出抗诉,认为穆某祥在主观上有过失,客观上造成了张某森死亡的结果,穆某祥的行为与张某森死亡有必然的因果关系,故穆某祥的行为不属意外事件,而符合过失致人死亡罪的犯罪构成要件,应当定罪处罚。

连云港市中级人民法院二审过程中,连云港市人民检察院认为抗诉不当,申请撤回抗诉,连云港市中级人民法院裁定:准许撤回抗诉。

【相关法条】

1.《刑法》第15条 [过失犯罪]:应当预见自己的行为可能发生危害社会的结果,因为疏忽大意而没有预见,或者已经预见而轻信能够避免,以致发生这种结果的,是过失犯罪。

2.《刑法》第16条 [不可抗力和意外事件]:行为在客观上虽然造成了损害结果,但是不是出于故意或者过失,而是由于不能抗拒或者不能预见的原因所引起的,不是犯罪。

【简要评析】

根据《刑法》第15条的规定,应当预见自己的行为可能发生危害社会的结果,因为疏忽大意而没有预见,或者已经预见而轻信能够避免,以致发生这种结果的,是过失犯罪。根据《刑法》第16条的规定,如果行为在客观上虽然造成了损害结果,但不是出于故意或者过失,而是由于不能抗拒或者不能预见的原因所引起的,属于意外事件,不是犯罪。

本案中,被告人穆某祥虽私自在车顶焊接角铁行李架致车身违规超高,但他对李某明所接照明电线不符合安全用电要求,且接头处裸露,没有预见的义务,不具备预见的可能。穆某祥没有违章在过往车辆频繁的公路上停车下客,而是拐入其认为较为安全的村民住宅附近下客,其对车上乘客的人身安全已尽了必要的安全防范义务,并没有疏忽。

如前所述,穆某祥无义务,也不可能且没有预见其在李某华家住宅附近停车,车顶会恰巧碰上李某明私自拉接的不符合安全用电对地距离要求,且未采取任何绝缘措施的裸露电线接头处,因而也就不可能存在"轻信可以避免"的问题,故其主观上也不具有过于自信的过失。综上可见,对于被害人张某森的死亡,穆某祥不存在过失,更不存在故意,而是因不能预见的原因导致危害结果的发生,属于意外事件,不是犯罪。

案例87　严某杰无罪案[①]

【知识点】

意外事件

【问题】

因施工单位未设置安全警示标志,导致发生交通事故致人死亡,司机是否有主观罪过?

【基本案情】

2016年3月24日,广州某通信工程有限公司在广州市花都区某路段拉光纤钢丝绳施工,施工时未在施工作业地点设置安全警示标志及采取防护措施。当天13时30分许,严某杰驾驶轻型厢式货车行驶至该路段时,与用于施工而拉起的钢丝绳发生碰撞,造成在路边的施工人员汪某重型颅脑损伤、左踝离断伤及软组织损伤。事故发生后,严某杰驾车逃离现场。经鉴定,汪某的损伤程度为重伤一级,后因颅脑损伤并发肺部感染死亡。

【处理结果】

广州市花都区人民法院一审认为,被告人严某杰违反交通运输管理法规,因而发生重大交通事故,致1人重伤后死亡,且肇事后逃逸,负事故主要责任,其行为已构成交通肇事罪,判处有期徒刑1年2个月。

严某杰不服判决,提出上诉。广州市中级人民法院二审认为,严某杰的行

---

① 本案例根据广东省广州市中级人民法院(2018)粤01刑终2168号刑事判决书编写。

为虽然造成了损害结果,但不是出于故意或者过失,而是由于不能预见的原因所引起的,遂改判严某杰无罪。

【相关法条】

《刑法》第16条[不可抗力和意外事件]:行为在客观上虽然造成了损害结果,但是不是出于故意或者过失,而是由于不能抗拒或者不能预见的原因所引起的,不是犯罪。

【简要评析】

根据《刑法》第16条的规定,行为在客观上虽然造成了损害结果,但不是出于故意或者过失,而是由于不能抗拒或者不能预见的原因所引起的,不是犯罪。

本案中,严某杰驾驶的货车制动系统、方向系统均合格,其在正常通行的道路上行驶。在没有设置施工警示标志、道路上没有显而易见的障碍物且前车正常通行的情况下,面对突然拉起的钢丝绳并不能苛求驾驶员能够预见并及时采取措施有效避免事故的发生。虽然其行为在客观上造成被害人汪某死亡,但其主观上既非故意也非过失,而是由于不能预见的原因导致,因而属于意外事件,不是犯罪。

案例88　李某甲过失致人重伤案①

【知识点】

意外事件、过失犯罪

【问题】

打斗中,酒瓶碎片致他人受伤,是否构成意外事件?

_____

① 本案例根据陕西省咸阳市中级人民法院(2016)陕04刑终34号刑事附带民事判决书编写。

【基本案情】

2014年3月28日下午,被告人李某甲与侯某因琐事在李某甲暂住的房间内发生厮打,在事发现场的李某乙对二人进行劝阻并拉住被告人李某甲,侯某趁机离开房间。被告人李某甲拿起现场的啤酒瓶,追至房间外的厨房门口,与侯某继续厮打,并用其手持的啤酒瓶砸向侯某的头部,啤酒瓶当场破碎,飞溅的啤酒瓶碎片将在现场的被害人周某的右眼划伤,二人停止厮打,立即将周某送往医院救治。经鉴定,周某损伤程度属重伤二级,伤残等级为七级。

【处理结果】

陕西省咸阳市渭城区人民法院一审认定,被告人李某甲犯故意伤害罪,判处有期徒刑3年。

李某甲不服判决,上诉提出,他用啤酒瓶打侯某时,没有看见周某在附近,自己的行为应该属于意外事件。陕西省咸阳市人民法院二审认为,李某甲的主观心态属于疏忽大意的过失,考虑其认罪悔罪表现,遂改判:李某甲犯过失致人重伤罪,判处其有期徒刑2年。

【相关法条】

1.《刑法》第15条 [过失犯罪]:应当预见自己的行为可能发生危害社会的结果,因为疏忽大意而没有预见,或者已经预见而轻信能够避免,以致发生这种结果的,是过失犯罪。

过失犯罪,法律有规定的才负刑事责任。

2.《刑法》第16条 [不可抗力和意外事件]:行为在客观上虽然造成了损害结果,但是不是出于故意或者过失,而是由于不能抗拒或者不能预见的原因所引起的,不是犯罪。

3.《刑法》第235条 [过失致人重伤罪]:过失伤害他人致人重伤的,处三年以下有期徒刑或者拘役。本法另有规定的,依照规定。

【简要评析】

根据《刑法》第15条的规定,应当预见自己的行为可能会发生危害社会的结果,因为疏忽大意而没有预见,或者已经预见而轻信能够避免,以致发生这种结果的,是过失犯罪。行为在客观上虽然造成了损害结果,但不是出于故意或者过失,而是由于不能抗拒或者不能预见的原因所引起的,则属于《刑法》第16条规定的意外事件。意外事件因缺乏犯罪主观方面的故意或者过失,不是犯罪。

本案中,李某甲没有看见周某在附近,主观上不知自己的行为会对周某造成损害,对该结果的发生并不具有希望或者放任的心态,不构成故意犯罪。但是在事发现场,除侯某外还有其他人,李某甲应当预见到其用啤酒瓶击打侯某,啤酒瓶可能会爆碎,碎片飞出可能会伤及他人,但其因疏忽大意并未预见,因此,李某甲对被害人周某的伤害结果不属于不能预见的意外事件,应当成立《刑法》第235条规定的过失致人重伤罪。

第八章　正当行为

第一节　正当防卫

案例89　耿某华正当防卫案[①]

【知识点】

正当防卫的条件

【问题】

对深夜入室的拆迁者实施防卫行为致人重伤,是否属于正当防卫?

【基本案情】

2017年8月,石家庄某房地产公司与康某某达成口头协议,由其负责该公司开发的辛集市某城中村改造项目中尚未签订协议的耿某华等8户人家的拆迁工作。2017年10月1日凌晨2时许,康某某纠集卓某某等8人赶到项目所在地拟强拆民宅。其中,卓某某组织张某某、谷某明、王某某、俱某某、赵某某、谷某章、谷某石(以上人员均因犯故意毁坏财物罪另案处理)等人,在康某某带领下,携带橡胶棒、镐把、头盔、防刺服、盾牌等工具,翻墙进入耿某华家

① 本案例根据最高人民检察院发布的"正当防卫不捕不诉典型案例"案例二:河北省辛集市耿某华正当防卫不批捕案编写。

中。耿某华妻子刘某某听到响动后出屋来到院中,即被人摁住并架出院子。耿某华随后持一把农用分苗刀出来查看,强拆人员对其进行殴打,欲强制带其离开房屋,实施拆迁。耿某华遂用分苗刀乱挥、乱捅,将强拆人员王某某、谷某明、俱某某三人捅伤。随后,卓某某、谷某章、赵某某等人将耿某华按倒在地,并将耿某华架出院子。刘某某被人用胶带绑住手脚、封住嘴后用车拉至村外扔在路边。与此同时,康某某组织其他人员使用挖掘机等进行强拆。后经鉴定,王某某、俱某某二人损伤程度均构成重伤二级,谷某明、耿某华因伤情较轻未作鉴定。经勘验检查,耿某华部分房屋被毁坏。

【处理结果】

2018年11月16日,河北省辛集市公安局以耿某华涉嫌故意伤害罪立案侦查。同年5月29日,辛集市人民检察院认为,卓某某等人的行为属于正在进行的不法侵害,耿某华的行为具有防卫意图,其防卫行为没有明显超过必要限度,属于正当防卫,依法作出不批准逮捕决定。同日,公安机关对耿某华作出撤销案件决定。

【相关法条】

1.《刑法》第20条[正当防卫]:为了使国家、公共利益、本人或者他人的人身、财产和其他权利免受正在进行的不法侵害,而采取的制止不法侵害的行为,对不法侵害人造成损害的,属于正当防卫,不负刑事责任。

正当防卫明显超过必要限度造成重大损害的,应当负刑事责任,但是应当减轻或者免除处罚。

……

2.最高人民法院、最高人民检察院、公安部《关于依法适用正当防卫制度的指导意见》第5条:准确把握正当防卫的起因条件。正当防卫的前提是存在不法侵害。不法侵害既包括侵犯生命、健康权利的行为,也包括侵犯人身自由、公私财产等权利的行为;既包括犯罪行为,也包括违法行为。不应将不法侵害不当限缩为暴力侵害或者犯罪行为。对于非法限制他人人身自由、非法侵入他人住宅等不法侵害,可以实行防卫。

3.最高人民法院、最高人民检察院、公安部《关于依法适用正当防卫制度的指导意见》第12条:准确认定"明显超过必要限度"。防卫是否"明显超过必要限度",应当综合不法侵害的性质、手段、强度、危害程度和防卫的时机、手段、强度、损害后果等情节,考虑双方力量对比,立足防卫人防卫时所处情境,结合社会公众的一般认知作出判断。在判断不法侵害的危害程度时,不仅要考虑已经造成的损害,还要考虑造成进一步损害的紧迫危险性和现实可能性。不应当苛求防卫人必须采取与不法侵害基本相当的反击方式和强度。通过综合考量,对于防卫行为与不法侵害相差悬殊、明显过激的,应当认定防卫明显超过必要限度。

【简要评析】

根据《刑法》第20条的规定,正当防卫的成立需要具备五个条件。第一,起因条件:存在不法侵害;第二,时间条件:不法侵害正在进行;第三,主观条件:防卫行为是为了保护国家、公共利益、本人或者他人的人身、财产和其他合法权利免受正在进行的不法侵害;第四,对象条件:防卫行为只能针对不法侵害者本人实施;第五,限度条件:防卫行为不能明显超过必要限度且没有造成重大损害。

正当防卫的前提是存在不法侵害。根据最高人民法院、最高人民检察院、公安部发布的《关于依法适用正当防卫制度的指导意见》,不法侵害既包括侵犯生命、健康权利的行为,也包括侵犯人身自由、公私财产等权利的行为;既包括犯罪行为,也包括违法行为。不应将不法侵害不当限缩为暴力侵害或者犯罪行为。对于非法限制他人人身自由、非法侵入他人住宅等不法侵害,可以实行防卫。

本案中,卓某某等人正在实施不法侵害。不法侵害人深夜翻墙非法侵入耿某华住宅,强制带离耿某华夫妇,强拆房屋,存在正当防卫的起因条件和时间条件。耿某华为了保护自己的合法财产权免受正在进行的不法侵害,对不法侵害人依法实施防卫行为,虽然其防卫行为客观上造成了2人重伤的重大损害,但是耿某华是在被多人使用工具围殴,双方力量悬殊的情况下实施的防卫,综合不法侵害行为和防卫行为的性质、手段、强度、力量对比、所处环境等因素分析判断,耿某华的防卫行为没有明显超过必要限度,因而也符合正当防卫的主观条件、对象条件和限度条件。

综上,耿某华为了保护自身合法权益免受不法侵害,对不法侵害人进行防卫行为,没有明显超过必要限度,按照《刑法》第20条第1款的规定,其行为属于正当防卫,不负刑事责任。

案例90　刘某胜故意伤害案①

【知识点】

正当防卫的条件

【问题】

对轻微不法侵害直接施以暴力反击,致人轻伤,能否认定为正当防卫?

【基本案情】

被告人刘某胜与黄某甲非婚生育4名子女。2016年10月1日晚9时许,刘某胜与黄某甲因家庭、情感问题发生争吵,刘某胜打了黄某甲两耳光。黄某甲找到其兄长黄某乙,告知其被刘某胜打了两耳光,让黄某乙出面调处其与刘某胜分手、孩子抚养等问题。黄某乙于是叫上李某某、毛某某、陈某某,由黄某甲带领,于当晚10时许来到刘某胜的租住处。黄某乙质问刘某胜,双方发生争吵。黄某乙、李某某各打了坐在床上的刘某胜一耳光,刘某胜随即从被子下拿出一把菜刀砍伤黄某乙头部,黄某乙逃离。李某某见状欲跑,刘某胜拽住李某某,持菜刀向李某某头部连砍3刀。毛某某、陈某某、黄某甲随即上前劝阻刘某胜,夺下菜刀后报警。经鉴定,黄某乙的伤情属于轻伤一级,李某某的

---

① 本案例根据最高人民法院发布的"涉正当防卫典型案例"案例五:刘金胜故意伤害案编写。

伤情属于轻伤二级。

【处理结果】

广东省佛山市禅城区人民法院一审以故意伤害罪判处被告人刘某胜有期徒刑1年。该判决已经发生法律效力。

【相关法条】

1.《刑法》第20条第1款 [正当防卫]：为了使国家、公共利益、本人或者他人的人身、财产和其他权利免受正在进行的不法侵害，而采取的制止不法侵害的行为，对不法侵害人造成损害的，属于正当防卫，不负刑事责任。

2.最高人民法院、最高人民检察院、公安部《关于依法适用正当防卫制度的指导意见》第10条：防止将滥用防卫权的行为认定为防卫行为。对于显著轻微的不法侵害，行为人在可以辨识的情况下，直接使用足以致人重伤或者死亡的方式进行制止的，不应认定为防卫行为。不法侵害系因行为人的重大过错引发，行为人在可以使用其他手段避免侵害的情况下，仍故意使用足以致人重伤或者死亡的方式还击的，不应认定为防卫行为。

【简要评析】

根据《刑法》第20条第1款的规定，正当防卫是针对正在进行的不法侵害，采取的对不法侵害人造成损害的制止行为。可见，正当防卫以存在现实的不法侵害为前提，对轻微不法侵害直接施以暴力反击，能否认定为正当防卫，应当结合具体案情评判。司法适用中，既要依法维护公民的正当防卫权利，也要注意把握界限，防止滥用防卫权。

本案中，黄某乙、李某某打刘某胜耳光的行为，显然属于发生在一般争吵中的轻微暴力行为，有别于以给他人身体造成伤害为目的的攻击性不法侵害行为。刘某胜因被打了两耳光便直接持菜刀连砍他人头部，致人轻伤，缺乏正当防卫的起因条件，也缺乏为了保护合法权益免受不法侵害的防卫意图，是一种滥用防卫权的行为，不应当被认定为正当防卫。其砍伤他人的行为应被认定为故意伤害行为。

案例91　王某友假想防卫案[①]

【知识点】

假想防卫

【问题】

误认为存在不法侵害,实施了防卫行为,是否为正当防卫?

【基本案情】

1999年4月16日晚,被告人王某友一家三口入睡后,忽然听见有人在其屋外喊叫王某友与其妻子的名字。王某友便到外屋查看,见一人已将外屋窗户的塑料布扯掉一角,正从玻璃缺口处伸进手开门闩。王某友即用拳头打那人的手一下,该人急抽回手并跑走。王某友出屋追赶未及,亦未认出是何人,即回屋带上一把自制木柄尖刀,与其妻子一道,锁上门后(此时其10岁的儿子仍在屋里睡觉),同去村书记吴某某家告知此事,随后又到村委会打电话到派出所报警。当王某友与其妻子报警后返回自家院内时,发现窗前处有俩人影,此二人系本村村民何某明、齐某顺,他们来王某友家串门,见房门上锁正欲离去。王某友未能认出何某明和王某顺二人,而误以为他们是刚才欲非法侵入其住宅之人,又见二人向其走来,以为要袭击他,随即用手中的尖刀刺向走在前面的齐某顺的胸部,致齐某顺因气血胸,失血性休克当场死亡。何某明见状上前抱住王某友,并说:"我是何某明!"王某友闻声停住,方知出错。

【处理结果】

通辽市中级人民法院一审认为,被告人王某友是在对事实认识错误的情况下实施的假想防卫,应依法承担过失犯罪的刑事责任。遂判决被告人王某

---

① 本案例根据《刑事审判参考》指导案例第127号:王长友过失致人死亡案编写。

友犯过失致人死亡罪,判处有期徒刑7年。

宣判后,被告人王某友未上诉。通辽市人民检察院以"被告人的行为是故意伤害犯罪,原判定罪量刑不当"为由,提出抗诉。内蒙古自治区高级人民法院二审裁定:驳回抗诉,维持原判。

【相关法条】

1.《刑法》第20条第1款 [正当防卫]:为了使国家、公共利益、本人或者他人的人身、财产和其他权利免受正在进行的不法侵害,而采取的制止不法侵害的行为,对不法侵害人造成损害的,属于正当防卫,不负刑事责任。

2.《刑法》第233条 [过失致人死亡罪]:过失致人死亡的,处三年以上七年以下有期徒刑;情节较轻的,处三年以下有期徒刑。本法另有规定的,依照规定。

【简要评析】

根据《刑法》第20条第1款的规定,只有对正在进行的不法侵害行为才能实施正当防卫。所谓"正在进行的不法侵害",意指客观实际存在的、正在发生的不法侵害,而不是行为人主观想象或者推测的侵害。如果不法侵害并不存在,只是行为人主观上想象或推测认为发生了某种不法侵害,进而对误认的"侵害人"实行了"防卫"行为,这种情形,刑法理论上称之为"假想防卫"。假想防卫的行为人,在主观上是为了保护自己的合法权益免遭侵害,其行为在客观上造成的危害是由于认识错误所致,其主观上没有犯罪故意,因而不可能是故意犯罪。根据案件的实际情况,可以认定为过失犯罪或者意外事件。

本案中,王某友因夜晚发现有人欲非法侵入其住宅即向当地村干部反映并向公安机关报警,当其返回自家院内时,看见齐某顺等人在窗前,即误认为系不法侵害者,又见二人向自己走来,以为要袭击他,疑惧中即实施了"防卫"行为,致1人死亡。其行为符合"假想防卫"的特征。因王某友对被害人的死亡不存在犯罪故意,因而不构成故意伤害罪。但是王某友没有尽到注意义务,没有进一步核实来者身份,直接贸然攻击他人,导致他人死亡,此种心态属于应当预见自己的行为可能发生危害社会的后果,因为疏忽大意而没有预见,以致发生这种结果的犯罪过失,符合过失致人死亡罪的构成条件。

案例92　余某正当防卫案①

【知识点】

防卫意图

【问题】

互殴行为与正当防卫如何区分?

【基本案情】

2018年7月30日14时许,申某某与朋友王某某、周某某等人饮酒吃饭后,由王某某驾驶申某某的越野车,欲前往某景区漂流。与他们同向行驶的余某驾驶越野车,带其未成年儿子去往同一景区。在行驶过程中,王某某欲违规强行超车,余某正常行驶未予让行,结果王某某驾驶的车辆与路边防护栏发生轻微擦碰。申某某非常生气,认为自己车辆剐蹭受损是余某未让行所致,遂要求王某某停车,换由自己驾车。申某某在未取得驾驶证且饮酒(经鉴定,血液中酒精含量114.4 mg/100 ml)的情况下,追逐并试图逼停余某的车。余某未予理会,驾车绕开后继续前行。申某某再次驾车追逐,在景区门前将余某的车再次逼停。随后,申某某下车并从后备箱中拿出一根铁质棒球棍走向余某的车门,余某见状叮嘱其儿子千万不要下车,并拿一把折叠水果刀下车防身。申某某上前用左手掐住余某的脖子将其往后推,右手持棒球棍击打余某。余某在后退躲闪过程中持水果刀挥刺,将申某某左脸部划伤,并夺下申某某的棒球棍,将其扔到附近草地上,申某某捡取棒球棍继续向余某挥舞。围观群众将双方劝停后,申某某将余某推倒在地,并继续殴打余某,后被赶至现场的民警抓

_____

① 本案例根据最高人民检察院发布的"正当防卫不捕不诉典型案例"案例四:湖北省京山市余某正当防卫不起诉案编写。

获。经鉴定,申某某左眼球破裂,面部单个瘢痕长5.8cm,损伤程度为轻伤二级;余某为轻微伤。

【处理结果】

2018年11月,湖北省京山市公安局以余某涉嫌故意伤害罪立案侦查,同年12月将案件移送京山市人民检察院审查起诉。京山市人民检察院审查后认为,余某的行为应当认定为正当防卫,依法不负刑事责任,于2019年1月18日决定对余某不起诉。

【相关法条】

1.《刑法》第20条[正当防卫]:为了使国家、公共利益、本人或者他人的人身、财产和其他权利免受正在进行的不法侵害,而采取的制止不法侵害的行为,对不法侵害人造成损害的,属于正当防卫,不负刑事责任。

正当防卫明显超过必要限度造成重大损害的,应当负刑事责任,但是应当减轻或者免除处罚。

……

2.最高人民法院、最高人民检察院、公安部《关于依法适用正当防卫制度的指导意见》第9条:准确界分防卫行为与相互斗殴。防卫行为与相互斗殴具有外观上的相似性,准确区分两者要坚持主客观相统一原则,通过综合考量案发起因、对冲突升级是否有过错、是否使用或者准备使用凶器、是否采用明显不相当的暴力、是否纠集他人参与打斗等客观情节,准确判断行为人的主观意图和行为性质。

因琐事发生争执,双方均不能保持克制而引发打斗,对于有过错的一方先动手且手段明显过激,或者一方先动手,在对方努力避免冲突的情况下仍继续侵害的,还击一方的行为一般应当认定为防卫行为。

双方因琐事发生冲突,冲突结束后,一方又实施不法侵害,对方还击,包括使用工具还击的,一般应当认定为防卫行为。不能仅因行为人事先进行防卫准备,就影响对其防卫意图的认定。

【简要评析】

根据《刑法》第20条第1款的规定,一般正当防卫必须具备主观条件,即行为人为了使合法权益免受不法侵害,否则不能认定为正当防卫。对防卫目的的认定应当从矛盾发生并激化的原因、打斗的先后顺序、使用工具情况、采取措施的强度等方面综合判断。应以防卫人的视角,根据不法侵害的性质、强度和危险性,防卫人所处的具体环境等因素,进行符合常情、常理的判断。防卫目的的有无也是正当防卫与互殴行为的重要区别。

本案中,防卫人余某正常行驶,不法侵害人申某某挑起矛盾,又促使矛盾步步升级,先拿出凶器主动对余某实施攻击。余某具有防卫意图,而且防卫行为比较克制,造成申某某轻伤的结果,不能认定为互殴。余某在车辆被逼停,申某某拿着棒球棍走向自己的情况下,携带车内水果刀下车可视为具有防身意图,不影响保护合法权益免受不法侵害的防卫目的,因而,余某的行为不是互殴行为。综合全案其他条件看,余某为了保护自身合法权益免受正在进行的不法侵害,而对不法侵害人进行的防卫行为,没有明显超过必要限度,没有造成重大损害,属于正当防卫,余某不负刑事责任。

案例93　朱某文故意伤害案[①]

【知识点】

防卫意图、防卫限度

【问题】

防卫意图与伤害故意如何区分? 防卫限度如何把握?

【基本案情】

被告人朱某文与被害人邱某曾签订建筑工程合同,约定由邱某为朱某文

---

① 本案例根据云南省高级人民法院(2020)云刑终853号刑事裁定书编写。

建盖新房。2019年6月16日17时许,被告人朱某文在建房工地上看见工人使用电机,担心烧到自家电线,提议邱某安装空气开关遭到拒绝,后朱某文独自关掉电闸引发二人短暂争吵。当日18时许,朱某文在新房二楼将一把尖刀装于裤子口袋内,走到一楼时与邱某再次发生争吵,并用手互殴,随后朱某文持刀刺中邱某左胸部后逃跑,致邱某当场倒地死亡。经鉴定:朱某文患有"偏执型精神分裂症(F 20.0)",案发时处于发病期,对案发当日所实施的伤害行为评定为限定刑事责任能力。当晚,朱某文投案自首。

【处理结果】

云南省红河哈尼族彝族自治州中级人民法院一审认为,被告人朱某文的行为构成故意伤害罪,考虑到其有自首情节、属于限定刑事责任能力人等情节,判处被告人朱某文无期徒刑,剥夺政治权利终身。

宣判后,被告人及其辩护人认为,朱某文属于防卫过当,原判量刑过重,提出上诉。云南省高级人民法院二审裁定:驳回上诉,维持原判。

【相关法条】

1.《刑法》第20条 [正当防卫]:为了使国家、公共利益、本人或者他人的人身、财产和其他权利免受正在进行的不法侵害,而采取的制止不法侵害的行为,对不法侵害人造成损害的,属于正当防卫,不负刑事责任。

正当防卫明显超过必要限度造成重大损害的,应当负刑事责任,但是应当减轻或者免除处罚。

……

2.《刑法》第234条 [故意伤害罪]:故意伤害他人身体的,处三年以下有期徒刑、拘役或者管制。

犯前款罪,致人重伤的,处三年以上十年以下有期徒刑;致人死亡或者以特别残忍手段致人重伤造成严重残疾的,处十年以上有期徒刑、无期徒刑或者死刑。本法另有规定的,依照规定。

【简要评析】

根据《刑法》第20条第2款的规定,所谓防卫过当,是指防卫行为明显超过必要限度,造成重大损害的情形。防卫过当以存在防卫意图和防卫性质的行为为前提,否则其行为便不具有防卫性质,不能成立防卫过当。

本案中,首先,被告人朱某文不具备防卫意图。朱某文与邱某争吵后,即准备了作案用的尖刀,在随后的争吵中,在双方用手互殴的情况下,即掏出尖刀刺伤邱某,这足以证实朱某文是出于伤害他人的目的,预谋伤人,并非为了保护自身合法权利免受正在进行的不法侵害。其次,朱某文不具备防卫意图,其行为不是在遭到他人不法侵害后进行的防卫行为,因而也谈不上防卫过当。朱某文具有故意伤害他人的故意和行为,触犯《刑法》第234条规定的故意伤害罪。考虑到其有自首情节和限定刑事责任能力的事实,人民法院遂依法对其从轻处罚,判处无期徒刑,剥夺政治权利终身。

案例94 赵某正当防卫案①

【知识点】

防卫限度

【问题】

正当防卫的限度条件如何把握?

【基本案情】

2018年12月26日晚11时许,李某与女青年邹某一起饮酒后,一同到达邹某的暂住处,二人在室内发生争吵,随后李某被邹某关在门外。李某强行踹门而入,谩骂殴打邹某,引来邻居围观。暂住在楼上的赵某闻声下楼查看,见李

① 本案例根据最高人民法院发布的"涉正当防卫典型案例"案例六:赵宇正当防卫案编写。

某把邹某摁在墙上并殴打其头部,即上前制止并从背后拉拽李某,致李某倒地。李某起身后欲殴打赵某,威胁要叫人"弄死你们",赵某随即将李某推倒在地,朝李某腹部踩一脚,又拿起凳子欲砸李某,被邹某劝阻住,后赵某离开现场。经鉴定,李某腹部横结肠破裂,伤情属于重伤二级;邹某面部挫伤,伤情属于轻微伤。

【处理结果】

公安机关以赵某涉嫌故意伤害罪立案侦查,后以赵某涉嫌过失致人重伤罪向检察机关移送审查起诉。福建省福州市晋安区人民检察院认定赵某的行为属于防卫过当,对赵某作出相对不起诉决定。福州市人民检察院经审查认定赵某属于正当防卫,依法指令晋安区人民检察院对赵某作出绝对不起诉决定。

【相关法条】

1.《刑法》第20条【正当防卫】:为了使国家、公共利益、本人或者他人的人身、财产和其他权利免受正在进行的不法侵害,而采取的制止不法侵害的行为,对不法侵害人造成损害的,属于正当防卫,不负刑事责任。

正当防卫明显超过必要限度造成重大损害的,应当负刑事责任,但是应当减轻或者免除处罚。

……

2.最高人民法院、最高人民检察院、公安部《关于依法适用正当防卫制度的指导意见》第11条:准确把握防卫过当的认定条件。根据刑法第二十条第二款的规定,认定防卫过当应当同时具备"明显超过必要限度"和"造成重大损害"两个条件,缺一不可。

3.最高人民法院、最高人民检察院、公安部《关于依法适用正当防卫制度的指导意见》第12条:准确认定"明显超过必要限度"。防卫是否"明显超过必要限度",应当综合不法侵害的性质、手段、强度、危害程度和防卫的时机、手段、强度、损害后果等情节,考虑双方力量对比,立足防卫人防卫时所处情境,结合社会公众的一般认知作出判断。在判断不法侵害的危害程度时,不仅要考虑已经造成的损害,还要考虑造成进一步损害的紧迫危险性和现实可能性。不应当苛求防卫人必须采取与不法侵害基本相当的反击方式和强度。通过综合考量,对于防卫行为与不法侵害相差悬殊、明显过激的,应当认定防卫明显超过必要限度。

4.最高人民法院、最高人民检察院、公安部《关于依法适用正当防卫制度的指导意见》第13条:准确认定"造成重大损害"。"造成重大损害"是指造成不法侵害人重伤、死亡。造成轻伤及以下损害的,不属于重大损害。防卫行为虽然明显超过必要限度但没有造成重大损害的,不应认定为防卫过当。

5.《刑事诉讼法》第177条第1款、第2款[绝对不起诉、相对不起诉]:犯罪嫌疑人没有犯罪事实,或者有本法第十六条规定的情形之一的,人民检察院应当作出不起诉决定。

对于犯罪情节轻微,依照刑法规定不需要判处刑罚或者免除刑罚的,人民检察院可以作出不起诉决定。

【简要评析】

根据《刑法》第20条第2款和最高人民法院、最高人民检察院、公安部《关于依法适用正当防卫制度的指导意见》的相关规定,防卫过当应当同时具备"明显超过必要限度"和"造成重大损害"两个条件。"造成重大损害"是指造成不法侵害人重伤、死亡。防卫是否"明显超过必要限度",应当综合不法侵害的性质、手段、强度、危害程度和防卫的时机、手段、强度、损害后果等情节,考虑双方力量对比,立足防卫人防卫时所处情境,结合社会公众的一般认知作出判断。在判断不法侵害的危害程度时,不仅要考虑已经造成的损害,还要考虑造成进一步损害的紧迫危险性和现实可能性。

本案中,赵某在阻止、拉拽李某的过程中,致李某倒地,在李某起身后欲殴打赵某,并用言语威胁的情况下,赵某随即将李某推倒在地,朝李某腹部踩一脚,导致李某横结肠破裂,属于重伤二级,构成重大损害。但从赵某行为手段上看,双方都是赤手空拳,赵某的拉拽行为与李某的不法侵害行为基本相当。

从赵某的行为过程来看,赵某制止李某的不法侵害行为是连续的,自然而然发生的,是在当时场景下的本能反应。李某倒地后,并未完全被制服,仍然存在起身后继续实施不法侵害的紧迫危险性和现实可能性。此时,赵某朝李某腹部踩一脚,其目的是阻止李某继续实施不法侵害,并没有泄愤报复等个人目的。综合全案来看,赵某的行为手段、行为目的、行为过程、行为强度等具体情节不符合"明显超过必要限度"的条件,因而不属于防卫过当。赵某为了保护他人的合法权益免受正在发生的不法侵害,对不法侵害人实施了防卫行为,不属于明显超过必要限度,没有造成重大损害,依照《刑法》第20条第1款的规定,其行为属于正当防卫,不负刑事责任。因此,福州市人民检察院按照《刑事诉讼法》第177条的规定对其作出不起诉的决定。

案例95　于某防卫过当案①

【知识点】

防卫限度

【问题】

对正在进行的非法限制他人人身自由的行为,能否进行防卫?防卫限度如何把握?

【基本案情】

被告人于某的母亲苏某经营某公司,于某系该公司员工。2014年7月28日,苏某及其丈夫于某1向吴某、赵某1借款100万元,月息10%。至2015年10月20日,苏某共计还款154万元。2015年11月1日,苏某、于某1再次向吴某、赵某1借款35万元。其中10万元,双方口头约定月息10%,另外25万元,用于某1名下的一套住房作为抵押。至2016年1月6日,苏某共计向赵某1还款29.8万元。吴某、赵某1认为该29.8万元属于偿还第一笔100万元借款的利

① 本案例根据最高人民法院指导案例93号:于欢故意伤害案编写。

息,而苏某夫妇认为该款是用于偿还第二笔借款。后经协调,双方口头约定将于某1名下的住房过户给赵某1,之后再付30万元,借款本金及利息即全部结清。

2016年4月14日,于某1、苏某未按照约定时间去办理住房过户手续。当日16时许,赵某1纠集郭某1、郭某2、李某3等人到达苏某公司讨债。赵某1等人先后在办公楼前呼喊、盯守、做烧烤、饮酒,催促苏某还款。20时许,杜某2、杜某7赶到该公司,与李某3等人一起饮酒。苏某按郭某1要求到接待室,于某、张某1、马某陪同。杜某2用污秽言语辱骂苏某、于某及其家人,将烟头弹到苏某胸前衣服上,将裤子脱至大腿处裸露下体,朝苏某等人左右转动身体。后又脱下于某的鞋让苏某闻,用手拍打于某面颊。其他讨债人员实施了揪抓于某头发或按压于某肩部不准其起身等行为。公司员工刘某报警。民警到达后,警告双方不能打架,然后到院内寻找报警人,并给值班民警打电话通报警情。于某、苏某想随民警离开接待室,杜某2等人阻拦,并强迫于某坐下,于某拒绝。杜某2等人卡于某颈部,将于某推拉至接待室东南角。于某拿起桌子上刃长15.3厘米的单刃尖刀,警告杜某2等人不要靠近。杜某2出言挑衅并逼近于某,于某遂捅刺杜某2腹部一刀,又捅刺围逼在其身边的程某胸部、严某腹部、郭某1背部各一刀。杜某2等四人受伤后,被送至医院救治。次日,杜某2经抢救无效死亡。严某、郭某1的损伤均构成重伤二级,程某的损伤构成轻伤二级。

【处理结果】

2017年2月17日,山东省聊城市中级人民法院一审认定被告人于某犯故意伤害罪,判处无期徒刑,剥夺政治权利终身。

宣判后,被告人于某及部分附带民事诉讼原告人不服,分别提出上诉。山东省高级人民法院二审认为,于某的行为具有防卫性质,属于防卫过当,遂于2017年6月23日判决:撤销原判刑事部分,以故意伤害罪判处于某有期徒刑5年。

【相关法条】

1.《刑法》第20条［正当防卫］：为了使国家、公共利益、本人或者他人的人身、财产和其他权利免受正在进行的不法侵害，而采取的制止不法侵害的行为，对不法侵害人造成损害的，属于正当防卫，不负刑事责任。

正当防卫明显超过必要限度造成重大损害的，应当负刑事责任，但是应当减轻或者免除处罚。

……

2.最高人民法院、最高人民检察院、公安部《关于依法适用正当防卫制度的指导意见》第12条：准确认定"明显超过必要限度"。防卫是否"明显超过必要限度"，应当综合不法侵害的性质、手段、强度、危害程度和防卫的时机、手段、强度、损害后果等情节，考虑双方力量对比，立足防卫人防卫时所处情境，结合社会公众的一般认知作出判断。……

3.最高人民法院、最高人民检察院、公安部《关于依法适用正当防卫制度的指导意见》第14条：准确把握防卫过当的刑罚裁量。防卫过当应当负刑事责任，但是应当减轻或者免除处罚。要综合考虑案件情况，特别是不法侵害人的过错程度、不法侵害的严重程度以及防卫人面对不法侵害的恐慌、紧张等心理，确保刑罚裁量适当、公正。对于因侵害人实施严重贬损他人人格尊严、严重违反伦理道德的不法侵害，或者多次、长期实施不法侵害所引发的防卫过当行为，在量刑时应当充分考虑，以确保案件处理既经得起法律检验，又符合社会公平正义观念。

4.《刑法》第234条［故意伤害罪］：故意伤害他人身体的，处三年以下有期徒刑、拘役或者管制。

犯前款罪，致人重伤的，处三年以上十年以下有期徒刑；致人死亡或者以特别残忍手段致人重伤造成严重残疾的，处十年以上有期徒刑、无期徒刑或者死刑。本法另有规定的，依照规定。

【简要评析】

根据《刑法》第20条第2款的规定,防卫行为明显超过必要限度造成重大损害的,属于防卫过当,应当负刑事责任,但是应当减轻或者免除处罚。根据最高人民法院、最高人民检察院、公安部《关于依法适用正当防卫制度的指导意见》的规定,要综合考虑案件情况,特别是不法侵害人的过错程度、不法侵害的严重程度以及防卫人面对不法侵害的恐慌、紧张等心理,确保刑罚裁量适当、公正。对于因侵害人实施严重贬损他人人格尊严、严重违反伦理道德的不法侵害所引发的防卫过当行为,在量刑时应当充分考虑。

本案中,于某的行为具有防卫性质。案发当时,杜某2等人对于某、苏某持续实施限制人身自由的非法拘禁行为,并伴有侮辱人格和对于某推搡、拍打等行为。民警到达现场后,杜某2等人阻止于某母子离开接待室,并对于某实施推拉、围堵等行为,在于某持刀警告时仍出言挑衅并逼近,不法侵害客观存在并正在进行。于某在人身自由受到违法侵害、人身安全面临现实威胁的情况下持刀捅刺,其行为可以认定为为了使本人和其母亲的人身权利免受正在进行的不法侵害,而采取的制止不法侵害的行为,具备正当防卫的起因条件、时间条件、对象条件和主观条件,即具有防卫性质。

本案中,于某的行为属于防卫过当。杜某2一方虽然人数较多,但在催债过程中未携带、使用任何器械;在民警进入接待室前,杜某2一方对于某母子实施的是非法限制人身自由、侮辱和对于某拍打面颊、揪抓头发等行为。在民警进入接待室时,双方没有发生激烈对峙和肢体冲突,当民警警告不能打架后,杜某2一方并无打架的言行。在民警走出接待室期间,于某和讨债人员均可透过接待室玻璃清晰看见停在院内的警车警灯闪烁,应当知道民警并未离开。在于某持刀警告不要靠近时,杜某2等人虽有出言挑衅并向于某围逼的行为,但并未实施强烈的攻击行为。因此,于某面临的不法侵害并不紧迫和严重,而其却持刃长15.3厘米的单刃尖刀连续捅刺4人,致1人死亡、2人重伤、1人轻伤,且其中一人系被从背后捅伤。综合不法侵害的性质、手段、强度、危害程度和防卫的时机、手段、强度、损害后果等情节,可以认为于某的防卫行为明显超过必要限度,且造成重大损害,属于防卫过当。其主观上具有伤害他人的故意,依法应认定为故意伤害罪。但于某的故意伤害行为属于因不法侵害人实施严重贬损他人人格尊严、严重违反伦理道德的不法侵害行为所引发的防卫过当行为,依照《刑法》第20条第2款的规定,应当减轻或者免除处罚,依照《关于依法适用正当防卫制度的指导意见》第14条的规定,对于因被害人违反伦理道德引发的防卫过当行为,在量刑时也应该予以充分考虑。考虑到于某有防卫过当、坦白、被害方有严重过错等情节,对于某依法应当减轻处罚,二审法院依法改判于某有期徒刑5年符合法律规定,也符合社会公众公平正义的价值观念。

案例96　周某某正当防卫案①

【知识点】

特殊正当防卫

【问题】

勒死强奸行为人,是否属于正当防卫?

【基本案情】

2018年9月23日19时许,许某某醉酒后驾驶电动三轮车路过许祠组农田时,遇见刚打完农药正要回家的妇女周某某,遂趁四周无人之机下车将周某某仰面推倒在稻田里,意图强行与周某某发生性关系。周某某用手乱抓、奋力反抗,将许某某头面部抓伤,并在纠缠、反抗过程中,用药水箱上连接的一根软管将许某某颈部缠绕住。许某某被勒住脖子后暂停侵害并站立起来,周某某为了防止其继续对自己实施强奸行为,一直站在许某某身后拽着软管控制其行动。二人先后在稻田里、田埂上、许某某驾驶的三轮车上对峙。其间,许某

---

① 本案例根据最高人民检察院发布的"正当防卫不捕不诉典型案例"案例五:安徽省枞阳县周某某正当防卫不起诉案编写。

某声称愿意停止侵害并送周某某回家,但未有进一步实际行动;周某某大声呼喊求救时,远处某养鸡场经营户邹某某听到声音,走出宿舍,使用头灯朝案发地方向照射,但未靠近查看,此外再无其他人员留意或靠近案发现场。

二人对峙将近两小时后,许某某提出软管勒得太紧,要求周某某将软管放松一些,周某某便将软管放松,许某某趁机采取用手推、用牙咬的方式想要挣脱软管。周某某担心许某某挣脱软管后会继续侵害自己,于是用嘴猛咬许某某手指、手背,同时用力向后拽拉软管及许某某后衣领。持续片刻后许某某身体突然前倾,趴在田埂上,周某某认为其可能是装死,仍用力拽拉软管数分钟,后见许某某身体不动,也不说话,遂拎着塑料桶离开现场。次日清晨,周某某在村干部王某某的陪同下到现场查看,发现许某某已死亡,遂电话报警、自动投案。经鉴定,许某某符合他人勒颈致窒息死亡。

【处理结果】

2018年9月25日,周某某因涉嫌故意杀人罪被安徽省枞阳县公安局刑事拘留,9月28日枞阳县公安局以周某某涉嫌过失致人死亡罪提请批准逮捕,9月30日枞阳县人民检察院批准逮捕。后经该院检察委员会研究认为,周某某的行为符合《刑法》第20条第3款的规定,依法不负刑事责任,遂于2019年6月25日决定对周某某不起诉。

【相关法条】

1.《刑法》第20条第3款[特殊正当防卫]:对正在进行行凶、杀人、抢劫、强奸、绑架以及其他严重危及人身安全的暴力犯罪,采取防卫行为,造成不法侵害人伤亡的,不属于防卫过当,不负刑事责任。

2.最高人民法院、最高人民检察院、公安部《关于依法适用正当防卫制度的指导意见》第6条:准确把握正当防卫的时间条件。正当防卫必须是针对正在进行的不法侵害。对于不法侵害已经形成现实、紧迫危险的,应当认定为不法侵害已经开始;对于不法侵害虽然暂时中断或者被暂时制止,但不法侵害人仍有继续实施侵害的现实可能性的,应当认定为不法侵害仍在进行;……对于不法侵害是否已经开始或者结束,应当立足防卫人在防卫时所处情境,按照社会公众的一般认知,依法作出合乎情理的判断,不能苛求防卫人。……

【简要评析】

根据我国《刑法》第20条第3款的规定,对正在进行的强奸这种严重危及人身安全的暴力犯罪,采取防卫行为,造成不法侵害人伤亡的,不负刑事责任。根据《关于依法适用正当防卫制度的指导意见》的规定,不法侵害开始与结束的判断应当立足防卫人在防卫时所处情境,按照社会公众的一般认知,依法作出合乎情理的判断,不能苛求防卫人。

本案中,不法侵害人许某某将周某某推倒在稻田里,趴在周某某身上,解其裤腰带,意图强行与周某某发生性关系的行为,已经构成严重危及人身安全的强奸行为,周某某为了保护合法权益免受不法侵害,对正在实施的强奸行为进行防御和反抗,将不法侵害人勒死,符合《刑法》第20条第3款特殊正当防卫的起因条件、主观条件和对象条件。在双方对峙过程中,周某某试图求救但没有实现,在救助无门、逃跑不能的特殊环境下,在近2个小时的高度紧张和惊恐状态下,不能苛求周某某对许某某是否继续实施不法侵害作出精准判断,应当采信周某某认为不法侵害行为处于持续状态的判断,其行为符合针对正在进行的不法侵害实施防卫的时间条件。综上可见,周某某的行为具备《刑法》第20条第3款规定的正当防卫条件,虽然造成不法侵害人死亡,仍然属于正当防卫,不负刑事责任。

案例97　于某明正当防卫案[①]

【知识点】

特殊正当防卫、行凶

---

① 本案例根据最高人民检察院指导性案例第47号:于海明正当防卫案编写。

【问题】

正当防卫时间条件如何把握?"行凶"如何认定?

【基本案情】

于某明是某酒店业务经理。2018年8月27日21时30分许,于某明骑自行车在江苏省昆山市震川路正常行驶,刘某醉酒驾驶小轿车(经检测,血液酒精含量87 mg/100 ml),向右强行闯入非机动车道,与于某明险些碰擦。刘某的一名同车人员下车与于某明争执,经其他同行人员劝解返回时,刘某突然下车,上前推搡、踢打于某明。虽经劝解,刘某仍持续追打,并从轿车内取出一把砍刀(系管制刀具),连续用刀面击打于某明颈部、腰部、腿部。刘某在击打过程中将砍刀甩脱,于某明抢到砍刀,刘某上前争夺,在争夺中于某明捅刺刘某的腹部、臀部,砍击其右胸、左肩、左肘。刘某受伤后跑向轿车,于某明继续追砍2刀均未砍中,其中1刀砍中轿车。刘某跑离轿车,于某明返回轿车,将车内刘某的手机取出放入自己口袋。刘某逃离后,倒在附近绿化带内,后经送医抢救无效,因腹部大静脉等破裂致失血性休克于当日死亡。民警到达现场后,于某明将手机和砍刀交给民警(于某明称,拿走刘某的手机是为了防止对方打电话召集人员报复)。经检查,于某明左颈部条形挫伤1处、左胸季肋部条形挫伤1处。

【处理结果】

2018年8月27日,江苏省昆山市公安局以"于某明故意伤害案"立案侦查。2018年9月1日,根据查明的事实,昆山市公安局依法认定于某明的行为属于正当防卫,不负刑事责任,决定依法撤销案件。

【相关法条】

1.《刑法》第20条第3款[特殊正当防卫]:对正在进行行凶、杀人、抢劫、强奸、绑架以及其他严重危及人身安全的暴力犯罪,采取防卫行为,造成不法侵害人伤亡的,不属于防卫过当,不负刑事责任。

2.最高人民法院、最高人民检察院、公安部《关于依法适用正当防卫制度的指导意见》第15条:准确理解和把握"行凶"。根据刑法第二十条第三款的规定,下列行为应当认定为"行凶":(1)使用致命性凶器,严重危及他人人身安全的;(2)未使用凶器或者未使用致命性凶器,但是根据不法侵害的人数、打击部位和力度等情况,确已严重危及他人人身安全的。虽然尚未造成实际损害,但已对人身安全造成严重、紧迫危险的,可以认定为"行凶"。

【简要评析】

根据《刑法》第20条第3款的规定,对正在进行的行凶实施防卫行为,造成不法侵害人死亡的,不负刑事责任。对"行凶"的把握要注意两点:一是必须是暴力犯罪,对于非暴力犯罪或一般暴力行为,不能认定为"行凶";二是必须严重危及人身安全,即对人的生命、健康构成严重危险。在具体案件中,有些暴力行为的主观故意尚未通过客观行为明确表现出来,或者行为人本身就是持概括故意予以实施,这类行为的故意内容虽不确定,但已表现出多种故意的可能,其中只要有现实可能造成他人重伤或死亡的,均应当认定为"行凶"。根据《关于依法适用正当防卫制度的指导意见》的规定,"行凶"包括使用致命性凶器,严重危及他人人身安全,以及未使用凶器或者未使用致命性凶器,但是根据不法侵害的人数、打击部位和力度等情况,确已严重危及他人人身安全的情形。

不法侵害正在进行意味着不法侵害已经开始,尚未结束。"开始"并不一定是不法侵害行为已经加诸被害人身上,只要不法侵害的现实危险已经迫在眼前,或者已达既遂状态但侵害行为没有实施终了,就应当认定为正在进行。不法侵害的结束,应看侵害人是否已经实质性脱离现场以及是否还有继续攻击或再次发动攻击的可能。

本案中,首先,刘某的行为属于"行凶"。刘某攻击行为凶狠,所持凶器可轻易致人死伤,随着事态发展,接下来会造成什么样的损害后果难以预料,于某明的人身安全处于现实的、急迫的和严重的危险之下。刘某具体抱持杀人的故意还是伤害的故意不确定,因此,刘某的行为符合"行凶"的认定标准,应当认定为"行凶"。

其次,刘某的"行凶"行为正在进行。于某明抢到砍刀后,刘某立刻上前争夺,侵害行为没有停止,刘某受伤后又立刻跑向之前藏匿砍刀的汽车,于某明此时作不间断的追击也符合防卫的需要。于某明追砍两刀均未砍中,刘某从汽车旁边跑开后,于某明也未再追击。因此,在于某明抢得砍刀顺势反击时,刘某既未放弃攻击行为也未实质性脱离现场,不能认为侵害行为已经停止。

最后,于某明是为了保护合法权益免受不法侵害而进行的防卫行为。于某明正常行驶,刘某驾驶的汽车向右强行闯入非机动车道,与于某明险些碰擦,进而刘某无端挑起是非,并对于某明进行追砍,于某明为了保护自身安全免受侵害,对刘某的不法侵害实施了防卫行为,符合正当防卫的主观条件和对象条件。

综上,于某明对刘某正在进行的"行凶"实施防卫,导致刘某死亡,属于《刑法》第20条第3款规定的特殊正当防卫,依法不负刑事责任。

第二节　紧急避险

案例98　陈某紧急避险案[①]

【知识点】

紧急避险的条件

【问题】

妻子突发重病,丈夫迫不得已醉驾送其就医是否属于紧急避险?

---

① 本案例根据《男子醉驾送病重妻子上医院 构成紧急避险不负刑事责任》编写。资料来源:光明网(https://m.gmw.cn/2020-09/08/content_1301538302.htm)。

【基本案情】

2018年12月7日晚,为庆祝妻子生日,陈某邀请朋友吃晚饭,其间喝了红酒。夜里11时许,陈某妻子突然倒地,口吐白沫、昏迷不醒,陈某随即让女儿拨打120求救,120回复,附近没有急救车辆,要从别处调车,具体到达时间不能确定。因情况紧急,家人和邻居又没有驾照不能开车,出租车一时也联系不到,陈某只得自己驾驶私家车,将妻子送到了附近医院抢救。随后,陈某被警方当场查获。经鉴定,陈某血液中的酒精含量为223 mg/100 ml,远超醉驾标准。

【处理结果】

公安机关将该案移送至江阴市人民检察院。检察机关经审查认为,陈某醉酒后在道路上驾驶机动车,已经构成危险驾驶罪,诉请法院追究其刑事责任。

江阴市人民法院认为,虽然被告人陈某客观上实施了在道路上醉酒驾驶机动车的行为,但其行为构成紧急避险,依法不负刑事责任。2019年年底,江阴市人民检察院决定依法对陈某撤回起诉。江阴市人民法院裁定:准许检察机关撤回起诉。

【相关法条】

《刑法》第21条第1款[紧急避险]:为了使国家、公共利益、本人或者他人的人身、财产和其他权利免受正在发生的危险,不得已采取的紧急避险行为,造成损害的,不负刑事责任。

【简要评析】

根据《刑法》第21条第1款的规定,紧急避险是指为了使国家、公共利益、本人或者他人的人身、财产和其他权利免受正在发生的危险,不得已而采取的损害另一较小合法利益的行为。紧急避险需同时具备以下条件:(1)前提条件:必须存在紧迫的现实的危险;(2)时间条件:危险正在发生;(3)可行性条件:必须是在迫不得已的情况下才能实施;(4)主观条件:必须是为了保护合法权益免受危险;(5)限度条件:避险不能超过必要限度造成不应有的损害。

本案中,陈某醉驾送妻子就医的行为属于紧急避险。首先,陈某妻子突然倒地,昏迷不醒、口吐白沫,生命权益正处于危险之中,可视作正在发生的现实的紧迫危险。其次,当时陈某所在乡村比较偏远,医院不能及时派出救护车,他身边又无其他合法驾驶人,其醉酒驾车送妻子就医的行为,属于不得已而为之。再次,从主观上看,陈某实施醉酒驾驶的行为,具有使处于生命危险的妻子及时得到医治的良好动机,是为了保护妻子的合法权益免受正在发生的危险,其并没有危害社会公共安全的故意。最后,考虑到夜间路上车辆人员稀少,陈某实施醉驾对公共安全的损害程度相对较小,且未发生交通事故,符合紧急避险所需具备的限度条件。综上可见,陈某醉驾送妻子就医的行为符合紧急避险的条件,无须承担刑事责任。

案例99　冯某程危险驾驶案[①]

【知识点】

紧急避险的条件

【问题】

醉酒后身体不适,自行驾车就医是否属于紧急避险?

【基本案情】

2020年8月16日晚,家住湖南省长沙市某区的被告人冯某程因失恋在家中喝了酒。当日23时50分许,冯某程因感觉身体不适,驾车去往医院诊治,途中,相继与谭某停放在路边停车位里的一辆小型轿车和由喻某驾驶的小型轿车发生碰撞,冯某程所驾车辆发生侧翻。经检测,被告人冯某程案发时血液中

---

① 本案例根据湖南省长沙市中级人民法院(2021)湘01刑终524号刑事裁定书编写。

的酒精含量为 165 mg/100 ml。经交警部门认定,冯某程应负该次事故的全部责任,谭某、喻某不承担责任。案发后,冯某程对谭某、喻某进行了经济赔偿并取得谅解。

【处理结果】

长沙市雨花区人民法院一审判决:被告人冯某程犯危险驾驶罪,判处拘役2个月,缓刑2个月,并处罚金人民币5000元。

冯某程不服判决,认为其应构成紧急避险或避险过当,原判量刑不当,提出上诉,请求免予刑事处罚。长沙市中级人民法院二审裁定:驳回上诉,维持原判。

【相关法条】

1.《刑法》第21条第1款 [紧急避险]:为了使国家、公共利益、本人或者他人的人身、财产和其他权利免受正在发生的危险,不得已采取的紧急避险行为,造成损害的,不负刑事责任。

2.《刑法》第133条之一 [危险驾驶罪]:在道路上驾驶机动车,有下列情形之一的,处拘役,并处罚金:

......

(二)醉酒驾驶机动车的;

......

【简要评析】

根据《刑法》第21条第1款的规定,紧急避险是指为了使国家、公共利益、本人或者他人的人身、财产和其他权利免受正在发生的危险,不得已而采取的损害另一较小合法利益的行为。

本案中,被告人冯某程的行为不属于紧急避险。冯某程在醉酒状态下,自感身体不适,这种危险并没有达到紧迫的程度,不属于正在发生的现实紧迫危险。被告人冯某程完全可以采取其他途径,比如打车、打120或请人代驾等前往医院,其自驾就医不具备迫不得已牺牲其他合法权益的可行性条件。因缺乏紧急避险的条件,不属于紧急避险。冯某程醉酒驾驶,危害公共安全,应该以危险驾驶罪追究其刑事责任。

案例100　王某兴破坏交通设施案[①]

【知识点】

紧急避险

【问题】

紧急避险后,未履行特定作为义务,是否构成犯罪?

【基本案情】

位于重庆市江北区五宝镇段长江红花碛水域的"红花碛2号"航标船,系国家交通部门为保障过往船只的航行安全而设置的交通设施。2003年7月28日16时许,被告人王某兴驾驶机动渔船行驶至该航标船附近时,见本村渔民王某等人从渔船上撒网致使"网爬子"(浮于水面的网上浮标)挂住了固定"红花碛2号"航标船的钢缆绳,即驾船前往帮助其摘取。当王某兴驾驶的渔船靠近航标船时,其渔船的螺旋桨被航标船的钢缆绳缠住。王某兴为使渔船及本人摆脱困境,持刀砍钢缆绳未果,又登上航标船将钢缆绳解开后驾船驶离现场,致使脱离钢缆绳的"红花碛2号"航标船顺江漂流至下游两公里的锦滩回水沱。当日17时许,航标站接到群众报案后,巡查到漂流的航标船,并于当日18时许将航标船复位,造成直接经济损失人民币1555.50元。同年8月19日,公安机关将王某兴抓获归案。

【处理结果】

重庆市江北区人民法院一审认为:被告人王某兴的行为构成破坏交通设

---

① 本案例根据《刑事审判参考》指导案例第295号:王仁兴破坏交通设施案编写。

施罪。鉴于被告人王某兴认罪态度较好,未造成严重后果,可从轻处罚,遂判处其有期徒刑3年。

一审宣判后,王某兴不服,以其行为属紧急避险,不负刑事责任为由,提出上诉。重庆市第一中级人民法院二审认为,原审法院对王某兴定罪准确。鉴于本案未发生严重后果,上诉人王某兴认罪态度较好,对其适用缓刑不致再危害社会,可适用缓刑。遂改判:上诉人王某兴犯破坏交通设施罪,判处有期徒刑3年,宣告缓刑3年。

【相关法条】

1.《刑法》第21条第1款 [紧急避险]:为了使国家、公共利益、本人或者他人的人身、财产和其他权利免受正在发生的危险,不得已采取的紧急避险行为,造成损害的,不负刑事责任。

2.《刑法》第117条 [破坏交通设施罪]:破坏轨道、桥梁、隧道、公路、机场、航道、灯塔、标志或者进行其他破坏活动,足以使火车、汽车、电车、船只、航空器发生倾覆、毁坏危险,尚未造成严重后果的,处三年以上十年以下有期徒刑。

【简要评析】

根据《刑法》第21条第1款的规定,为了使国家、公共利益、本人或者他人的人身、财产和其他权利免受正在发生的危险,不得已采取的避险行为,造成损害的,属于紧急避险,不负刑事责任。

本案中,被告人王某兴解开航标船钢缆绳的行为属于紧急避险。被告人王某兴驾驶渔船前往帮助同村渔民王某等人时,其渔船的螺旋桨被航标船的钢缆绳缠住,造成其渔船失去动力。当时系7月份,属长江流域的涨水季节,水流较湍急,在渔船存在翻沉的危险情况下,王某兴为了保护渔船及船上人的人身安全,不得已解开航标船钢缆绳,致使航标船漂流。虽然航标船漂走会造成其他过往船舶在通过该流域时发生倾覆、触礁等危及人身及财产安全的危险,且可能发生的损害的权益要大于王某兴所保护的权益,但这种损害的权益是期待权益,不是现实权益。本案中航标船从漂走至复位期间,未发生其他过往船舶在通过该流域时倾覆、触礁等严重后果,所损害的现实权益仅是为使航标船复位及正常工作,航道管理部门为此花费了人民币1500余元,这比王某兴等人的生命权益要小得多。因此,被告人王某兴解开航标船钢缆绳的行为符合紧急避险的要件,属于紧急避险行为。

紧急避险是合法行为,不负刑事责任,但这并不等于紧急避险不会产生后续义务。本案中,被告人王某兴的紧急避险行为造成航标船在江面上漂流,因而产生了使航标船复位,防止其损害公共安全的义务。王某兴作为一名长期在长江航道上打鱼的渔民,其明知解开航标船钢缆绳的行为足以使其他船只发生倾覆、毁坏危险,其有报告航道管理部门复位航标船的义务,也有能力及时向航道管理部门报告以消除危险,但其却在自我紧急避险实施后驾船回家,未采取任何救济措施,放任危险状态继续存在,主观上属间接故意,客观行为方式属于不作为,依法构成破坏交通设施罪。

第三节　理论界探讨的其他正当行为

案例101　王某成、蒲某升无罪案①

【知识点】

被害人承诺

【问题】

应家属请求,医生对患者实施安乐死,家属和医生是否构成犯罪?

【基本案情】

1984年10月,被告人王某成之母夏某文被诊断为"肝硬变腹水"。1987年

---

① 本案例根据吕高玉主编的《卫生法学》编写(山东人民出版社2009年版,第285页)。

年初,夏某文病情加重,同年6月23日,王某成将其母送往汉中市某医院住院治疗,蒲某升为主管医生。在被告知医疗无望后,因不忍心看母亲遭受病痛折磨,王某成要求蒲某升给其母施用某种药物,让其母无痛苦地死亡,遭到蒲某升的拒绝。在王某成再三要求并表示愿意签字承担责任后,蒲某升给夏某文开了100毫克复方冬眠灵,并在处方上注明是家属要求,后蒲某升强令实习学生蔡某某、戚某某给夏某文注射了75毫克复方冬眠灵。蒲某升下班时又告诉值班医生李某某,如果夏某文12点还没有死亡,就再给其打一针复方冬眠灵。当日下午1时至3时,王某成见其母未死,便两次去找李某某,李某某又给夏某文开了100毫克复方冬眠灵,由值班护士注射。夏某文于1987年6月29日5时死亡。经法医鉴定:夏某文的主要死因为肝性脑病。其两次被注射的复方冬眠灵的总量为175毫克,用量在正常范围内,并且夏某文在第二次被注射复方冬眠灵后14小时死亡,临终表现又无血压骤降或呼吸中枢抑制,因此,冬眠灵仅加深了夏某文的昏迷程度,促进了死亡,并非其死亡的直接原因。

【处理结果】

当地公安局以故意杀人罪对二人立案侦查。检察院于1988年2月8日向汉中市人民法院提起公诉。一审开庭后,陕西省高级人民法院就此案向最高人民法院请示。最高人民法院作出对蒲某升、王某成的行为不作犯罪处理的批复。1991年4月6日,陕西省汉中市人民法院认为,被告人王某成在其母病危濒死的情况下,再三要求主管医生蒲某升为其母注射药物,让其母无痛苦地死去,虽属故意剥夺其母生命权的行为,但情节显著轻微,危害不大,不构成犯罪。被告人蒲某升在王某成的再三请求下,开处方并指使他人给垂危病人夏某文注射促进死亡的药物,其行为亦属于故意剥夺公民的生命权,但其用药量属正常范围,不是造成夏某文死亡的直接原因,情节显著轻微,危害不大,不构成犯罪。据此,汉中市人民法院作出一审判决,认定被告人蒲某升、王某成的行为违法但不构成犯罪,宣告两人无罪。

汉中市人民检察院认为蒲某升、王某成二人的行为构成犯罪,提出抗诉。蒲某升和王某成对一审判决认定其行为属于违法行为不服,提起上诉。1992

年3月25日,陕西省汉中地区中级人民法院二审裁定:驳回抗诉和上诉,维持汉中市人民法院对本案的判决。

【相关法条】

《刑法》第232条 [故意杀人罪]:故意杀人的,处死刑、无期徒刑或者十年以上有期徒刑;情节较轻的,处三年以上十年以下有期徒刑。

【简要评析】

罗马法中有"得承诺的行为不违法"的格言。一般来说,被害人请求或者许可行为人侵害其法益,表明其放弃了该法益,既然如此,法律就没有必要对该法益进行保护。但对于无法救治的病人,经病人或其家属同意、请求停止治疗或使用药物,让病人无痛苦地死去的行为并不当然不构成犯罪。此种情形也被称为"安乐死"。

安乐死是否合法,理论界存在争议,世界各国的做法不一。目前,荷兰、比利时、瑞士、卢森堡等少数国家允许严格限制的安乐死,或支持被动移除维持生命设备的安乐死。安乐死涉及医学、伦理学、法学等多学科的综合运用与价值选择问题,非常复杂,处理不好,可能会激化社会矛盾,引发伦理和法律问题。因此,对于安乐死是否合法化的问题,各国都采取较为谨慎的态度。即使安乐死合法化的国家也对该种行为的实施规定了严格的条件。一般而言,实施这种行为需具备如下条件:第一,权利人必须有权处理其合法权益;第二,权利人的同意必须是自愿的;第三,权利人的同意必须是合法的或者是合乎道德的;第四,权利人同意必须是有益于社会的;第五,行为人实施的行为必须在权利人授权的范围内且没有超出必要限度。

在我国刑法中,被害人的承诺若符合一定条件,也可以排除侵害行为的违法性。在以违反被害人意志为前提的犯罪中,如非法侵入住宅罪、故意毁坏财物罪等,被害人的承诺可以使上述行为消除社会危害性,从而不构成犯罪。但经被害人承诺,剥夺其生命的行为可以构成故意杀人罪。本案中,王某成请求医生蒲某升对其病重的母亲使用促进死亡的药物,属于故意实施了非法剥夺他人生命的行为,但因药量属正常范围,不是造成夏某文死亡的直接原因,据此,人民法院认为二人情节轻微,危害不大,构成违法行为,尚不构成犯罪。但需要注意的是,虽然刑法经过多次修正,并没有将"安乐死"排除出犯罪范围。因此,目前从立法上看,即使经被害人承诺或者同意,对他人实施安乐死仍构成故意杀人罪。

案例102　周某章等组织出卖人体器官案①

【知识点】

被害人承诺

【问题】

得到被害人同意,摘除其器官是否构成犯罪?

【基本案情】

被告人周某章、张某荣伙同被告人张某鑫、赵某强、陈某琴、钟某、陈某高、叶某龙等人从事肾脏买卖及非法移植活动。

2012年1月,被告人张某荣将被告人赵某强介绍的卖肾者——被害人欧阳某某送至佛山市某医院,被告人周某章等人通过手术将欧阳某某的肾脏移植到购肾者宋某某体内。2012年2月初,被害人舒某、丁某某通过某网站联系上赵某强,并商定以2万元出卖肾脏。2012年2月21日,赵某强让舒某签下自愿卖肾协议,周某章等人将舒某的肾脏移植到黄某体内。2012年2月23日,陈某高通知张某荣有一名患者与丁某某配型成功。赵某强让丁某某签下自愿卖肾协议后,周某章等人将丁某某的肾脏移植到购肾者体内。经鉴定,被害人欧阳某某右肾被切除,系七级伤残;被害人舒某左肾被切除,系八级伤残;被害人丁某某左肾被切除,系八级伤残。

---

① 本案例根据《刑事审判参考》指导案例第1060号:周凯章等人组织出卖人体器官案编写。

【处理结果】

东莞市第一市区人民法院认为,被告人周某章等人的行为均已构成组织出卖人体器官罪,分别判处有期徒刑2年至10年不等,并处相应罚金。各被告人对被害人欧阳某某、舒某、丁某某负连带赔偿责任。

宣判后,被告人周某章就本案民事赔偿问题不服判决,提出上诉。东莞市中级人民法院二审裁定:驳回上诉,维持原判。

【相关法条】

《刑法》第234条之一[组织出卖人体器官罪]:组织他人出卖人体器官的,处五年以下有期徒刑,并处罚金;情节严重的,处五年以上有期徒刑,并处罚金或者没收财产。

未经本人同意摘取其器官,或者摘取不满十八周岁的人的器官,或者强迫、欺骗他人捐献器官的,依照本法第二百三十四条、第二百三十二条的规定定罪处罚。

……

【简要评析】

罗马法中有"得承诺的行为不违法"的格言。一般来说,被害人请求或者许可行为人侵害其法益,表明其放弃了该法益,既然如此,法律就没有必要对该法益进行保护。

在我国刑法中,被害人的承诺若符合一定条件,也可以排除侵害行为的违法性。但被害人承诺因被害人不具有承诺能力或被害人所作承诺违反法律的禁止性规定及公序良俗而无效,该承诺不影响犯罪的成立。如在拐卖、拐骗儿童犯罪或组织出卖人体器官、故意杀人犯罪中,即使得到被害人承诺,仍可能构成犯罪。

本案中,被告人周某章等人虽然获得了被害人欧阳某某等人关于出售器官的口头或书面同意,但该被害人承诺只表明被害人愿意接受器官被摘除、健康受损的结果,仅具有否定故意伤害罪成立的作用。我国法律不认可人体器官买卖,公民自愿出售器官的承诺违反了《人体器官移植条例》关于严禁买卖人体器官的规定和公序良俗,刑法将组织出卖人体器官的行为规定为犯罪。因此,被害人承诺卖肾对周某章等人的行为构成组织出卖人体器官罪并无实质影响。易言之,在组织出卖人体器官犯罪案件中,被告人取得被害人的书面或口头承诺并不影响其行为构成本罪。但被害人作为成年人,明知国家禁止买卖人体器官,为获得金钱仍同意被告人摘除其器官,对自己重伤结果的发生也存在一定过错,应承担相应的责任。故此,在对被告人进行刑事处罚和民事赔偿方面可以有所减轻。

需要注意的是,根据《刑法》第234条之一第2款的规定,即使经过本人同意,摘取不满十八周岁的人的器官,仍然可以构成故意伤害罪、故意杀人罪。

案例103　邓某建故意杀人案[①]

【知识点】

帮助自杀

【问题】

帮助他人自杀,如何定性?

【基本案情】

被告人邓某建为被害人李某兰之子。李某兰患脑中风致右半身不遂,1996年前后病情复发,并伴有类风湿等疾病导致手脚疼痛、抽筋。李某兰不堪忍受长期病痛折磨,曾产生轻生念头。2010年4月,邓某建因外出打工,遂将李某兰从四川老家带到广州市番禺区租住处加以照顾。其间,李某兰因病情拖累多次产生轻生的念头。2011年5月16日9时许,李某兰请求邓某建为其购买农药。邓某建答应李某兰的请求,去农药店购得两瓶农药,并将农药勾

---

① 本案例根据《刑事审判参考》指导案例第810号:邓明建故意杀人案编写。

兑后拧开瓶盖递给李某兰服食,李某兰喝下农药即中毒身亡。后邓某建如实交代了以上犯罪事实。

【处理结果】

广州市番禺区人民法院以被告人邓某建犯故意杀人罪,判处其有期徒刑3年,缓刑4年。

一审宣判后,被告人邓某建未提出上诉,公诉机关未提出抗诉,判决发生法律效力。

【相关法条】

《刑法》第232条 [故意杀人罪]:故意杀人的,处死刑、无期徒刑或者十年以上有期徒刑;情节较轻的,处三年以上十年以下有期徒刑。

【简要评析】

对于仅提供帮助,而未直接动手实施杀人的行为,是否应当认定为故意杀人罪,存在较大争议。目前,主流观点和司法实践中都认为,帮助自杀行为与死亡结果之间存在因果关系,侵犯了死者的生命权,构成故意杀人罪。

本案中,被告人邓某建明知农药有剧毒性,仍将勾兑好的农药递给李某兰,客观上实施了帮助他人自杀的行为;主观上对李某兰的死亡持放任态度。因此,应该认定其行为构成故意杀人罪。但考虑到邓某建对母亲长期照顾和治疗,应母亲要求帮助其自杀,人身危险性小,再次犯罪的可能性低等情节,对其判处有期徒刑3年,并宣告缓刑是恰当的。

第九章 犯罪形态

案例104 孔某坤抢劫案[①]

【知识点】

犯罪既遂、结果犯

【问题】

未抢劫到财物,但致被害人重伤的,是否属于犯罪既遂?

【基本案情】

2019年8月20日4时30分许,被告人孔某坤乘被害人曹某深夜独自返回出租房之机,持刀对曹某实施抢劫,因曹某未携带现金而未劫取到财物。抢劫过程中,孔某坤用刀割伤曹某的颈部,致曹某的气管断裂,颈部、胸部、左上肢多处皮肤裂伤。经鉴定,曹某所受损伤为重伤二级。

【处理结果】

云南省昆明市中级人民法院一审认定,被告人孔某坤犯抢劫罪,判处其无期徒刑,剥夺政治权利终身,并处没收个人全部财产。

宣判后,孔某坤不服判决,提出上诉。云南省高级人民法院二审裁定:驳回上诉,维持原判。

[①] 本案例根据云南省高级人民法院(2020)云刑终1253号刑事裁定书编写。

【相关法条】

1.《刑法》第263条 [抢劫罪]：以暴力、胁迫或者其他方法抢劫公私财物的，处三年以上十年以下有期徒刑，并处罚金；有下列情形之一的，处十年以上有期徒刑、无期徒刑或者死刑，并处罚金或者没收财产：

……

（五）抢劫致人重伤、死亡的；

……

2.最高人民法院《关于审理抢劫、抢夺刑事案件适用法律若干问题的意见》第10条：抢劫罪的既遂、未遂的认定。抢劫罪侵犯的是复杂客体，既侵犯财产权利又侵犯人身权利，具备劫取财物或者造成他人轻伤以上后果两者之一的，均属抢劫既遂；既未劫取财物，又未造成他人人身伤害后果的，属抢劫未遂。……

【简要评析】

犯罪既遂是故意犯罪的完成形态，一般认为，犯罪既遂是指行为人的行为具备了刑法分则中某种具体犯罪构成全部要件的情形。根据刑法理论，犯罪既遂的类型有结果犯、行为犯、危险犯和举动犯。结果犯以法定危害结果的出现作为既遂标准，行为犯以法定犯罪行为的完成作为既遂标准，危险犯以法定的发生某种危害结果的危险状态作为既遂标准，举动犯指行为人一经着手实行即成立犯罪既遂的犯罪形态。

根据《刑法》第263条的规定，以暴力、胁迫或者其他方法抢劫公私财物的，为抢劫罪。根据最高人民法院《关于审理抢劫、抢夺刑事案件适用法律若干问题的意见》的规定，抢劫罪侵害的是双重客体，其既遂包括劫取财物或者造成他人轻伤以上后果，符合其中之一的即为抢劫既遂。由此可见，抢劫罪属于结果犯，其既遂为出现被害人财物被劫取的结果，或者出现被害人轻伤以上后果。

本案中，被告人孔某坤采用暴力方式劫取他人财物，构成抢劫罪。虽然他没有劫取到财物,但是却导致被害人曹某重伤二级的严重后果,其行为符合抢劫罪既遂的条件。因其抢劫行为导致被害人重伤,依法应在10年以上有期徒刑、无期徒刑、死刑的幅度内判处刑罚,人民法院根据其犯罪事实判处其无期徒刑。

案例105　董某顺等运输毒品案①

【知识点】

犯罪既遂、行为犯

【问题】

运输毒品罪的既遂如何确定?

【基本案情】

2020年1月12日21时许,被告人董某顺、朱某俊采用箱包藏毒的方式,从云南景洪运输毒品至昆明,在昆明某饭店内被公安民警查获。民警从董某顺携带的行李箱内查获冰毒共计净重2908.71克,从朱某俊携带的行李箱内查获冰毒共计净重2700.91克。

【处理结果】

云南省昆明市中级人民法院一审认定被告人董某顺、朱某俊犯运输毒品罪,且属于犯罪既遂,分别判处无期徒刑,剥夺政治权利终身。

宣判后,董某顺认为,自己在运输毒品途中被抓获,毒品未运送到约定地点,行为未完成,属于犯罪未遂,提出上诉。云南省高级人民法院二审裁定:驳回上诉,维持原判。

---

① 本案例根据云南省高级人民法院(2020)云刑终1065号刑事裁定书编写。

【相关法条】

1.《刑法》第23条第1款 [犯罪未遂]:已经着手实行犯罪,由于犯罪分子意志以外的原因而未得逞的,是犯罪未遂。

2.《刑法》第347条第2款 [走私、贩卖、运输、制造毒品罪]: 走私、贩卖、运输、制造毒品,有下列情形之一的,处十五年有期徒刑、无期徒刑或者死刑,并处没收财产:

(一)走私、贩卖、运输、制造鸦片一千克以上、海洛因或者甲基苯丙胺五十克以上或者其他毒品数量大的;

……

【简要评析】

犯罪既遂是故意犯罪的完成形态,行为犯以法定犯罪行为的完成作为犯罪既遂的标准。本案中,被告人董某顺、朱某俊将冰毒从景洪运输至昆明,构成运输毒品罪。该罪的既遂并不以毒品交付结果为标准,而是以法定运输行为的完成为标准,即属于行为犯。因此,董某顺、朱某俊将毒品运至昆明时被抓获,虽未将毒品送达指定地点,也未能将毒品交给指定人员,仍然属于犯罪既遂,而不是犯罪未遂。

案例106　许某勤走私普通货物、物品案[①]

【知识点】

犯罪既遂、行为犯

【问题】

走私普通货物、物品,在海关监管现场被查获,是否属于犯罪既遂?

_____

① 本案例根据天津市高级人民法院(2020)津刑终26号刑事裁定书编写。

【基本案情】

2013年,被告人许某勤为牟取非法利益,伙同被告人沈某松、金某浩、张某淞等人将装有从韩国进口的化工产品等货物的集装箱,从天津口岸出口加工区偷运至事先在天津市北辰区宜兴埠租用的仓库,雇佣工人将集装箱内的化工产品搬运到仓库内,并将事先购买的布匹装入集装箱内,加印虚假铅封后将集装箱拉运回海关监管区应对检查,以"库存次级聚酯短纤机织平布"的品名向海关申报进境。2018年5月31日,天津海关缉私局查获了许某勤等人以上述方式进境的装有仙人掌面膜、水乳套盒等化妆品的集装箱2个。经计核,集装箱内货物应缴税款共计人民币4566842.82元,许某勤等人以"库存次级聚酯短纤机织平布"申报进口过程中已缴纳税款28245.11元,实际偷逃税款4538597.71元。

【处理结果】

天津市第二中级人民法院一审判决:被告人许某勤等人构成走私普通货物罪,判处许某勤有期徒刑11年,并处罚金人民币300万元。其他人也被判处相应刑罚。

宣判后,许某勤、沈某松以自己的行为属于犯罪未遂等为由,提出上诉。天津市高级人民法院二审认为,在海关监管现场被查获的走私犯罪,应当认定为犯罪既遂。遂驳回上诉,维持原判。

【相关法条】

1.《刑法》第23条第1款 [犯罪未遂]:已经着手实行犯罪,由于犯罪分子意志以外的原因而未得逞的,是犯罪未遂。

2.《刑法》第153条第1款 [走私普通货物、物品罪]:走私本法第一百五十一条、第一百五十二条、第三百四十七条规定以外的货物、物品的,根据情节轻重,分别依照下列规定处罚:

……

（三）走私货物、物品偷逃应缴税额特别巨大或者有其他特别严重情节的，处十年以上有期徒刑或者无期徒刑，并处偷逃应缴税额一倍以上五倍以下罚金或者没收财产。

3.最高人民法院、最高人民检察院《关于办理走私刑事案件适用法律若干问题的解释》第23条：实施走私犯罪，具有下列情形之一的，应当认定为犯罪既遂：（一）在海关监管现场被查获的；（二）以虚假申报方式走私，申报行为实施完毕的；（三）以保税货物或者特定减税、免税进口的货物、物品为对象走私，在境内销售的，或者申请核销行为实施完毕的。

【简要评析】

犯罪既遂是故意犯罪的完成形态，行为犯以法定犯罪行为的完成作为犯罪既遂标准。

根据《关于办理走私刑事案件适用法律若干问题的解释》第23条的规定，走私犯罪，在海关监管现场被查获的，属于犯罪既遂。可见，走私类犯罪属于行为犯，其既遂以货物到达海关监管现场为标志，而不是以走私成功，危害结果的出现为标志。

本案中，被告人许某勤等人以低税率的"库存次级聚酯短纤机织平布"代替化妆品报关，偷逃关税数额特别巨大，已经构成走私普通货物、物品罪。该批货物在海关监管现场被查获，应当认定为走私普通货物、物品罪既遂，而不是犯罪未遂。

案例107　骆某猥亵儿童案[①]

【知识点】

犯罪既遂、行为犯

---

① 本案例根据最高人民检察院指导性案例第43号：骆某猥亵儿童案编写。

【问题】

通过网络聊天对女童进行言语威胁，强迫被害人自拍裸照供其观看的行为，属于何种犯罪形态？

【基本案情】

2017年1月，被告人骆某使用化名，通过QQ软件将13岁的小羽加为好友。在聊天中，骆某通过言语恐吓，向其索要裸照。在被害人拒绝并在QQ好友中将其删除后，骆某又通过小羽的校友周某对其施加压力，再次将小羽加为好友。同时骆某还虚构"李某"的身份，注册另一QQ号并添加小羽为好友。之后，骆某利用"李某"的身份在QQ聊天中对小羽进行威胁恐吓，同时利用周某继续施压。小羽被迫按照要求自拍裸照10张，通过QQ软件传送给骆某观看。后骆某又以在网络上公布小羽裸照相威胁，要求与其见面并在宾馆开房，企图实施猥亵行为。因小羽向公安机关报案，骆某在依约前往宾馆途中被抓获。

【处理结果】

某区人民法院一审认定，被告人骆某以公开裸照相威胁，要求与被害女童见面，准备对其实施猥亵，因被害人报案未能得逞，该行为构成猥亵儿童罪，但系犯罪未遂。遂判决，被告人骆某犯猥亵儿童罪（未遂），判处其有期徒刑1年。

一审宣判后，某区人民检察院抗诉认为，被告人骆某利用网络强迫儿童拍摄裸照并观看的行为构成猥亵儿童罪，且犯罪形态为犯罪既遂。某市中级人民法院二审认为，骆某以寻求性刺激为目的，通过网络聊天对不满14周岁的女童进行言语威胁，强迫被害人按照要求自拍裸照供其观看，已构成猥亵儿童罪（既遂），依法应当从重处罚。2017年12月11日，该市中级人民法院改判骆某犯猥亵儿童罪，判处有期徒刑2年。

【相关法条】

1.《刑法》第 23 条 [犯罪未遂]:已经着手实行犯罪,由于犯罪分子意志以外的原因而未得逞的,是犯罪未遂。

对于未遂犯,可以比照既遂犯从轻或者减轻处罚。

2.《刑法》第 237 条(《刑法修正案(十一)》生效前)[强制猥亵、侮辱罪、猥亵儿童罪]:以暴力、胁迫或者其他方法强制猥亵他人或者侮辱妇女的,处五年以下有期徒刑或者拘役。

聚众或者在公共场所当众犯前款罪的,或者有其他恶劣情节的,处五年以上有期徒刑。

猥亵儿童的,依照前两款的规定从重处罚。

3.《刑法》第 237 条 [强制猥亵、侮辱罪,猥亵儿童罪]:以暴力、胁迫或者其他方法强制猥亵他人或者侮辱妇女的,处五年以下有期徒刑或者拘役。

聚众或者在公共场所当众犯前款罪的,或者有其他恶劣情节的,处五年以上有期徒刑。

猥亵儿童的,处五年以下有期徒刑;有下列情形之一的,处五年以上有期徒刑:

(一)猥亵儿童多人或者多次的;

(二)聚众猥亵儿童的,或者在公共场所当众猥亵儿童,情节恶劣的;

(三)造成儿童伤害或者其他严重后果的;

(四)猥亵手段恶劣或者有其他恶劣情节的。

【简要评析】

犯罪既遂是故意犯罪的完成形态,行为犯以法定犯罪行为的完成作为犯罪既遂标准。猥亵儿童罪是侵害儿童性羞耻心的行为,只要对儿童实施了与性有关、侵害儿童性羞耻心的行为,即可成立犯罪既遂,因而本罪属于行为犯。

本案中,被告人骆某以寻求性刺激为目的,通过网络聊天对不满 14 周岁的女童进行言语威胁,强迫被害人小羽按照要求自拍裸照供其观看,其行为已经严重侵害被害人的性羞耻心,构成猥亵儿童罪。虽然其没有对被害人人身进行实际的猥亵行为,但本罪是行为犯,并不以实际猥亵结果的发生为既遂标志。骆某获得并观看了儿童裸照,猥亵行为已经实施终了,应认定为犯罪既遂。

值得一提的是,2021年3月1日生效的《刑法修正案(十一)》细化了猥亵儿童罪的罪状,增加了猥亵儿童罪的行为方式,加大了对儿童性权利的保护。

案例108　许某贺等破坏易燃易爆设备案①

【知识点】

犯罪既遂、危险犯、犯罪中止

【问题】

为了盗窃,切割输油管道、安装阀门,但未盗窃石油的,是否属于犯罪既遂?

【基本案情】

2019年4月11日21时许,被告人许某贺、田某祥、张某文与许某(另案处理)携带铁锹、管钳、电焊机、切割机等工具,驾驶面包车来到事先踩好点的临沂临港经济开发区某村东侧,欲在经过该处的地下石油管道上安装阀门开关,方便日后盗窃石油。同日22时许,被告人许某贺、田某祥、张某文等人持切割机将石油管道表面PE材质保护层剥开,在管道上侧进行切割并焊接一个管道帽。后因自带的电瓶电量不足,被告人张某文与许某驾车离开去购买新电瓶,返回途中被巡逻人员发现。被告人许某贺等人驾车逃跑。后许某贺、田某祥、张某文被抓获归案,并如实交代了自己的主要犯罪事实。

---

① 本案例根据山东省临沂市中级人民法院(2020)鲁13刑终87号刑事裁定书编写。

【处理结果】

山东省莒南县人民法院一审认为,三人行为构成破坏易燃易爆设备罪,判处被告人许某贺有期徒刑3年。其他人也被判处相应刑罚。

宣判后,被告人许某贺以其行为没有造成损害结果,系犯罪中止等理由提出上诉。山东省临沂市中级人民法院二审裁定:驳回上诉,维持原判。

【相关法条】

1.《刑法》第24条第1款 [犯罪中止]:在犯罪过程中,自动放弃犯罪或者自动有效地防止犯罪结果发生的,是犯罪中止。

2.《刑法》第118条 [破坏电力设备罪、破坏易燃易爆设备罪]:破坏电力、燃气或者其他易燃易爆设备,危害公共安全,尚未造成严重后果的,处三年以上十年以下有期徒刑。

【简要评析】

犯罪中止是指在犯罪过程中,自动放弃犯罪或者自动有效地防止犯罪结果发生的犯罪停止形态。犯罪既遂是指行为人的行为具备了刑法分则中具体犯罪构成全部要件的情形。危险犯是犯罪既遂的一种类型,以行为人实施的行为造成某种危害结果的危险状态作为既遂标志。这是因为某些犯罪的危害结果一旦发生,将造成无法挽回的巨大损害,因而刑法分则将某些犯罪导致的危险状态即作为犯罪既遂。

根据《刑法》第118条的规定,破坏易燃易爆设备,危害公共安全,尚未造成严重后果的,即属于犯罪既遂。可见,该罪的既遂以造成危害公共安全的危险为标志,只要存在危害公共安全的现实危险,即使没有造成实际损害结果,也可成立犯罪既遂。

本案中,被告人许某贺等人将石油管道表面PE材质保护层剥开,在管道上侧进行切割并焊接一个管道帽。原油属于易燃易爆物,对管道的破坏足以造成危害社会公共安全的危险,许某贺等人的行为已构成破坏易燃易爆设备罪的既遂。该案中,许某贺等人驾车离开现场去购买新电瓶,返回途中被巡逻人员发现,并非自动放弃犯罪或者自动有效防止犯罪结果的发生,因而不成立犯罪中止。

案例109　黄某等抢劫案①

【知识点】

犯罪预备和犯罪中止的区别

【问题】

因被害人报警,抢劫未能着手实行,是何种犯罪形态?

【基本案情】

被告人黄某邀舒某银抢劫他人钱财,并一同精心策划,准备了杀猪刀、绳子、地图册等作案工具。二人流窜到贵州省铜仁市伺机作案,并购买了准备作案用的两双手套。1998年3月20日晚7时许,黄某、舒某银在铜仁汽车站以100元的价钱骗租一辆出租车前往湖南省新晃侗族自治县,准备在僻静处对出租车司机吴某夫妇实施抢劫。当车行至新晃后,两被告人仍感到没有机会下手,又以50元的价钱要求司机前往新晃县波洲镇。到达波洲镇后,由于司机夫妇的警觉,向波洲镇政府报案,两被告人的抢劫犯罪未能着手实行。黄某、舒某银二人被抓捕后,供认不讳。

【处理结果】

一审法院认为,被告人黄某、舒某银犯抢劫罪(预备),分别判处黄某有期徒刑4年,并处罚金人民币3000元;舒某银有期徒刑2年,并处罚金人民币2000元。

宣判后,两被告人不服,以自己的行为是"犯罪中止"为由,提出上诉。湖

① 本案例根据《刑事审判参考》指导案例第139号:黄斌等抢劫(预备)案编写。

南怀化市中级人民法院二审裁定:驳回上诉,维持原判。

【相关法条】

1.《刑法》第22条 [犯罪预备]:为了犯罪,准备工具、制造条件的,是犯罪预备。

对于预备犯,可以比照既遂犯从轻、减轻处罚或者免除处罚。

2.《刑法》第24条 [犯罪中止]:在犯罪过程中,自动放弃犯罪或者自动有效地防止犯罪结果发生的,是犯罪中止。

对于中止犯,没有造成损害的,应当免除处罚;造成损害的,应当减轻处罚。

3.《刑法》第263条 [抢劫罪]:以暴力、胁迫或者其他方法抢劫公私财物的,处三年以上十年以下有期徒刑,并处罚金;……

【简要评析】

根据《刑法》第22条的规定,为了犯罪,准备工具、制造条件的行为是犯罪预备。根据《刑法》第24条的规定,在犯罪过程中,自动放弃犯罪或者自动有效地防止犯罪结果发生的,是犯罪中止。犯罪预备是由于意志以外原因的阻碍未能着手实施犯罪实行行为,犯罪中止是在犯罪过程中,在自认为可以继续实施犯罪行为的情况下,自动放弃犯罪。

本案中,黄某、舒某银以非法占有为目的,为了实施抢劫,实施了准备工具、搭乘出租车等预备实施抢劫的行为,但在此过程中,由于司机的警觉并报案,而未能着手实施抢劫犯罪的暴力、胁迫等实行行为,属于因意志以外原因的阻碍未能着手抢劫罪的实行行为。据此,二人的行为符合抢劫罪(预备)的特征。二人不属于在抢劫过程中,在自认为可以实施犯罪的情况下,自动放弃犯罪或自动有效防止犯罪结果的发生,因而不构成犯罪中止。

案例110 赵某奇等运输毒品案[①]

【知识点】

犯罪未遂

【问题】

误以非毒品为毒品进行运输,其犯罪形态如何认定?

【基本案情】

2018年5月中旬,被告人王某电话联系车某涛(另案处理),让其帮助购买冰毒,后车某涛将其寻找到的四川省绵阳市某上线联系方式提供给王某。2018年5月16日,被告人王某约车某涛一起前往绵阳市购买冰毒,并联系被告人赵某奇帮其开车。次日凌晨,三人抵达绵阳市,约定好交易地点后,王某让车某涛、赵某奇在车内等候,其独自乘坐出租车前往约定地点,以15000元的价格从上线处购买透明塑料自封袋包装的白色晶状物2包。其间赵某奇从车某涛处得知王某赴绵阳实为购买冰毒,并通过微信联系王某索要部分冰毒,后通过微信提醒王某"公安在路口"。后被告人王某、赵某奇在返回途中,被公安机关当场抓获,并从车内查获2包毒品疑似物,共计净重44.56克。经鉴定,该2包晶体状毒品疑似物中均未检出甲基苯丙胺成分,均检出N-异丙基苄胺成分。

另查明,N-异丙基苄胺未出现在现有的毒品管制规定目录之中。

【处理结果】

宝鸡市陈仓区人民法院一审判决:被告人王某、赵某奇犯运输毒品罪(未遂),分别判处王某有期徒刑4年,并处罚金人民币8000元,判处赵某奇有期徒刑3年,并处罚金人民币6000元。

[①] 本案例根据陕西省宝鸡市中级人民法院(2020)陕03刑终56号刑事裁定书编写。

宣判后,两被告人不服判决,提出上诉。宝鸡市中级人民法院二审裁定:驳回上诉,维持原判。

【相关法条】

1.《刑法》第23条[犯罪未遂]:已经着手实行犯罪,由于犯罪分子意志以外的原因而未得逞的,是犯罪未遂。

对于未遂犯,可以比照既遂犯从轻或者减轻处罚。

2.《刑法》第347条第3款[走私、贩卖、运输、制造毒品罪]:走私、贩卖、运输、制造鸦片二百克以上不满一千克、海洛因或者甲基苯丙胺十克以上不满五十克或者其他毒品数量较大的,处七年以上有期徒刑,并处罚金。

【简要评析】

根据《刑法》第23条的规定,犯罪未遂是指行为人已经着手实行犯罪,由于犯罪分子意志以外的原因而未得逞的犯罪停止形态。其特征在于:犯罪分子已经着手实行行为,但由于意志以外的原因,使其未达到犯罪既遂。按照不同的标准,可以将犯罪未遂划分为不同类型:(1)行为实行终了的未遂和行为未实行终了的未遂。前者指行为人已将自认为达到既遂所必需的全部行为实行终了,但由于意志以外的原因未得逞;后者指基于意志以外的原因,行为人未能将自认为达到既遂所必需的全部行为实行终了,因而未得逞。(2)能犯未遂和不能犯未遂。前者指犯罪行为有可能达到既遂,但由于意志以外原因的阻碍未能达到既遂而停止下来的情形;后者指根据案件的具体事实,行为人实施的行为本身不可能达到既遂的情形。

本案中,被告人王某、赵某奇已经购买了自认为是冰毒的晶状物体,并将其带回,在运输途中被抓获,如果其所运输的确系冰毒,则运输毒品罪的全部行为实行终了,构成犯罪既遂。但由于二人对犯罪对象发生错误认识,误将非毒品当成毒品加以运输,受这一意志以外原因的阻碍,导致该行为无法达到既遂,故二人行为构成运输毒品罪,但属于犯罪未遂。两被告人运输行为已经实行终了,属于行为实行终了的未遂。因运输的物品不属于毒品,无法达到运输毒品罪的既遂,因而属于不能犯未遂。

案例111　孙某栓强奸案①

【知识点】

犯罪未遂、犯罪中止

【问题】

对被害人实施暴力强奸行为,未得逞的,属于何种犯罪形态?

【基本案情】

2008年1月2日21时23分许,被害人张某芳(孙某栓正在追求的对象)在其同事王某的陪同下应约到达孙某栓入住的旅馆房间。不久,王某离开。孙某栓在房间内对张某芳强行实施了拥抱、亲吻等动作,并撩开张某芳上衣抚摸其胸部、动手脱张某芳的裤子,意欲与张某芳发生性关系,因张某芳强烈反抗而未能得逞。随后张某芳去了该房间的卫生间,从卫生间窗户坠到一楼死亡。

【处理结果】

广东省深圳市中级人民法院一审判决,被告人孙某栓犯强奸罪,判处有期徒刑12年。

孙某栓认为自己属于犯罪中止,其辩护人认为孙某栓是犯罪未遂,提出上诉。广东省高级人民法院二审裁定:驳回上诉,维持原判。

【相关法条】

1.《刑法》第23条第1款 [犯罪未遂]:已经着手实行犯罪,由于犯罪分子意志以外的原因而未得逞的,是犯罪未遂。

2.《刑法》第24条第1款 [犯罪中止]:在犯罪过程中,自动放弃犯罪或者自

---

① 本案例根据广东省高级人民法院(2021)粤刑终326号刑事附带民事裁定书编写。

动有效地防止犯罪结果发生的,是犯罪中止。

3.《刑法》第236条第3款 [强奸罪]:强奸妇女、奸淫幼女,有下列情形之一的,处十年以上有期徒刑、无期徒刑或者死刑:

……

(六)致使被害人重伤、死亡或者造成其他严重后果的。

【简要评析】

根据《刑法》第23条第1款的规定,已经着手实行犯罪,由于犯罪分子意志以外的原因而未得逞的,是犯罪未遂。强奸罪是行为犯,以法定行为的完成作为既遂的标准。其既遂标准存在"接触说"和"插入说"等不同观点。

本案中,被告人孙某栓已经对被害人张某芳强行实施了拥抱、亲吻、撩开上衣抚摸隐私部位、脱被害人裤子等行为,这表明其已经着手实施强奸犯罪的暴力行为,强奸罪的实行行为已经开始,但由于被害人的强烈反抗,使其未能得逞,强奸罪既遂所要求的行为未完成,因而其行为属于强奸罪的未遂。孙某栓并非在犯罪过程中自动放弃犯罪或者自动有效地防止犯罪结果的发生,因而不属于犯罪中止。因其强奸行为,致使被害人逃跑时坠亡,该死亡结果与强奸这一先行行为之间具有因果关系,属于强奸致被害人死亡,依法应该在10年以上有期徒刑、无期徒刑或者死刑范围内判处刑罚。

案例112　曹某金非法持有枪支、弹药案①

【知识点】

犯罪未遂

【问题】

间接故意犯罪中是否存在犯罪未遂?

———————

① 本案例根据《刑事审判参考》指导案例第129号:曹成金故意杀人案编写。

【基本案情】

被告人曹某金与熊某原有恋爱关系。2000年4月,两人分手后,曹某金两次到铜陵市找熊某,要求熊某和其一起回江西,熊某不愿意。2000年11月12日下午1时许,曹某金携带被其锯短枪管、子弹已上膛的单管猎枪及4发子弹再次来到铜陵市,要求熊某跟其回江西,熊某不肯。后熊某约其朋友郑某等人在铜陵体育馆与曹某金见面,熊某仍表示不愿随曹某金回江西。当日傍晚,熊某与郑某等人离开铜陵体育馆,曹某金跟随其后,熊某与郑某等人拦乘出租车欲离去时,曹某金阻拦不成,遂掏出猎枪威逼熊某、郑某下车。郑某下车后趁曹某金不备,扑上去抢夺曹某金的猎枪。曹某金急忙中对着郑某小腿内侧的地面扣动扳机,子弹打破了郑某的长裤,造成郑某表皮轻微伤。后曹某金被抓获。

【处理结果】

铜陵市铜官山区人民法院一审认定,被告人曹某金犯非法持有枪支、弹药罪,判处有期徒刑5年。

曹某金不服判决,提出上诉,铜陵市中级人民法院二审裁定:驳回上诉,维持原判。

【相关法条】

1.《刑法》第14条[故意犯罪]:明知自己的行为会发生危害社会的结果,并且希望或者放任这种结果发生,因而构成犯罪的,是故意犯罪。

故意犯罪,应当负刑事责任。

2.《刑法》第23条[犯罪未遂]:已经着手实行犯罪,由于犯罪分子意志以外的原因而未得逞的,是犯罪未遂。

对于未遂犯,可以比照既遂犯从轻或者减轻处罚。

3.《刑法》第128条第1款[非法持有、私藏枪支、弹药罪]:违反枪支管理规定,非法持有、私藏枪支、弹药的,处三年以下有期徒刑、拘役或者管制;情节严重的,处三年以上七年以下有期徒刑。

4.《刑法》第232条 [故意杀人罪]:故意杀人的,处死刑、无期徒刑或者十年以上有期徒刑;情节较轻的,处三年以上十年以下有期徒刑。

【简要评析】

根据《刑法》第23条的规定,犯罪未遂是指行为人已经着手实行犯罪,由于犯罪分子意志以外的原因而未得逞的犯罪停止形态。间接故意是行为人对可能产生的危害结果的一种放任心态,危害结果的出现与否都不违背行为人的意志,也就不可能存在因意志以外的原因导致犯罪未得逞。因此,传统理论认为,间接故意犯罪中并不存在犯罪未遂形态。

本案中,被告人曹某金在劝说熊某随其回江西被拒绝后,掏出非法携带的枪支,其目的在于阻拦、吓唬郑某等人。在争夺枪支的过程中,曹某金突然对郑某附近的地面开枪,此行为具有突发性,是一种不计后果的行为,在主观上应认定为是一种明知而放任的间接故意,对行为可能造成他人或死亡、或受伤、或者无任何物质损害结果,都是行为人放任心理所包含的内容。当法律上的危害结果发生时,则可成立犯罪既遂。如果没有造成人员伤亡,也是行为人这种放任心理所包含的内容,不属于意志以外的原因导致的未得逞,犯罪未遂也就无从谈起。因此,曹某金开枪导致他人轻微伤的行为,因被害人未达到轻伤的程度,不构成故意伤害罪,不能对其开枪伤人行为予以刑法上的评价。因其非法持有枪支,成立非法持有枪支罪。

案例113　朱某伟强奸、故意杀人案①

【知识点】

自动放弃型犯罪中止、刑事责任

---

① 本案例根据《刑事审判参考》指导案例第601号:朱高伟强奸、故意杀人案编写。

【问题】

故意杀人过程中,心生恐惧而放弃,导致被害人轻微伤的,是否属于没有造成损害的犯罪中止?

【基本案情】

被告人朱某伟与被害人陈某(女,20岁)系租房邻居。2005年8月2日23时许,朱某伟路过陈某住处,见陈某独自在房内睡觉,遂产生强奸念头,并准备了老虎钳及袜子。次日凌晨1时许,朱某伟用老虎钳将陈某住处防盗窗螺丝拧下,从窗户进入室内,把袜子塞入陈某嘴内,用绳子将陈某捆绑,后将陈某拖至隔壁自己住处内实施了奸淫。因害怕陈某报警,便用手掐、毛巾勒陈某颈部,意图杀人灭口,在此过程中,朱某伟发现陈某面部恐怖,心生恐惧,不忍心下手,遂解开被害人手脚上的绳子,逃离现场。经鉴定,被告人朱某伟造成了被害人颈部勒痕等轻微伤。

【处理结果】

合肥市中级人民法院一审认为,被告人朱某伟构成强奸罪和故意杀人罪。朱某伟在故意杀人过程中自动放弃犯罪,属于犯罪中止,但已经造成了被害人颈部勒痕等轻微伤,应予以处罚。遂判决:被告人朱某伟犯强奸罪,判处有期徒刑6年,犯故意杀人罪,判处有期徒刑3年,决定执行有期徒刑8年。

宣判后,被告人朱某伟认为,其故意杀人行为并没有给被害人造成损害,故依法应当对其故意杀人罪免除处罚,一审判决有误,提出上诉。

安徽省高级人民法院二审依法改判:上诉人朱某伟犯强奸罪,判处有期徒刑6年,犯故意杀人罪,免予刑事处罚,最终决定执行有期徒刑6年。

【相关法条】

《刑法》第24条 [犯罪中止]:在犯罪过程中,自动放弃犯罪或者自动有效地防止犯罪结果发生的,是犯罪中止。

对于中止犯,没有造成损害的,应当免除处罚;造成损害的,应当减轻处罚。

【简要评析】

根据《刑法》第24条的规定,犯罪中止可以分为自动放弃型与有效防止型。认定犯罪中止应当满足三个条件:(1)中止的时间性。犯罪中止只能发生在犯罪过程中,既遂之后无中止。犯罪中止既可以发生在犯罪预备阶段,也可以发生在犯罪实行阶段。(2)中止的主动性。犯罪中止必须是基于行为人的主观意愿,是行为人认识到可以继续实施犯罪但自愿放弃犯罪,即能犯而未犯。行为人放弃犯罪的意图和停止犯罪的动机,不论是基于真诚悔罪,还是惧怕惩罚,抑或认为罪行已经暴露而"被迫放弃",均不影响犯罪中止主动性的成立。(3)中止的有效性。成立犯罪中止必须放弃犯罪或者有效地防止犯罪结果的发生。依据《刑法》第24条第2款的规定,对于中止犯,没有造成损害的,应当免除处罚;造成损害的,应当减轻处罚。

本案中,被告人朱某伟在对被害人陈某实施强奸后,为掩盖罪行,意图杀人灭口而实施掐、勒颈部等行为显然已构成故意杀人罪。朱某伟在故意杀人过程中,因发现被害人面部恐怖,感到害怕,不忍心下手,遂解开被害人手脚上的绳子而放弃犯罪。可见,朱某伟在能够继续实施杀人行为的情况下主动放弃了犯罪,符合刑法规定的犯罪中止成立条件,应当构成故意杀人罪的中止犯。被告人朱某伟的故意杀人行为给被害人造成了颈部勒痕,属于轻微伤,其危害尚未达到刑法惩处的严重程度,故不能认定其犯罪中止造成了损害,依照《刑法》第24条第2款的规定,对于中止犯,没有造成损害的,应当免除处罚。据此,二审法院依法对朱某伟所犯故意杀人罪免予刑事处罚。

案例114　李某明等诈骗案①

【知识点】

有效防止型犯罪中止、刑事责任

【问题】

诈骗国家补贴款,后自己举报,国家未受到损失的,属于何种犯罪形态?

【基本案情】

被告人李某明在公主岭市某农机机械销售有限公司(以下简称"农机销售公司")从事销售农业机械业务。刘某系公主岭市某农机种植专业合作社联合社(以下简称"合作社")法定代表人丁某某的丈夫。2016年5月,李某明为了销售农机具,教唆刘某及合作社股东杨某波等人通过申报新型农业经营主体资格的手段欲骗取国家农机购置补贴资金。李某明授意刘某以合作社名义与他人签订了208份虚假土地流转合同,并提供300万元银行流水帮助合作社通过验资。2016年6月2日,合作社申报了全程机械化新型农业经营主体农机装备建设项目,于同年7月2日被吉林省农业委员会、吉林省财政厅确定为新型农业经营主体农机装备建设实施单位。同年9月19日,合作社从农机销售公司购买了玉米收割机、拖拉机等产品多台,支付货款408万元,并就拖欠的900万余元货款出具了欠据。后李某明与刘某因农机具的质量和拖欠的货款问题产生矛盾,同年11月8日,李某明向公安机关举报合作社及刘某骗取农机购置补贴132万余元的犯罪事实。同年11月11日,合作社及6名股东向公主岭市农机局、财政局申请退出省农机化新型农业经营主体,放弃享受农机购置补贴,并获批准,实际未取得国家农机购置补贴资金。2018年8月24日,李某明到公安机关投案。

---

① 本案例根据吉林省四平市中级人民法院(2020)吉03刑终42号刑事判决书编写。

【处理结果】

吉林省公主岭市人民法院一审认定,被告人李某明犯诈骗罪,但属于犯罪中止,判处其有期徒刑1年零6个月,缓刑2年,并处罚金人民币1万元。判处刘某等人相应刑罚。

宣判后,李某明的辩护人认为,李某明属于没有造成损害的中止犯,依法应当免除处罚。检察机关也认为,一审法院对李某明判处刑罚属于适用法律错误,应当免除处罚,建议二审法院予以纠正。

吉林省四平市人民法院二审改判:李某明犯诈骗罪,免于刑事处罚。

【相关法条】

《刑法》第24条[犯罪中止]:在犯罪过程中,自动放弃犯罪或者自动有效地防止犯罪结果发生的,是犯罪中止。

对于中止犯,没有造成损害的,应当免除处罚;造成损害的,应当减轻处罚。

【简要评析】

根据《刑法》第24条的规定,在犯罪过程中,自动有效地防止犯罪结果发生的,属于犯罪中止。该种犯罪中止要求在犯罪过程中,即在犯罪既遂之前,行为人自动有效地防止犯罪结果发生。对于中止犯,没有造成损害的,应当免除处罚。

本案中,被告人李某明伙同刘某等人虚构事实,隐瞒真相,导致合作社被吉林省农业委员会、吉林省财政厅确定为新型农业经营主体农机装备建设实施单位,欲骗取国家农机购置补贴资金。这说明诈骗行为已经实施,但是诈骗罪属于结果犯,在补贴款项下发前,即在犯罪结果出现前,诈骗尚未达到既遂。在此过程中,被告人李某明自动向公安机关举报合作社及刘某骗取农机补贴132万余元的犯罪事实,符合犯罪中止的时间条件。后合作社及其股东主动退出申请,放弃获得补贴的资格,从而未实际取得国家农机购置补贴资金。李某明和刘某等人的行为属于在犯罪过程中,自动有效防止国家农机购置补贴款被诈骗,符合诈骗罪中止的条件。虽然其自动放弃的动机是因为双方产生了矛盾,但这并不影响犯罪中止的成立。根据《刑法》第24条第2款的规定,对于中止犯,没有造成损害的,应该免除处罚,据此,二审法院依法对李某明所犯诈骗罪免除处罚。

案例115 骆某忠抢劫、盗窃、强奸案①

【知识点】

犯罪既遂、犯罪未遂、犯罪中止

【问题】

抢劫、盗窃、强奸、强制猥亵犯罪的既遂与未遂应该如何判断?

【基本案情】

1.2016年3月7日2时30分许,被告人骆某忠持刀潜入被害人冯某租住屋内,用刀子顶在冯某胸口欲与其发生性关系。冯某谎称自己怀孕,骆某忠便将冯某头部蒙住,用手抚摸冯某胸部、阴部,随后将冯某拽到床边欲与其肛交,在遭到冯某坚决抵抗后骆某忠逃离。过程中,骆某忠还将冯某钱包内400元现金和冯某的内裤抢走。——抢劫既遂、强奸未遂

2.2017年3月4日4时30分许,骆某忠持匕首潜入被害人程某住处,将程某装有1万元现金的黑色皮包抢走。程某追至门外索要皮包,骆某忠将皮包还给了程某。随后,骆某忠用刀子对着程某的胸口,摸了一下程某胸部后逃离现场。——抢劫中止、强制猥亵既遂

3.2017年12月19日2时许,骆某忠持匕首潜入被害人赵某住处,持刀将赵某按倒在床上并威胁赵某不许反抗,然后开始翻找财物。而后,骆某忠又用刀子顶在赵某胸前,摸赵某的胸部,在骆某忠想亲吻赵某嘴时,赵某反抗并警告

---

① 本案例根据辽宁省葫芦岛市中级人民法院(2021)辽14刑终239号刑事裁定书编写。

说自己丈夫就要回来时,骆某忠逃离。——抢劫未遂、强制猥亵既遂

4.2018年6月27日2时30分许,骆某忠潜入被害人韩某家,将韩某裤兜内的1.7万元现金偷走。——盗窃既遂

以类似方式,骆某忠共实施抢劫犯罪3次,强奸犯罪2次均未得逞,强制猥亵犯罪4次,盗窃33次。

【处理结果】

建昌县人民法院一审判决:被告人骆某忠犯抢劫罪,判处有期徒刑10年,并处罚金人民币1万元;犯盗窃罪,判处有期徒刑6年,并处罚金人民币10万元;犯强奸罪,判处有期徒刑4年;犯强制猥亵罪,判处有期徒刑2年;数罪并罚,决定执行有期徒刑17年,并处罚金人民币11万元。

宣判后,骆某忠不服判决,提出上诉。辽宁葫芦岛市中级人民法院二审裁定:驳回上诉,维持原判。

【相关法条】

1.《刑法》第23条[犯罪未遂]:已经着手实行犯罪,由于犯罪分子意志以外的原因而未得逞的,是犯罪未遂。

对于未遂犯,可以比照既遂犯从轻或者减轻处罚。

2.《刑法》第24条[犯罪中止]:在犯罪过程中,自动放弃犯罪或者自动有效地防止犯罪结果发生的,是犯罪中止。

对于中止犯,没有造成损害的,应当免除处罚;造成损害的,应当减轻处罚。

3. 最高人民法院《关于审理抢劫、抢夺刑事案件适用法律若干问题的意见》第10条:抢劫罪的既遂、未遂的认定。抢劫罪侵犯的是复杂客体,既侵犯财产权利又侵犯人身权利,具备劫取财物或者造成他人轻伤以上后果两者之一的,均属抢劫既遂;既未劫取财物,又未造成他人人身伤害后果的,属抢劫未遂……

【简要评析】

根据《刑法》第23条的规定,犯罪未遂是指行为人已经着手实行犯罪,由于犯罪分子意志以外的原因而未得逞的犯罪停止形态。根据犯罪既遂理论,犯罪行为完全具备刑法分则中规定的某种具体犯罪构成全部要件的,为犯罪既遂。

本案中,被告人骆某忠实施了4种犯罪行为:(1)骆某忠以非法占有为目的,多次入户抢劫公私财物,构成抢劫罪。骆某忠实施的多起抢劫案中,有的劫取财物,属于抢劫既遂;有的既未劫得财物,也没有伤害被害人,属于抢劫未遂;还有的在抢劫过程中,主动停止,返还财物,构成抢劫中止。(2)骆某忠以非法占有为目的,多次入户盗窃公私财物,数额巨大,符合刑法分则关于盗窃犯罪的全部构成要件,构成盗窃罪既遂(犯罪人控制了财物)。(3)骆某忠违背妇女意志,欲强行与冯某发生性关系,遭到被害人坚决抵抗,因这一意志以外原因的阻碍而未得逞,成立强奸罪的未遂。(4)骆某忠以暴力手段相威胁,或趁被害人不知反抗之机,强制猥亵他人身体,符合刑法分则关于强制猥亵罪的全部构成要件,成立强制猥亵罪既遂。

值得注意的是,骆某忠实施了多起抢劫行为,但依照连续犯的理论,只构成一个抢劫罪。对其所实施的多起盗窃、多起强奸、多起强制猥亵犯罪均作了如此处理。

第十章 共同犯罪

第一节 共同犯罪条件

案例116 黄某昌等受贿案①

【知识点】

共同犯罪的主体条件

【问题】

无身份者可否与有身份者构成共同犯罪?

【基本案情】

2013年至2014年期间,广西钦州市公共汽车公司为了套取农村客运、城市公交成品油价格改革中央补助资金,时任机务科科长的杨某与被告人黄某昌(非国家工作人员)商量,让黄某昌帮忙将钦州市公共汽车公司的94辆停运旧车办理车辆年审手续。黄某昌向时任钦州市德天机动车检测站站长裴某、驻站民警张某标提出办理该事,承诺事后有一定的利益,在裴某与张某标的默认下,黄某昌与杨某达成协议,以1100元每辆停运车辆包干通过年审。随后,

---

① 本案例根据广西壮族自治区钦州市中级人民法院(2016)桂07刑终101号刑事判决书编写。

被告人张某标、黄某昌和裴某按各自的职责,先后于2013年9月、2014年3月两次违规帮助钦州市公共汽车公司办理了94辆停运旧车车辆年审手续,在扣除必要的检测费用后,被告人张某标、黄某昌和裴某两次共收受钦州市公共汽车公司给予的"好处费"171120元,该费用被黄某昌等3人瓜分。钦州市公共汽车公司将这94辆停运旧车冒充合法的正在营运的车辆申报2013年度农村客运、城市公交成品油价格改革中央补助资金,套取了公共汽车燃油补助资金共人民币2259150.48元。案发后,被告人张某标、黄某昌退出部分赃款。

【处理结果】

灵山县人民法院一审判决:一、被告人张某标犯滥用职权罪,判处有期徒刑2年6个月,犯受贿罪,判处有期徒刑3年6个月,并处罚金人民币20万元,决定执行有期徒刑5年6个月,并处罚金人民币20万元。二、被告人黄某昌犯受贿罪,判处有期徒刑2年6个月,并处罚金人民币10万元。

宣判后,灵山县人民检察院认为,原判认定被告人张某标犯滥用职权罪不属于情节特别严重有误,认定被告人黄某昌不构成滥用职权罪,属认定事实错误,适用法律错误,提出抗诉。被告人张某标认为其不构成滥用职权罪和受贿罪,提出上诉。

广西壮族自治区钦州市中级人民法院经审理后改判:上诉人张某标犯滥用职权罪,判处有期徒刑3年,犯受贿罪,判处有期徒刑3年6个月,并处罚金人民币20万元,决定执行有期徒刑6年,并处罚金人民币20万元。维持对被告人黄某昌的判决。

【相关法条】

1.《刑法》第25条第1款[共同犯罪概念]:共同犯罪是指二人以上共同故意犯罪。

2.《刑法》第385条第1款[受贿罪]:国家工作人员利用职务上的便利,索取他人财物的,或者非法收受他人财物,为他人谋取利益的,是受贿罪。

3.《刑法》第397条第1款[滥用职权罪、玩忽职守罪]:国家机关工作人员滥用职权或者玩忽职守,致使公共财产、国家和人民利益遭受重大损失的,处三年以下有期徒刑或者拘役;情节特别严重的,处三年以上七年以下有期徒刑。本法另有规定的,依照规定。

【简要评析】

根据《刑法》第25条第1款的规定,共同犯罪是指二人以上共同故意犯罪。据此,共同犯罪需要具备三个条件:(1)犯罪人需两人以上。传统理论认为,各共犯人应该具备刑事责任能力,达到刑事责任年龄。但是一般而言,在需要特定身份才可以成立的犯罪中,无身份的人可以和有身份的人成立共同犯罪。如不具备国家工作人员身份的人可以和国家工作人员一起成立受贿罪。(2)需具有共同的犯罪行为。即行为之间彼此配合,相互补充,形成一个整体。(3)需具有共同的犯罪故意。即各行为人主观方面都是故意,各行为人之间具有意思联络,相互沟通、交流,形成合意。都认识到自己不是在孤立地实施犯罪,而是和他人在一起共同犯罪。

本案中,被告人黄某昌和张某标构成共同受贿罪。被告人黄某昌虽然不具有国家工作人员身份,但黄某昌提出犯意,与具有国家工作人员身份的被告人张某标通谋,由张某标利用职务上的便利为钦州市公共汽车公司的停运旧车通过年审,两被告人共同收受钦州市公共汽车公司给予的"好处费",因而二人构成受贿罪的共同犯罪。

本案中,黄某昌不构成滥用职权罪。虽然被告人黄某昌与被告人张某标有共同完成不合格车辆年审的主观故意,也谋取了共同的利益,但滥用职权是张某标的单独行为,两被告人之间没有共同实施滥用职权的行为,且滥用职权罪是绝对的身份犯,被告人黄某昌是一般自然人身份,主体不适格,不符合该罪的犯罪主体身份条件,故此,张某标单独成立滥用职权罪。

案例117　侯某辉、何某权等抢劫案①

【知识点】

共同犯罪故意、共同犯罪行为

【问题】

在他人暴力抢劫行为结束后,参与劫取被害人财物,是否构成共同犯罪?

【基本案情】

被告人侯某辉、匡某荣谋划抢劫某肉类交易市场肉摊主周某敏。2005年6月初,二人以打工为名,经周某敏同意,住进了周某敏租住的套房,与同住的何某权相识,并决定将何某权拉入伙。何某权不同意,但最终表示:"你们干的事与我无关,最多我不去报警。"2005年6月8日,侯某辉、匡某荣二人商量乘周某敏不在家之机,对周某敏的妻子俞某凤动手,何某权听后即离开。次日午饭后,侯某辉诱使老板娘俞某凤走到卫生间门口,匡某荣乘机从身后持刀架在俞某凤的脖子上,并说:"不要动,把钱拿出来。"为阻止呼救,侯某辉捂住俞某凤的嘴,并将其扑翻在地。后匡某荣见俞某凤仍在大声呼救反抗,即持剔骨刀对其胸腹部、背部等处刺戳数刀,同时,侯某辉用被子捂住俞某凤的头部,致其当场死亡。何某权在房间内听到客厅中的打斗声渐小后走出房门。匡某荣随即叫何某权一起到俞某凤房间去找钱,共找出人民币1000余元。匡某荣叫何某权和其一起将挡路的被害人尸体拖拽开,三人携款潜逃。

【处理结果】

无锡市中级人民法院一审认为,侯某辉、匡某荣、何某权均构成抢劫罪,判处侯某辉、匡某荣死刑,剥夺政治权利终身,并处没收个人全部财产;判处何某权有期徒刑14年,剥夺政治权利4年,并处罚金人民币5000元。

---

① 本案例根据《刑事审判参考》指导案例第491号:侯吉辉、匡某荣、何德权抢劫案编写。

宣判后,三名被告人不服,提出上诉。江苏省高级人民法院二审认定,三名被告人的行为构成抢劫罪,根据三名被告人在共同犯罪中的作用以及相关量刑情节,维持一审法院对匡某荣的判决;改判侯某辉死刑,缓期2年执行,剥夺政治权利终身,并处没收个人全部财产;改判何某权有期徒刑4年,并处罚金人民币1000元。

【相关法条】

1.《刑法》第25条第1款 [共同犯罪概念]:共同犯罪是指二人以上共同故意犯罪。

2.《刑法》第263条 [抢劫罪]:以暴力、胁迫或者其他方法抢劫公私财物的,处三年以上十年以下有期徒刑,并处罚金;有下列情形之一的,处十年以上有期徒刑、无期徒刑或者死刑,并处罚金或者没收财产:

……

(五)抢劫致人重伤、死亡的;

……

【简要评析】

根据《刑法》第25条第1款的规定,共同犯罪是指二人以上的共同故意犯罪。共同犯罪需具有共同的犯罪行为和共同的犯罪故意。共同犯罪的故意可以形成于事前,也可以形成于犯罪过程中。

本案中,被告人何某权在案发前并没有形成与侯某辉、匡某荣二人共同抢劫的故意,亦未参与对被害人实施的暴力行为。但在侯某辉、匡某荣二人致被害人俞某凤死亡的暴力行为结束后参与搜取被害人家中财物。虽然何某权事前没有与侯某辉、匡某荣形成抢劫的合意,但其明知他人在实施抢劫的情况下,参与劫取被害人财物,其行为表明了他对侯某辉、匡某荣二人犯罪目的和行为性质的明知与认可,与侯某辉、匡某荣的行为彼此配合,相互联系,符合共同犯罪主客观条件,应该与侯某辉、匡某荣构成抢劫罪的共同犯罪,属于刑法理论上的承继共犯。但考虑到何某权并未直接实施致被害人死亡的暴力行为,系从犯等情节,对其作出较轻处罚,改判其有期徒刑4年,并处罚金人民币1000元,符合罪责刑相适应原则的要求。

案例 118　宋某崇等破坏交通设施案①

【知识点】

共同犯罪故意、共同犯罪行为

【问题】

明知他人盗窃井盖而提供作案工具的,是否构成共同犯罪?

【基本案情】

2019年11月至2020年1月,被告人宋某崇在安徽省亳州市多个路段盗窃雨水箅子92个、污水井盖8套。又伙同被告人宋某德盗窃雨水箅子121个、污水井盖6套。经鉴定,涉案的雨水箅子、污水井盖价值28206元。被告人孟某、郭某金明知宋某崇、宋某德销售的雨水箅子、污水井盖系犯罪所得,仍予以收购。其中,孟某在收购井盖后,又两次为宋某崇、宋某德实施盗窃提供电动三轮车予以帮助。

【处理结果】

2020年8月28日,亳州市谯城区人民法院一审判决:宋某崇、宋某德犯破坏交通设施罪,分别判处有期徒刑3年3个月;孟某犯破坏交通设施罪和掩饰、隐瞒犯罪所得罪,两罪并罚,判处有期徒刑2年3个月,并处罚金人民币2000元;郭某金犯掩饰、隐瞒犯罪所得罪,判处有期徒刑8个月,并处罚金人民币1000元。判决已生效。

---

① 本案例根据最高人民检察院发布的"涉窨井盖犯罪典型案例"案例五:安徽宋某崇等人破坏交通设施,掩饰、隐瞒犯罪所得案编写。

【相关法条】

1.《刑法》第25条第1款 [共同犯罪概念]:共同犯罪是指二人以上共同故意犯罪。

2.《刑法》第117条 [破坏交通设施罪]:破坏轨道、桥梁、隧道、公路、机场、航道、灯塔、标志或者进行其他破坏活动,足以使火车、汽车、电车、船只、航空器发生倾覆、毁坏危险,尚未造成严重后果的,处三年以上十年以下有期徒刑。

3.《刑法》第312条第1款 [掩饰、隐瞒犯罪所得、犯罪所得收益罪]:明知是犯罪所得及其产生的收益而予以窝藏、转移、收购、代为销售或者以其他方法掩饰、隐瞒的,处三年以下有期徒刑、拘役或者管制,并处或者单处罚金;情节严重的,处三年以上七年以下有期徒刑,并处罚金。

【简要评析】

根据《刑法》第25条第1款的规定,共同犯罪是二人以上的共同故意犯罪。各共同犯罪人需有共同的犯罪行为和共同的犯罪故意。

本案中,宋某崇和宋某德都明知自己盗窃雨水篦子、污水井盖的行为可能会造成车辆发生倾覆、毁坏的危险,仍然彼此配合共同实施盗窃行为,应认定二人具有共同的犯罪故意和共同的犯罪行为,构成破坏交通设施罪的共同犯罪。孟某明知是赃物而予以收购,构成掩饰、隐瞒犯罪所得罪。另外,孟某不仅收购盗窃来的井盖,又两次为宋某崇、宋某德实施盗窃提供电动三轮车予以帮助。这表明孟某明知他人实施破坏交通设施的行为而为他人提供犯罪工具,给予宋某崇和宋某德以帮助,他与宋某崇和宋某德已经形成共同破坏交通设施的故意,并有彼此配合的共同犯罪行为,因而其与宋某崇和宋某德构成破坏交通设施罪的共同犯罪。而郭某金没有和宋某崇、宋某德、孟某实施盗窃井盖行为的故意和共同的犯罪行为,仅有收购他人犯罪所得的行为,因而只构成掩饰、隐瞒犯罪所得罪。

需要说明的是,本案中宋某崇和宋某德等人只实施了一个盗窃井盖的行为,盗窃数额较大,同时触犯盗窃罪和破坏交通设施罪两个罪名,属于想象竞合犯,一般从一重罪处断。由于破坏交通设施罪的法定刑比盗窃罪更重,因而以破坏交通设施罪定罪处罚。

案例119　郭某林等抢劫案①

【知识点】

共同犯罪、实行过限

【问题】

共同抢劫,同伙造成他人死亡,不在场的人是否要对被害人死亡结果承担刑事责任?

【基本案情】

被告人郭某林、王某、李某伏和陈某英合谋,准备对住在某旅馆的赵某实施抢劫。4人于2001年6月3日晚商定了作案计划。次日上午,郭某林、王某、李某伏和陈某英在附近宾馆开了一个房间,购买了作案工具尼龙绳和封箱胶带,陈某英按预谋前去找赵某,其余3人留在房间内等候。稍后,赵某随陈某英来到房间,王某即掏出尖刀威胁赵某,不许赵某反抗,李某伏、郭某林分别对赵某进行捆绑、封嘴,从赵某身上劫得人民币50元和一块某旅馆财物寄存牌。接着,李某伏和陈某英持该寄存牌前往某旅馆取财物,郭某林、王某则留在现场负责看管赵某。李某伏和陈某英离开后,赵某挣脱了捆绑欲逃跑,被郭某林、王某发觉,郭某林立即抱住赵某,王某则取出尖刀朝赵某的胸部等处连刺数刀,继而郭某林接过王某的尖刀也刺赵某数刀,赵某被制服并再次被捆绑。李某伏和陈某英因没有赵某的身份证,未能取到财物而返回,得知了赵某被刺伤的情况,随即拿了赵某的身份证,再次前去某旅馆取财物,但仍未得逞。4名被告人遂逃离现场。赵某因失血过多死亡。

① 本案例根据《刑事审判参考》指导案例第189号:郭玉林等抢劫案编写。

【处理结果】

上海市第二中级人民法院一审判决,4名被告人均构成抢劫罪,判处郭某林、王某死刑,剥夺政治权利终身,并处没收财产人民币5万元。判处被告人李某伏有期徒刑15年,剥夺政治权利4年,并处罚金人民币2万元。判处被告人陈某英有期徒刑11年,剥夺政治权利3年,并处罚金人民币1万元。

宣判后,被告人郭某林、王某不服,提出上诉。上海市高级人民法院二审裁定:驳回上诉,维持原判。

【相关法条】

1.《刑法》第25条第1款[共同犯罪概念]:共同犯罪是指二人以上共同故意犯罪。

2.《刑法》第263条[抢劫罪]:以暴力、胁迫或者其他方法抢劫公私财物的,处三年以上十年以下有期徒刑,并处罚金;有下列情形之一的,处十年以上有期徒刑、无期徒刑或者死刑,并处罚金或者没收财产:

……

(五)抢劫致人重伤、死亡的;

……

3.最高人民法院《关于抢劫过程中故意杀人案件如何定罪问题的批复》:行为人为劫取财物而预谋故意杀人,或者在劫取财物过程中,为制服被害人反抗而故意杀人的,以抢劫罪定罪处罚。

行为人实施抢劫后,为灭口而故意杀人的,以抢劫罪和故意杀人罪定罪,实行数罪并罚。

【简要评析】

根据《刑法》第25条第1款的规定,共同犯罪是指二人以上的共同故意犯罪。各共同犯罪人需有共同的犯罪行为和共同的犯罪故意。超出共同犯罪故意的行为也称为实行过限行为,只能由该实行人自己承担责任。

本案中,被告人郭某林、王某、李某伏和陈某英密谋并实施抢劫行为,存在共同犯罪的故意,且行为之间彼此配合,相互补充,形成一个整体,即有共同的犯罪行为,四人均构成抢劫罪。郭某林、王某为制服被害人反抗而故意伤害被害人赵某,被告人李某伏、陈某英虽然没有实施持刀杀害被害人的行为,但因抢劫罪所侵犯的是双重客体,包括他人的财产权与人身权。因而,李某伏、陈某英对于同伙所造成的赵某死亡后果并未超出其主观认识范围,且二人得知同伙杀害被害人时,没有表示反对或实施救助行为,仍继续搜取被害人的身份证去取财物,这表明李某伏、陈某英对杀害被害人的结果持放任的态度。因此,杀死被害人赵某的行为不属于郭某林、王某的实行过限行为,被告人李某伏、陈某英也应该承担同伙致人死亡后果的刑事责任。根据最高人民法院《关于抢劫过程中故意杀人案件如何定罪问题的批复》:行为人在劫取财物过程中,为制服被害人反抗而故意杀人的,以抢劫罪定罪处罚。据此,人民法院对4名被告人以抢劫罪(致人死亡)判处相应刑罚。

案例 120　王某、石某辉失火案①

【知识点】

共同过失

【问题】

共同过失是否构成共同犯罪?

【基本案情】

2013年10月7日7时许,被告人王某雇佣石某辉等人到其所租种地上清理瓜托等垃圾,要求其作焚烧处理,并嘱咐他们要注意防火。当日13时至14时,石某辉将捡拾的瓜托等垃圾堆积在地边焚烧处理过程中不慎引燃了周围

---

① 本案例根据内蒙古自治区阿拉善盟中级人民法院(2019)内29刑终47号刑事裁定书编写。

的杂草及柽柳,他试图用柽柳棍拍打灭火但无法控制火势,随后电话告知王某发生火灾。王某遂让他人报警,并让铲车赶往现场,后自己前往现场救火。经查,涉案林地权属为国有,涉案林地过火面积为670.83亩。

【处理结果】

内蒙古自治区额济纳旗人民法院一审判决:被告人王某、石某辉均构成失火罪,分别判处有期徒刑3年和有期徒刑3年6个月。

宣判后,被告人王某不服判决,提出上诉。内蒙古自治区阿拉善盟中级人民法院二审裁定:驳回上诉,维持原判。

【相关法条】

《刑法》第25条第2款[共同过失]:二人以上共同过失犯罪,不以共同犯罪论处;应当负刑事责任的,按照他们所犯的罪分别处罚。

【简要评析】

根据《刑法》第25条第2款的规定,二人以上共同过失犯罪,不构成共同犯罪,应当负刑事责任的,按照他们所犯的罪分别处罚。

本案中,被告人王某和石某辉对火灾的发生均存在过失。额济纳旗胡杨林是国家重点生态保护区,有关部门多次宣传,禁止在保护区内焚烧垃圾。王某嘱咐石某辉注意防火,表明其已经预见在林地、草地旁焚烧垃圾可能导致林场火灾的发生,但其轻信能够避免,进而指使石某辉焚烧垃圾,引起火灾,致使公私财产遭受重大损失,危害公共安全,其行为构成失火罪。被告人石某辉明知禁止在林地、草地旁用火焚烧垃圾,仍按照王某的指使在林地、草地旁焚烧垃圾,因疏忽大意不慎引起火灾,致使公私财产遭受重大损失,危害公共安全,其行为构成失火罪。虽然二人的共同过失导致火灾的发生,但依据《刑法》第25条第2款的规定,由于缺乏共同的故意,不构成共同犯罪,人民法院分别以失火罪对二人判处相应刑罚。

第二节　共同犯罪人类型

案例121　林某某组织、领导黑社会性质组织等案①

【知识点】

犯罪集团、首要分子、主犯

【问题】

对于组织、领导犯罪集团的主犯该如何定罪处罚？

【基本案情】

2013年9月至2018年9月，被告人林某某通过其控制的两个公司，以吸收股东、招收业务人员等方式发展组织成员并大肆实施"套路贷"违法犯罪活动，逐步形成了以林某某为核心的层级明确、人数众多的黑社会性质组织。林某某主导确定实施"套路贷"的具体模式，策划、指挥全部违法犯罪活动，其他成员负责参与"套路贷"的不同环节、实施具体违法犯罪活动、负责以暴力和"软暴力"手段非法占有被害人财物。该黑社会性质组织及成员在实施"套路贷"违法犯罪过程中，以办理房屋抵押贷款为名，诱使、欺骗多名被害人办理赋予借款合同强制执行效力、售房委托、抵押解押的委托公证，并恶意制造违约事实，利用公证书将被害人名下房产过户到该黑社会性质组织或组织成员名下，之后再纠集、指使暴力清房团伙，采用暴力、威胁及其他"软暴力"手段任意占用被害人房产，通过向第三人抵押、出售或者虚假诉讼等方式，将被害人房产处置变现以谋取非法利益，并将违法所得用于该黑社会性质组织的发展壮大、组织成员分红和提成。该黑社会性质组织在长达5年的时间内长期

---

① 本案例根据最高人民法院发布的"人民法院整治虚假诉讼典型案例"案例8：依法严厉打击"套路贷"虚假诉讼违法犯罪编写。

实施上述"套路贷"违法犯罪活动,涉及多个市辖区、70余名被害人及家庭,造成被害人经济损失高达上亿元,且犯罪对象为老年群体,致使部分老年被害人流离失所,严重影响社会稳定。

【处理结果】

人民法院依法对林某某以组织、领导黑社会性质组织罪判处有期徒刑10年,剥夺政治权利2年,并处没收个人全部财产;以诈骗罪判处无期徒刑,剥夺政治权利终身,并处没收个人全部财产;以敲诈勒索罪判处有期徒刑11年,并处罚金人民币22万元;以寻衅滋事罪判处有期徒刑9年,剥夺政治权利1年,并处罚金人民币18万元;以虚假诉讼罪判处有期徒刑6年,并处罚金人民币12万元。数罪并罚,决定执行无期徒刑,剥夺政治权利终身,并处没收个人全部财产。对其他人判处相应刑罚。

【相关法条】

1.《刑法》第26条 [主犯]:组织、领导犯罪集团进行犯罪活动的或者在共同犯罪中起主要作用的,是主犯。

三人以上为共同实施犯罪而组成的较为固定的犯罪组织,是犯罪集团。

对组织、领导犯罪集团的首要分子,按照集团所犯的全部罪行处罚。

对于第三款规定以外的主犯,应当按照其所参与的或者组织、指挥的全部犯罪处罚。

2.《刑法》第97条 [首要分子]:本法所称首要分子,是指在犯罪集团或者聚众犯罪中起组织、策划、指挥作用的犯罪分子。

【简要评析】

根据《刑法》第26条第2款的规定,犯罪集团是三人以上为共同实施犯罪而组成的较为固定的犯罪组织。对组织、领导犯罪集团的首要分子,按照集团所犯的全部罪行处罚。所谓"集团所犯的全部罪行"是指在该犯罪集团组织、领导、指挥下实施的全部犯罪。

本案中,林某某组织领导的黑社会性质的组织即属于三人以上为了共同实施犯罪而组成的较为固定的组织,符合犯罪集团的构成条件。林某某组建犯罪集团,主导确定实施"套路贷"的具体模式,策划、指挥全部违法犯罪活动,在该犯罪集团中起组织、策划、指挥作用,为组织、领导犯罪集团的首要分子,属于主犯,对林某某应按照集团所犯的全部罪行,即诈骗、寻衅滋事、敲诈勒索、虚假诉讼等罪进行处罚。除此之外,林某某还犯有组织、领导黑社会性质组织罪,数罪并罚,最终被判处无期徒刑,剥夺政治权利终身,并处没收个人全部财产。

案例122 郭某升等假冒注册商标案[①]

【知识点】

主犯、从犯

【问题】

共同犯罪中的主犯、从犯如何区分?

【基本案情】

2013年11月,被告人郭某升通过网络中介购买淘宝店铺,并改名为"三星数码专柜",在未经三星(中国)投资有限公司授权许可的情况下,从他处批发假冒的三星手机裸机及配件进行组装,并通过"三星数码专柜"在网上以"正品行货"进行宣传、销售。被告人郭某锋负责该网店的客服工作及客服人员的管理,被告人孙某标负责假冒的三星手机裸机及配件的进货、包装及联系快递公司发货。至2014年6月,该网店共计组装、销售假冒三星手机20000余部,非法经营额2000万余元,非法获利200万余元。

---

① 本案例根据最高人民法院指导案例87号:郭明升、郭明锋、孙淑标假冒注册商标案编写。

【处理结果】

2015年9月8日,江苏省宿迁市中级人民法院一审判决:被告人郭某升犯假冒注册商标罪,判处其有期徒刑5年,并处罚金人民币160万元;被告人孙某标犯假冒注册商标罪,判处有期徒刑3年,缓刑5年,并处罚金人民币20万元。被告人郭某锋犯假冒注册商标罪,判处有期徒刑3年,缓刑4年,并处罚金人民币20万元。

宣判后,三被告人均没有提出上诉,该判决已经生效。

【相关法条】

1.《刑法》第26条 [主犯]:组织、领导犯罪集团进行犯罪活动的或者在共同犯罪中起主要作用的,是主犯。

……

对组织、领导犯罪集团的首要分子,按照集团所犯的全部罪行处罚。

对于第三款规定以外的主犯,应当按照其所参与的或者组织、指挥的全部犯罪处罚。

2.《刑法》第27条 [从犯]:在共同犯罪中起次要或者辅助作用的,是从犯。

对于从犯,应当从轻、减轻处罚或者免除处罚。

3.《刑法》第213条 [假冒注册商标罪]:未经注册商标所有人许可,在同一种商品、服务上使用与其注册商标相同的商标,情节严重的,处三年以下有期徒刑,并处或者单处罚金;情节特别严重的,处三年以上十年以下有期徒刑,并处罚金。

【简要评析】

根据《刑法》第25条第1款的规定,共同犯罪是指二人以上的共同故意犯罪。根据《刑法》第26条第4款的规定,对于组织、领导犯罪集团的首要分子以外的其他主犯,应当按照其所参与的或者组织、指挥的全部犯罪处罚。根据《刑法》第27条的规定,在共同犯罪中起次要或者辅助作用的,是从犯。对于从犯,应当从轻、减轻处罚或者免除处罚。

本案中,被告人郭某升、郭某锋、孙某标在未经商标注册人授权许可的情况下,购进假冒"三星"注册商标的手机裸机及配件,组装假冒"三星"注册商标的手机,并通过网店对外以"正品行货"销售,属于未经注册商标所有人许可,在同一种商品上使用与其相同商标的行为,非法经营数额达2000万余元,非法获利200万余元,属"情节特别严重",其行为依法构成假冒注册商标罪。3名被告人主观上都明知自己销售的是假冒注册商标的商品,形成了犯罪合意,客观上有彼此联系、互相配合的销售行为,因而3人行为构成假冒注册商标罪的共同犯罪。

但在该起犯罪中,3名被告人所发挥的作用并不相同,被告人郭某升注册网店,购买假冒三星手机,进行组装、宣传、销售,因而在共同犯罪中发挥了主要作用,是主犯。孙某标负责进货、包装及联系快递公司发货,郭某锋负责客服,两人在共同犯罪中起辅助作用,是从犯,依法可以从轻处罚。但作为从犯,郭某锋的作用更小。根据各被告人在共同犯罪中的不同作用,法院作出了上述判决。

案例123　黄某国等故意伤害案①

【知识点】

主犯、从犯

【问题】

共同犯罪中的主犯、从犯如何区分?

【基本案情】

2016年2月13日5时许,被告人黄某国在广西南宁市某KTV楼下因琐事与被害人尹某等人发生争执,并有肢体冲突。随后,黄某国打电话联系在楼上

---

① 本案例根据广西壮族自治区高级人民法院(2017)桂刑终170号刑事裁定书编写。

喝酒的梁某辉、黄某忠等人,并拔走尹某朋友的摩托车钥匙后跑开。梁某辉、黄某忠、黄某光、黄某新闻讯先后赶到,并与黄某国一同对追赶来的尹某进行殴打。其间,梁某辉取出随身携带的折叠刀朝尹某下身部位捅刺两刀,致尹某受伤倒地并流血不止当场死亡。黄某国在当天被公安机关捉拿归案,黄某忠等人先后到公安机关投案。

【处理结果】

南宁市中级人民法院一审认为,各被告人的行为属于共同犯罪,根据各被告人的犯罪性质、情节、社会危害后果及其认罪、悔罪态度、赔偿情况等,依法判决:被告人黄某国、梁某辉犯故意伤害罪,分别判处有期徒刑13年,剥夺政治权利2年;被告人黄某忠、黄某光、黄某新犯故意伤害罪,分别判处相应刑罚。

宣判后,被告人黄某国等人提出上诉。广西壮族自治区高级人民法院二审裁定:驳回上诉,维持原判。

【相关法条】

1.《刑法》第26条 [主犯]:组织、领导犯罪集团进行犯罪活动的或者在共同犯罪中起主要作用的,是主犯。

……

对组织、领导犯罪集团的首要分子,按照集团所犯的全部罪行处罚。

对于第三款规定以外的主犯,应当按照其所参与的或者组织、指挥的全部犯罪处罚。

2.《刑法》第27条 [从犯]:在共同犯罪中起次要或者辅助作用的,是从犯。

对于从犯,应当从轻、减轻处罚或者免除处罚。

【简要评析】

根据《刑法》第26条的规定,组织、领导犯罪集团进行犯罪活动的或者在共同犯罪中起主要作用的,是主犯。对于犯罪集团的首要分子以外的主犯,按照其参与或者组织、指挥的全部犯罪处罚。根据《刑法》第27条第1款的规定,从犯是在共同犯罪中起次要或者辅助作用的犯罪分子。

本案中,黄某国等人共同故意伤害被害人尹某,有共同的犯罪故意和共同的犯罪行为,属于共同犯罪。黄某国纠集黄某忠等人前去对被害人尹某实施殴打,是本案的纠集者,且其最先殴打被害人,其在共同犯罪中起主要作用。在多人对被害人的围殴中,梁某辉持刀捅刺被害人,该行为是致尹某受重伤死亡的直接原因,其在共同犯罪中起主要作用。因此,黄某国,梁某辉二人是共同犯罪中的主犯,依法应按照其所参与的或者组织、指挥的全部犯罪处罚。黄某忠在接到黄某国电话后,积极响应,跟随黄某国去殴打尹某,黄某光、黄某新看到被害人被多人殴打,仍前往参与了对被害人的殴打,三人也是共同犯罪人。但相对而言,此三人在共同伤害尹某案中发挥的作用较小,因而是从犯。依法应对其从轻、减轻处罚或者免除处罚。据此,人民法院对各共同犯罪人作出上述处罚。

案例124　鲍某运输毒品案[①]

【知识点】

胁从犯、处罚原则

【问题】

对被胁迫运输毒品的人,如何处罚?

【基本案情】

被告人鲍某被微信名为"虎牙"的人以招工为名,从江苏省南京市诱骗至中缅边境。2018年7月30日,鲍某与赵某(另案处理)在宾馆内被人持刀胁迫吞食毒品并运输。2018年8月1日5时许,鲍某乘坐客车运毒途中被公安民警人赃俱获,从体内排出毒品海洛因359.5克。到案后,鲍某交代了犯罪事实。

① 本案例根据云南省高级人民法院(2019)云刑终678号刑事判决书编写。

【处理结果】

云南省玉溪市中级人民法院一审认定被告人鲍某犯运输毒品罪,但属于胁从犯,且有坦白情节,判处其有期徒刑12年,并处罚金人民币2万元。

鲍某不服判决,提出上诉。云南省高级人民法院二审认为,根据鲍某的犯罪性质和具体情节,对其仍可再予减轻处罚。遂依法改判:鲍某犯运输毒品罪,判处有期徒刑8年,并处罚金人民币1万元。

【相关法条】

1.《刑法》第28条 [胁从犯]:对于被胁迫参加犯罪的,应当按照他的犯罪情节减轻处罚或者免除处罚。

2.《刑法》第63条第1款 [减轻处罚]:犯罪分子具有本法规定的减轻处罚情节的,应当在法定刑以下判处刑罚;本法规定有数个量刑幅度的,应当在法定量刑幅度的下一个量刑幅度内判处刑罚。

3.《刑法》第347条第2款、第3款 [走私、贩卖、运输、制造毒品罪]:走私、贩卖、运输、制造毒品,有下列情形之一的,处十五年有期徒刑、无期徒刑或者死刑,并处没收财产:

(一)走私、贩卖、运输、制造鸦片一千克以上、海洛因或者甲基苯丙胺五十克以上或者其他毒品数量大的;

……

走私、贩卖、运输、制造鸦片二百克以上不满一千克、海洛因或者甲基苯丙胺十克以上不满五十克或者其他毒品数量较大的,处七年以上有期徒刑,并处罚金。

【简要评析】

根据《刑法》第28条的规定,胁从犯是指被胁迫参加犯罪的人。考虑到胁从犯是在受到精神强制的情况下实施了犯罪行为,主观恶性较小,因而刑法规定,对于胁从犯应当按照他的犯罪情节减轻处罚或者免除处罚。

本案中,鲍某运输海洛因359.5克,依法应该在15年有期徒刑、无期徒刑或者死刑,并处没收财产的法定刑范围内判处刑罚。但考虑到鲍某是在被人持刀胁迫的情况下吞食毒品并运输,属于胁从犯,依法应该减轻或者免除处罚。减轻处罚即在法定刑的下一个量刑幅度内判处刑罚,即应当在7年以上15年以下有期徒刑,并处罚金范围内判处刑罚。据此,二审法院考虑到鲍某属于胁从犯、认罪态度较好、有坦白情节等,对其减轻处罚,改判其有期徒刑8年,并处罚金人民币1万元。

案例125　黄某起等非法拘禁案①

【知识点】

教唆犯、处罚原则

【问题】

教唆他人实施犯罪行为,是否属于教唆犯?

【基本案情】

被告人黄某起与被害人郭某因工程相关款项产生纠纷。黄某起于2018年8月23日9时许,要求郭某等人在公司内核对账目,黄某起及被告人李某强均指使公司门卫刘某心阻止郭某出公司大门,非法限制郭某人身自由至2018年8月29日13时许。其间,刘某心多次按照黄某起及李某强的指示拦截欲出公司大门的郭某,刘某心中午吃饭时,让临时替班的被告人韩某拦截过欲出公司大门的郭某。

【处理结果】

天津市武清区人民法院一审判决,被告人黄某起等4人均构成非法拘禁罪,判处黄某起有期徒刑1年6个月;判处李某强有期徒刑1年5个月,同时撤

_____
① 本案例根据天津市第一中级人民法院(2021)津01刑终25号刑事裁定书编写。

销其以前所犯交通肇事罪的缓刑判决,数罪并罚,决定执行有期徒刑4年1个月;判处被告人刘某心有期徒刑1年;判处被告人韩某有期徒刑8个月,同时撤销其以前所犯交通肇事罪的缓刑判决,数罪并罚,决定执行有期徒刑1年1个月。

【相关法条】

《刑法》第29条第1款[教唆犯]:教唆他人犯罪的,应当按照他在共同犯罪中所起的作用处罚。教唆不满十八周岁的人犯罪的,应当从重处罚。

【简要评析】

根据《刑法》第29条第1款的规定,教唆犯是故意唆使他人犯罪的人。教唆犯的成立需具备故意唆使他人犯罪的主观意图与客观教唆行为。对于教唆犯应当按照其在共同犯罪中的作用处罚,如果其所起的是主要作用,按照主犯处罚;所起的是次要或辅助作用的,按照从犯处罚。

本案中,被告人黄某起、李某强指使被告人刘某心、韩某非法剥夺被害人郭某的人身自由,达6日之久,已经构成非法拘禁罪。黄某起等4人有非法拘禁郭某的意思联络和彼此联系、相互配合的非法拘禁行为,构成共同犯罪。在该起犯罪中,黄某起和李某强故意教唆门卫刘某心、韩某实施非法拘禁行为,符合刑法中的教唆犯构成条件。黄某起将被害人约至自己公司,指使他人阻止被害人离开,在共同犯罪中发挥着主要的作用,因而是主犯,应该按照主犯处罚。刘某心、韩某在共同犯罪中协助黄某起等人阻止被害人郭某离开公司,在共同犯罪中发挥着次要作用,因而是从犯。

第三节　共同犯罪疑难问题

案例 126　朱某安抢夺案①

【知识点】

教唆犯、间接正犯

【问题】

教唆无刑事责任能力的人实施抢夺,是教唆犯还是间接正犯?

【基本案情】

2017 年 8 月 24 日,被告人朱某安和刘某 2、刘某 1(未满 16 周岁)在一起喝酒,其间刘某 2 提出到某镇抢金铺,朱某安则教刘某 1 如何抢金铺,刘某 1 不答应,刘某 2 则用啤酒淋刘某 1 的头和用烟头烫刘某 1 的手臂等手段,胁迫刘某 1 去抢金铺。第二天晚上,朱某安伙同刘某 2、刘某 1 进行踩点,然后叫刘某 1 去抢某金店的金项链,刘某 1 到场后因害怕放弃抢夺。2017 年 8 月 26 日晚上,刘某 2 负责监视刘某 1 实施抢夺,朱某安负责通过微信教刘某 1 如何抢夺。刘某 1 到彭某经营的首饰店,先谎称要试戴金项链,彭某拿出两条金项链交给刘某 1,刘某 1 趁彭某不备,抢走两条金项链迅速离开,朱某安通过微信红包转人民币 50 元钱给刘某 1 乘车。后又给刘某 1 人民币 600 元,金项链由朱某安和刘某 2 对半分。经鉴定,两条金项链价值人民币 20139 元。后朱某安主动到公安机关投案,退回犯罪所得的两条金项链,并取得被害人彭某的谅解。

【处理结果】

广东省陆河县人民法院一审认为,被告人朱某安教唆未成年人犯罪,应当

① 本案例根据广东省汕尾市中级人民法院(2019)粤 15 刑终 28 号刑事判决书编写。

从重处罚,以抢夺罪判处朱某安有期徒刑 2 年 8 个月,并处罚金人民币 5000 元。

宣判后,被告人朱某安不服判决,提出上诉。广东省汕尾市中级人民法院二审认为,朱某安不属于教唆犯,属于间接正犯。遂改判朱某安犯抢夺罪,判处其有期徒刑 2 年,并处罚金人民币 4000 元。

【相关法条】

《刑法》第 29 条 [教唆犯]:教唆他人犯罪的,应当按照他在共同犯罪中所起的作用处罚。教唆不满十八周岁的人犯罪的,应当从重处罚。

如果被教唆的人没有犯被教唆的罪,对于教唆犯,可以从轻或者减轻处罚。

【简要评析】

根据《刑法》第 29 条第 1 款的规定,教唆犯是故意教唆他人犯罪的人。按照刑法通说理论,被教唆者应该达到刑事责任年龄,具备刑事责任能力,否则教唆犯不能成立。

间接正犯也称间接实行犯,与直接实行犯相对。一般认为,间接正犯是指行为人不实施犯罪的实行行为,将他人作为自己犯罪的工具加以利用和支配,以达到自己犯罪目的的犯罪人。

本案中,按照传统共同犯罪理论,刘某 1 在朱某安等人的逼迫下,实施了抢夺行为,但实施抢夺行为时,其未满 16 周岁,按照刑法的规定,其不应对抢夺行为承担刑事责任,那么刘某 1 无法与朱某安成立共同犯罪,因此朱某安不构成教唆犯,也就不存在教唆未成年人犯罪,应当从重处罚的情节。对朱某安应以抢夺罪的间接正犯定罪处罚。

但是,根据违法层面的共犯理论,间接正犯只有在被利用人欠缺是非辨认能力的情况下才会存在,如被利用人是婴幼儿或高度精神病患者等。对于具有相当程度辨认能力的未成年人,虽然他们规范意识不强,但对是非对错已经有一定的认识,因而不能被视为教唆者的犯罪工具,教唆者也就不成立间接正犯,二人应该构成违法层面的共同犯罪,只是由于该未成年人未达到刑事责任年龄,依法不负刑事责任。如果按照该理论,朱某安成立抢夺罪的教唆犯,且有教唆未成年人犯罪的情节,应当从重处罚。

教唆犯和间接正犯是共同犯罪理论研究中的一个难点问题,学界观点差异较大,尚待进一步研究。

案例127 孙某抢劫案①

【知识点】

共同犯罪的形态

【问题】

参与抢劫预谋和预备行为,后退出,其他人完成抢劫行为,退出者是否成立抢劫中止?

【基本案情】

2008年10月,被告人韩某维与张某1、孙某共谋抢劫,并准备了尖刀、胶带等作案工具。孙某将贾某家指给韩某维和张某1,因该住户家中有人而抢劫未果。后孙某又将刘某家指给韩某维和张某1,因三人未能弄开楼道口的防盗门而抢劫未果。

2008年11月,韩某维与张某1、孙某共谋抢劫并杀害被害人张某。孙某将张某租住处指给韩某维和张某1。三人多次携带尖刀、胶带等工具到张某的租住处准备抢劫。因张某未在家,抢劫未果。同年12月25日晚,韩某维、张某1携带尖刀、胶带再次到张某的租住处附近伺机作案。当日23时40分许,张某驾车回到院内停车时,张某1持刀将张某逼回车内,并用胶带捆住张某双手,韩某维从张某身上搜出其家门钥匙。张某1进入张某家劫得现金人民币4000余元及银行卡、身份证、照相机等物。韩某维、张某1逼张某说出银行卡

① 本案例根据《刑事审判参考》指导案例第750号:韩江维等抢劫、强奸案编写。

密码后,张某1从卡中取出现金3900元。后韩某维、张某1将张某挟持至一废弃的矿井旁,韩某维在车上将张某强奸。随后韩某维、张某1将张某抛入矿井内,致其颈髓损伤导致呼吸衰竭死亡。韩某维、张某1共劫得张某现金7900余元及一辆汽车、手机、照相机等物,合计价值100465元。

【处理结果】

邯郸市中级人民法院一审以抢劫罪、强奸罪,对被告人韩某维数罪并罚,决定执行死刑,剥夺政治权利终身,并处没收个人全部财产。以抢劫罪判处被告人张某1死刑,缓期2年执行,剥夺政治权利终身,并处没收个人全部财产。以抢劫罪判处被告人孙某有期徒刑15年,剥夺政治权利5年,并处罚金人民币2万元。

宣判后,被告人孙某以其行为不构成抢劫共犯为由提出上诉。河北省高级人民法院二审裁定:驳回上诉,维持原判。

【相关法条】

1.《刑法》第24条第1款 [犯罪中止]:在犯罪过程中,自动放弃犯罪或者自动有效地防止犯罪结果发生的,是犯罪中止。

2.《刑法》第25条第1款 [共同犯罪]:共同犯罪是指二人以上共同故意犯罪。

【简要评析】

根据《刑法》第24条第1款的规定,在犯罪过程中,自动放弃犯罪或者自动有效地防止犯罪结果发生的,是犯罪中止。在共同犯罪中,犯罪形态的认定比单个人犯罪形态的认定复杂。

根据有关刑法理论,共同犯罪中,如果帮助犯成立犯罪中止,必须消除其行为对共同犯罪所产生的物理影响与心理影响,使帮助行为与犯罪结果之间断绝因果关系。

本案中,在抢劫被害人张某的共同犯罪中,孙某发挥的是帮助作用,其提供的帮助有物理帮助和心理帮助。从物理帮助看,孙某指认了张某的住址,并多次与韩某维、张某1二人一起蹲守。从心理帮助看,孙某参与了抢劫并杀害张某的谋划,韩某维和张某1也正是按照当初与孙某的预谋去实施抢劫杀人行为的。孙某在多次参与蹲守未遇张某后,虽然未再继续参与作案,但显然没有消除其物理帮助和心理帮助对共同犯罪的影响,没有断绝其帮助行为与抢劫犯罪结果之间的因果关系,因而不成立犯罪中止。因其他同案犯抢劫既遂,孙某也应成立抢劫既遂。

案例 128 王某佰等故意伤害案①

【知识点】

教唆犯、实行过限

【问题】

教唆他人实施故意伤害,被教唆人导致被害人致死的,教唆者和其他实行者是否该对被害人死亡结果承担刑事责任?

【基本案情】

2003 年,被告人王某佰与被害人逢某先各自承包了本村的沙地进行沙子销售。王某佰因逢某先卖沙价格较低影响自己沙地的经营,即预谋找人教训逢某先。2003 年 10 月 8 日 16 时许,王某佰得知逢某先与妻子在地里干活,即纠集了被告人韩某(未满 18 周岁)、王某央及崔某某、肖某某、冯某某等人。王某佰将准备好的 4 根铁管分给王某央等人,并指认了被害人逢某先。被告人韩某、王某央与崔某某、肖某某、冯某某等人即冲入田地殴打逢某先。其间,韩某掏出随身携带的尖刀捅刺逢某先腿部数刀,致其双下肢多处锐器创伤而失血性休克死亡。王某央看到韩某捅刺被害人并未制止,后与韩某等人一起

①本案例根据《刑事审判参考》指导案例第 409 号:王兴佰、韩涛、王永央故意伤害案编写。

逃离现场。后被告人王某佰被抓获归案,在被羁押期间,检举他人犯罪,并经公安机关查证属实。被告人韩某投案自首,被告人王某央被抓获归案。三人对被害人家属予以了赔偿。

【处理结果】

青岛市中级人民法院一审判决:各被告人共同构成故意伤害罪,被告人王某佰、韩某、王某央应共同对被害人逄某先的死亡后果负责。被告人王某佰、韩某系主犯。被告人王某央是从犯。根据各被告人在共同犯罪中的作用和情节,判处被告人王某佰有期徒刑10年,剥夺政治权利3年;判处韩某有期徒刑12年;判处被告人王某央有期徒刑3年,缓刑4年。

宣判后,公诉机关未抗诉,各被告人未上诉,判决发生法律效力。

【相关法条】

1.《刑法》第25条第1款[共同犯罪概念]:共同犯罪是指二人以上共同故意犯罪。

2.《刑法》第29条第1款[教唆犯]:教唆他人犯罪的,应当按照他在共同犯罪中所起的作用处罚。教唆不满十八周岁的人犯罪的,应当从重处罚。

3.《刑法》第234条[故意伤害罪]:故意伤害他人身体的,处三年以下有期徒刑、拘役或者管制。

犯前款罪,致人重伤的,处三年以上十年以下有期徒刑;致人死亡或者以特别残忍手段致人重伤造成严重残疾的,处十年以上有期徒刑、无期徒刑或者死刑。本法另有规定的,依照规定。

【简要评析】

根据《刑法》第25条的规定,共同犯罪是指两人以上的共同故意犯罪。理论界认为,共同的犯罪故意是构成共同犯罪的前提,超出共同犯罪故意的行为属于实行过限行为,由实行者单独承担刑事责任。

本案中,被告人王某佰是教唆犯,其预谋找人教训一下被害人逄某先,至于怎么教训,教训到什么程度,并没有特别明确的要求。同时,王某佰事前也没有明确禁止韩某、王某央等人用什么手段、没有禁止他们教训被害人达到什么程度的反面要求。所以,被告人王某佰的教唆内容属于盖然性教唆。在这种情形下,虽然王某佰仅向实行犯韩某、王某央等人提供了铁管,韩某系用自己所持的尖刀捅刺被害人,且被害人的死亡在一定程度上也确实超乎王某佰等人意料,但因其对韩某的这种行为事前没有明确禁止,所以不能判定韩某这种行为属于过限行为,教唆者王某佰仍应对被害人逄某先的死亡承担刑事责任。对于共同实行犯王某央而言,虽然被告人韩某持刀捅刺被害人系犯罪过程中韩某个人的临时起意,但王某央看到了韩某的这一行为,并未予以及时和有效的制止,所以,对于王某央而言,也不能判定韩某的行为属于实行过限,王某央也应对被害人的死亡结果负责。

第十一章　罪数形态

案例129　牛某非法拘禁案[①]

【知识点】

继续犯

【问题】

非法拘禁他人,如何确定罪数?

【基本案情】

2016年4月21日,被害人瞿某被其女友卢某(另案处理)骗至某传销组织。4月24日上午,瞿某在发现自己进入的是传销组织后,便要求卢某与其一同离开。乔某(传销组织负责人,到案前因意外事故死亡)得知情况后,安排牛某(未成年人)与卢某、孙某(另案处理)等人进行阻拦。次日上午,瞿某再次开门欲离开时,在乔某指使下,牛某积极参与对被害人瞿某实施堵门、言语威胁等行为,程某(另案处理)等人在客厅内以打牌名义对瞿某进行看管。当日15时许,瞿某在其被拘禁的四楼房间窗户前探身欲呼救时不慎坠至一楼,造成重伤二级。

---

① 本案例根据最高人民检察院指导性案例第106号:牛某非法拘禁案编写。

【处理结果】

人民法院以非法拘禁罪分别判处各被告人有期徒刑1年至3年不等。考虑到牛某系未成年人,检察机关依法对牛某作出附条件不起诉决定,确定考验期为1年。

【相关法条】

《刑法》第238条第1款、第2款 [非法拘禁罪]:非法拘禁他人或者以其他方法非法剥夺他人人身自由的,处三年以下有期徒刑、拘役、管制或者剥夺政治权利。具有殴打、侮辱情节的,从重处罚。

犯前款罪,致人重伤的,处三年以上十年以下有期徒刑;致人死亡的,处十年以上有期徒刑。使用暴力致人伤残、死亡的,依照本法第二百三十四条、第二百三十二条的规定定罪处罚。

【简要评析】

根据刑法理论,继续犯是指犯罪行为及其所引起的不法状态同时处于持续过程中的犯罪形态。继续犯有以下几个方面的特征:(1)行为人基于一个故意实施一个危害行为;(2)侵犯同一或者相同的直接客体;(3)犯罪行为和不法状态同时处于持续过程中;(4)存在一定时间的持续性。继续犯因只实施了一个危害行为,因而属于一罪。对于继续犯,直接按照刑法分则的规定予以处罚。

本案中,牛某等人对瞿某非法拘禁长达三十多个小时,非法拘禁的行为与被害人人身自由被剥夺的不法状态同时处于持续状态,其行为符合继续犯的构成条件,构成非法拘禁罪一罪,应该按照《刑法》第238条的规定定罪处罚。

案例 130　刘某增故意伤害罪[①]

【知识点】

想象竞合犯

【问题】

明知他人可能在车内或者车后,开车撞击他人汽车的行为,是否属于想象竞合犯?

【基本案情】

张某2与被告人刘某增因股东分红产生矛盾。2019年7月22日6时许,张某2驾驶儿子张某1的汽车到某店找刘某增要说法,并将该车停放在店门前空地上。刘某增驾车行驶至此地,在明知张某2有可能在车内或在车后的情况下,仍然开车加速撞向该车,造成车辆损毁并致在车后的张某2两处轻伤一级、一处轻伤二级和一处轻微伤。后刘某增主动赔偿被害人10万元。

【处理结果】

河南濮阳市华龙区人民法院一审认为,刘某增实施了一个撞车的行为,同时侵犯两个客体,触犯故意伤害罪和故意毁坏财物罪两个罪名,符合想象竞合犯的构成特征,应择一重罪,即按照故意伤害罪定罪处罚。遂依法判决:刘某增犯故意伤害罪,判处有期徒刑2年8个月。

宣判后,刘某增不服,提出上诉。河南省濮阳市中级人民法院二审裁定:驳回上诉,维持原判。

【相关法条】

1.《刑法》第234条第1款 [故意伤害罪]:故意伤害他人身体的,处三年以

下有期徒刑、拘役或者管制。

2.《刑法》第 275 条 [故意毁坏财物罪]:故意毁坏公私财物,数额较大或者有其他严重情节的,处三年以下有期徒刑、拘役或者罚金;数额巨大或者有其他特别严重情节的,处三年以上七年以下有期徒刑。

【简要评析】

想象竞合犯是指行为人只实施了一个犯罪行为,但却触犯数个罪名的罪数形态。想象竞合犯的特征在于:行为人基于数个不同的具体罪过,实施一个危害社会的行为,侵犯数个不同的直接客体,触犯数个异种罪名。对于想象竞合犯,一般按照从一重处断的原则处理,即按照其犯罪行为所触犯的数罪中最重的犯罪定罪处罚。

本案中,刘某增基于伤害他人的故意和毁坏财物的故意,实施了一个撞车行为,侵犯了张某2的人身权利和张某1的财产权利,触犯了故意伤害罪和故意毁坏财物罪两个罪名,符合想象竞合犯的特征,应按照从一重处断的原则处理。由于故意伤害罪比故意毁坏财物罪法定刑更重,因而按照故意伤害罪定罪处罚。

案例 131　杨某伟妨害公务案①

【知识点】

想象竞合犯

【问题】

危险驾驶同时构成其他罪的,如何处罚?

【基本案情】

2019 年 8 月 5 日 23 时 10 分许,被告人杨某伟饮酒后驾驶轿车,行驶途中

---

① 本案例根据上海市第一中级人民法院(2020)沪 01 刑终 1067 号刑事裁定书编写。

遇民警设卡检查,杨某伟拒不配合检查,驾车冲卡逃逸。民警驾驶警车追赶,杨某伟驾车逃跑,追击过程中民警使用扩音器喊话要求其停车接受检查,杨某伟仍拒不服从指挥接受检查。逃跑途中,杨某伟紧急刹车并跨越双黄线调头,致使在其后方追赶的警车刹车不及,警车车头与杨某伟驾驶的轿车相撞,造成警车受损。经鉴定,杨某伟血液中酒精浓度为144 mg/100 ml。到案后,杨某伟对饮酒后驾车的犯罪事实供认不讳,但对妨害公务行为拒不供认。案发后,杨某伟赔偿了修理警车的费用。

【处理结果】

上海市闵行区人民法院一审认为,被告人杨某伟醉酒驾车,构成危险驾驶罪,同时其行为也构成妨害公务罪,案发的整个过程连贯且没有中断,属一行为触犯数个罪名,符合想象竞合犯的特征,应择一重罪处罚。遂判决被告人杨某伟犯妨害公务罪,判处有期徒刑6个月。

杨某伟不服判决,提出上诉。上海市第一中级人民法院二审裁定:驳回上诉,维持原判。

【相关法条】

1.《刑法》第133条之一 [危险驾驶罪]:在道路上驾驶机动车,有下列情形之一的,处拘役,并处罚金:

……

(二)醉酒驾驶机动车的;

……

机动车所有人、管理人对前款第三项、第四项行为负有直接责任的,依照前款的规定处罚。

有前两款行为,同时构成其他犯罪的,依照处罚较重的规定定罪处罚。

2.《刑法》第277条第1款 [妨害公务罪]:以暴力、威胁方法阻碍国家机关工作人员依法执行职务的,处三年以下有期徒刑、拘役、管制或者罚金。

【简要评析】

想象竞合犯是指行为人只实施了一个犯罪行为,但是却触犯数个罪名的罪数形态。对于想象竞合犯,一般按照从一重处断的原则处理。

本案中,被告人杨某伟酒后驾驶机动车,血液中酒精浓度为 144 mg /100 ml,其行为已经构成危险驾驶罪;其酒后驾车遇到民警设卡临检时不配合停车检测,加速闯关,违规掉头,与追击的警车发生碰撞后被逼停,系以暴力方法阻碍民警执法,其行为又构成妨害公务罪。其实施的一个醉驾行为触犯两个罪名,符合想象竞合犯的特征。根据《刑法》第133条之一第3款的规定,醉驾同时构成其他犯罪的,依照处罚较重的规定定罪处罚。由于妨害公务罪比危险驾驶罪法定刑更重,应以妨害公务罪定罪处罚。

案例132 陈某娟投放危险物质案[①]

【知识点】

想象竞合犯

【问题】

在邻居种植的丝瓜里注射有毒物质,致邻居食用后死亡,属于何种罪数形态?

【基本案情】

被告人陈某娟与被害人陆某英系邻居。2002 年 7 月下旬,两人因修路及其他琐事多次发生口角并相互谩骂,陈某娟遂怀恨在心,决意报复。2002 年 7 月 25 日晚 9 时许,陈某娟找来一支注射器,从家中的甲胺磷农药瓶中抽取半针筒甲胺磷农药后,潜行至陆某英家门前丝瓜棚处,将农药打入瓜藤上所结的多条丝瓜中。次日晚,陆某英及其外孙女黄某花食用了被注射甲胺磷农药

---

① 本案例根据《刑事审判参考》指导案例第 276 号:陈美娟投放危险物质案编写。

的丝瓜后,出现上吐下泻等中毒症状。黄某花经抢救后脱险;陆某英在被送往医院抢救后,因甲胺磷农药中毒引发糖尿病高渗性昏迷低钾血症,医院仅以糖尿病和高血压症进行救治,陆某英因抢救无效死亡。

【处理结果】

南通市中级人民法院一审判决,被告人陈某娟犯投放危险物质罪,判处死刑,缓期2年执行,剥夺政治权利终身。

宣判后,被告人陈某娟及附带民事诉讼原告人没有上诉,检察机关没有抗诉。经江苏省高级人民法院核准后,判决生效。

【相关法条】

1.《刑法》第114条[放火罪、决水罪、爆炸罪、投放危险物质罪、以危险方法危害公共安全罪之一]:放火、决水、爆炸以及投放毒害性、放射性、传染病病原体等物质或者以其他危险方法危害公共安全,尚未造成严重后果的,处三年以上十年以下有期徒刑。

2.《刑法》第115条第1款[放火罪、决水罪、爆炸罪、投放危险物质罪、以危险方法危害公共安全罪之二]:放火、决水、爆炸以及投放毒害性、放射性、传染病病原体等物质或者以其他危险方法致人重伤、死亡或者使公私财产遭受重大损失的,处十年以上有期徒刑、无期徒刑或者死刑。

3.《刑法》第232条[故意杀人罪]:故意杀人的,处死刑、无期徒刑或者十年以上有期徒刑;情节较轻的,处三年以上十年以下有期徒刑。

【简要评析】

想象竞合犯是指行为人实施一个犯罪行为,但却触犯数个罪名的罪数形态。对于想象竞合犯,一般按照从一重处断的原则处理。

本案中,被告人陈某娟向丝瓜中注射农药的最初目的和直接故意是报复杀害特定对象陆某英,此行为触犯故意杀人罪。但是,这些丝瓜虽主要用于自家食用,亦不排除被左邻右舍摘食,或者被用来招待客人,甚至有可能拿到市场上进行出售,因此,在丝瓜中注射有毒物质,就可能危及或者危害到不特定公众的生命、健康安全,陈某娟对此危害结果的发生持放任的心态,因而其行为也符合投放危险物质罪的犯罪构成。综上可见,陈某娟在邻居丝瓜中注射有毒物质的行为同时触犯故意杀人罪和投放危险物质罪两个罪名,属于想象竞合犯。投放危险物质罪与故意杀人罪的法定最高刑相同,但投放危险物质罪的法定最低刑更高,故按照从一重处断的原则,应当对其以投放危险物质罪论处。

案例 133　肖某泉辩护人妨害作证案①

【知识点】

法条竞合犯

【问题】

妨害作证罪与辩护人妨害作证罪的关系如何?

【基本案情】

2004 年 9 月 3 日凌晨,梅某宝伙同刘某等人对阳某实施强奸。公安机关将梅某宝、刘某抓获归案。同年 9 月 20 日,梅某宝的家属聘请被告人肖某泉作为梅某宝的辩护人。同年 11 月初至 11 月 13 日期间,被告人肖某泉两次伙同被告人梅某琴(梅某宝的姐姐)等人与阳某见面,并以支付人民币 3000 元精神补偿费(已支付 1500 元)的手段诱使阳某违背事实作虚假陈述,意图使梅某宝无罪释放。2004 年 11 月 13 日,被告人肖某泉与另一名律师对阳某作了一份调查笔录。在该份笔录中,阳某作了虚假陈述,称其是自愿和梅某宝发生性关系,并在接受人民法院庭审询问时,对刘某、梅某宝强奸的事实作了虚假陈述。后经公安机关补充侦查,查明阳某系在收取梅某宝家属费用的情况下改变陈述。经审理,一审法院于 2005 年 7 月以强奸罪判处梅某宝有期徒刑

---

① 本案例根据《刑事审判参考》指导案例第 444 号:肖芳泉辩护人妨害作证案编写。

10年。

【处理结果】

赣州市章贡区人民法院一审认为,被告人肖某泉构成妨害作证罪,判处其有期徒刑1年6个月。

宣判后,被告人肖某泉提出上诉。赣州市中级人民法院二审改判:肖某泉犯辩护人妨害作证罪,判处有期徒刑1年。梅某琴犯妨害作证罪,免予刑事处罚。

【相关法条】

1.《刑法》第306条第1款[辩护人、诉讼代理人毁灭证据、伪造证据、妨害作证罪]:在刑事诉讼中,辩护人、诉讼代理人毁灭、伪造证据,帮助当事人毁灭、伪造证据,威胁、引诱证人违背事实改变证言或者作伪证的,处三年以下有期徒刑或者拘役;情节严重的,处三年以上七年以下有期徒刑。

2.《刑法》第307条第1款[妨害作证罪]:以暴力、威胁、贿买等方法阻止证人作证或者指使他人作伪证的,处三年以下有期徒刑或者拘役;情节严重的,处三年以上七年以下有期徒刑。

【简要评析】

一般认为,法条竞合犯是指一个行为触犯了两个具有包容关系的法条的情形。对于法条竞合犯一般适用特别法条优于普通法条的原则进行处理,有些情况下,适用重法优于轻法的原则。

辩护人在刑事诉讼中,威胁、引诱证人作伪证,既触犯了妨害作证罪,又触犯了辩护人妨害作证罪,由于行为人只实施了一个行为,而触犯的这两个罪名的法条在内容上存在着包容与被包容的关系,因而属于法条竞合。规定妨害作证罪的法条是普通法条,规定辩护人妨害作证罪的法条是特别法条,按照特别法优于普通法的处理原则,对这种情况下的行为人应按照辩护人妨害作证罪定罪处罚。另外,根据《刑法》第306条的规定,对辩护人、诉讼代理人妨害作证罪中的"证人"应作广义的理解,被害人可以成为证人。

本案中,被告人肖某泉在刑事诉讼中,作为梅某宝的辩护人,明知其实施了犯罪行为,却违反刑事诉讼法的规定,擅自向被害人调查取证,并贿买被害人作虚假陈述,妨害了国家司法机关对重大刑事案件诉讼的正常处理,意图使梅某宝逃避刑事处罚,其行为同时符合关于妨害作证罪和辩护人妨害作证罪的两个法条的规定。但鉴于这两个法条之间存在竞合关系,因而根据特别法优于普通法的原则,对肖某泉应以辩护人妨害作证罪定罪处罚。梅某琴不具有辩护人身份,其诱使证人作伪证的行为构成妨害作证罪。

需要说明的是,对于法条竞合犯的概念、类型与认定条件,理论界还存在不少争议,需要进一步深化研究。

案例134　马某爵故意杀人案①

【知识点】

连续犯

【问题】

连续杀害4人,如何认定其罪数形态?

【基本案情】

被告人马某爵系某大学学生。2004年2月上旬,马某爵与同学为琐事争执,决意杀害同学邵某杰、杨某红、龚某,因担心同宿舍的唐某李妨碍其作案,决定将4人一起杀害。2004年2月13日至15日,马某爵采用铁锤打击头部的同一犯罪手段,将唐某李等4人逐一杀害,并将尸体藏匿于衣柜内。作案后,马某爵逃跑,经公安部通缉,2004年3月15日晚被三亚市公安机关抓获归案。

---

① 本案例根据《马加爵一审被判死刑 绝不从轻发落》编写。资料来源:搜狐网(http://news.sohu.com/2004/04/25/44/news219944484.shtml)。

【处理结果】

昆明市中级人民法院一审判决：被告人马某爵犯故意杀人罪，判处死刑，剥夺政治权利终身。

宣判后，被告人马某爵在法定期限内没有提出上诉。判决经最高人民法院核准后生效。

【相关法条】

《刑法》第232条［故意杀人罪］：故意杀人的，处死刑、无期徒刑或者十年以上有期徒刑；情节较轻的，处三年以上十年以下有期徒刑。

【简要评析】

根据刑法罪数理论，连续犯是指行为人基于数个同一或概括的犯罪故意，连续多次实施数个性质相同的犯罪行为，触犯同一罪名的犯罪形态。对于连续犯一般按照一罪从重论处，而不实行数罪并罚。

本案中，被告人马某爵基于数个同一的杀人故意，连续4次实施4个性质相同的杀人行为，触犯同一罪名，属于连续犯。对于连续犯，一般按照一罪论处，因而马某爵虽然数次实施故意杀人行为，但只构成故意杀人一罪，而不实行数罪并罚。

案例135 曾某强故意伤害致死案①

【知识点】

结果加重犯

【问题】

故意伤害他人致人死亡，如何处罚？

① 本案例根据广东省高级人民法院(2018)粤刑终1189号刑事裁定书编写。

【基本案情】

被告人曾某强认为陈某欠其13000元,多次找陈某及其家人还钱未果。2017年10月13日凌晨,曾某强携带一把水果刀,寻找陈某未果。次日凌晨,曾某强到陈某母亲孙某开的糖水店处,斥责孙某管教无方,并让孙某代陈某还钱,孙某不予理睬。曾某强拿出水果刀朝孙某臀部捅了一刀后逃离现场,孙某经送医院抢救无效于2017年10月28日死亡。经鉴定,孙某符合被锐器刺伤右臀部贯通腹腔致肠穿孔,引起感染性休克死亡。

【处理结果】

湛江市中级人民法院一审认定,被告人曾某强犯故意伤害罪,判处有期徒刑10年。

宣判后,曾某强不服判决,提出上诉。广东省高级人民法院二审裁定:驳回上诉,维持原判。

【相关法条】

《刑法》第234条[故意伤害罪]:故意伤害他人身体的,处三年以下有期徒刑、拘役或者管制。

犯前款罪,致人重伤的,处三年以上十年以下有期徒刑;致人死亡或者以特别残忍手段致人重伤造成严重残疾的,处十年以上有期徒刑、无期徒刑或者死刑。本法另有规定的,依照规定。

【简要评析】

根据刑法罪数理论,结果加重犯是指行为人实施基本犯罪构成要件的行为,发生基本犯罪构成要件以外的重结果,刑法规定加重刑罚的罪数形态。结果加重犯的成立条件为:行为人对基本犯罪和加重结果均有犯意,行为与危害结果之间具有因果关系,而且刑法对加重结果规定了更加严重的法定刑。因行为人只实施了一个危害行为,结果加重犯仅成立一罪,不实行数罪并罚。

本案中,被告人曾某强对孙某实施了故意伤害行为,但出现了孙某死亡的严重结果,行为人对该结果至少存在过失,且刑法为故意伤害致人死亡这一加重结果规定了更加严重的法定刑,因而被告人曾某强的行为属于故意伤害罪的结果加重犯,按照《刑法》第234条第2款的规定,应该在10年以上有期徒刑、无期徒刑、死刑的法定刑档次内判处刑罚。

案例136　胡某某虐待案①

【知识点】

结果加重犯

【问题】

虐待被害人,致其为躲避而摔死,是否成立结果加重犯?

【基本案情】

曹某某(6岁)系被告人胡某某次女。2019年2月至4月期间,胡某某照顾曹某某日常生活、学习中,经常因曹某某"尿裤子""不听话""不好好写作业"等以罚跪、"蹲马步"等方式体罚曹某某,并多次使用苍蝇拍把手、衣撑、塑料拖鞋等殴打曹某某。2019年4月2日7时许,胡某某又因曹某某尿裤子对其进行责骂,并使用塑料拖鞋殴打曹某某。后胡某某伸手去拉曹某某,曹某某后退躲避,从二楼楼梯口处摔下,经抢救无效死亡。经检验,曹某某头部、面部、背臀部、胸腹部及四肢等多处表皮剥脱、伴皮下出血。

【处理结果】

2020年1月6日,淮滨县人民法院以虐待罪判处胡某某有期徒刑4年6个月。一审宣判后,胡某某未上诉。判决发生法律效力。

---

① 本案例根据最高人民检察院发布的"依法惩治家庭暴力犯罪典型案例"案例二:胡某某虐待案编写。

【相关法条】

《刑法》第 260 条第 1 款、第 2 款 [虐待罪]：虐待家庭成员，情节恶劣的，处二年以下有期徒刑、拘役或者管制。

犯前款罪，致使被害人重伤、死亡的，处二年以上七年以下有期徒刑。

【简要评析】

根据刑法罪数理论，结果加重犯是指行为人实施基本犯罪构成要件的行为，发生基本犯罪构成要件以外的重结果，刑法规定加重刑罚的罪数形态。因行为人只实施了一个危害行为，结果加重犯仅成立一罪，不实行数罪并罚。

本案中，被告人胡某某对被害人曹某某实施责骂、殴打、体罚等虐待行为，出现了被害人死亡的严重结果。该结果虽然不是虐待行为本身所导致，但是被害人的躲避后退是基于被告人的虐待行为产生的合理反应，因此，被害人摔死与被告人虐待行为之间具有因果关系，该死亡结果仍应归责于被告人，属于虐待"致使被害人重伤、死亡"。由于刑法为虐待致人死亡规定了更加严重的法定刑，被告人的行为成立虐待罪的结果加重犯，按照《刑法》第 260 条第 2 款的规定处罚，而不实行数罪并罚。

案例 137　徐某抢劫案①

【知识点】

结果加重犯

【问题】

在高速公路上持刀抢劫出租车司机，被害人下车呼救时被其他车辆撞击致死，是否属于结果加重犯？

---

① 本案例根据《刑事审判参考》指导案例第 818 号：徐伟抢劫案编写。

【基本案情】

被告人徐某准备抢劫出租车，其事先购置了水果刀和墨镜等作案工具，以乘车为名，于2011年4月29日晚7时30分许乘坐被害人朱某芳驾驶的出租车。当车行至沪宁高速公路河阳段时，徐某让朱某芳在应急车道上停车，随即在车内持水果刀顶住朱某芳胸部，对朱某芳实施抢劫，并致朱某芳的右侧肩部受伤，创腔5厘米，深达骨质。被害人朱某芳下车呼救时，被后方驶来的一辆汽车撞倒，经抢救无效死亡。徐某趁乱逃离现场。2011年11月24日，徐某被抓获归案，其劫得钱包一个，内有700余元。

【处理结果】

江苏省丹阳市人民法院一审判决：被告人徐某犯抢劫罪，判处有期徒刑14年6个月，剥夺政治权利4年。

宣判后，被告人徐某在法定期限内没有上诉，公诉机关亦未提出抗诉，判决发生法律效力。

【相关法条】

《刑法》第263条[抢劫罪]：以暴力、胁迫或者其他方法抢劫公私财物的，处三年以上十年以下有期徒刑，并处罚金；有下列情形之一的，处十年以上有期徒刑、无期徒刑或者死刑，并处罚金或者没收财产：

……

（五）抢劫致人重伤、死亡的；

……

【简要评析】

根据刑法罪数理论，结果加重犯的成立要求行为人对基本犯罪和加重结果均有犯意，行为与危害结果之间具有因果关系，而且刑法对加重结果规定了更加严重的法定刑。因行为人只实施了一个危害行为，结果加重犯仅成立一罪,不实行数罪并罚。

本案中,首先,被告人徐某预谋对被害人朱某芳实施抢劫行为,且对被害人朱某芳死亡结果的发生具有现实预见性。被告人徐某选择夜晚在全封闭的高速公路上持刀抢劫,刺伤了被害人朱某芳,徐某应当预见到朱某芳极有可能会下车呼救,而被高速公路上高速行驶的来往车辆撞死。其次,虽然被害人的死亡是被其他车辆所撞导致的,但在夜晚的高速公路上,其他车辆驾驶员无法预料突然有人闯入行车道,该撞人行为属于通常的介入因素,异常性小,朱某芳被其他车辆撞死并不能中断被告人徐某抢劫与被害人死亡结果之间的因果关系,被害人死亡应认定为抢劫的结果。由于《刑法》第263条第5项为抢劫致人死亡规定了更高的法定刑,因而被告人徐某的罪数形态属于抢劫罪的结果加重犯,依法应在10年以上有期徒刑、无期徒刑、死刑的法定刑范围内判处刑罚。

案例138　岳某侮辱案①

【知识点】

结果加重犯

【问题】

公然侮辱他人,贬损他人人格、破坏他人名誉,导致被害人自杀,是否构成结果加重犯?

【基本案情】

被告人岳某与被害人张某(女)系同村村民,二人自2014年开始交往。交往期间,岳某多次拍摄张某裸露身体的照片和视频。2020年2月,张某与岳某断绝交往。岳某为报复张某及其家人,在自己的微信朋友圈、某短视频平台散布二人交往期间拍摄的张某的裸体照片、视频,并发送给张某的家人。后岳某

---

① 本案例根据最高人民检察院指导性案例第138号:岳某侮辱案编写。

的短视频平台账号因张某举报被封号。2020年5月,岳某再次申请账号,继续散布张某的上述视频及写有侮辱性文字的张某照片,浏览量600余次。上述侮辱信息在当地迅速扩散、发酵,造成恶劣社会影响。同时,岳某还多次通过电话、微信骚扰、挑衅张某的丈夫。张某倍受舆论压力,最终不堪受辱服毒身亡。

【处理结果】

2020年12月3日,肃宁县人民法院以侮辱罪判处岳某有期徒刑2年8个月。

判决宣告后,岳某未提出上诉,判决发生法律效力。

【相关法条】

《刑法》第246条[侮辱罪、诽谤罪]:以暴力或者其他方法公然侮辱他人或者捏造事实诽谤他人,情节严重的,处三年以下有期徒刑、拘役、管制或者剥夺政治权利。

前款罪,告诉的才处理,但是严重危害社会秩序和国家利益的除外。

通过信息网络实施第一款规定的行为,被害人向人民法院告诉,但提供证据确有困难的,人民法院可以要求公安机关提供协助。

【简要评析】

侮辱罪是指公然侮辱他人,贬损他人人格、破坏他人名誉,情节严重的行为。本罪只有在"情节严重"的情况下,才能够成立。

本案中,被告人岳某在自己的微信朋友圈、短视频平台散布张某的裸体照片、视频,并将其发送给张某的家人,公然贬损张某人格、破坏其名誉,致张某自杀,情节严重,应当以侮辱罪追究其刑事责任。

需要注意的是,尽管岳某的侮辱行为导致张某自杀死亡,但由于刑法并没有为侮辱致人死亡规定更加严重的法定刑,因而岳某侮辱致使张某自杀死亡,并不构成结果加重犯。张某因被侮辱而自杀可以作为岳某侮辱行为"情节严重"的表现,据此追究岳某侮辱罪的刑事责任。

案例139　袁某彦编造虚假恐怖信息案①

【知识点】

牵连犯

【问题】

为敲诈勒索而编造虚假恐怖信息的行为如何定罪处罚?

【基本案情】

被告人袁某彦因经济拮据,意图通过编造爆炸威胁的虚假恐怖信息勒索钱财。2005年1月24日14时许,袁某彦拨打上海太平洋百货有限公司徐汇店的电话,编造已经放置炸弹的虚假恐怖信息,以不给钱就在商场内引爆炸弹自杀相威胁,要求该店在1小时内向其指定账户内汇款人民币5万元。该店即报警,并进行人员疏散。接警后,公安机关启动防爆预案,出动警力300余名对商场进行安全排查。袁某彦的行为造成上海太平洋百货有限公司徐汇店暂停营业3个半小时。2005年1月25日10时许,袁某彦拨打福州市新华都百货商场的电话,称已在商场内放置炸弹,要求该商场在半小时内将人民币5万元汇入其指定账户。接警后,公安机关出动大批警力进行人员疏散、搜爆检查,并对现场及周边地区实施交通管制。2005年1月27日,袁某彦采用类似手段分别对上海市铁路局春运办公室、广州市天河城百货有限公司、深圳市天虹商场、南宁市百货商场实施敲诈,导致相关场所人员恐慌、秩序混乱,并造成无谓出警多次。

【处理结果】

上海市第二中级人民法院一审判决:被告人袁某彦犯编造虚假恐怖信息

---

① 本案例根据最高人民检察院指导性案例第11号:袁才彦编造虚假恐怖信息案编写。

罪,判处有期徒刑12年,剥夺政治权利3年。

宣判后,被告人袁某彦不服,提出上诉。上海市高级人民法院二审裁定:驳回上诉,维持原判。

【相关法条】

1.《刑法》第274条 [敲诈勒索罪]:敲诈勒索公私财物,数额较大或者多次敲诈勒索的,处三年以下有期徒刑、拘役或者管制,并处或者单处罚金;数额巨大或者有其他严重情节的,处三年以上十年以下有期徒刑,并处罚金;数额特别巨大或者有其他特别严重情节的,处十年以上有期徒刑,并处罚金。

2.《刑法》第291条之一第1款 [投放虚假危险物质罪,编造、故意传播虚假恐怖信息罪]:投放虚假的爆炸性、毒害性、放射性、传染病病原体等物质,或者编造爆炸威胁、生化威胁、放射威胁等恐怖信息,或者明知是编造的恐怖信息而故意传播,严重扰乱社会秩序的,处五年以下有期徒刑、拘役或者管制;造成严重后果的,处五年以上有期徒刑。

【简要评析】

牵连犯是指行为人实施数个行为,但行为之间具有目的与手段,或者原因与结果关系的情形。除法律有特别规定外,对牵连犯一般按照从一重处断的原则处理。

本案中,被告人袁某彦为勒索钱财故意编造爆炸威胁等虚假恐怖信息,严重扰乱社会秩序,其行为已构成编造虚假恐怖信息罪和敲诈勒索罪,但两罪之间具有目的与手段的牵连关系,因而属于牵连犯。对这种牵连犯,法律无明确的处罚规定,按照从一重处断原则进行处理。由于编造虚假恐怖信息罪的法定刑更重,因而被告人袁某彦被认定为编造虚假恐怖信息罪。

案例140　曾某亮等破坏计算机信息系统案①

【知识点】

牵连犯

【问题】

通过破坏计算机信息系统的方法实施敲诈勒索的行为如何定罪处罚？

【基本案情】

2016年10月至11月，被告人曾某亮与王某生结伙或者单独使用聊天社交软件，冒充年轻女性与被害人聊天，谎称自己的苹果手机因故障无法登录"iCloud"（云存储），请被害人代为登录，诱骗被害人先注销其苹果手机上原有的ID，再使用被告人提供的ID及密码登录。随后，曾某亮、王某生立即在电脑上使用新的ID及密码登录苹果官方网站，利用苹果手机相关功能修改被害人的手机设置，并使用"密码保护问题"修改该ID的密码，从而远程锁定被害人的苹果手机。曾某亮、王某生再在其个人电脑上，用网络聊天软件与被害人联系，以解锁为条件索要钱财。采用这种方式，曾某亮单独或合伙作案共21起，索得合计人民币7290元；王某生参与作案12起，索得合计人民币4750元。2016年11月24日，二人被公安机关抓获。

【处理结果】

2017年1月20日，海安县人民法院作出一审判决，认定被告人曾某亮、王某生的行为构成破坏计算机信息系统罪，分别判处有期徒刑1年3个月、有期徒刑6个月。

宣判后，二被告人未上诉，判决已生效。

---

① 本案例根据最高人民检察院指导性案例第35号：曾兴亮、王玉生破坏计算机信息系统案编写。

【相关法条】

1.《刑法》第286条第1款 [破坏计算机信息系统罪]：违反国家规定，对计算机信息系统功能进行删除、修改、增加、干扰，造成计算机信息系统不能正常运行，后果严重的，处五年以下有期徒刑或者拘役；后果特别严重的，处五年以上有期徒刑。

2.《刑法》第274条 [敲诈勒索罪]：敲诈勒索公私财物，数额较大或者多次敲诈勒索的，处三年以下有期徒刑、拘役或者管制，并处或者单处罚金；数额巨大或者有其他严重情节的，处三年以上十年以下有期徒刑，并处罚金；数额特别巨大或者有其他特别严重情节的，处十年以上有期徒刑，并处罚金。

【简要评析】

牵连犯是指行为人实施数个行为，但行为之间具有目的与手段，或者原因与结果关系的情形。对牵连犯，除法律有特别规定外，一般按照从一重处断的原则处理。

本案中，首先，被告人曾某亮与王某生通过修改被害人手机的登录密码，远程锁定被害人的智能手机设备，使之成为无法开机的"僵尸机"，属于对计算机信息系统功能进行修改、干扰的行为。造成多台智能手机系统不能正常运行，符合《刑法》第286条第1款中"对计算机信息系统功能进行修改、干扰""后果严重"的情形，构成破坏计算机信息系统罪。

其次，被告人曾某亮、王某生采用非法手段锁定手机后，以解锁为条件索要钱财，在数额较大或多次敲诈的情况下，其目的行为又构成敲诈勒索罪。手段行为构成的破坏计算机信息系统罪与目的行为构成的敲诈勒索罪之间成立牵连犯。牵连犯在法无明文规定的情况下，一般从一重罪处断。破坏计算机信息系统罪后果严重的，法定刑为5年以下有期徒刑或者拘役；敲诈勒索罪在数额较大或者多次敲诈勒索的情况下，法定刑为3年以下有期徒刑、拘役或管制，并处或者单处罚金。根据从一重处断的原则，本案应以重罪即破坏计算机信息系统罪论处。

案例141　赵某铃等盗窃案①

【知识点】

牵连犯

【问题】

网管员非法侵入单位的检售票系统修改门票数据并获取门票收益的行为,如何定罪处罚?

【基本案情】

被告人赵某铃系浙江省东阳市横店影视城有限公司网管员。2011年,赵某铃通过PE光盘启动横店影视城有限公司网络部开发组组长骆某某的电脑,盗取了公司检售票系统源程序和服务器密码。2012年6月至7月,赵某铃在其笔记本电脑上编写程序,秘密侵入横店影视城有限公司检售票系统,修改梦幻谷景区门票数据,将允许进入人数从一人改成多人,遂产生以此盗取门票收益的想法,赵某铃与妻子章某菲商议、试验并获成功。后赵某铃通过章某菲、金某寻找客源,章某菲让被告人周某成为其组织客源,金某让被告人周某成、胡某兵、单某进为其组织客源。章某菲、金某等人先以195元的价格购买一张一人次的梦幻谷原始电子门票卡,由赵某铃侵入检售票系统,将相应卡号的允许进入人数修改为6—8人,再由周某成、胡某兵、单某进组织客源进入景区。经查,2012年7月至8月期间,赵某铃、章某菲改卡20余张,赵某铃、金某改卡20余张,周某成、胡某兵、单某进在明知赵某铃、章某菲、金某的梦幻谷电子门票为非法修改的门票后,仍积极组织客源,盗取门票收益。其中,赵某铃参与盗窃数额为42000余元,其他人的盗窃数额为21000元至5000余元不等。

---

① 本案例根据《刑事审判参考》指导案例第1202号:赵宏铃等盗窃案编写。

【处理结果】

东阳市人民法院一审认定,被告人赵某铃犯盗窃罪,考虑到其有坦白、认罪认罚等情节,判处有期徒刑1年2个月,并处罚金人民币1万元。其他人也被以盗窃罪判处相应刑罚。

宣判后,各被告人均未提出上诉,检察机关未抗诉,判决发生法律效力。

【相关法条】

1.《刑法》第264条[盗窃罪]:盗窃公私财物,数额较大的,或者多次盗窃、入户盗窃、携带凶器盗窃、扒窃的,处三年以下有期徒刑、拘役或者管制,并处或者单处罚金;数额巨大或者有其他严重情节的,处三年以上十年以下有期徒刑,并处罚金;数额特别巨大或者有其他特别严重情节的,处十年以上有期徒刑或者无期徒刑,并处罚金或者没收财产。

2.《刑法》第286条第1款、第2款[破坏计算机信息系统罪]:违反国家规定,对计算机信息系统功能进行删除、修改、增加、干扰,造成计算机信息系统不能正常运行,后果严重的,处五年以下有期徒刑或者拘役;后果特别严重的,处五年以上有期徒刑。

违反国家规定,对计算机信息系统中存储、处理或者传输的数据和应用程序进行删除、修改、增加的操作,后果严重的,依照前款的规定处罚。

3.《刑法》第287条:利用计算机实施金融诈骗、盗窃、贪污、挪用公款、窃取国家秘密或者其他犯罪的,依照本法有关规定定罪处罚。

【简要评析】

按照刑法罪数理论,行为人实施数个行为,但数行为之间存在目的与手段,或者原因与结果关系的,应当属于牵连犯。对于牵连犯,如果刑法有规定,按照刑法的规定处理。如果刑法没有规定的,从一重处断。

本案中,被告人赵某铃系横店影视城有限公司的网管员,其非法侵入公司检售票系统,故意对景区门票数据进行修改,将允许进入人数从一人改为多人,是一种针对计算机数据进行非法操作,使相应的数据被更改的行为,构成《刑法》第286条第2款规定的破坏计算机信息系统罪。被告人赵某铃以非法占有为目的,采用秘密手段非法侵入公司检售票系统,修改门票数据,窃取公司数额巨大的景区门票收益,还涉嫌触犯盗窃罪。破坏计算机信息系统和盗窃之间具有手段和目的的关系,属于牵连犯,根据《刑法》第287条的规定,利用计算机实施盗窃的行为,应该认定为盗窃罪。由于刑法有明确规定,不再考虑从一重处断,直接按照刑法的规定处理即可。

案例142 杨某等伪造货币案[①]

【知识点】

吸收犯

【问题】

伪造并出售自己伪造的货币,该如何定罪?

【基本案情】

被告人杨某、欧某共谋伪造货币出售牟利。欧某出资1万元,由杨某购买了伪造货币的相关设备和原材料,然后按照从网上学习的伪造货币技术,在欧某的租住房内开始伪造人民币。经过一个多月的调试后,杨某终于伪造出第五版券别100元的人民币。2017年10月至11月期间,欧某分4次将伪造的共100万元人民币出售给被告人卓某荣,获利共6万元,扣除成本后,余款被杨某、欧某平分。被告人卓某荣购得假币后,因假币质量差,不能使用,又害怕被查获,遂分几次将购买的假币全部烧毁。

[①] 本案例根据贵州省黔东南苗族侗族自治州中级人民法院(2020)黔26刑终113号刑事判决书编写。

【处理结果】

凯里市人民法院一审判决：被告人杨某和欧某犯伪造货币罪，分别判处二人有期徒刑10年，并处罚金7万元和有期徒刑7年，并处罚金人民币6万元；被告人卓某荣犯购买假币罪，判处有期徒刑6年，并处罚金人民币6万元。

宣判后，凯里市人民检察院认为对被告人欧某判处刑罚过轻，提出抗诉。贵州省黔东南苗族侗族自治州中级人民法院二审改判，被告人欧某犯伪造货币罪，判处有期徒刑10年，并处罚金人民币6万元，维持一审法院其他判决。

【相关法条】

1.《刑法》第170条 [伪造货币罪]：伪造货币的，处三年以上十年以下有期徒刑，并处罚金；有下列情形之一的，处十年以上有期徒刑或者无期徒刑，并处罚金或者没收财产：

（一）伪造货币集团的首要分子；

（二）伪造货币数额特别巨大的；

（三）有其他特别严重情节的。

2.《刑法》第171条第1款 [出售、购买、运输假币罪]：出售、购买伪造的货币或者明知是伪造的货币而运输，数额较大的，处三年以下有期徒刑或者拘役，并处二万元以上二十万元以下罚金；数额巨大的，处三年以上十年以下有期徒刑，并处五万元以上五十万元以下罚金；数额特别巨大的，处十年以上有期徒刑或者无期徒刑，并处五万元以上五十万元以下罚金或者没收财产。

【简要评析】

根据刑法罪数理论，吸收犯是指行为人实施数个犯罪行为，因其所符合的犯罪构成之间具有特定的依附关系，从而导致其他犯罪被一个犯罪所吸收，并对行为人仅以吸收之罪论处的罪数形态。其特征在于：（1）数个行为必须基于一个犯意，即为了实现一个犯罪目的而实施数个犯罪行为；（2）行为侵犯的是同一或相同的犯罪客体，指向同一的具体犯罪对象。对待吸收犯，一般按照重罪吸收轻罪、实行行为吸收预备行为的原则,仅成立吸收之罪,不实行数罪并罚。

本案中,被告人杨某、欧某既有伪造货币的行为,也有出售自己伪造的货币的行为,两个行为均已经成立独立的犯罪。但其伪造行为和出售行为侵犯的是同一客体,指向同一个对象,即货币,且主观上基于一个获取非法利益的目的,因而属于吸收犯。由于伪造货币罪的法定刑更高,因而对二人只认定为伪造货币罪,对于其出售假币的行为,由于被吸收,则不予论处。

第十二章　刑事责任

案例143　聂某斌无罪案①

【知识点】

无罪、无刑事责任

【问题】

无罪的人能否承担刑事责任？

【基本案情】

1994年8月10日上午，康某东向公安机关报案称其女儿康某某失踪。同日下午，康某某的连衣裙和内裤在一片玉米地边被发现。1994年8月11日11时30分许，康某某的尸体在该玉米地里被发现。经公安机关侦查，认定康某某系被聂某斌强奸杀害。

【处理结果】

1995年3月15日，石家庄市中级人民法院一审判决：聂某斌犯故意杀人罪，判处死刑，剥夺政治权利终身；犯强奸妇女罪，判处死刑，剥夺政治权利终身。决定执行死刑，剥夺政治权利终身。

---

① 本案例根据《最高人民法院再审改判聂树斌无罪》编写。资料来源：最高人民法院网站(https://www.court.gov.cn/zixun-xiangqing-32091.html)。

聂某斌不服判决,提出上诉。河北省高级人民法院二审认定聂某斌犯强奸妇女罪,改判有期徒刑15年。与故意杀人罪并罚,决定执行死刑,剥夺政治权利终身。1995年4月27日,聂某斌被执行死刑。其后,聂某斌家人一直提出申诉。

2014年12月12日,最高人民法院指令山东省高级人民法院对聂某斌案进行复查。2016年6月6日,最高人民法院决定依法提审该案。2016年12月2日,最高人民法院第二巡回法庭经审理后认为,原审认定事实不清、证据不足,不予确认,遂撤销原审判决,改判聂某斌无罪。

【相关法条】

1.《刑法》第232条 [故意杀人罪]:故意杀人的,处死刑、无期徒刑或者十年以上有期徒刑;情节较轻的,处三年以上十年以下有期徒刑。

2.第236条第1款 [强奸罪]:以暴力、胁迫或者其他手段强奸妇女的,处三年以上十年以下有期徒刑。

【简要评析】

刑事责任是指依据刑事法律规定和实际发生的犯罪事实而产生的,由代表国家的司法机关依法确认的,犯罪人因实施犯罪行为而应当承担的,以刑罚处罚、非刑罚处罚措施或者单纯有罪宣告等否定性评价为具体内容的法律责任。简言之,刑事责任是犯罪人应当承担的法律责任。犯罪是行为人承担刑事责任,进而受到刑罚处罚的前提。无犯罪不能令行为人承担刑事责任,更不能对行为人予以刑罚处罚。

聂某斌案中,原判据以定案的证据没有形成完整证据链,没有达到证据确实、充分的法定证明标准,也没有达到基本事实清楚、基本证据确凿的定罪要求。在案证据无法证明聂某斌构成强奸罪和故意杀人罪。无犯罪即无刑事责任,聂某斌不构成故意杀人罪和强奸罪,也就不应该承担相应的刑事责任,更不应该对其判处死刑。最高人民法院对聂某斌案进行纠正:判决聂某斌无罪。后聂某斌家属获得国家赔偿268万余元。

案例144 张某环无罪案①

【知识点】

无罪、无刑事责任

【问题】

无罪的人能否承担刑事责任？

【基本案情】

1994年10月24日，江西省进贤县凰岭乡某村两名未成年人张某荣、张某伟失踪。10月25日，张某荣、张某伟的尸体在村子附近的水库中被发现。经鉴定，张某荣、张某伟均为死后被抛尸入水。随后，同村的张某环被作为犯罪嫌疑人抓获。

【处理结果】

1995年1月26日，南昌市中级人民法院作出一审判决，认定张某环犯故意杀人罪，判处死刑，缓期2年执行，剥夺政治权利终身。

宣判后，张某环不服判决，提出上诉。江西省高级人民法院决定撤销原判，发回重审。南昌市中级人民法院经重审，于2001年11月7日判决认定，张某环犯故意杀人罪，判处死刑，缓期2年执行，剥夺政治权利终身。宣判后，张某环再次提出上诉。江西省高级人民法院驳回上诉，维持并核准原判。

裁判发生法律效力后，张某环向江西省高级人民法院提交了刑事申诉书。2020年7月9日，江西省高级人民法院公开开庭审理了本案。再审法院认为，原审据以定案的证据没有达到确实、充分的法定证明标准，认定张某环犯故意杀人罪的事实不清、证据不足，按照疑罪从无的原则，不能认定张某环有罪。

① 本案例根据《张玉环案26年后再审改判无罪，附判决书全文》编写。资料来源：搜狐网（https://www.sohu.com/a/411839623_120503518）。

遂作出改判,判决张某环无罪。

【相关法条】

《刑法》第232条[故意杀人罪]:故意杀人的,处死刑、无期徒刑或者十年以上有期徒刑;情节较轻的,处三年以上十年以下有期徒刑。

【简要评析】

刑事责任是犯罪人应当承担的法律责任。犯罪是行为人承担刑事责任,进而受到刑罚处罚的前提。无犯罪不能令行为人承担刑事责任,更不能对行为人予以刑罚处罚。

本案中,在案证据无法证明张某环实施了故意杀人的犯罪行为,因而不能令其承担相应犯罪的刑事责任,也不能令其接受刑罚处罚。经过再审,江西省高级人民法院对原判决进行纠正,改判张某环无罪。后张某环获国家赔偿金496万余元。

案例145 赵某涛等生产、销售伪劣产品案①

【知识点】

定罪判刑

【问题】

生产销售伪劣产品该承担何种刑事责任?

【基本案情】

2016年6月,赵某涛收购江苏省南通市某屠宰加工有限公司,主要经营活牛屠宰、牛肉加工和销售。2017年4月至2018年7月,赵某涛为牟取非法利

---

① 本案例根据最高人民检察院发布的"检察机关依法惩治制售假冒伪劣商品犯罪典型案例"案例二:赵某涛等人生产、销售伪劣产品案编写。

益,组织、指使被告人贾某银等人在屠宰活牛过程中,采用水管插入牛心注水的方式,增加牛肉重量,再由季某刚等工人分别对注水牛进行屠宰、加工。上述注水牛肉经赵某涛组织,由其子女赵某甲、赵某乙等人分销至上海市多家农贸市场。案发后,公安机关在屠宰现场当场查获2950斤注水牛肉。经审计,赵某涛等人生产、销售注水牛肉共计80余万公斤,销售金额近5000万元。

【处理结果】

2020年12月2日,上海铁路运输法院一审判决:被告人赵某涛犯生产、销售伪劣产品罪被判处有期徒刑15年,剥夺政治权利3年,并处没收个人财产2500万元,判处其他16名被告人有期徒刑1年6个月至12年不等,并处罚金。

一审判决后,部分被告人不服判决,提出上诉。2021年4月6日,上海市第三中级人民法院二审裁定:驳回上诉,维持原判。

【相关法条】

《刑法》第140条[生产、销售伪劣产品罪]:生产者、销售者在产品中掺杂、掺假,以假充真,以次充好或者以不合格产品冒充合格产品,……销售金额二百万元以上的,处十五年有期徒刑或者无期徒刑,并处销售金额百分之五十以上二倍以下罚金或者没收财产。

【简要评析】

依据刑法中的刑事责任理论,承担刑事责任的方式包括定罪判刑、定罪免刑、转移处理与消灭处理等。其中,定罪判刑是承担刑事责任最主要的方式。根据《刑法》第140条的规定,生产者、销售者在产品中掺杂、掺假,以不合格产品冒充合格产品,销售金额在200万元以上的,处15年有期徒刑或者无期徒刑,并处销售金额50%以上2倍以下罚金或者没收财产。

本案中,被告人赵某涛等人在牛肉中注水,然后进行销售的行为,属于在产品中掺杂行为,销售金额达5000万元,构成生产、销售伪劣产品罪,依法应该追究其刑事责任,并判处15年有期徒刑或无期徒刑,并处销售金额50%以上2倍以下罚金或者没收财产。据此,人民法院对赵某涛等人作出上述判决。

案例146　高某江危险驾驶案[①]

【知识点】

免予刑事处罚

【问题】

对于犯罪人,能否免予刑事处罚?

【基本案情】

2015年5月9日2时5分许,被告人高某江饮酒后驾驶小型轿车,与他人停放在路边的车辆发生碰撞,致两车不同程度受损。事故发生后,被告人高某江驾车驶离事故现场,后于当日被公安机关查获。经检测,其血样中酒精含量为122.54 mg/100 ml。事后,高某江认罪,积极赔偿被害人,取得被害人谅解。

【处理结果】

昆明市五华区人民法院一审判决:被告人高某江构成危险驾驶罪,判处拘役3个月,缓刑6个月,并处罚金人民币5000元。

宣判后,被告人不服,提出上诉。昆明市中级人民法院考虑到高某江系初犯、偶犯、有悔罪表现等,遂改判:高某江犯危险驾驶罪,免予刑事处罚。

【相关法条】

1.《刑法》第37条 [非刑罚性处置措施]:对于犯罪情节轻微不需要判处刑罚的,可以免予刑事处罚,但是可以根据案件的不同情况,予以训诫或者责令具结悔过、赔礼道歉、赔偿损失,或者由主管部门予以行政处罚或者行政处分。

---

① 本案例根据云南省昆明市中级人民法院(2015)昆刑终字第509号刑事判决书编写。

2.第133条之一第1款[危险驾驶罪]:在道路上驾驶机动车,有下列情形之一的,处拘役,并处罚金:

……

(二)醉酒驾驶机动车的;

……

【简要评析】

根据《刑法》第37条的规定,对于犯罪情节轻微不需要判处刑罚的,可以免予刑事处罚。可见,定罪免刑也是承担刑事责任的方式。

本案中,高某江醉酒驾驶机动车,构成危险驾驶罪,但其归案后,认罪悔罪、积极赔偿被害人经济损失,并且具有初犯、偶犯等从宽量刑情节,因而可以认定为《刑法》第37条规定的"犯罪情节轻微不需要判处刑罚"。法院对其行为认定为犯罪,免予刑事处罚是符合法律规定的。

需要注意的是,定罪免刑是承担刑事责任的一种方式,因此,虽然高某江被免于刑罚处罚,但其行为已经构成危险驾驶罪,其已经承担了刑事责任。

案例147　重庆公交车坠江案①

【知识点】

刑事责任消灭

【问题】

犯罪人死亡,刑事责任是否消灭?

【基本案情】

2018年10月28日9时35分,乘客刘某上了重庆市万州区22路公交车,其

---

① 本案例根据《重庆通报公交车坠江原因:乘客与司机互殴(全文)》编写。资料来源:新浪网(https://news.sina.com.cn/c/2018-11-02/doc-ihmutuea6238882.shtml)。

目的地为壹号家居馆站。由于道路维修改道,22路公交车不再行经壹号家居馆站。当车行至南滨公园站时,驾驶员冉某提醒到壹号家居馆的乘客在此站下车,刘某未下车。当车继续行驶途中,刘某发现车辆已过自己的目的地站,要求下车,但该处无公交车站,驾驶员冉某未停车。这之后的5分多钟时间里,刘某与冉某发生了争吵、互殴行为,10时8分51秒,22路公交车与对向行驶的小车相撞后冲上路沿、撞断护栏坠江。事故共造成包括司机冉某和乘客刘某在内的15人死亡。

警方认定:乘客刘某和驾驶员冉某的互殴行为与危害后果具有刑法意义上的因果关系,两人的行为严重危害公共安全,已涉嫌以危险方法危害公共安全罪。

【处理结果】

因司机冉某和乘客刘某均已死亡,不追究二人的刑事责任,其刑事责任消灭。

【相关法条】

《刑事诉讼法》第16条:有下列情形之一的,不追究刑事责任,已经追究的,应当撤销案件,或者不起诉,或者终止审理,或者宣告无罪:

(一)情节显著轻微、危害不大,不认为是犯罪的;

(二)犯罪已过追诉时效期限的;

(三)经特赦令免除刑罚的;

(四)依照刑法告诉才处理的犯罪,没有告诉或者撤回告诉的;

(五)犯罪嫌疑人、被告人死亡的;

(六)其他法律规定免予追究刑事责任的

【简要评析】

犯罪是严重危害社会的行为,令犯罪人承担刑事责任是对其行为的否定,是罪责自负原则的体现。但是,如果出现《刑事诉讼法》第16条规定的事由,即不再追究被告人的刑事责任,其刑事责任归于消灭。因犯罪嫌疑人、被告人死亡,承担刑事责任的主体已经不存在,刑事责任消灭。

本案中,司机冉某和乘客刘某虽然涉嫌以危险方法危害公共安全罪,但因二人均已经死亡,故追究其刑事责任已经没有意义,因而依法不再追究其刑事责任,其刑事责任消灭。

第十三章　刑罚的类型

案例148　王某某容留他人吸毒案[1]

【知识点】

管制

【问题】

对容留吸食毒品,罪行较轻的犯罪人,适用何种刑罚?

【基本案情】

2018年9月某日、2019年2月某日、2019年3月某日,被告人王某某在自己家中提供毒品和吸毒工具,容留刘某吸食冰毒3次。后王某某经民警电话传唤到案。

【处理结果】

山东省青岛市市南区人民法院一审认定,被告人王某某构成容留他人吸毒罪,判处其管制1年,并处罚金人民币1000元。

宣判后,山东省青岛市市南区人民检察院认为量刑偏轻,提出抗诉。山东省青岛市中级人民法院二审裁定:驳回抗诉,维持原判。

---

[1] 本案例根据山东省青岛市中级人民法院(2021)鲁02刑终152号刑事裁定书编写。

【相关法条】

1.《刑法》第38条 [管制的期限与执行机关]:管制的期限,为三个月以上二年以下。

判处管制,可以根据犯罪情况,同时禁止犯罪分子在执行期间从事特定活动,进入特定区域、场所,接触特定的人。

对判处管制的犯罪分子,依法实行社区矫正。

违反第二款规定的禁止令的,由公安机关依照《中华人民共和国治安管理处罚法》的规定处罚。

2.《刑法》第354条 [容留他人吸毒罪]:容留他人吸食、注射毒品的,处三年以下有期徒刑、拘役或者管制,并处罚金。

【简要评析】

管制刑适用于犯罪情节较轻,人身危险性小,不需要关押,但需要限制其人身自由,实行社区矫正的犯罪分子。

本案中,王某某在2年内3次容留他人吸食毒品,其行为构成容留他人吸毒罪。但其犯罪情节较轻,人身危险性小,不予关押不至于危害社会,因而可以对其适用管制,通过社区矫正执行刑罚。

案例149 高某辉非法种植毒品原植物案①

【知识点】

禁止令

【问题】

对管制犯是否必须适用禁止令?

---

① 本案例根据河南省商丘市中级人民法院(2017)豫14刑终318号刑事判决书编写。

【基本案情】

2017年4月27日9时许,宁陵县公安局张弓派出所民警在巡逻时发现被告人高某辉在家中院子内非法种植毒品原植物罂粟1010株。

【处理结果】

宁陵县人民法院一审认为,高某辉的行为已构成非法种植毒品原植物罪。因高某辉犯罪时已满75周岁,且有坦白情节,可从轻处罚,遂依照《刑法》第38条第1款、第2款以及其他相关法律,判处高某辉管制6个月,并处罚金人民币1000元。

宣判后,宁陵县人民检察院认为,原判引用了《刑法》第38条第2款,但在判决结果中并未依照该条款对高某辉作出具体禁止事项,属适用法律错误,提出抗诉。河南省商丘市中级人民法院二审改判,依据《刑法》第38条第1款、第3款及其他相关法律的规定,以非法种植毒品原植物罪,维持对高某辉管制6个月,并处罚金人民币1000元的判决,增加判处高某辉在管制执行期间依法实行社区矫正。

【相关法条】

1.《刑法》第38条[管制的期限与执行机关]:管制的期限,为三个月以上二年以下。

判处管制,可以根据犯罪情况,同时禁止犯罪分子在执行期间从事特定活动,进入特定区域、场所,接触特定的人。

对判处管制的犯罪分子,依法实行社区矫正。

违反第二款规定的禁止令的,由公安机关依照《中华人民共和国治安管理处罚法》的规定处罚。

2.《刑法》第351条第1款[非法种植毒品原植物罪]:非法种植罂粟、大麻等毒品原植物的,一律强制铲除。有下列情形之一的,处五年以下有期徒刑、拘役或者管制,并处罚金:

（一）种植罂粟五百株以上不满三千株或者其他毒品原植物数量较大的；

（二）经公安机关处理后又种植的；

（三）抗拒铲除的。

【简要评析】

根据《刑法》第38条第2款的规定，判处管制，可以根据犯罪情况，同时禁止犯罪分子在执行期间从事特定活动，进入特定区域、场所，接触特定的人。可见，对判处管制的犯罪分子是否适用禁止令，需考虑具体犯罪情况。

本案中，高某辉年事已高，再犯可能性较小，且所种植的罂粟在被查获后已被铲除，没有造成其他危害后果，且其有坦白情节，认罪悔罪态度好，未达到必须宣告禁止令的程度，因此一审法院对其在判处管制的同时，没有判处禁止令是恰当的，但引用法律依据出现错误。《刑法》第38条第3款规定，对判处管制的犯罪分子应该依法实行社区矫正，这一条款应该作为判决的法律依据，故二审法院对此作了纠正。

案例150 张某焱危险驾驶案[①]

【知识点】

拘役

【问题】

危险驾驶，该如何处刑？

【基本案情】

2019年7月4日21时50分许，被告人张某焱酒后驾驶二轮摩托车，途经莆田市城厢区某路段时，被公安民警当场查获。经鉴定，被告人张某焱血样中的酒精含量为149.76 mg/100 ml，属于醉酒。被告人张某焱到案后，如实供述

---

① 本案例根据福建省莆田市中级人民法院(2019)闽03刑终577号刑事判决书编写。

自己的罪行。另查明,被告人张某焱有犯罪前科。

【处理结果】

莆田市城厢区人民法院一审认定,被告人张某焱犯危险驾驶罪,判处拘役20日,并处罚金人民币2000元。

一审宣判后,莆田市城厢区人民检察院抗诉称,原判对被告人张某焱判处拘役20日,违反《刑法》第42条的规定,系适用法律错误。福建省莆田市中级人民法院二审改判,被告人张某焱犯危险驾驶罪,判处拘役1个月5日,并处罚金人民币2000元。

【相关法条】

1.《刑法》第42条第1款 [拘役的期限]:拘役的期限,为一个月以上六个月以下。

2.《刑法》第133条之一第1款 [危险驾驶罪]:在道路上驾驶机动车,有下列情形之一的,处拘役,并处罚金:

……

(二)醉酒驾驶机动车的;

……

【简要评析】

根据《刑法》第42条的规定,拘役的期限应为1个月以上6个月以下。根据《刑法》第133条之一的规定,醉酒驾驶机动车构成危险驾驶罪,该罪的法定刑为拘役,并处罚金。

本案中,被告人张某焱血样中的酒精含量为149.76 mg/100 ml,超过了80 mg/100 ml的醉酒驾驶标准,因而其行为构成危险驾驶罪,依法应该在拘役1个月以上6个月以下判处刑罚。被告人张某焱有坦白情节,可酌情从轻处罚,但从轻处罚是在法定刑以内判处刑罚,一审法院突破拘役下限判处张某焱拘役20日,与《刑法》第42条的规定的拘役期限相违背。同时,由于被告人张某焱有犯罪前科,可酌情从重处罚。据此,二审法院改判其拘役1个月5日,并处罚金人民币2000元。

案例151 涂某通、万某玲帮助信息网络犯罪活动案①

【知识点】

有期徒刑

【问题】

明知他人从事网络犯罪活动,为其提供银行卡的行为,如何处罚?

【基本案情】

被告人涂某通系某大学在校学生,被告人万某玲作案时系某职业技术学校在校学生。2018年起,涂某通明知他人利用信息网络实施犯罪,为牟取非法利益,长期收购银行卡提供给他人使用。2018年,涂某通与万某玲通过兼职认识后,涂某通先后收购了万某玲的3套银行卡(含银行卡、U盾/K宝、身份证照片、手机卡),并让万某玲帮助其收购银行卡。2019年3月至2020年1月,万某玲为牟利,在明知银行卡被用于信息网络犯罪的情况下,以亲属开淘宝店需要用卡等理由,从4名同学处收购8套新注册的银行卡提供给涂某通,涂某通将银行卡出售给他人,这些银行卡被用于实施电信网络诈骗等违法犯罪活动。经查,共有21名电信网络诈骗被害人向万某玲出售的上述银行卡内转入人民币207万余元。

【处理结果】

2020年12月31日,江油市人民法院作出一审判决,以帮助信息网络犯罪活动罪判处涂某通有期徒刑1年4个月,并处罚金人民币1万元;判处万某玲

① 本案例根据最高人民检察院、教育部发布的"在校学生涉'两卡'犯罪典型案例"案例1:涂某通、万某玲帮助信息网络犯罪活动案编写。

有期徒刑10个月,并处罚金人民币5000元。

判决后,涂某通、万某玲未上诉,判决已生效。

【相关法条】

1.《刑法》第45条[有期徒刑的期限]:有期徒刑的期限,除本法第五十条、第六十九条规定外,为六个月以上十五年以下。

2. 刑法第287条之二第1款[帮助信息网络犯罪活动罪]:明知他人利用信息网络实施犯罪,为其犯罪提供互联网接入、服务器托管、网络存储、通讯传输等技术支持,或者提供广告推广、支付结算等帮助,情节严重的,处三年以下有期徒刑或者拘役,并处或者单处罚金。

【简要评析】

根据《刑法》第45条的规定,有期徒刑的刑期一般为6个月以上15年以下。本案中,被告人涂某通明知他人利用信息网络实施犯罪,为牟取非法利益,长期收购银行卡提供给他人使用。被告人万某玲不仅自己出售银行卡,还向别人收购银行卡,提供给涂某通,为诈骗犯罪分子提供支付结算帮助,二人行为情节严重,已经构成帮助信息网络犯罪活动罪。人民法院根据二人在共同犯罪中的作用,分别判处相应有期徒刑,并处罚金。

案例152　孙某铭危害公共安全案①

【知识点】

无期徒刑

【问题】

醉酒后驾车危害公共安全,如何定罪判刑?

---

① 本案例根据四川省高级人民法院(2009)川刑终字第690号刑事判决书编写。

【基本案情】

2008年12月14日中午,被告人孙某铭因为亲属祝寿而大量饮酒。当日17时许,孙某铭驾车从后面冲撞与其同向行驶的一辆比亚迪轿车尾部。其后,孙某铭继续驾车向前超速行驶,并违章越过道路中心黄色双实线,与对面车道正常行驶的多辆轿车发生碰撞擦刮,致张某某等4人死亡、1人重伤,造成公私财产损失共计5万余元。后孙某铭被交警抓获。经鉴定,事故发生时孙某铭驾驶速度约为136公里/小时,案发时其血液中的酒精含量为135.8 mg/100 ml。

另查明,孙某铭长期无证驾驶机动车,并有多次交通违法记录。案发后孙某铭及家人倾力赔偿被害人的经济损失,获得了被害人及其亲属的谅解。

【处理结果】

2009年7月,成都市中级人民法院一审判决:被告人孙某铭犯以危险方法危害公共安全罪,判处死刑,剥夺政治权利终身。

孙某铭不服判决,提出上诉。考虑到其真诚悔罪表现,2009年9月8日,四川省高级人民法院二审改判:孙某铭犯以危险方法危害公共安全罪,判处无期徒刑,剥夺政治权利终身。

【相关法条】

《刑法》第115条第1款 [放火罪、决水罪、爆炸罪、投放危险物质罪、以危险方法危害公共安全罪]:放火、决水、爆炸以及投放毒害性、放射性、传染病病原体等物质或者以其他危险方法致人重伤、死亡或者使公私财产遭受重大损失的,处十年以上有期徒刑、无期徒刑或者死刑。

【简要评析】

无期徒刑是剥夺犯罪分子终身自由的刑罚方法,是最严厉的自由刑。其适用对象是罪行极其严重,需要与社会永久隔离的罪犯。

本案中,孙某铭作为一名完全刑事责任能力人,明知无证驾驶机动车违反交通法规,醉酒后在车流量较大的城市市区公共道路上超限速驾驶会对不特定多数人的生命、健康安全造成极大威胁,但在发生一次撞击后仍在车辆、人群密集的路段驾车超限速越线行驶,以致发生连续撞击事故,造成4人死亡、1人重伤的严重后果。这说明孙某铭对可能会发生的严重危害公共安全的后果持放任态度,具有危害公共安全的间接故意,其行为已经构成以危险方法危害公共安全罪,对其依法应该在10年以上有期徒刑、无期徒刑或死刑的法定刑范围内判处刑罚。鉴于其有积极赔偿被害人的情节和悔罪表现,二审法院按照《刑法》第115条的规定,判处其无期徒刑。

案例153　龙某和强奸案①

【知识点】

死刑适用对象

【问题】

囚禁并强奸他人,是否能对其适用死刑?

【基本案情】

被告人龙某和在修建其住宅时,为强奸、囚禁女性,在卧室下挖一不透风、不见光的密室,并在墙上安装一铁环。2019年2月13日15时左右,龙某和驾车前往某镇,途中将独自站在路边等车的被害人龙某甲(女,16岁)骗上车,并借走龙某甲的手机。当车开进一条偏僻的农耕道时,龙某甲有所警觉并下车逃离,被龙某和追上拖进车进行殴打。后龙某甲被龙某和捆绑住双手,封住嘴,装进尼龙袋,带回自己家的密室,使用暴力将其奸淫。龙某和用铁链拴住龙某甲的颈部,并将铁链锁在墙上的铁环上。从次日起,龙某和采用语言威胁、持仿五四手枪(以火药为动力)和电击棍恐吓等手段,多次奸淫龙某甲,直

---

① 本案例根据最高人民法院龙喜和强奸死刑复核刑事裁定书编写。

至 2019 年 3 月 9 日,龙某和被民警抓获。经鉴定,龙某甲因外伤致双正中神经、双尺神经、双桡神经受损,构成轻伤二级。

【处理结果】

2020 年 3 月 19 日,湖南省湘西土家族苗族自治州中级人民法院一审认定,被告人龙某和犯强奸罪,判处死刑,剥夺政治权利终身;犯非法持有枪支罪,判处有期徒刑 2 年;数罪并罚,决定执行死刑,剥夺政治权利终身。

宣判后,被告人龙某和不服,提出上诉。湖南省高级人民法院二审裁定:驳回上诉,维持原判。经最高人民法院核准,龙某和被执行死刑。

【相关法条】

1.《刑法》第 48 条 [死刑的适用对象]:死刑只适用于罪行极其严重的犯罪分子。对于应当判处死刑的犯罪分子,如果不是必须立即执行的,可以判处死刑同时宣告缓期二年执行。

死刑除依法由最高人民法院判决的以外,都应当报请最高人民法院核准。死刑缓期执行的,可以由高级人民法院判决或者核准。

2.《刑法》第 128 条第 1 款 [非法持有、私藏枪支、弹药罪]:违反枪支管理规定,非法持有、私藏枪支、弹药的,处三年以下有期徒刑、拘役或者管制;情节严重的,处三年以上七年以下有期徒刑。

3.《刑法》第 236 条第 3 款 [强奸罪]:强奸妇女、奸淫幼女,有下列情形之一的,处十年以上有期徒刑、无期徒刑或者死刑:

(一)强奸妇女、奸淫幼女情节恶劣的;

……

【简要评析】

根据《刑法》第 48 条的规定,死刑只适用于罪行极其严重的犯罪分子。根据《刑法》第 236 条的规定,强奸罪是违背女性意愿,采用暴力、胁迫或者其他手段强行与其发生两性关系的行为。由于该行为严重侵犯了妇女的性自由权或幼女的身体健康权,因而在具备法定情节的情况下,依法可以对行为人判处死刑。

本案中,被告人龙某和为了强奸,事先修建密室,半路挟持少女,长期囚禁于密室,并持枪或电击棍恐吓,强行奸淫被害人龙某甲,致其轻伤,且精神受到严重摧残。被告人龙某和主观恶性极深,人身危险性极大,犯罪手段恶劣,罪行极其严重,社会危害性大,符合死刑适用条件,人民法院对其数罪并罚,判处死刑,剥夺政治权利终身是恰当的。

案例154　杜某平等故意杀人、故意伤害等案[①]

【知识点】

死刑立即执行、死刑缓期2年执行

【问题】

死刑立即执行与死刑缓期2年执行有何区别?

【基本案情】

2001年12月,被告人杜某平通过关系承包了湖南新晃一中操场土建工程,随后聘请被告人罗某忠等人管理。新晃一中则委派总务处邓某平、姚某英(病故)二人监督工程质量。在随后的施工过程中,杜某平多次偷工减料、虚报工程款,负责监工的邓某平多次因为工程质量问题不给杜某平签字,杜某平因此对邓某平怀恨在心。2003年1月22日,杜某平伙同罗某忠在工程指挥部办公室将邓某平杀害,当晚二人将邓某平的尸体埋在操场土坑内,第二天罗某忠指挥铲车将土坑填平。从此,邓某平"人间蒸发"。直到2019年6月,案件才有了重大突破,邓某平的尸体被从操场土坑中找到。另查明,杜某平等人还犯有故意伤害、寻衅滋事等其他罪行。

---

① 本案例根据《湖南怀化检察院:"操场埋尸案"起诉24人均被判刑》编写。资料来源:央视网(https://news.sina.com.cn/c/2022-01-03/doc-ikyamrmz2937369.shtml)。

【处理结果】

2019年12月17日,湖南省怀化市鹤城区人民法院一审认定,被告人杜某平犯故意杀人罪、故意伤害罪、寻衅滋事罪、非法拘禁罪、聚众斗殴罪、强迫交易罪,数罪并罚,决定执行死刑,剥夺政治权利终身。被告人罗某忠犯故意杀人罪,判处死刑,缓期2年执行,剥夺政治权利终身。其他12名被告人分别被判处1年至8年不等有期徒刑。

宣判后,杜某平等人不服判决,提起上诉。2020年1月10日,湖南省高级人民法院二审裁定:驳回杜某平、罗某忠等8名被告人的上诉,全案维持原判。

【相关法条】

1.《刑法》第48条 [死刑、死缓的适用对象]:死刑只适用于罪行极其严重的犯罪分子。对于应当判处死刑的犯罪分子,如果不是必须立即执行的,可以判处死刑同时宣告缓期二年执行。

死刑除依法由最高人民法院判决的以外,都应当报请最高人民法院核准。死刑缓期执行的,可以由高级人民法院判决或者核准。

2.《刑法》第232条 [故意杀人罪]:故意杀人的,处死刑、无期徒刑或者十年以上有期徒刑;情节较轻的,处三年以上十年以下有期徒刑。

【简要评析】

根据《刑法》第48条第1款的规定,死刑只适用于罪行极其严重的犯罪分子。对于应当判处死刑的犯罪分子,如果不是必须立即执行的,可以判处死刑同时宣告缓期2年执行。死刑立即执行和死刑缓期执行都是死刑的执行方式。

本案中,被告人杜某平出于报复心理,伙同被告人罗某忠故意非法剥夺被害人邓某平生命,杀人埋尸十几年,罪行极其严重,犯罪社会危害性大,社会影响恶劣。此外,杜某平还犯有其他罪行,综合考虑,人民法院对其判处死刑立即执行,剥夺政治权利终身。被告人罗某忠与杜某平一起实施故意杀人行为,非法剥夺他人生命,同样属于罪行极其严重,但相比较而言,其还未达到死刑必须立即执行的程度,因而法院对其判处死刑,缓期2年执行,剥夺政治权利终身。

案例155 向某故意杀人案①

【知识点】

死刑核准

【问题】

执行死刑,是否需要核准?

【基本案情】

被告人向某为了使自己的劳动纠纷案胜诉,多次请求同乡和校友,即被害人周某梅(时任湖南省高级人民法院法官)向办案法官打招呼,均被拒绝,遂心生怨恨,起意报复。2021年1月4日,向某为方便接近周某梅并伺机报复,应聘为周某梅居住小区的保洁员。1月12日上午7时许,向某发现周某梅从小区电梯间进入车库,即上前将其扑倒在地,用随身携带的单刃刀朝周某梅头、颈部连刺数刀,致其大失血当场死亡。

【处理结果】

2021年5月19日,长沙市中级人民法院以故意杀人罪判处向某死刑,剥夺政治权利终身。

向某不服判决,提出上诉。湖南省高级人民法院裁定:驳回上诉,维持原判,并报请最高人民法院核准。

最高人民法院经复核认为,第一审判决、第二审裁定认定的事实清楚,证

_____

① 本案例根据《湖南高院女法官遇害案罪犯向慧被执行死刑》编写。资料来源:正义网(http://news.jcrb.com/jsxw/2021/202112/t20211211_2345899.html)。

据确实、充分,定罪准确,量刑适当,审判程序合法,依法核准对向某判处死刑的刑事裁定。经最高人民法院核准,2021年12月10日,湖南省长沙市中级人民法院依照法定程序对向某执行死刑。检察机关依法派员临场监督。

【相关法条】

《刑法》第48条第2款 [死刑、死缓的核准程序]:死刑除依法由最高人民法院判决的以外,都应当报请最高人民法院核准。死刑缓期执行的,可以由高级人民法院判决或者核准。

【简要评析】

根据《刑法》第48条第2款的规定,死刑立即执行的案件除依法由最高人民法院判决的以外,都应当报请最高人民法院核准。该规定是为了保障死刑案件的严肃性,防止死刑被滥用或错用。

本案中,被告人向某故意非法剥夺他人生命,构成故意杀人罪,且犯罪动机卑劣、有预谋,罪行极其严重,社会影响恶劣。据此,长沙市中级人民法院一审判处其死刑,剥夺政治权利终身,湖南省高级人民法院二审裁定维持原判。此案并非由最高人民法院判决,因而一审法院判决向某死刑,二审法院维持原判后,还应依法报请最高人民法院核准是否适用死刑立即执行。经最高人民法院认定,一审判决、二审裁定定罪准确,量刑适当,遂核准对向某的死刑判决。

案例156　胡某亭不适用死刑案①

【知识点】

死刑适用对象的限制(年满75周岁的人)

---

① 本案例根据《刑事审判参考》指导案例第830号:胡金亭杀人案编写。

【问题】

年满75周岁的人故意杀人，是否适用死刑？

【基本案情】

被告人胡某亭因认为村干部黄某忠等人分地时对其不公，遂对黄某忠等人怀恨在心，预谋实施杀人行为，并为此准备了杀人工具尖刀一把。2011年11月7日19时30分许，胡某亭趁黄某忠不备之机，用事先准备的尖刀朝黄某忠左侧后背猛刺一刀。黄某忠因左肺下叶破裂、心脏破裂致心肺功能衰竭、失血性休克而死亡。当晚，胡某亭向公安机关投案。

另查明，胡某亭实施上述行为时已经年满75周岁。

【处理结果】

金华市中级人民法院一审认为，被告人胡某亭的行为构成故意杀人罪。虽然胡某亭犯罪时已年满75周岁，且具有自首情节，但属于"以特别残忍手段致人死亡"，依法应当严惩。遂判处被告人胡某亭死刑，剥夺政治权利终身。

胡某亭不服判决，提出上诉。浙江省高级人民法院二审认为，胡某亭犯罪时已年满75周岁，并具有自首情节，所犯故意杀人罪罪行极其严重，但不属于"以特别残忍手段致人死亡"，依法对其可不适用死刑。遂改判：被告人胡某亭犯故意杀人罪，判处无期徒刑，剥夺政治权利终身。

【相关法条】

1.《刑法》第49条［死刑适用对象的限制］：犯罪的时候不满十八周岁的人和审判的时候怀孕的妇女，不适用死刑。

审判的时候已满七十五周岁的人，不适用死刑，但以特别残忍手段致人死亡的除外。

2.《刑法》第232条［故意杀人罪］：故意杀人的，处死刑、无期徒刑或者十年以上有期徒刑；情节较轻的，处三年以上十年以下有期徒刑。

【简要评析】

根据《刑法》第49条第2款的规定,审判的时候已年满75周岁的人,不适用死刑,但以特别残忍手段致人死亡的除外。"特别残忍手段"一般表现为对善良风俗、伦理底线、人类恻隐心的严重侵犯,手段凶残狠毒。比如毁容、挖人眼睛、砍掉人双脚等,或者犯罪过程持续时间长、次数频繁、折磨被害人等。

本案中,胡某亭故意杀害他人,成立故意杀人罪,但其实施犯罪时已经年满75周岁,审判时对其是否适用死刑,需考虑其是否"以特别残忍手段致人死亡"。被告人胡某亭主观上具有预谋杀人的故意,且事先准备了杀人工具,客观上有尾随、辱骂黄某忠并公然持刀猛刺黄某忠背部的行为,导致其死亡。虽造成严重损害结果,但尚未达到犯罪手段特别残忍的程度,依法不应判处死刑。据此,二审法院对其判处无期徒刑。

案例157 陈某不适用死刑案①

【知识点】

死刑适用对象的限制(审判时怀孕的妇女)

【问题】

怀孕妇女在羁押期间自然流产,能否适用死刑?

【基本案情】

胡某2与前妻离婚后,其女胡某1(7岁)随其生活。后胡某2与陈某相识并以恋爱关系相处。其间,胡某2由于不愿与陈某结婚等原因,引起陈某不满。2017年5月26日20时许,陈某与胡某1聊天,因胡某1提到胡某2疼爱自己而不喜欢陈某,陈某便对胡某1心生嫉妒,加之长期积累的对胡某2的不满,遂产生杀害胡某1的念头。陈某掐住胡某1的颈部将其拖至附近的水沟

---

① 本案例根据安徽省高级人民法院(2018)皖刑终140号刑事裁定书编写。

边,将胡某1头部按在水中,致胡某1溺死。

次日早晨,陈某的母亲得知陈某杀害了胡某1,即打电话告知胡某2。胡某2随后报警。陈某归案后如实供述自己的犯罪事实。在被羁押期间,陈某出现"初期妊娠,先兆流产",被送往医院。

【处理结果】

安徽省蚌埠市中级人民法院一审认定,被告人陈某构成故意杀人罪,但陈某属于审判时怀孕的妇女,且其有坦白情节,故对其可从轻处罚,遂判处陈某无期徒刑,剥夺政治权利终身。

宣判后,被告人陈某以量刑过重为由,提出上诉。安徽省高级人民法院二审裁定:驳回上诉,维持原判。

【相关法条】

1.《刑法》第49条第1款[死刑适用对象的限制]:犯罪的时候不满十八周岁的人和审判的时候怀孕的妇女,不适用死刑。

2.最高人民法院研究室《关于如何理解"审判的时候怀孕的妇女不适用死刑"问题的电话答复》:在羁押期间已是孕妇的被告人,无论其怀孕是否属于违反国家计划生育政策,也不论其是否自然流产或者经人工流产以及流产后移送起诉或审判期间的长短,仍应执行我院〔83〕法研字第18号《关于人民法院审判严重刑事犯罪案件中具体应用法律的若干问题的答复》中对第三个问题的答复:"对于这类案件,应当按照刑法第四十四条和刑事诉讼法第一百五十四条的规定办理,即:人民法院对'审判的时候怀孕的妇女,不适用死刑'。如果人民法院在审判时发现,在羁押受审时已是孕妇的,仍应依照上述法律规定,不适用死刑。"

3.《刑法》第232条[故意杀人罪]:故意杀人的,处死刑、无期徒刑或者十年以上有期徒刑;情节较轻的,处三年以上十年以下有期徒刑。

【简要评析】

根据《刑法》第49条第1款的规定,审判时怀孕的妇女不适用死刑,根据相关司法解释,对"审判的时候怀孕的妇女"应作扩大解释,即指从因涉嫌犯罪被羁押,到移送起诉,直至交付审判的整个诉讼过程中怀孕的妇女,以及因怀孕而自然流产、人工流产的妇女。也就是说,只要刑事诉讼程序已经启动,尚未结束,对在此期间怀孕的妇女,无论基于何种原因,均不适用死刑。

本案中,被告人陈某采用掐被害人脖子,将被害人头部按入水沟的方法,致使被害人溺亡,其行为已经构成故意杀人罪,且杀害对象为未成年人,手段残忍,情节恶劣。但被告人陈某在实施犯罪行为时已经怀孕,虽然在羁押期间自然流产,审判时事实上已经不属于孕妇,但依法仍然属于"审判时怀孕的妇女",不能适用死刑。因此,根据其犯罪事实和悔罪表现,依法对其判处无期徒刑。

案例158　高某某故意伤害案①

【知识点】

死缓的变更

【问题】

死缓期间故意犯罪,"情节恶劣"该如何理解?

【基本案情】

被告人高某某因犯故意杀人罪被判处死刑,缓期2年执行,剥夺政治权利终身,并限制减刑,于2014年8月7日到某省第三监狱服刑。2014年8月23日下午,高某某因工作慢遭到同监狱罪犯张某某(被害人)打骂,便怀恨在心。2014年8月24日午饭后,高某某趁张某某在监舍休息之际,将暖水瓶内的开

① 本案例根据《刑事审判参考》指导案例第1369号:高某某故意伤害案编写。

水倒在正在睡觉的张某某面部、颈部、肩部、背部等处,致张某某被烫伤。经鉴定,张某某的损伤程度为轻伤一级。

【处理结果】

一审法院认为,被告人高某某的行为已构成故意伤害罪。鉴于被害人张某某对本案的发生存在过错,可以对高某某从轻处罚,遂判处高某某有期徒刑1年。判决生效以后,层报最高人民法院核准对被告人高某某执行死刑。

最高人民法院复核认为,被告人高某某在死刑缓期执行期间,用开水浇烫他人身体,致人轻伤一级,其行为构成故意伤害罪,但鉴于被害人在本案起因上具有明显过错等情节,高某某故意犯罪尚未达到"情节恶劣"的程度。遂裁定:不核准对被告人高某某执行死刑,剥夺政治权利终身的判决,并发回重审。

经重审,法院认为,高某某故意伤害他人的行为不属于"情节恶劣",判决:被告人高某某犯故意伤害罪,判处有期徒刑1年;与其此前所犯故意杀人罪被判处的死缓并罚,决定执行死刑,缓期2年执行,剥夺政治权利终身,对被告人高某某限制减刑。

宣判后,被告人未提出上诉,检察机关未抗诉。判决发生法律效力。

【相关法条】

1.《刑法》第50条[死缓变更]:判处死刑缓期执行的,在死刑缓期执行期间,如果没有故意犯罪,二年期满以后,减为无期徒刑;如果确有重大立功表现,二年期满以后,减为二十五年有期徒刑;如果故意犯罪,情节恶劣的,报请最高人民法院核准后执行死刑;对于故意犯罪未执行死刑的,死刑缓期执行的期间重新计算,并报最高人民法院备案。

对被判处死刑缓期执行的累犯以及因故意杀人、强奸、抢劫、绑架、放火、爆炸、投放危险物质或者有组织的暴力性犯罪被判处死刑缓期执行的犯罪分子,人民法院根据犯罪情节等情况可以同时决定对其限制减刑。

2.《刑法》第234条第1款[故意伤害罪]:故意伤害他人身体的,处三年以下有期徒刑、拘役或者管制。

【简要评析】

死缓是死刑的一种执行制度,其设置的目的是减少和限制死刑立即执行的适用,体现了我国宽严相济的刑事政策和刑罚人道精神。根据《刑法》第50条的规定,被判处死刑缓期执行的犯罪分子,只有在故意犯罪,且情节恶劣时,才能报请最高人民法院核准执行死刑。"情节恶劣"的认定,应当根据故意犯罪的动机、手段、造成的危害后果等犯罪情节,并结合罪犯在死刑缓期执行期间的改造、悔罪表现等,综合作出判断。

本案中,罪犯高某某因劳动速度慢而被作为同监罪犯的被害人张某某多次扇耳光并辱骂,高某某并不存在不服管教,故意违反监规、对抗改造等问题,被害人张某某存在明显的过错。从其犯罪表现上看,高某某是出于泄愤,并非要严重伤害被害人,结果导致被害人张某某轻伤。综合以上情节,可以认为高某某虽然实施了故意伤害犯罪行为,但尚未达到"情节恶劣"的程度,故此,最高人民法院对其不核准执行死刑。但高某某在服刑期间故意犯罪,应追究刑事责任,重审人民法院对其故意伤害罪和此前所犯的故意杀人罪,依法数罪并罚,最终判处死刑缓期执行并限制减刑。

案例159 张某生受贿、巨额财产来源不明案①

【知识点】

终身监禁

【问题】

终身监禁的适用对象是哪些人?

---

① 本案例根据《涉案金额10.4亿!吕梁市原副市长张中生被判处死刑》编写。资料来源:正义网(http://news.jcrb.com/jxsw/201803/t20180328_1853884.html)。

【基本案情】

1997 年至 2013 年,被告人张某生利用担任山西省中阳县县长、县委书记,山西省吕梁地区行署副专员,吕梁市委常委、副市长等职务便利,为有关单位和个人谋取利益,索取、非法收受有关单位和个人给予的财物,折合人民币共计 10.4 亿余元。另外,张某生还有巨额财产明显超过合法收入,不能说明来源。

张某生到案后主动交代办案机关尚未掌握的本人大部分犯罪事实,其本人及家属积极配合赃款赃物追缴工作,涉案赃款赃物大部分被追缴。张某生到案后积极检举他人重大受贿犯罪线索,经查证属实。

【处理结果】

山西省临汾市中级人民法院一审以张某生犯受贿罪,判处其死刑,剥夺政治权利终身,并处没收个人全部财产,以巨额财产来源不明罪,判处其有期徒刑 8 年,决定执行死刑,剥夺政治权利终身,并处没收个人全部财产。

张某生不服判决,提出上诉。2021 年 10 月 29 日,山西省高级人民法院二审认为,张某生有重大立功表现,遂对张某生判处死刑,缓期 2 年执行,剥夺政治权利终身,并处没收个人全部财产,在其死刑缓期执行 2 年期满依法减为无期徒刑后,终身监禁,不得减刑、假释。

【相关法条】

1.《刑法》第 48 条第 1 款 [死刑、死缓的适用对象]:死刑只适用于罪行极其严重的犯罪分子。对于应当判处死刑的犯罪分子,如果不是必须立即执行的,可以判处死刑同时宣告缓期二年执行。

2.《刑法》第 383 条 [对犯贪污罪的处罚规定]:对犯贪污罪的,根据情节轻重,分别依照下列规定处罚:

……

(三)贪污数额特别巨大或者有其他特别严重情节的,处十年以上有期徒刑或者无期徒刑,并处罚金或者没收财产;数额特别巨大,并使国家和人民利益遭受特别重大损失的,处无期徒刑或者死刑,并处没收财产。

……

犯第一款罪,有第三项规定情形被判处死刑缓期执行的,人民法院根据犯罪情节等情况可以同时决定在其死刑缓期执行二年期满依法减为无期徒刑后,终身监禁,不得减刑、假释。

3.《刑法》第 386 条 [对犯受贿罪的处罚规定]:对犯受贿罪的,根据受贿所得数额及情节,依照本法第三百八十三条的规定处罚。索贿的从重处罚。

【简要评析】

死缓是死刑的一种执行制度,适用于应当判处死刑,但不是必须立即执行的犯罪分子。根据《刑法》第 383 条和第 386 条的规定,对犯贪污罪、受贿罪的犯罪分子,如果贪污、受贿数额特别巨大,并使国家和人民利益遭受特别重大损失被判处死刑缓期执行的,法院根据犯罪情节等情况可以同时决定在其死刑缓期执行 2 年期满依法减为无期徒刑后,终身监禁,不得减刑、假释。

本案中,张某生身为国家工作人员,利用职务上的便利,为他人谋取利益,索取、非法收受他人财物,其行为已构成受贿罪。张某生受贿、索贿 10.4 亿余元,数额特别巨大,并具有索贿这一从重处罚情节。张某生的受贿犯罪行为严重侵害了国家工作人员的职务廉洁性,给国家和人民利益造成了特别重大的损失,社会影响极其恶劣,论罪应当判处死刑。张某生对其财产、支出明显超过合法收入的部分不能说明来源,差额特别巨大,其行为又构成巨额财产来源不明罪,应数罪并罚。鉴于张某生有坦白、退赔情节,检举他人重大犯罪活动,构成重大立功等法定、酌定从轻处罚情节,对其判处死刑,缓期 2 年执行。同时,综合考量全案犯罪事实和情节,法院决定在其死刑缓期执行 2 年期满依法减为无期徒刑后,终身监禁,不得减刑、假释。

案例160　陈某虐待被看护人案①

【知识点】

从业禁止

【问题】

幼儿园教师虐待幼儿,可否禁止其在一定时间内从事该职业?

【基本案情】

被告人陈某在安徽省淮北市濉溪县某幼儿园任教期间,因幼儿不服从管教,自2018年9月至10月17日,多次采取用针扎屁股,用手、梳子打脸和打屁股等方式,对其所带托班内卓某某、黄某某等7名幼儿实施体罚、虐待。卓某某家长报警,陈某在园内等待,后被濉溪县公安局民警口头传唤到案,陈某如实供述了上述主要事实。陈某亲属代其与被害人法定代理人达成民事调解,并取得对陈某的谅解。

【处理结果】

濉溪县人民法院一审判决:被告人陈某犯虐待被看护人罪,判处有期徒刑1年;自刑罚执行完毕之日或者假释之日起3年内,禁止被告人陈某从事学前教育、保育、看护类等相关职业。

陈某不服判决,提出上诉。安徽省淮北市中级人民法院二审裁定:驳回上诉,维持原判。

【相关法条】

1.《刑法》第37条之一第1款[从业禁止]:因利用职业便利实施犯罪,或者实施违背职业要求的特定义务的犯罪被判处刑罚的,人民法院可以根据犯罪

---

① 本案例根据安徽省淮北市中级人民法院(2019)皖06刑终144号刑事裁定书编写。

情况和预防再犯罪的需要,禁止其自刑罚执行完毕之日或者假释之日起从事相关职业,期限为三年至五年。

2.《刑法》第260条之一第1款[虐待被监护、看护人罪]:对未成年人、老年人、患病的人、残疾人等负有监护、看护职责的人虐待被监护、看护的人,情节恶劣的,处三年以下有期徒刑或者拘役。

【简要评析】

根据《刑法》第37条之一第1款的规定,从业禁止是指针对特定犯罪人,在刑罚执行完毕或被假释后3年至5年内禁止其从事相关职业。可见,从业禁止并非独立的刑罚种类,而是在刑罚执行完毕后实施的一种预防再次犯罪的措施。

本案中,被告人陈某身为对幼儿具有看护职责的幼儿园教师,多次虐待幼儿,情节恶劣,其行为构成虐待被看护人罪。根据犯罪情况和预防再犯罪的需要,人民法院在对其判处有期徒刑1年的同时,禁止其在刑罚执行完毕或假释之日起3年内从事学前教育、保育、看护类职业是必要的。

案例161　肖某晶销售有毒、有害食品案[①]

【知识点】

从业禁止

【问题】

犯销售有毒、有害食品罪,可否在一定时间内禁止其从事食品、药品经营活动?

【基本案情】

2018年年初至10月期间,被告人肖某晶通过微信联系上家吴某(另案处

---

① 本案例根据浙江省湖州市中级人民法院(2021)浙05刑再1号审刑事判决书编写。

理），分别以120元／盒、100元／盒的价格购进"番茄燃脂丸""女神抗体弹"。肖某在明知上述减肥系列产品系无生产厂商、无生产厂址、无生产许可证的"三无"产品，食用后对人体会产生副作用等情况下，仍通过微信将上述产品销售给下家朱某、施某燕、徐某（均另案处理）等人，销售金额共计人民币1.9万余元。经检验后认定，"番茄燃脂丸""女神抗体弹"应按有毒、有害食品论处。

【处理结果】

德清县人民法院一审判决：被告人肖某晶犯销售有毒、有害食品罪，鉴于其有坦白情节，判处有期徒刑1年，并处罚金人民币3万元。

判决生效后，德清县人民检察院认为，为实现预防再犯罪的需要，应当对肖某晶适用禁止令，遂提出抗诉。浙江省湖州市中级人民法院二审改判：原审被告人肖某晶犯销售有毒、有害食品罪，判处有期徒刑1年，并处罚金人民币3.9万元；禁止肖某晶在刑罚执行完毕3年内从事食品、药品的生产、销售及相关经营性活动。

【相关法条】

1.《刑法》第37条之一第1款[从业禁止]：因利用职业便利实施犯罪，或者实施违背职业要求的特定义务的犯罪被判处刑罚的，人民法院可以根据犯罪情况和预防再犯罪的需要，禁止其自刑罚执行完毕之日或者假释之日起从事相关职业，期限为三年至五年。

2.《刑法》第144条[生产、销售有毒、有害食品罪]：在生产、销售的食品中掺入有毒、有害的非食品原料的，或者销售明知掺有有毒、有害的非食品原料的食品的，处五年以下有期徒刑，并处罚金；对人体健康造成严重危害或者有其他严重情节的，处五年以上十年以下有期徒刑，并处罚金；致人死亡或者有其他特别严重情节的，依照本法第一百四十一条的规定处罚。

【简要评析】

根据《刑法》第37条之一第1款的规定,从业禁止是指针对特定犯罪人,在刑罚执行完毕或被假释后3年至5年内禁止其从事相关职业。可见,从业禁止并非独立的刑罚种类,而是一种预防犯罪的措施。

本案中,被告人肖某晶明知"番茄燃脂丸""女神抗体弹"是"三无"产品,可能对人体产生毒副作用,仍予销售,其行为已构成销售有毒、有害食品罪。根据其犯罪情况和预防再犯罪的需要,人民法院在判处其有期徒刑1年的同时,禁止其自刑罚执行完毕之日起3年内从事食品、药品的生产、销售及相关经营性活动。

案例162　朱某东等代替考试案①

【知识点】

罚金

【问题】

罚金刑如何适用?

【基本案情】

2018年7月,被告人朱某东经被告人邵某敏、李某智、初某宁介绍,由赵某(另案处理)安排,通过被告人王某之找到被告人胡某健代替自己参加考试。同年10月27日,被告人胡某健利用朱某东身份证和准考证,代替朱某东参加山东省2018年成人高等学校招生全国统一考试,后被监考人员当场发现。

2018年7月,赵某(另案处理)经王某之介绍找到被告人张某明代替自己参加考试。同年10月27日,张某明利用王某1身份证和准考证,代替王某1参加山东省2018年成人高等学校招生全国统一考试。

---

① 本案例根据山东省青岛市中级人民法院(2020)鲁02刑终681号刑事判决书编写。

案发后,被告人王某之、张某明主动投案,到案后如实供述犯罪事实。2019年3月15日,被告人邵某敏、朱某东、李某智、初某宁被传唤到案。

【处理结果】

山东省青岛市城阳区人民法院一审以代替考试罪分别判处被告人胡某健、王某之、张某明、朱某东单处罚金人民币5000元;判处被告人邵某敏拘役2个月,缓刑3个月,并处罚金人民币3000元;判处被告人李某智、初某宁拘役2个月,缓刑2个月,并处罚金人民币3000元。

宣判后,王某之以自己不知道是成人高考,其应该无罪为由提出上诉。辩护人认为王某之有自首情节,罪行较轻,请求免予刑事处罚。山东省青岛市中级人民法院二审后,改判上诉人王某之犯代替考试罪,免予刑事处罚,维持对其他被告人的刑事判决。

【相关法条】

《刑法》第284条之一第1款、第4款[组织考试作弊罪、代替考试罪]在法律规定的国家考试中,组织作弊的,处三年以下有期徒刑或者拘役,并处或者单处罚金;情节严重的,处三年以上七年以下有期徒刑,并处罚金。

……

代替他人或者让他人代替自己参加第一款规定的考试的,处拘役或者管制,并处或者单处罚金。

【简要评析】

罚金是判决犯罪分子向国家缴纳一定数额的金钱的刑罚方法。罚金既可以单处,也可以和主刑一起适用。对于刑法条文中规定的"并处或者单处罚金",应该理解为对该种犯罪人既可以单处罚金,也可以在判处主刑的同时处以罚金。如果选择了单处罚金,则不能同时适用主刑,如果选择了主刑,则必须同时处以罚金。对于刑法条文中规定的"并处罚金"应该理解为,在判处主刑的同时必须判处罚金

　　本案中，被告人胡某健、王某之、张某明、朱某东、邵某敏、李某智、初某宁代替他人或者让他人代替自己参加法律规定的国家考试，其行为彼此配合，相互联系，共同构成代替考试罪。考虑到各犯罪人在共同犯罪中的作用和悔罪表现，对部分犯罪人适用了单处罚金，对部分犯罪人在适用主刑的同时并处罚金。

第十四章　刑罚的具体运用

第一节　量刑

案例163　施某善等诈骗案[1]

【知识点】

以事实为依据,以法律为准绳

【问题】

对犯罪人裁量刑罚的依据是什么?

【基本案情】

2019年3月至5月,被告人施某善指使并帮助被告人刘某等偷越国境到缅甸,搭建虚假期货投资平台,组建以被告人沈某等为组长、被告人余某等为组员的电信诈骗团队,通过建立股票交流微信群方式,将多名被害人拉入群内开设直播间讲解股票、期货投资课程,骗取被害人信任后,冒用广州某网络科技有限公司名义,以投资期货为由,诱骗被害人向虚假交易平台汇入资金,后关闭平台转移资金。该团伙诈骗被害群众29人钱款共计820万余元。案发

---

[1] 本案例根据最高人民法院发布的"人民法院依法惩治电信网络诈骗犯罪及其关联犯罪典型案例"案例三:被告人施德善等十二人诈骗案编写。

后,被告人施某善、刘某等的亲属代为退赔76万余元。

另,刘某自动投案,如实供述自己的犯罪事实,并如实供述其所知晓的施某善控制的赃款下落。

【处理结果】

法院以诈骗罪判处被告人施某善有期徒刑11年6个月,并处罚金人民币30万元;判处被告人刘某、沈某、余某等人相应刑罚。判决已经发生法律效力。

【相关法条】

1.《刑法》第61条[量刑的事实根据与法律依据]:对于犯罪分子决定刑罚的时候,应当根据犯罪的事实、犯罪的性质、情节和对于社会的危害程度,依照本法的有关规定判处。

2.《刑法》第67条第1款[自首]:犯罪以后自动投案,如实供述自己的罪行的,是自首。对于自首的犯罪分子,可以从轻或者减轻处罚。其中,犯罪较轻的,可以免除处罚。

【简要评析】

根据《刑法》第61条的规定,对于犯罪分子决定刑罚的时候,应当根据犯罪的事实、犯罪的性质、情节和对于社会的危害程度,依照刑法的有关规定判处。"以事实为依据,以法律为准绳"是量刑的基本原则。

本案中,被告人施某善、刘某纠集沈某、余某等人以非法占有为目的,采取虚构事实、隐瞒真相的方法,在境外通过网络手段向不特定多数人骗取财物,数额特别巨大,其行为均已构成诈骗罪。但各行为人在共同犯罪中发挥的作用和具体的情节并不相同,因而应该以事实为依据,以法律为准绳进行量刑。施某善、刘某组建诈骗团伙,在共同犯罪中发挥主要作用,系主犯,但刘某具有自首情节,且有为公安机关提供了侦查线索、亲属代为赔偿被害人等情节,对刘某依法可以予以减轻处罚。施某善亲属退赔赃款,依法从轻处罚。其他行为人在共同诈骗犯罪中发挥的作用相对较小,可以认定为从犯。最终,根据各被告人的犯罪事实、犯罪性质、情节和社会危害程度,法院作出相应判决。

案例164　卢某兵爆炸案①

【知识点】

以事实为依据,以法律为准绳

【问题】

被告人被判死缓后,上诉请求判处死刑立即执行,如何量刑?

【基本案情】

2018年下半年,被告人卢某兵因不满土地征用赔偿方案,加之个人及家庭原因,便对政府和社会产生不满,萌生了制造炸弹报复社会的念头。2018年11月下旬,卢某兵自行制成炸弹。2018年12月5日,卢某兵怀抱装有自制炸弹的背包踏上一辆公交车前门踏板,用打火机将炸弹点燃后扔向车内,炸弹爆炸造成公交车内一人重伤二级、一人轻伤一级、七人轻伤二级、七人轻微伤,公交车严重受损的后果。卢某兵到案后如实供述犯罪事实。

【处理结果】

2019年11月15日,乐山市中级人民法院一审判决:被告人卢某兵犯爆炸罪,判处死刑,缓期2年执行,剥夺政治权利终身,并限制对其减刑。

宣判后,卢某兵认为应该判处自己死刑立即执行,提出上诉。2020年6月5日,四川省高级人民法院二审裁定:驳回上诉,维持原判。

【相关法条】

1.《刑法》第61条 [量刑的事实根据与法律依据]:对于犯罪分子决定刑罚

① 本案例根据四川省高级人民法院(2020)川刑终210号刑事裁定书编写。

的时候,应当根据犯罪的事实、犯罪的性质、情节和对于社会的危害程度,依照本法的有关规定判处。

2.《刑法》第115条第1款[放火罪、决水罪、爆炸罪、投放危险物质罪、以危险方法危害公共安全罪]:放火、决水、爆炸以及投放毒害性、放射性、传染病病原体等物质或者以其他危险方法致人重伤、死亡或者使公私财产遭受重大损失的,处十年以上有期徒刑、无期徒刑或者死刑。

【简要评析】

按照《刑法》第61条的规定,对于犯罪分子决定刑罚的时候,应当根据犯罪的事实、犯罪的性质、情节和对于社会的危害程度,依照刑法的有关规定判处。

本案中,被告人卢某兵在公交车上实施爆炸行为,导致多人受伤,公交车严重受损,使公私财产遭受重大损失,其行为已经构成爆炸罪,但法院考虑到被告人有坦白情节,犯罪后果尚不属于特别严重,尚未达到罪行极其严重,需判处死刑立即执行的程度。综合其犯罪事实、情节和社会危害程度,对其判处死刑,缓期2年执行,剥夺政治权利终身,并限制减刑。虽然卢某兵上诉请求对其判处死刑立即执行,但定罪量刑并不以被告人的意志为转移,而是以事实为依据,以法律为准绳,因而二审法院对卢某兵维持原判。

案例165　李某光贩卖毒品案[①]

【知识点】

从重处罚

【问题】

从重处罚如何适用?

————————————

① 本案例根据最高人民法院李端光贩卖毒品死刑复核刑事裁定书编写。

【基本案情】

被告人李某光1981年9月23日因犯盗窃罪被判处有期徒刑4年;1987年9月18日因犯盗窃罪被判处有期徒刑9年;1996年9月13日因犯抢劫罪被判处无期徒刑,剥夺政治权利终身,后经减刑于2011年6月20日刑满释放;2013年9月29日因犯贩卖毒品罪被判处有期徒刑8个月,并处罚金人民币1000元,2014年1月3日刑满释放。

为了贩卖毒品甲基苯丙胺片剂(俗称"麻古")牟利,2017年7月12日2时许,李某光在取得毒品后,联系吴某斌(同案被告人,已判刑)到自己住处取毒品。同日5时许,吴某斌带着54万元现金来到李某光处,购买了5块黄色纸包装的疑似毒品片剂物。吴某斌准备离开时被公安人员抓获。公安人员当场从吴某斌身上查获甲基苯丙胺片剂2818.83克。随后,从李某光房屋内查获毒资现金54万元、甲基苯丙胺片剂17013.96克,同时查获自制手枪2支、气体发射钢珠枪1支、子弹8发。

【处理结果】

2019年6月19日,湖北省武汉市中级人民法院作出一审判决:被告人李某光犯贩卖毒品罪,判处死刑,剥夺政治权利终身,并处没收个人全部财产,犯非法持有枪支罪,判处有期徒刑3年6个月,决定执行死刑,剥夺政治权利终身,并处没收个人全部财产。

宣判后,同案被告人提出上诉。湖北省高级人民法院于2020年11月5日维持原审对被告人李某光的判决,并依法报请最高人民法院核准该死刑判决。

【相关法条】

1.《刑法》第62条[从重处罚与从轻处罚]:犯罪分子具有本法规定的从重处罚、从轻处罚情节的,应当在法定刑的限度以内判处刑罚。

2.《刑法》第65条第1款[一般累犯]:被判处有期徒刑以上刑罚的犯罪分子,刑罚执行完毕或者赦免以后,在五年以内再犯应当判处有期徒刑以上刑罚之罪的，是累犯，应当从重处罚，但是过失犯罪和不满十八周岁的人犯罪的除外。

3.《刑法》第347条第2款 [走私、贩卖、运输、制造毒品罪]：走私、贩卖、运输、制造毒品，有下列情形之一的，处十五年有期徒刑、无期徒刑或者死刑，并处没收财产：

（一）走私、贩卖、运输、制造鸦片一千克以上、海洛因或者甲基苯丙胺五十克以上或者其他毒品数量大的；

……

4.《刑法》第356条 [毒品犯罪的再犯]：因走私、贩卖、运输、制造、非法持有毒品罪被判过刑，又犯本节规定之罪的，从重处罚。

【简要评析】

根据《刑法》第62条的规定，从重处罚是在法定刑的限度以内判处刑罚，即在法定刑以内选择较长的刑期或较重的刑种。累犯、再犯、有犯罪前科，都是应该或者可以从重处罚的情节。

本案中，被告人李某光因贩卖毒品罪被判处有期徒刑8个月，在刑满释放后5年内，再次实施贩卖毒品罪，又应当被判处有期徒刑以上刑罚，其符合《刑法》第65条第1款规定的累犯成立条件，依法应当从重处罚。根据《刑法》第356条的规定，被告人李某光曾经因贩卖毒品罪被判过刑，又实施贩卖毒品罪，属于毒品犯罪的再犯，依法也应从重处罚。且被告人李某光曾因盗窃、抢劫等犯罪4次被判处有期徒刑，虽经过改造，仍不思悔改，又实施犯罪，属于有犯罪前科，酌情也应从重处罚。综上，被告人李某光具有多个从重处罚情节，需在法定以内选择较长的刑期或者较重的刑种，最终对其数罪并罚，判处死刑是恰当的。

案例166　曹某妨害国境卫生检疫案①

【知识点】

从轻处罚

【问题】

隐瞒新冠病情入境,致488人被隔离,对行为人可否从轻处罚?

【基本案情】

2021年4月,曹某通过友谊关口岸从越南返回中国境内,在入境口岸未如实填报健康申明卡,隐瞒其在入境越南后隔离期间所入住酒店存在多例新冠确诊病例、其出现发热等新冠感染相关临床表现事实,且在酒店集中隔离观察时违反隔离防疫要求,私自离开隔离房间与朋友接触。因曹某不如实填报的行为,先后造成同日同车转运乘客、司机及隔离酒店其他入住人员459人被集中及延期进行隔离医学观察,产生直接经济损失(入境人员集中隔离医学观察酒店住宿费用)人民币645862元;另造成友谊关海关口岸现场工作人员共计29人被要求居家隔离14天,严重影响海关对口岸的监管工作。曹某归案后对犯罪事实供认不讳,自愿认罪认罚。

【处理结果】

2021年11月17日,广西凭祥市人民法院一审认为,被告人曹某的行为构成妨害国境卫生检疫罪。鉴于被告人曹某到案后有坦白、自愿认罪认罚情节,依法从轻处罚;曹某主动缴纳罚金,酌情从轻处罚。综上,人民法院对其判处有期徒刑2年,缓刑3年,并处罚金人民币20万元。

被告人曹某当庭表示服从法院判决,不上诉。

---

① 本案例根据《一人隐瞒病情入境致488人隔离,男子被判二缓三》编写。资料来源:正义网(http://news.jcrb.com/jszx/202111/t20211118_2338373.html)。

【相关法条】

1.《刑法》第62条 [从重处罚与从轻处罚]:犯罪分子具有本法规定的从重处罚、从轻处罚情节的,应当在法定刑的限度以内判处刑罚。

2.《刑法》第332条第1款 [妨害国境卫生检疫罪]:违反国境卫生检疫规定,引起检疫传染病传播或者有传播严重危险的,处三年以下有期徒刑或者拘役,并处或者单处罚金。

【简要评析】

根据《刑法》第62条的规定,从轻处罚应当在法定刑的限度以内判处较轻的刑种或者较短的刑期。

本案中,曹某明知其系染疫嫌疑人,但出入境时不如实填报健康申明卡,引起新冠疫情传播严重危险,造成488人被隔离,直接经济损失巨大,且严重影响了海关监管秩序,因此对其应该以妨害国境卫生检疫罪定罪处罚。但考虑到曹某有坦白和认罪认罚的法定从轻处罚情节和主动缴纳罚金的酌定从轻处罚情节,因此对其可以从轻处罚,即在法定刑的限度以内判处较轻的刑罚。据此,人民法院判处曹某明有期徒刑2年,缓刑3年,并处罚金人民币20万元。

案例167　许某敲诈勒索案[①]

【知识点】

减轻处罚

【问题】

有自首情节且被害人存在过错,能否对被告人减轻处罚?

---

① 本案例根据《女辅警敲诈案二审宣判:改判有期徒刑七年》编写。资料来源:新浪网(https://news.sina.com.cn/c/2021-10-15/doc-iktzqtyu1633005.shtml)。

【基本案情】

被告人许某,原系江苏省连云港市公安局某分局辅警。2014年上半年至2017年11月,许某通过电话、微信或者工作关系,主动结识朱某某等7名已婚公职人员,与对方发生不正当性关系,之后自称怀孕流产,谎称家人已知情要找对方闹事、到对方工作单位吵闹,或者扬言向对方妻子、孩子学校公开二人关系、向有关机关告发等,以此相要挟,向上述人员索要钱款共计人民币144.6万元。许某将所得钱款用于购买房产、汽车、高档化妆品、珠宝首饰以及其他消费等。许某犯罪以后自动投案,如实交代了自己的主要犯罪事实。

【处理结果】

2020年12月29日,江苏省灌南县人民法院作出一审判决,认定许某构成敲诈勒索罪,判处其有期徒刑13年,并处罚金人民币500万元。

宣判后,许某不服判决,提出上诉。2021年10月13日,江苏省连云港市中级人民法院二审认为,原审判决未认定许某构成自首和被害人存在过错,应依法予以纠正。根据许某犯罪的事实、性质、情节和对于社会的危害程度,依法对其减轻处罚,遂以敲诈勒索罪改判许某有期徒刑7年,并处罚金人民币30万元。

【相关法条】

1.《刑法》第63条第1款 [减轻处罚]:犯罪分子具有本法规定的减轻处罚情节的,应当在法定刑以下判处刑罚;本法规定有数个量刑幅度的,应当在法定量刑幅度的下一个量刑幅度内判处刑罚。

2.《刑法》第67条第1款 [自首]:犯罪以后自动投案,如实供述自己的罪行的,是自首。对于自首的犯罪分子,可以从轻或者减轻处罚。其中,犯罪较轻的,可以免除处罚

3.《刑法》第274条 [敲诈勒索罪]:敲诈勒索公私财物,数额较大或者多次敲诈勒索的,处三年以下有期徒刑、拘役或者管制,并处或者单处罚金;数额

巨大或者有其他严重情节的,处三年以上十年以下有期徒刑,并处罚金;数额特别巨大或者有其他特别严重情节的,处十年以上有期徒刑,并处罚金。

【简要评析】

根据《刑法》第63条第1款的规定,犯罪分子具有刑法规定的减轻处罚情节的,应当在法定刑以下判处刑罚;刑法规定有数个量刑幅度的,应当在法定量刑幅度的下一个量刑幅度内判处刑罚。

本案中,许某以非法占有为目的,采取要挟手段先后索要他人财物,数额特别巨大,其行为已构成敲诈勒索罪,依法应当判处10年以上有期徒刑,并处罚金。但许某犯罪以后自动投案,如实交代自己的主要犯罪事实,成立自首,自首系法定可以减轻处罚情节。许某当庭认罪悔罪,依法可以从轻或者减轻处罚。另外,被害人自身行为不检点,自愿与许某发生两性关系,对本案的发生存在一定过错,被害人对其自身被敲诈有着不可推卸的责任,据此也可以对许某酌情从宽处理。综合考虑上述情节,二审法院依法对许某减轻处罚,在法定量刑幅度的下一个量刑幅度内,即"三年以上十年以下有期徒刑,并处罚金"的法定刑范围内判处刑罚,判处其有期徒刑7年,并处罚金30万元。

案例168　刘某蔚走私武器案[①]

【知识点】

减轻处罚

【问题】

对不具备法定减轻处罚情节的被告人,是否可以减轻处罚?

【基本案情】

2014年7月,被告人刘某蔚(刚满18周岁)在台湾卖家提供的网址上选定

[①] 本案例根据最高人民法院(2019)最高法刑核83842153号刑事裁定书编写。

24支枪形物,双方确认总费用30540元。同年7月16日,刘某蔚在卖家指定的淘宝网店购买虚拟商品,并付款人民币30540元。7月19日,为逃避海关监管,台湾卖家将24支枪形物藏匿于饮水机箱体内部,交由物流公司委托其他公司报关出口后再办理大陆进口报关手续。后该24支枪形物被福建石狮海关缉私分局查获。刘某蔚得知购买的枪形物被扣,即登录淘宝网申请退款人民币30540元,并立即停止使用其手机号。2014年8月30日,刘某蔚被抓获。经鉴定,被查扣枪形物中有20支以压缩气体为动力发射弹丸,具有致伤力,认定为枪支。

【处理结果】

2015年4月30日,福建省泉州市中级人民法院一审判决,认定被告人刘某蔚犯走私武器罪,判处无期徒刑,剥夺政治权利终身,并处没收个人全部财产。

宣判后,刘某蔚不服判决,提出上诉。2015年8月25日,福建省高级人民法院作出裁定:驳回上诉,维持原判。

裁判发生法律效力后,被告人刘某蔚的父母向福建省高级人民法院提出申诉。2018年12月13日,该院作出再审判决,撤销原判量刑部分,以走私武器罪在法定刑以下判处原审被告人刘某蔚有期徒刑7年3个月,并处罚金人民币32000元,并依法报请最高人民法院核准。

最高人民法院认为,刘某蔚未实际取得所购枪支,涉案枪支亦未流入社会,社会危害性较小;涉案枪支枪口比动能较低,致伤力较小,且无证据证明易于通过改制提升致伤力;无证据证明其购枪是为从事其他违法犯罪活动,亦无充分证据证明其是以牟利为目的;刘某蔚作案时刚满18周岁,系初犯。考虑到案件中的特殊情况,对其可在法定刑以下判处刑罚。遂核准了福建省高级人民法院对被告人刘某蔚减轻处罚,判处有期徒刑7年3个月,并处罚金人民币32000元的判决。

【相关法条】

1.《刑法》第 63 条 [减轻处罚]：犯罪分子具有本法规定的减轻处罚情节的，应当在法定刑以下判处刑罚；本法规定有数个量刑幅度的，应当在法定量刑幅度的下一个量刑幅度内判处刑罚。

犯罪分子虽然不具有本法规定的减轻处罚情节，但是根据案件的特殊情况，经最高人民法院核准，也可以在法定刑以下判处刑罚。

2.《刑法》第 151 条第 1 款 [走私武器、弹药罪，走私核材料罪，走私假币罪]：走私武器、弹药、核材料或者伪造的货币的，处七年以上有期徒刑，并处罚金或者没收财产；情节特别严重的，处无期徒刑，并处没收财产；情节较轻的，处三年以上七年以下有期徒刑，并处罚金。

【简要评析】

根据《刑法》第 63 条第 2 款的规定，犯罪分子虽然不具有刑法规定的减轻处罚情节，但是根据案件的特殊情况，也可以在法定刑以下判处刑罚。但为了防止酌定减轻处罚被滥用，造成量刑畸轻，酌定减轻处罚必须依法报经最高人民法院核准。

本案中，被告人刘某蔚违反海关法规，逃避海关监管，向台湾卖家购买 24 支枪形物入境，其行为已构成走私武器罪，且属于情节特别严重。其不具有任何法定减轻处罚情节，依法应该判处无期徒刑，并处没收财产。福建省高级人民法院再审时综合考虑刘某蔚的犯罪性质、后果、主观目的，以及其系初犯、刚刚成年等案件的特殊情况，决定对其酌定减轻处罚，即在法定量刑幅度的下一个量刑幅度内判处刑罚。根据《刑法》第 165 条第 1 款的规定，应当在无期徒刑的下一个量刑幅度内，即 7 年以上有期徒刑范围内判处刑罚，最终法院判处其有期徒刑 7 年 3 个月。同时，根据《刑法》第 63 条第 2 款的规定，犯罪分子不具有刑法规定的减轻处罚情节，但因案件特殊，需要酌情减轻处罚的，应当报请最高人民法院核准，才能对犯罪分子减轻处罚。本案即按照《刑法》第 63 条第 2 款规定的程序，报经最高人民法院准核对刘某蔚减轻处罚。

案例169 刘某权抢劫案①

【知识点】

酌定减轻处罚程序

【问题】

酌情减轻处罚应该经过怎样的程序?

【基本案情】

2015年9月4日17时许,被告人刘某权见同村村民张某外出放羊,遂窜至张某家中,不顾张某之妻朱某阻挡,强行将朱某推开,从卧室板柜内拿走人民币440元后离开现场。事后,刘某权如实供述罪行,并将涉案财物退还被害人。

【处理结果】

西安市临潼区人民法院一审认为,被告人刘某权犯抢劫罪,且属于入户抢劫。刘某权不具有法定减轻处罚情节,但其犯罪情节较轻,并能如实供述罪行,认罪态度较好,且已将涉案财物退还被害人,可在法定刑以下判处刑罚。遂判处其有期徒刑4年,并处罚金人民币3000元。

宣判后,刘某权在法定期限内没有上诉,检察机关也没有抗诉。临潼区人民法院报请西安市中级人民法院复核。西安市中级人民法院审查后认为,法院对被告人刘某权在法定刑以下判处刑罚的判决,应报请最高人民法院核准,原审判决遗漏"本判决依法报请最高人民法院核准后生效"的重要事项,导致判决已经发生法律效力,属程序违法,建议临潼区人民法院依法予以纠正。

经再审,临潼区人民法院于2018年10月31日作出判决:被告人刘某权犯抢劫罪,在法定刑以下判处有期徒刑4年,并处罚金人民币3000元,同时指明,

---

① 本案例根据最高人民法院(2019)最高法刑核87677387号刑事裁定书编写。

"本判决依法报请最高人民法院核准后生效"。被告人刘某权在法定期限内没有上诉,检察机关也没有抗诉。临潼区人民法院依法报请西安市中级人民法院复核。西安市中级人民法院同意临潼区人民法院再审判决,并依法层报最高人民法院核准。经复核,最高人民法院核准临潼区人民法院再审对被告人刘某权犯抢劫罪,在法定刑以下判处有期徒刑4年,并处罚金人民币3000元的刑事判决。

【相关法条】

1.《刑法》第63条[减轻处罚]:犯罪分子具有本法规定的减轻处罚情节的,应当在法定刑以下判处刑罚;本法规定有数个量刑幅度的,应当在法定量刑幅度的下一个量刑幅度内判处刑罚。

犯罪分子虽然不具有本法规定的减轻处罚情节,但是根据案件的特殊情况,经最高人民法院核准,也可以在法定刑以下判处刑罚。

2.《刑法》第263条[抢劫罪]:以暴力、胁迫或者其他方法抢劫公私财物的,处三年以上十年以下有期徒刑,并处罚金;有下列情形之一的,处十年以上有期徒刑、无期徒刑或者死刑,并处罚金或者没收财产:

(一)入户抢劫的;

······

【简要评析】

根据《刑法》第63条第2款的规定,犯罪分子虽然不具有刑法规定的减轻处罚情节,但是根据案件的特殊情况,经最高人民法院核准,也可以在法定刑以下判处刑罚。有数个量刑幅度的,应当在法定量刑幅度的下一个量刑幅度内判处刑罚。

本案中,被告人刘某权以非法占有为目的,采取暴力手段入户抢劫,依法应该在10年以上有期徒刑、无期徒刑或者死刑的法定刑幅度内判处刑罚。虽然刘某权不具有任何法定减轻处罚情节,但其抢劫财物数额较小,没有造成被害人的人身损害,犯罪情节较轻,且能如实供述罪行,认罪态度较好,并已将涉案财物退还被害人。考虑到案件特殊情况,人民法院决定对刘某权酌情减轻处罚,即在"三年以上十年以下有期徒刑,并处罚金"的法定刑范围内判处刑罚,最终决定判处其有期徒刑4年,并处罚金人民币3000元。但是根据《刑法》第63条第2款的规定,酌定减轻处罚必须经最高人民法院核准。本案一审判决对被告人刘某权酌情减轻处罚,但在判决中,遗漏"本判决依法报请最高人民法院核准后生效",因而不符合酌定减轻处罚的程序,再审判决纠正了这一程序性错误。

案例170　郗某菲等盗窃案①

【知识点】

犯罪物品的处理

【问题】

如何理解与处理"供犯罪所用的本人财物"?

【基本案情】

2016年11月10日17时许,经预谋,被告人林某驾驶陕A8××××轿车载被告人郗某菲、李某前往某网吧伺机盗窃手机。郗某菲、李某进入网吧,林某在外接应。李某在网吧内望风,郗某菲使用铁制钩状工具盗走被害人郭某置放于电脑桌上的苹果手机1部,3人驾车逃离现场。后3人又于2016年11月14日21时许、22日17时许,采取上述手段分别盗走被害人张某、雷某的苹果手机各1部,以上手机价值共计人民币9041元。2016年11月18日至29日,经预谋,被告人蒋某超驾驶陕AZ××××轿车搭载被告人郗某菲、李某先后前往多地网吧伺机盗窃手机。郗某菲、李某进入网吧,蒋某超在外接应。郗某菲采用相同方式盗窃苹果手机4部,价值共计人民币12097元。

---

① 本案例根据《刑事审判参考》指导案例第1302号:郗菲菲、李超、蒋超超、林凯盗窃案编写。

【处理结果】

西安市长安区人民法院一审认为,4 名被告人的行为均构成盗窃罪,根据其犯罪情节和悔罪表现,依法判决被告人都某菲有期徒刑 2 年,并处罚金人民币 18000 元;判处被告人李某等有期徒刑 1 年 8 个月至 1 年不等,并处相应罚金。责令被告人退赔被害人郭某等人经济损失;对被告人都某菲等人的非法所得继续追缴;涉案车辆陕 A8××××轿车、陕 AZ××××轿车依法予以没收,上缴国库;作案工具铁丝钩两根、手套一个,予以没收。

宣判后,被告人蒋某超、林某认为,一审法院将其贷款购买的车辆予以没收不当,提出上诉。西安市中级人民法院二审认为,蒋某超、林某的轿车不应作为供犯罪所用的本人财物予以没收。遂依法撤销原审关于没收陕 A8××××轿车、陕 AZ××××轿车的判决,维持原判其他内容。

【相关法条】

《刑法》第 64 条 [犯罪物品的处理]:犯罪分子违法所得的一切财物,应当予以追缴或者责令退赔;对被害人的合法财产,应当及时返还;违禁品和供犯罪所用的本人财物,应当予以没收。没收的财物和罚金,一律上缴国库,不得挪用和自行处理。

【简要评析】

根据《刑法》第 64 条的规定,对于犯罪物品应该视情况予以追缴、退赔、返还、没收、上缴。在认定"供犯罪所用的本人财物"时应从财物与犯罪的关联性方面去把握,需要考量财物对于犯罪的作用大小、联系紧密程度等因素。对于专门用于犯罪的财物应认定为"供犯罪所用的本人财物",但对于非专门用于犯罪的财物,如果财物与犯罪具有直接的或者密切的联系,财物对犯罪行为或结果的发生起决定作用或直接作用,或者对于实施或完成犯罪行为必不可少,且被告人有将财物用于犯罪的主观认识,则可以认为该财物属于"供犯罪所用的本人财物"。

本案中,被告人蒋某超、林某的轿车主要用途为家庭生活和工作,没有连续性或者长期用于盗窃犯罪,故不属于专门用于犯罪的财物,同时,该轿车只是交通工具,并没有对盗窃犯罪的发生起决定作用或者直接作用,也并非实施盗窃犯罪的必要条件或者重要条件,故不应被认定为"供犯罪所用的本人财物",不应予以没收。

第二节　累犯

案例171　李某故意杀人案[①]

【知识点】

累犯

【问题】

累犯的成立条件及其处罚原则是什么?

【基本案情】

2006年4月14日,被告人李某因犯盗窃罪被判处有期徒刑2年,2008年1月2日刑满释放。2008年4月,李某与被害人徐某某建立恋爱关系。同年8月,二人因经常吵架而分手。后李某因曾犯罪而被停职,李某认为其被停职与徐某某有关。

2008年9月12日23时许,被告人李某破门进入徐某某卧室,持铁锤多次击打徐某某的头部,并击打徐某某表妹王某某头部、双手数下,致徐某某当场死亡、王某某轻伤。为防止在场的佟某报警,李某将徐某某、王某某及佟某的手机带离现场并抛弃,后潜逃。2008年9月24日,李某母亲协助公安机关将李某抓获,并代为赔偿被害人亲属4万元。李某被抓捕时没有反抗且如实供

述犯罪事实。

【处理结果】

2009年4月30日,黑龙江省哈尔滨市中级人民法院一审认定,被告人李某犯故意杀人罪,判处死刑,剥夺政治权利终身。

宣判后,李某提出上诉。2009年10月29日,黑龙江省高级人民法院二审裁定:驳回上诉,维持原判,并依法报请最高人民法院核准。最高人民法院根据复核确认的事实和被告人母亲协助抓捕被告人的情况,不核准被告人李某死刑,发回黑龙江省高级人民法院重新审判。该院于2011年5月3日作出判决,以故意杀人罪改判被告人李某死刑,缓期2年执行,剥夺政治权利终身,同时决定对其限制减刑。

【相关法条】

1.《刑法》第65条[一般累犯]:被判处有期徒刑以上刑罚的犯罪分子,刑罚执行完毕或者赦免以后,在五年以内再犯应当判处有期徒刑以上刑罚之罪的,是累犯,应当从重处罚,但是过失犯罪和不满十八周岁的人犯罪的除外。

前款规定的期限,对于被假释的犯罪分子,从假释期满之日起计算。

2.《刑法》第232条[故意杀人罪]:故意杀人的,处死刑、无期徒刑或者十年以上有期徒刑;情节较轻的,处三年以上十年以下有期徒刑。

【简要评析】

根据《刑法》第65条的规定,一般累犯的成立需符合以下条件:前后罪均为故意犯罪,前罪被判处有期徒刑以上刑罚,后罪也应被判处有期徒刑以上刑罚,且后罪发生在前罪刑罚执行完毕、被赦免或者被假释期满5年内。

本案中,李某所犯前罪为盗窃罪,被判处2年有期徒刑,在刑罚执行完毕8个多月后又实施故意杀人行为,该罪依法应该被判处有期徒刑以上刑罚,因而李某属于累犯,对其应该从重处罚。考虑到李某母亲协助抓捕并积极赔偿被害人家属,李某在被抓捕时未反抗,且归案后有坦白情节,最终对李某判处死刑,缓期2年执行,并限制减刑。

案例172　王某艳过失致人重伤等案①

【知识点】

累犯

【问题】

累犯的成立条件及其处罚原则是什么?

【基本案情】

被告人王某艳,因犯抢夺罪、盗窃罪于2014年11月25日被人民法院判处有期徒刑2年6个月,2016年11月29日释放。2017年2月15日11时许,被告人王某艳驾驶卡车行驶至太和县城关镇某小区门口时,将驾驶两轮摩托车的宋某撞倒后逃逸,宋某及乘车人宋某2受伤,宋某为重伤二级。经认定,王某艳承担此起事故的全部责任,宋某、宋某2无责任。经查明,肇事车辆系被盗抢车辆,王某艳供述该车是其于2016年12月以2600元的价格购买的,购买时无机动车证件手续。事后,王某艳赔偿宋某经济损失5万元,宋某对王某艳表示谅解。

【处理结果】

太和县人民法院根据王某艳的犯罪事实与情节,作出一审判决:被告人王某艳犯过失致人重伤罪,判处有期徒刑1年2个月;犯掩饰、隐瞒犯罪所得罪,判处拘役5个月,并处罚金人民币5000元。数罪并罚,决定执行有期徒刑1年2个月,罚金人民币5000元。

宣判后,被告人王某艳认为其不构成掩饰、隐瞒犯罪所得罪,一审法院量刑过重,提出上诉。安徽省阜阳市中级人民法院二审裁定:驳回上诉,维持

---

① 本案例根据安徽省阜阳市中级人民法院(2018)皖12刑终402号刑事裁定书编写。

原判。

【相关法条】

1.《刑法》第65条 [一般累犯]：被判处有期徒刑以上刑罚的犯罪分子,刑罚执行完毕或者赦免以后,在五年以内再犯应当判处有期徒刑以上刑罚之罪的,是累犯,应当从重处罚,但是过失犯罪和不满十八周岁的人犯罪的除外。

前款规定的期限,对于被假释的犯罪分子,从假释期满之日起计算。

2.《刑法》第233条 [过失致人死亡罪]：过失致人死亡的,处三年以上七年以下有期徒刑;情节较轻的,处三年以下有期徒刑。本法另有规定的,依照规定。

3.《刑法》第312条第1款 [掩饰、隐瞒犯罪所得、犯罪所得收益罪]：明知是犯罪所得及其产生的收益而予以窝藏、转移、收购、代为销售或者以其他方法掩饰、隐瞒的,处三年以下有期徒刑、拘役或者管制,并处或者单处罚金;情节严重的,处三年以上七年以下有期徒刑,并处罚金。

【简要评析】

根据《刑法》第65条的规定,一般累犯的成立需符合以下条件:前后罪均为故意犯罪,前罪被判处有期徒刑以上刑罚,后罪也应被判处有期徒刑以上刑罚,且后罪发生在前罪刑罚执行完毕、被赦免或者被假释期满5年内。

本案中,王某艳虽曾因犯抢夺罪、盗窃罪被判处有期徒刑,其在刑罚执行完毕5年内犯掩饰、隐瞒犯罪所得罪,但因该罪仅被判处拘役,不符合后罪应被判处有期徒刑以上刑罚的条件,因而不符合累犯成立条件。王某艳在抢夺罪、盗窃罪刑罚执行完毕5年内又犯了过失致人重伤罪,但该罪为过失犯罪,不符合前后罪均为故意犯罪的条件,进而不符合累犯成立条件。综上,王某艳不存在累犯情节,依法不能从重处罚。鉴于王某艳有坦白、赔偿被害人经济损失、取得被害人谅解等情节,法院依法对其从轻处罚,遂作出上述判决。

案例173　郑某民贩卖毒品案①

【知识点】

累犯

【问题】

未满18周岁时犯的罪,能否作为累犯的前罪?

【基本案情】

被告人李某伟、李某广、余某友多次预谋共同出资从广东购买冰毒回罗山贩卖。2018年5月11日,李某伟电话联系被告人郑某民(1993年8月7日出生)询问冰毒价格并让其帮忙购买。2018年5月14日,李某伟与郑某民联系后,郑某民又与被告人陈某周联系,当天夜晚陈某周将冰毒送至郑某民家中,李某伟携徐某雷于当晚来到郑某民家中进行交易,李某伟付给郑某民毒资共计56800元。2018年5月15日15时许,罗山县公安局禁毒大队民警将李某伟、余某友、李某广、徐某雷抓获,从4人乘坐的车上查获3袋疑似冰毒物质,净重657克。经鉴定,三袋白色晶体状物质中均检出甲基苯丙胺成分。

另查明,郑某民因犯抢劫罪、放火罪于2011年6月22日被判处有期徒刑5年,2014年12月5日刑满释放。

【处理结果】

信阳市中级人民法院一审判决:被告人郑某民犯贩卖毒品罪,其系累犯,判处无期徒刑,剥夺政治权利终身,并处没收个人全部财产。其他人也被判处相应刑罚。

宣判后,郑某民上诉称:原判认定其构成累犯错误,请求二审改判。河南省高级人民法院二审认为郑某民不构成累犯,不应从重处罚,遂改判:郑某民

---

① 本案例根据河南省高级人民法院(2019)豫刑终468号刑事判决书编写。

犯贩卖毒品罪,判处有期徒刑15年,剥夺政治权利5年,并处没收个人财产人民币10万元。

【相关法条】

《刑法》第65条[一般累犯]:被判处有期徒刑以上刑罚的犯罪分子,刑罚执行完毕或者赦免以后,在五年以内再犯应当判处有期徒刑以上刑罚之罪的,是累犯,应当从重处罚,但是过失犯罪和不满十八周岁的人犯罪的除外。

前款规定的期限,对于被假释的犯罪分子,从假释期满之日起计算。

【简要评析】

根据《刑法》第65条的规定,一般累犯的成立需符合以下条件:前后罪均为故意犯罪,前罪被判处有期徒刑以上刑罚,后罪也应被判处有期徒刑以上刑罚,且后罪发生在前罪刑罚执行完毕、被赦免或者被假释期满5年内。但是,出于对未成年人的保护,根据《刑法》第65条第1款的规定,18周岁以前的犯罪行为不能作为一般累犯成立条件中的前罪看待,也就不能因此而成立累犯。

本案中,郑某民于2011年6月22日因犯放火罪、抢劫罪被判处有期徒刑5年,其实施放火、抢劫犯罪行为时未满18周岁,依法不应被认定为累犯中的前罪,故对其实施的贩卖毒品罪进行处理时,不能因其刑满释放5年内再次犯罪,而被认定为累犯,也不能据此对其从重处罚。原审法院将郑某民认定为累犯错误,二审法院对此予以纠正。

第三节　自首、立功、坦白

案例174　王某梓故意杀人案[①]

【知识点】

自首成立条件

【问题】

被告人亲属主动报案并带领公安人员抓获被告人,是否构成自首?

【基本案情】

2009年,被告人王某梓与被害人何某圣因琐事产生矛盾。2013年1月17日17时许,王某梓将何某圣约至自己的租住房,二人发生争执,王某梓用腰带勒何某圣颈部,致何某圣机械性窒息死亡。次日,王某梓将何某圣的尸体肢解,将装有尸块的三个拉杆箱掩埋。后王某梓母亲报案并带领公安人员将其抓获。

【处理结果】

哈尔滨市中级人民法院一审认为,被告人王某梓构成故意杀人罪,判处其死刑,剥夺政治权利终身。

一审宣判后,被告人王某梓以其有自首情节、亲属愿意赔偿被害人亲属经济损失等为由提出上诉。黑龙江高级人民法院二审认为,王某梓作案后虽然没有逃跑,其母报案并带领公安人员将其抓获,但王某梓并不知道其母报案,亦没有主动投案的意思表示和行为,因而不构成自首。遂裁定:驳回上诉,维持原判。

[①] 本案例根据《刑事审判参考》指导案例第1223号:王宪梓故意杀人案编写。

【相关法条】

1.《刑法》第67条第1款[自首]：犯罪以后自动投案，如实供述自己的罪行的，是自首。对于自首的犯罪分子，可以从轻或者减轻处罚。其中，犯罪较轻的，可以免除处罚。

2.最高人民法院《关于处理自首和立功具体应用法律若干问题的解释》第1条：根据刑法第六十七条第一款的规定，犯罪以后自动投案，如实供述自己的罪行的，是自首。

（一）自动投案，是指犯罪事实或者犯罪嫌疑人未被司法机关发觉，或者虽被发觉，但犯罪嫌疑人尚未受到讯问、未被采取强制措施时，主动、直接向公安机关、人民检察院或者人民法院投案。

犯罪嫌疑人向其所在单位、城乡基层组织或者其他有关负责人员投案的；犯罪嫌疑人因病、伤或者为了减轻犯罪后果，委托他人先代为投案，或者先以信电投案的；罪行尚未被司法机关发觉，仅因形迹可疑，被有关组织或者司法机关盘问、教育后，主动交代自己的罪行的；犯罪后逃跑，在被通缉、追捕过程中，主动投案的；经查实确已准备去投案，或者正在投案途中，被公安机关捕获的，应当视为自动投案。

并非出于犯罪嫌疑人主动，而是经亲友规劝、陪同投案的；公安机关通知犯罪嫌疑人的亲友，或者亲友主动报案后，将犯罪嫌疑人送去投案的，也应当视为自动投案。

……

3.最高人民法院《关于处理自首和立功若干具体问题的意见》第1条：关于"自动投案"的具体认定。……，犯罪嫌疑人具有以下情形之一的，也应当视为自动投案：1.犯罪后主动报案，虽未表明自己是作案人，但没有逃离现场，在司法机关询问时交代自己罪行的；2.明知他人报案而在现场等待，抓捕时无拒捕行为，供认犯罪事实的；3.在司法机关未确定犯罪嫌疑人，尚在一般性排查询问时主动交代自己罪行的；4.因特定违法行为被采取劳动教养、行政拘留、司法拘留、强制隔离戒毒等行政、司法强制措施期间，主动向执行机关交代尚未被掌握的犯罪行为的;5.其他符合立法本意,应当视为自动投案的情形。

……

【简要评析】

根据《刑法》第67条第1款的规定,犯罪以后自动投案,如实供述自己罪行的,是自首。自动投案和如实供述自己罪行是自首成立的条件,根据《关于处理自首和立功具体应用法律若干问题的解释》,自动投案包含7种情形;根据《关于处理自首和立功若干具体问题的意见》,自动投案还包含5种情形。

本案中,被告人王某梓是在其母亲报案后,被抓获归案。其不属于"犯罪事实或者犯罪嫌疑人未被司法机关发觉,或者虽被发觉,但犯罪嫌疑人尚未受到讯问、未被采取强制措施时,主动、直接向公安机关、人民检察院或者人民法院投案"的情形。王某梓的母亲虽然主动向公安机关报案,但未送王某梓投案,故王某梓不属于"公安机关通知犯罪嫌疑人的亲友,或者亲友主动报案后,将犯罪嫌疑人送去投案"的情形。被告人王某梓并不知道母亲报案,更不知道母亲带领公安人员对他进行抓捕,因此,王某梓也不符合"明知他人报案而在现场等待,抓捕时无拒捕行为,供认犯罪事实"的情形。其也不符合其他自动投案的情形,因此,王某梓不具备自首的条件,因而不构成自首。

案例175　杨某保走私毒品案[①]

【知识点】

自首成立条件

【问题】

仅因形迹可疑被公安机关盘问后即如实交代罪行,是否构成自首?

---

① 本案例根据《刑事审判参考》指导案例第82号:杨永保等走私毒品案编写。

【基本案情】

被告人杨某保（缅甸国籍）、陈某助在缅甸被毒贩雇佣运送海洛因到中国境内。杨某保、陈某助分别将毒贩交运的海洛因藏于体内,然后进入中国境内,与毒贩安排带路的李某明（同案被告人,已判刑）等一起欲乘飞机前往内地。在机场安检时,杨某保、陈某助被公安人员盘查,即交代体内藏毒的事实。后公安人员分别从杨某保和陈某助体内查获海洛因486克和441克。

【处理结果】

德宏傣族景颇族自治州中级人民法院一审认为:被告人杨某保、陈某助构成走私毒品罪,判处杨某保死刑,判处陈某助死刑,剥夺政治权利终身。

宣判后,杨某保、陈某助均以量刑过重为由,提出上诉。云南省高级人民法院二审裁定驳回上诉,维持原判,并报送最高人民法院核准。最高人民法院认为,杨某保、陈某助的行为应认定为自首。遂改判:被告人杨某保犯走私毒品罪,判处死刑,缓期2年执行,并处没收个人全部财产;被告人陈某助犯走私毒品罪,判处死刑,缓期2年执行,剥夺政治权利终身,并处没收个人全部财产。

【相关法条】

1.《刑法》第67条第1款[自首]:犯罪以后自动投案,如实供述自己的罪行的,是自首。对于自首的犯罪分子,可以从轻或者减轻处罚。其中,犯罪较轻的,可以免除处罚。

2.最高人民法院《关于处理自首和立功具体应用法律若干问题的解释》第1条:根据刑法第六十七条第一款的规定,犯罪以后自动投案,如实供述自己的罪行的,是自首。

（一）自动投案,是指犯罪事实或者犯罪嫌疑人未被司法机关发觉,或者虽被发觉,但犯罪嫌疑人尚未受到讯问、未被采取强制措施时,主动、直接向公安机关、人民检察院或者人民法院投案。

犯罪嫌疑人向其所在单位、城乡基层组织或者其他有关负责人员投案的；犯罪嫌疑人因病、伤或者为了减轻犯罪后果，委托他人先代为投案，或者先以信电投案的；罪行尚未被司法机关发觉，仅因形迹可疑，被有关组织或者司法机关盘问、教育后，主动交代自己的罪行的；犯罪后逃跑，在被通缉、追捕过程中，主动投案的；经查实确已准备去投案，或者正在投案途中，被公安机关捕获的，应当视为自动投案。

并非出于犯罪嫌疑人主动，而是经亲友规劝、陪同投案的；公安机关通知犯罪嫌疑人的亲友，或者亲友主动报案后，将犯罪嫌疑人送去投案的，也应当视为自动投案。

……

【简要评析】

根据《刑法》第67条第1款的规定，犯罪后自动投案，如实供述自己罪行的，为自首，根据《关于处理自首和立功具体应用法律若干问题的解释》第1条的规定，罪行尚未被司法机关发觉，仅因形迹可疑，被有关组织或者司法机关盘问、教育后，主动交代自己的罪行的，属于自动投案。

本案中，被告人杨某保、陈某助因形迹可疑被公安人员盘查后，即如实供述自己走私毒品的犯罪事实，应认定为自动投案，即构成自首，依法可以从轻或者减轻处罚。据此，最高人民法院对其改判死刑，缓期2年执行。

案例176　徐某某非法侵入住宅案①

【知识点】

自首成立条件

【问题】

主动发送微信定位，如实供述罪行，能否认定为自首？

_____

① 本案例根据上海市普陀区人民检察院沪普检刑不诉(2021)15号不起诉决定书编写。

【基本案情】

2020年11月15日凌晨2时许,徐某某为了向方某某表白,酒后翻窗进入上海市某小区二楼一户人家(徐某某误以为是方某某家,实际上是沈某甲家)。被沈某甲发现后,徐某某逃出,在走廊楼梯处被沈某甲、沈某乙抓住,后趁沈某甲返回家中报警之机,徐某某挣脱沈某乙逃离。2020年11月15日,公安机关根据徐某某主动提供的微信定位将徐某某带回调查。到案后,徐某某如实供述了上述事实,认罪认罚。案发后,徐某某取得了被害人的谅解。

【处理结果】

上海市公安局普陀分局以徐某某涉嫌非法侵入住宅罪,于2020年12月24日向上海市普陀区人民检察院移送审查起诉。上海市普陀区人民检察院认为,徐某某非法侵入他人住宅,但其能自动投案,如实供述自己的罪行,认罪认罚,且已取得被害人谅解,犯罪情节轻微,依法决定对徐某某不起诉。

【相关法条】

1.《刑法》第67条第1款 [自首]:犯罪以后自动投案,如实供述自己的罪行的,是自首。对于自首的犯罪分子,可以从轻或者减轻处罚。其中,犯罪较轻的,可以免除处罚。

2.最高人民法院《关于处理自首和立功具体应用法律若干问题的解释》第1条:根据刑法第六十七条第一款的规定,犯罪以后自动投案,如实供述自己的罪行的,是自首。

(一)自动投案,是指犯罪事实或者犯罪嫌疑人未被司法机关发觉,或者虽被发觉,但犯罪嫌疑人尚未受到讯问、未被采取强制措施时,主动、直接向公安机关、人民检察院或者人民法院投案。

犯罪嫌疑人向其所在单位、城乡基层组织或者其他有关负责人员投案的;犯罪嫌疑人因病、伤或者为了减轻犯罪后果,委托他人先代为投案,或者先以信电投案的;罪行尚未被司法机关发觉,仅因形迹可疑,被有关组织或者司法机关盘问、教育后,主动交代自己的罪行的;犯罪后逃跑,在被通缉、追捕过程中,主动投案的;经查实确已准备去投案,或者正在投案途中,被公安机关捕获的,应当视为自动投案。

并非出于犯罪嫌疑人主动,而是经亲友规劝、陪同投案的;公安机关通知犯罪嫌疑人的亲友,或者亲友主动报案后,将犯罪嫌疑人送去投案的,也应当视为自动投案。

......

3.《刑事诉讼法》第177条第2款 [相对不起诉]:对于犯罪情节轻微,依照刑法规定不需要判处刑罚或者免除刑罚的,人民检察院可以作出不起诉决定。

【简要评析】

根据《刑法》第67条第1款的规定,犯罪以后自动投案,如实供述自己的罪行的,是自首。对于自首的犯罪分子,可以从轻或者减轻处罚。其中,犯罪较轻的,可以免除处罚。

本案中,被告人徐某某非法侵入住宅,构成非法侵入住宅罪。但其在犯罪事实被发觉,尚未受到讯问、未被采取强制措施时,主动、直接向办案机关发送微信定位,等待抓捕,可以认定为自动投案,到案后如实供述自己的罪行,因而,可以被认定为自首。由于其认罪认罚,赔偿被害人损失,取得被害人谅解,犯罪情节较轻,依照《刑事诉讼法》第177条第2款的规定,可以免除处罚。据此,人民检察院依法对其作出不起诉决定。

案例177 李某愿受贿、玩忽职守等案[①]

【知识点】

准自首成立条件

---

① 本案例根据广东省高级人民法院(2016)粤刑终1099号刑事裁定书编写。

【问题】

犯罪嫌疑人如实供述司法机关尚未掌握的本人其他罪行,是否构成自首?

【基本案情】

2012年1月至2014年7月,被告人李某愿在担任某消防大队副大队长期间,利用对辖区建设单位进行消防设计审核、消防验收及消防检查的职务之便,多次索取或非法收受他人贿赂23.5万元,伙同林某铭(另案处理)非法收受他人贿赂10万元,合计33.5万元,其中李某愿分得26.5万元。

被告人李某愿任某消防大队副大队长期间,没有提出将某综合批发市场列入消防安全重点单位,致使消防大队没有严格依照消防安全重点单位的标准对该综合批发市场进行消防监督管理;在对辖区内另一综合批发市场进行消防监督检查过程中,工作严重不负责任,致使该综合批发市场的电气线路消防安全隐患未得到及时发现和准确排除,2014年6月2日该综合批发市场因电气线路故障发生火灾,造成建筑物损失47万余元。

另查明,李某愿在被江门市人民检察院调查期间,主动如实供述司法机关尚未掌握的其于2013年7月至2014年4月,利用职务之便,与他人侵吞公共财物共计11.96万元,其中李某愿分得7.13万元的事实。此外,他还如实供述了部分其他受贿犯罪事实。

【处理结果】

广东省江门市中级人民法院一审认为,被告人李某愿构成受贿罪、玩忽职守罪和贪污罪。对其贪污罪应以自首论,可以减轻处罚。数罪并罚,决定对其执行有期徒刑4年6个月,并处罚金人民币30万元。

被告人李某愿不服判决,提出上诉,广东省高级人民法院二审裁定:驳回上诉,维持原判。

【相关法条】

1.《刑法》第 67 条第 2 款 [准自首]：被采取强制措施的犯罪嫌疑人、被告人和正在服刑的罪犯，如实供述司法机关还未掌握的本人其他罪行的，以自首论。

2. 最高人民法院《关于处理自首和立功具体应用法律若干问题的解释》第 2 条：根据刑法第六十七条第二款的规定，被采取强制措施的犯罪嫌疑人、被告人和已宣判的罪犯，如实供述司法机关尚未掌握的罪行，与司法机关已掌握的或者判决确定的罪行属不同种罪行的，以自首论。

3. 最高人民法院《关于处理自首和立功具体应用法律若干问题的解释》第 4 条：被采取强制措施的犯罪嫌疑人、被告人和已宣判的罪犯，如实供述司法机关尚未掌握的罪行，与司法机关已掌握的或者判决确定的罪行属同种罪行的，可以酌情从轻处罚；如实供述的同种罪行较重的，一般应当从轻处罚。

【简要评析】

根据《刑法》第 67 条第 2 款的规定，被采取强制措施的犯罪嫌疑人、被告人和正在服刑的罪犯，如实供述司法机关还未掌握的本人其他罪行的，以自首论。但是根据最高人民法院《关于处理自首和立功具体应用法律若干问题的解释》，只有如实供述的罪行与司法机关已掌握的罪行属异种罪行的，才能成立自首。

本案中，被告人李某愿因涉嫌受贿罪和玩忽职守罪被人民检察院调查，属于被采取强制措施的犯罪嫌疑人，其主动如实供述了司法机关尚未掌握的贪污罪行，该罪行与受贿罪和玩忽职守罪属于不同种罪行，因而，对其贪污罪应以自首论，依法可以从宽处罚。而其如实交代的部分受贿罪行，由于与司法机关已经掌握的属于同种罪行，因而不能以自首论处，但依法可以酌情从轻处罚，如果如实供述的同种罪行较重的，一般应当从轻处罚。

案例178　李某奎故意杀人、强奸案①

【知识点】

自首处罚原则

【问题】

自首是否一定从宽处罚?

【基本案情】

被告人李某奎与被害人王某飞是邻居,李某奎曾到王某飞家提亲遭到拒绝。2009年5月14日,李某奎之兄与王某飞之母因琐事发生纠纷。李某奎得知后从四川赶回家。2009年5月16日13时许,李某奎遇见王某飞、王某红(被害人,殁年3岁)姐弟二人,与王某飞发生争吵并扭打。李某奎将王某飞掐晕后实施强奸,在王某飞醒后跑开时,李某奎又用锄头打击王某飞的头部致其倒地。随后,李某奎提起王某红的手脚将其头部猛撞门框,并用绳子勒住二被害人颈部后逃离现场。经鉴定,王某飞、王某红均系颅脑损伤伴机械性窒息死亡。2009年5月20日,李某奎到派出所投案,如实供述自己的罪行。

【处理结果】

2010年7月15日,云南省昭通市中级人民法院认为,李某奎故意杀害两人,强奸一人,且犯罪手段特别凶残、情节特别恶劣、后果特别严重,其罪行极其严重,社会危害极大,应依法严惩。虽李某奎有自首情节,但不足以对其从轻处罚,遂判决:李某奎犯故意杀人罪,判处死刑,剥夺政治权利终身;犯强奸罪,判处有期徒刑5年。数罪并罚,决定执行死刑,剥夺政治权利终身。

李某奎不服判决,提出上诉。云南省高级人民法院二审认为,李某奎具有

---

① 本案例根据《云南高院再审李昌奎案　撤销原死缓判决改判死刑》编写。资料来源:中国新闻网(https://www.chinanews.com.cn/fz/2011/08-22/3275633.shtml)。

自首情节,认罪、悔罪态度好,且积极赔偿受害人家属经济损失。遂以故意杀人罪、强奸罪改判李某奎判死刑,缓期2年执行。

受害人家属对二审判决不满,提出申诉。2011年8月22日,云南省高级人民法院对该案依照审判监督程序进行再审并当庭宣判:撤销原二审判决,改判李某奎死刑,剥夺政治权利终身。

【相关法条】

《刑法》第67条第1款[自首]:犯罪以后自动投案,如实供述自己的罪行的,是自首。对于自首的犯罪分子,可以从轻或者减轻处罚。其中,犯罪较轻的,可以免除处罚。

【简要评析】

根据《刑法》第67条第1款的规定,对于自首犯可以从轻或减轻处罚,犯罪较轻的,可以免除处罚。可见,自首未必一定从宽处罚,是否从宽处罚由司法机关根据犯罪事实、犯罪情节、犯罪手段、犯罪后果、犯罪影响等因素综合决定。

本案中,被告人李某奎因求婚不成及家人琐事纠纷产生报复王某飞之念。在掐晕并强奸王某飞后,又用锄头击打头部、勒颈等方式致使被害人王某飞死亡;采用将头部猛撞门框、勒颈方式杀害年仅3岁的王某红,其行为已构成强奸罪、故意杀人罪,且犯罪动机卑劣,犯罪手段特别残忍,情节特别恶劣,后果特别严重,社会影响极大,虽有自首情节,但不足以对其从轻处罚。故此,再审法院判决李某奎死刑,剥夺政治权利终身。

案例179 林某浩故意杀人案[①]

【知识点】

坦白及其处罚原则

---

①本案例根据上海市高级人民法院(2014)沪高刑终字第31号刑事裁定书编写。

【问题】

坦白一律从宽处罚吗？

【基本案情】

被告人林某浩和被害人黄某均系某大学某医学院硕士研究生，二人为室友。林某浩因琐事对黄某不满，逐渐对黄某怀恨在心，决意采用投毒的方法加害黄某。

2013年3月31日下午，林某浩将自己实验时剩余的装有剧毒化学品二甲基亚硝胺的试剂瓶和注射器带回宿舍。并于当日晚17时50分许，将二甲基亚硝胺投入宿舍饮水机内。同年4月1日上午，黄某从该宿舍饮水机中接水喝下，发生呕吐，于当日中午至医院就诊。4月3日下午，黄某因病情严重被转至外科重症监护室治疗。在黄某就医期间，林某浩故意隐瞒黄某的病因。4月11日，林某浩在两次接受公安人员询问时均未供述投毒事实，直至次日凌晨经公安机关依法将其刑事传唤到案后，才如实供述了上述投毒事实。被害人黄某经抢救无效，于2013年4月16日死亡。经鉴定，被害人黄某符合二甲基亚硝胺中毒致急性肝坏死引起急性肝功能衰竭，继发多器官功能衰竭死亡。

【处理结果】

上海市第二中级人民法院一审认为，被告人林某浩的行为已构成故意杀人罪，且犯罪手段残忍，后果严重，社会危害极大，罪行极其严重；林某浩到案后虽能如实供述罪行，尚不足以从轻处罚。据此，判处被告人林某浩死刑，剥夺政治权利终身。

宣判后，林某浩提出上诉。上海市高级人民法院二审裁定：驳回上诉，维持原判。

【相关法条】

《刑法》第67条第3款［坦白］：犯罪嫌疑人虽不具有前两款规定的自首情

节,但是如实供述自己罪行的,可以从轻处罚;因其如实供述自己罪行,避免特别严重后果发生的,可以减轻处罚。

【简要评析】

根据《刑法》第67条第3款的规定,虽然没有自动投案,但是归案后如实供述自己罪行的,属于坦白,依法可以从轻处罚。但是否从轻处罚,应视案件事实和被告人主观恶性等因素而定。

本案中,林某浩作为一名接受高等教育的研究生,仅因琐事即采用投毒方式杀人,且多次隐瞒被害人病因,导致被害人病因无法查明,未能得到及时救治而死亡。林某浩到案后虽能如实供述自己的罪行,有坦白情节,但其所犯罪行极其严重,社会危害极大,不足以从轻处罚。最终,法院对其判处死刑,剥夺政治权利终身。

案例180　曹某深故意伤害案①

【知识点】

立功成立条件

【问题】

被告人投案以后,委托亲属动员在逃同案犯投案自首,能否认定为立功?

【基本案情】

2015年6月11日凌晨,被告人曹某深看见与其有矛盾的被害人卢某在东兴市某娱乐城玩耍,遂产生报复的念头。随后曹某深纠集被告人杨某旭、张某、刘某唐、陈某伏击守候。当日6时许,卢某从娱乐城出来后,曹某深驾车搭乘杨某旭等人尾随。随后,刘某唐先持伸缩棍敲击卢某头部一棍,杨某旭持砍刀分别砍卢某的背部、腿部各一刀,张某持砍刀砍卢某右腿一刀,陈某持匕首

---

① 本案例根据广西壮族自治区高级人民法院(2016)桂刑终226号刑事判决书编写。

刺卢某臀部一刀,后5名被告人逃离现场。卢某经抢救无效死亡。经鉴定,被害人卢某系被锐器暴力砍击全身多处并造成左腘动脉静脉完全断裂致失血性休克而死亡。

2015年6月14日,曹某深到公安机关投案,并让其哥哥曹某林寻找、劝说在逃人员张某和杨某旭归案,张某和杨某旭分别于同年6月14日和7月9日到公安机关投案自首。一审期间,被告人曹某深、陈某分别赔偿被害人卢某家属经济损失,并取得谅解。

【处理结果】

防城港市中级人民法院一审以故意伤害罪分别判处被告人曹某深和杨某旭有期徒刑15年,剥夺政治权利4年;其他被告人分别被判处8年到13年有期徒刑不等。

宣判后,各被告人均提出上诉。曹某深提出其投案后委托其兄动员在逃同案犯杨某旭、张某投案自首系立功表现,一审法院未予以考虑。广西壮族自治区高级人民法院二审裁定:驳回曹某深、杨某旭、张某的上诉,对其他两名被告人作出改判。

【相关法条】

1.《刑法》第68条[立功]:犯罪分子有揭发他人犯罪行为,查证属实的,或者提供重要线索,从而得以侦破其他案件等立功表现的,可以从轻或者减轻处罚;有重大立功表现的,可以减轻或者免除处罚。

2.最高人民法院《关于处理自首和立功具体应用法律若干问题的解释》第5条:根据刑法第六十八条第一款的规定,犯罪分子到案后有检举、揭发他人犯罪行为,包括共同犯罪案件中的犯罪分子揭发同案犯共同犯罪以外的其他犯罪,经查证属实;提供侦破其他案件的重要线索,经查证属实;阻止他人犯罪活动;协助司法机关抓捕其他犯罪嫌疑人(包括同案犯);具有其他有利于国家和社会的突出表现的,应当认定为有立功表现。

3.最高人民法院《关于处理自首和立功若干具体问题的意见》第4条:关

于立功线索来源的具体认定。……犯罪分子亲友为使犯罪分子"立功",向司法机关提供他人犯罪线索、协助抓捕犯罪嫌疑人的,不能认定为犯罪分子有立功表现。

4.最高人民法院《关于处理自首和立功若干具体问题的意见》第5条:关于"协助抓捕其他犯罪嫌疑人"的具体认定。犯罪分子具有下列行为之一,使司法机关抓获其他犯罪嫌疑人的,属于《解释》①第五条规定的"协助司法机关抓捕其他犯罪嫌疑人":1.按照司法机关的安排,以打电话、发信息等方式将其他犯罪嫌疑人(包括同案犯)约至指定地点的;2.按照司法机关的安排,当场指认、辨认其他犯罪嫌疑人(包括同案犯)的;3.带领侦查人员抓获其他犯罪嫌疑人(包括同案犯)的;4.提供司法机关尚未掌握的其他案件犯罪嫌疑人的联络方式、藏匿地址的,等等。

……

【简要评析】

根据《刑法》第68条、最高人民法院《关于处理自首和立功具体应用法律若干问题的解释》和《关于处理自首和立功若干具体问题的意见》的规定,立功的主体都是"犯罪分子"。犯罪分子的亲属"协助立功"的,不符合立功的主体要件,因此,不能认定为犯罪分子具有立功表现。《关于处理自首和立功若干具体问题的意见》第5条虽然在列举了4种常见"协助司法机关抓捕其他犯罪嫌疑人"的情形后,加上了"等等"二字,但对"等等"应当进行严格的限制解释,不能认为凡是对侦破案件起到一定的协助作用的,就一律认定为立功。

本案中,被告人曹某深不属于立功。首先,曹某深没有协助抓捕同案犯的行为。同案犯张某、杨某旭投案,既不是曹某深在司法机关的安排下将张某、杨某旭约至指定地点而抓获,也不是曹某深将张某、杨某旭二人的联络方式、藏匿信息告知司法机关,由司法机关前往抓获,更不是曹某深带领侦查人员抓获,因而曹某深不符合《关于处理自首和立功若干具体问题的意见》中规定的

---

① 此处的《解释》指最高人民法院《关于处理自首和立功具体应用法律若干问题的解释》。

"协助抓捕其他犯罪嫌疑人"的情形。其次,曹某深不符合立功的主体条件。曹某深只是将想法告诉其兄曹某林,由曹某林与张某、杨某旭的亲属共同寻找、动员之后,张某、杨某旭先后投案。曹某深仅仅有规劝同案犯投案的意愿,是其亲属的协助,才使得张某、杨某旭二人投案,因而曹某深不符合立功的主体条件。综上可见,不能认定曹某深具有立功表现。

案例181 胡某超等销售假药案①

【知识点】

重大立功的成立条件

【问题】

揭发被省公安厅、公安部挂牌督办案件的他人犯罪行为,查证属实,是否属于重大立功?

【基本案情】

从2016年9月起,被告人胡某超通过其注册的淘宝店铺销售"乌梢蛇佛手胶囊""阴阳舒筋丹"等药品,销售金额约10万元。从2016年11月起,被告人黄某东通过其注册的淘宝店铺销售"铁骨王软胶囊""阴阳舒筋丹"等药品,销售金额约10万元。黄某东所销售药品均通过胡某超进货,进货药品存放于胡某超住处。2016年9月至2017年2月,胡某超多次联系被告人陈某欢购进"乌梢蛇佛手胶囊""阴阳舒筋丹"等药品后对外销售,陈某欢销售给胡某超的药品金额为8.7万余元。经认定,上述人员销售的"乌梢蛇佛手胶囊""阴阳舒筋丹""铁骨王软胶囊"等药品均按假药论处。

另查明,胡某超到案后,向多地公安机关检举揭发多起他人销售有毒、有害食品或销售假药犯罪行为,各地公安机关据此侦破案件10起,抓获犯罪嫌疑人31人,其中胡某超举报的李某涉嫌生产、销售有毒、有害食品案,张某涉

---

① 本案例根据山东省潍坊市中级人民法院(2019)鲁07刑终451号刑事判决书编写。

嫌销售假药案被山东省公安厅、公安部列为督办案件。

【处理结果】

山东省潍坊市寒亭区人民法院一审以销售假药罪判处被告人胡某超有期徒刑1年10个月,并处罚金人民币22万元。

宣判后,被告人胡某超不服,认为自己检举揭发的案件属于在本省及全国范围内有较大影响的案件,符合重大立功的认定条件,一审量刑过重,提出上诉。

山东省潍坊市中级人民法院二审认为,上诉人胡某超检举揭发他人犯罪行为构成重大立功,依法可以减轻或者免除处罚。遂改判胡某超犯销售假药罪,判处有期徒刑1年,缓刑2年,并处罚金人民币5万元,缓刑考验期内依法实行社区矫正;禁止胡某超在缓刑考验期内从事药品生产、销售及相关活动。

【相关法条】

1.《刑法》第68条 [立功]:犯罪分子有揭发他人犯罪行为,查证属实的,或者提供重要线索,从而得以侦破其他案件等立功表现的,可以从轻或者减轻处罚;有重大立功表现的,可以减轻或者免除处罚。

2.最高人民法院《关于处理自首和立功具体应用法律若干问题的解释》第7条:根据刑法第六十八条第一款的规定,犯罪分子有检举、揭发他人重大犯罪行为,经查证属实;提供侦破其他重大案件的重要线索,经查证属实;阻止他人重大犯罪活动;协助司法机关抓捕其他重大犯罪嫌疑人(包括同案犯);对国家和社会有其他重大贡献等表现的,应当认定为有重大立功表现。

前款所称“重大犯罪”、“重大案件”、“重大犯罪嫌疑人”的标准,一般是指犯罪嫌疑人、被告人可能被判处无期徒刑以上刑罚或者案件在本省、自治区、直辖市或者全国范围内有较大影响等情形。

【简要评析】

根据《刑法》第68条和相关司法解释的规定,犯罪分子有重大立功表现的,可以减轻或者免除处罚。而重大立功表现一般是指犯罪分子检举、揭发的犯罪嫌疑人、被告人可能被判处无期徒刑以上刑罚或者案件在本省、自治区、直辖市或者全国范围内有较大影响等情形。

本案中,被告人胡某超作为犯罪嫌疑人,检举、揭发他人犯罪,其中李某涉嫌生产、销售有毒、有害食品案,张某涉嫌销售假药案为山东省公安厅、公安部督办案件,可以被认为是在本省和全国范围内有较大影响的案件,属于重大案件。根据胡某超提供的线索,这些重大案件得以侦破,犯罪嫌疑人被抓获,因而应认定胡某超具有重大立功表现。对有重大立功表现的犯罪分子,依法可以减轻或者免除处罚。据此,二审法院对胡某超判处有期徒刑1年,缓刑2年,并处罚金人民币5万元。

案例182　赖某民受贿、贪污、重婚案①

【知识点】

立功处罚原则

【问题】

有重大立功表现是否一定从宽处罚?

【基本案情】

2008年至2018年,被告人赖某民利用担任原中国银行业监督管理委员会办公厅主任,原中国华融资产管理公司党委副书记、总裁,中国华融资产管理股份有限公司党委书记、董事长等职务上的便利,以及职权和地位形成的便利条件,通过其他国家工作人员职务上的行为,为有关单位和个人在获得融资、承揽工程、合作经营、调动工作以及职务提拔调整等事项上提供帮助,直接或通过特定关系人非法收受、索取相关单位和个人财物,折合人民币共计17.88

---

① 本案例根据《赖小民案二审维持死刑判决》编写。资料来源:中国法院网(https://www.chinacourt.org/article/detail/2021/01/id/5774713.shtml)。

亿余元。在22起受贿犯罪事实中,有3起受贿犯罪数额分别在人民币2亿元、4亿元、6亿元以上。2009年年底至2018年1月,赖某民利用职务上的便利,伙同特定关系人侵吞、套取单位公共资金共计人民币2513万余元。此外,赖某民在与妻子合法婚姻关系存续期间,还与他人长期以夫妻名义共同居住生活,并育有子女。

另查明,赖某民到案后,提供下属人员重大犯罪线索,经查证属实。

【处理结果】

2020年8月11日,天津市第二中级人民法院一审认为,被告人赖某民的行为构成受贿罪、贪污罪、重婚罪。虽有重大立功表现,不足以从宽处罚。遂判决:赖某民犯受贿罪,判处死刑,剥夺政治权利终身,并处没收个人全部财产;犯贪污罪,判处有期徒刑11年,并处没收个人财产人民币200万元;犯重婚罪,判处有期徒刑1年。决定执行死刑,剥夺政治权利终身,并处没收个人全部财产。

宣判后,赖某民提出上诉。2021年1月21日,天津市高级人民法院二审裁定:驳回上诉,维持原判。

【相关法条】

《刑法》第68条[立功]:犯罪分子有揭发他人犯罪行为,查证属实的,或者提供重要线索,从而得以侦破其他案件等立功表现的,可以从轻或者减轻处罚;有重大立功表现的,可以减轻或者免除处罚。

【简要评析】

根据《刑法》第68条的规定,犯罪分子有揭发他人犯罪行为,查证属实的,或者提供重要线索,从而得以侦破其他案件等立功表现的,可以从轻或者减轻处罚;有重大立功表现的,可以减轻或者免除处罚。从立法的规定看,有重大立功表现的未必会减轻或免除处罚,是否减轻或者免除处罚要视犯罪事实、犯罪情节、犯罪后果等情形而定。

本案中,被告人赖某民作为国家工作人员,利用担任国有金融企业负责人的职权之便,索取或收受他人贿赂,为他人谋取不正当利益,构成受贿罪,受贿数额 17.88 亿元,属数额特别巨大,危害国家金融安全和金融稳定,损害公务人员职务行为的廉洁性,犯罪情节特别严重,社会影响极其恶劣。同时,赖某民具有索取贿赂和为他人职务调整、提拔提供帮助而收受他人财物等从重处罚情节。且赖某民一人犯有数罪,应予以严惩。虽然赖某民提供下属人员重大犯罪线索并经查证属实,具有重大立功表现,但综合其所犯多种罪行的事实、性质、情节和对社会的危害程度,不足以对其从宽处罚。因此,最终人民法院对其判处死刑,剥夺政治权利终身,并处没收个人全部财产。

案例 183　钱某故意伤害案①

【知识点】

认罪认罚

【问题】

认罪认罚是否可以从宽处罚?

【基本案情】

2019 年 9 月 28 日晚,被告人钱某应朋友邀请在某餐馆与被害人马某某等人一起吃饭。其间,钱某与马某某因敬酒发生争吵,马某某持玻璃酒杯用力砸向钱某头部,致其额头受伤流血。钱某随后从其电瓶车内取出一把折叠刀,在厮打过程中刺中马某某胸部、腹部。马某某经医治无效,于 2019 年 11 月 27 日死亡。案发后,钱某即向公安机关主动投案,如实供述了自己的犯罪行为。案件移送检察机关审查起诉后,钱某表示愿意认罪认罚,在辩护人见证下签署了《认罪认罚具结书》。案发后,被告人钱某向被害人亲属进行了民事赔偿,取得被害人亲属谅解。

---

① 本案例根据最高人民检察院指导性案例第 82 号:钱某故意伤害案编写。

【处理结果】

2020 年 5 月 15 日,绍兴市人民检察院以钱某犯故意伤害罪向绍兴市中级人民法院提起公诉,提出判处被告人有期徒刑 12 年的量刑建议。绍兴市中级人民法院经审理,当庭判决采纳检察机关指控的罪名和量刑建议。被告人未上诉,判决已生效。

【相关法条】

1.《刑法》第 234 条 [故意伤害罪]:故意伤害他人身体的,处三年以下有期徒刑、拘役或者管制。

犯前款罪,致人重伤的,处三年以上十年以下有期徒刑;致人死亡或者以特别残忍手段致人重伤造成严重残疾的,处十年以上有期徒刑、无期徒刑或者死刑。本法另有规定的,依照规定。

2.《刑事诉讼法》第 15 条 [认罪认罚]:犯罪嫌疑人、被告人自愿如实供述自己的罪行,承认指控的犯罪事实,愿意接受处罚的,可以依法从宽处理。

【简要评析】

认罪认罚是我国《刑事诉讼法》确立的一项制度,根据《刑事诉讼法》第 15 条的规定,对于犯罪嫌疑人、被告人自愿如实供述自己的罪行,承认指控的犯罪事实,愿意接受处罚的,可以从宽处罚。目前,刑法中没有规定认罪认罚制度,认罪认罚制度与刑法中的自首和坦白制度存在一定的交叉性,但是又不同于自首和坦白制度。

本案中,被告人钱某故意伤害他人,且导致他人死亡,依法应在 10 年以上有期徒刑、无期徒刑、死刑的法定刑范围内判处刑罚,但鉴于钱某有自首情节,且自愿认罪认罚,可以对其从轻处罚,因此检察机关建议对其判处有期徒刑 12 年,人民法院依法采纳了该建议。

第四节 数罪并罚

案例184 孙某果强奸、故意伤害等案①

【知识点】

数罪并罚

【问题】

一人犯数罪,如何处罚?

【基本案情】

被告人孙某果,云南昆明人。1994年10月16日,孙某果伙同4名社会无业青年在昆明环城南路强行将两名女青年拉上车,实施轮奸。1995年12月20日,盘龙区人民法院判处孙某果有期徒刑3年。判决生效后,孙某果父母通过伪造病历帮助孙某果非法保外就医,导致孙某果被判刑后未被收监执行。在非法保外就医期间,1997年4月至6月上旬,被告人孙某果先后强奸了未成年女性宋某、张某某、菠某某。1997年6月底7月初的某日,被告人孙某果强奸张某(14岁)未遂。1997年11月7日21时许,被告人孙某果纠集、指使同案被告人党某宏、杨某等人,对少女张某某和杨某2进行殴打、侮辱,致张某某重伤。1997年7月13日凌晨2时许,被告人孙某果及同案被告人党某宏、崔某等人与邝某某、王某等人发生纠纷,进而殴打二人致轻伤偏重。1997年10月22日19时许,被告人孙某果及同案被告人党某宏、杨某在昆明市祥云街吃饭时,无故寻衅,将在隔壁餐馆吃饭的杨某3打伤。

---

① 本案例根据《孙小果再审刑事判决书(全文)》编写。资料来源:上海律师网(http://www.legal580.com/2020/xingshibianhu_0226/3057.html)。

【处理结果】

1998年2月18，昆明市中级人民法院一审认为，被告人孙某果犯强奸罪，判处死刑，剥夺政治权利终身；犯强制侮辱妇女罪①，判处有期徒刑15年；犯故意伤害罪，判处有期徒刑7年；犯寻衅滋事罪，判处有期徒刑3年。与原犯强奸罪未执行刑期2年4个月12天，数罪并罚，决定执行死刑，剥夺政治权利终身。

一审宣判后，孙某果不服，提出上诉。1999年3月9日，云南省高级人民法院判决：孙某果犯强奸罪，判处死刑，缓期2年执行，剥夺政治权利终身，维持其余定罪量刑，数罪并罚，决定执行死刑，缓期2年执行，剥夺政治权利终身。判决生效后，孙某果及其近亲属提出申诉。云南省高级人民法院于2006年7月3日作出再审判决，对孙某果所犯强奸罪改判有期徒刑15年，维持其余定罪量刑，决定执行有期徒刑20年。

后孙某果因获得"联动锁紧式防盗窨井盖"的国家专利，被认定为立功，获得法院裁定核准减刑，并于2010年4月出狱。至此，孙某果实际服刑约13年。

出狱后，孙某果以"李林宸"之名继续为非作恶。先后犯有组织、领导黑社会性质组织罪，开设赌场罪，寻衅滋事罪，非法拘禁罪，故意伤害罪，妨害作证罪，行贿罪。

2019年10月14日，云南省高级人民法院决定对孙某果出狱前所犯的强奸、强制侮辱妇女、故意伤害、寻衅滋事一案依照审判监督程序再审。

2019年11月8日，云南省玉溪市中级人民法院对孙某果出狱后实施的组织、领导黑社会性质组织罪，开设赌场罪，寻衅滋事罪，非法拘禁罪，故意伤害罪，妨害作证罪，行贿罪，作出判决，数罪并罚，决定执行有期徒刑25年，剥夺政治权利5年，并处没收个人全部财产。

一审宣判后，孙某果不服判决，提出上诉。2019年12月17日，云南省高

---

① 根据最高人民法院、最高人民检察院《关于执行〈中华人民共和国刑法〉确定罪名的补充规定（六）》的规定，《刑法》第237条确定的罪名为强制猥亵、侮辱罪，取消强制猥亵、侮辱妇女罪罪名。

级人民法院依法驳回上诉,维持原判。

2019年12月23日,云南省高级人民法院对孙某果出狱前所犯强奸罪、强制侮辱妇女罪、故意伤害罪、寻衅滋事罪再审后公开宣判。维持昆明市中级人民法院1998年2月一审对孙某果判处死刑,剥夺政治权利终身的判决。并与其出狱后所犯组织、领导黑社会性质组织等罪被判处的有期徒刑25年,剥夺政治权利5年,并处没收个人全部财产的判决合并,数罪并罚,决定对孙某果执行死刑,剥夺政治权利终身,并处没收个人全部财产。

【相关法条】

《刑法》第69条 [判决宣告前一人犯数罪的并罚]:判决宣告以前一人犯数罪的,除判处死刑和无期徒刑的以外,应当在总和刑期以下、数刑中最高刑期以上,酌情决定执行的刑期,但是管制最高不能超过三年,拘役最高不能超过一年,有期徒刑总和刑期不满三十五年的,最高不能超过二十年,总和刑期在三十五年以上的,最高不能超过二十五年。

数罪中有判处有期徒刑和拘役的,执行有期徒刑。数罪中有判处有期徒刑和管制,或者拘役和管制的,有期徒刑、拘役执行完毕后,管制仍须执行。

数罪中有判处附加刑的,附加刑仍须执行,其中附加刑种类相同的,合并执行,种类不同的,分别执行。

【简要评析】

根据《刑法》第69条的规定,对一人所犯的数罪应该按照相应的原则进行并罚。如果数罪均被判处有期徒刑、拘役或者管制,按照限制加重原则并罚;如果数罪中有死刑或者无期徒刑的,按照吸收原则并罚;如果数罪中有判处有期徒刑和拘役的,有期徒刑吸收拘役。数罪中如有判处有期徒刑和管制,或者拘役和管制的,有期徒刑、拘役执行完毕后,管制仍须执行;如果数刑中有主刑和附加刑,采用并科原则处理。

本案中,孙某果出狱前犯强奸罪、强制侮辱妇女罪、故意伤害罪、寻衅滋事罪,因强奸罪被判处死刑,剥夺政治权利终身,按照吸收原则数罪并罚,决定执行死刑,剥夺政治权利终身。孙某果出狱后,犯组织、领导黑社会性质组织罪,开设赌场罪,寻衅滋事罪,非法拘禁罪,故意伤害罪,妨害作证罪,行贿罪,人民法院对孙某果所犯数罪分别量刑后,按照限制加重原则,确定执行的刑罚为25年有期徒刑,剥夺政治权利5年,并处没收个人全部财产。再将该宣告刑与孙某果出狱前所犯数罪被判处的死刑按照吸收原则处理,决定执行死刑,剥夺政治权利终身,并处没收个人全部财产。

案例185　董某诈骗案[①]

【知识点】

刑罚执行期间发现漏罪的并罚

【问题】

判决宣告后,刑罚执行完毕前,发现犯罪分子还有其他罪没判决的,如何并罚?

【基本案情】

被告人董某,因犯诈骗罪于2018年5月29日被阜新市海州区人民法院判处有期徒刑4年10个月,并处罚金人民币10万元。服刑期间,董某被发现其还涉嫌诈骗罪没有判决,于2021年7月14日被刑事拘留。

其犯罪事实如下:2015年下半年,被告人董某向被害人齐某谎称其中国平安人寿保险股份有限公司阜新中心支公司有内部理财产品,存款6个月,利息5%,可先得利息,骗取了齐某的信任。齐某于2015年年底将298500元交给董某,后齐某分别给董某转账301500元、190000元、57000元。其间,董某以利息名义给齐某60000元,董某共骗取齐某人民币787000元。董某使用该款用于矿山投资、个人消费等。

---

① 本案例根据辽宁省阜新市中级人民法院(2022)辽09刑终10号刑事裁定书编写。

【处理结果】

2021年12月28日,阜新市海州区人民法院一审判决:被告人董某犯诈骗罪,判处有期徒刑10年,并处罚金人民币20万元,与此前因诈骗罪被判处的有期徒刑4年10个月,并处罚金人民币10万并罚,决定执行有期徒刑11年,并处罚金人民币30万元。

宣判后,被告人董某不服,提出上诉。辽宁省阜新市中级人民法院二审裁定:驳回上诉,维持原判。

【相关法条】

《刑法》第70条[判决宣告后发现漏罪的并罚]:判决宣告以后,刑罚执行完毕以前,发现被判刑的犯罪分子在判决宣告以前还有其他罪没有判决的,应当对新发现的罪作出判决,把前后两个判决所判处的刑罚,依照本法第六十九条的规定,决定执行的刑罚。已经执行的刑期,应当计算在新判决决定的刑期以内。

【简要评析】

根据《刑法》第70条的规定,判决宣告以后,刑罚执行完毕以前,发现被判刑的犯罪分子在判决宣告以前还有其他罪没有判决的,应当对新发现的罪(同种或异种)作出判决,把前后两个判决所判处的刑罚,依照《刑法》第69条规定的数罪并罚原则进行并罚,然后将已经执行的刑罚从新判决中予以减除。

本案中,被告人董某于2018年5月29日被判处有期徒刑4年10个月,并处罚金人民币10万元,但在刑罚执行期间,发现其2015年的诈骗罪没有判决,因此,应依法首先对新发现的诈骗罪进行判决,然后将该判决与2018年5月29日作出的诈骗罪判决按照《刑法》第69条规定的数罪并罚原则进行并罚。已经执行的刑罚应该从新作出的判决中扣减。2021年12月,阜新市海州区人民法院对董某在刑罚执行期间新发现的诈骗罪判处有期徒刑10年,并处罚金人民币20万元。然后,将该判决与2018年5月29日判处的有期徒刑4年10个月,并处罚金人民币10万元,按照《刑法》第69条规定的限制加重原则和并科原则实行数罪并罚,决定执行有期徒刑11年,并处罚金人民币30万元。当然,董某已经执行的3年多刑期应该依法从11年中予以减除。

案例186　曹某军脱逃案①

【知识点】

刑罚执行期间犯新罪的并罚

【问题】

犯罪分子在判决宣告以后,刑罚执行完毕以前犯新罪,如何数罪并罚?

【基本案情】

被告人曹某军因犯盗窃、抢劫罪于1994年1月31日被兰州市西固区人民法院判处有期徒刑12年,1996年9月11日被甘肃省兰州市中级人民法院裁定减刑1年6个月。1998年7月26日,曹某军在服刑改造时,趁带队民警领取工具之机脱逃,脱逃时余刑5年7个月12天。后曹某军化名曹某2办理了身份证件,长年利用虚假身份滞留于我国广州、老挝、泰国等地区和国家。2018年5月5日19时许,曹某军被抓获。

【处理结果】

甘肃省永登县人民法院一审判决:被告人曹某军犯脱逃罪,判处有期徒刑1年;与前罪剩余的刑期7年1个月13天,数罪并罚,决定执行有期徒刑7年6个月。

曹某军以原判未将其脱逃前已减刑期1年6个月削减为由提出上诉。甘肃省兰州市中级人民法院二审裁定:驳回上诉,维持原判。

---

① 本案例根据甘肃省兰州市中级人民法院(2018)甘01刑终381号刑事裁定书编写。

【相关法条】

1.《刑法》第71条 [判决宣告后又犯新罪的并罚]:判决宣告以后,刑罚执行完毕以前,被判刑的犯罪分子又犯罪的,应当对新犯的罪作出判决,把前罪没有执行的刑罚和后罪所判处的刑罚,依照本法第六十九条的规定,决定执行的刑罚。

2.最高人民法院《关于办理减刑、假释案件具体应用法律的规定》第33条:罪犯被裁定减刑后,刑罚执行期间因故意犯罪而数罪并罚时,经减刑裁定减去的刑期不计入已经执行的刑期。原判死刑缓期执行减为无期徒刑、有期徒刑,或者无期徒刑减为有期徒刑的裁定继续有效。

【简要评析】

根据《刑法》第71条的规定,判决宣告以后,刑罚执行完毕以前,被判刑的犯罪分子又犯罪的,应当对新犯的罪作出判决,把前罪没有执行的刑罚和后罪所判处的刑罚,依照《刑法》第69条确定的数罪并罚原则进行并罚。

本案中,被告人曹某军在刑罚执行期间,犯脱逃罪,依法应该先对脱逃罪予以判决,然后将盗窃罪、抢劫罪没有执行完毕的刑罚与脱逃罪判处的刑罚按照《刑法》第69条规定的数罪并罚原则并罚。人民法院对曹某军的脱逃罪判处有期徒刑1年,然后将该判决与前罪剩余的刑期7年1个月13天,按照《刑法》第69条规定的限制加重原则数罪并罚,决定执行有期徒刑7年6个月。

需要注意的是,由于罪犯服刑期间曾经被减刑,按照相关司法解释的规定,曾经被减去的1年6个月刑期不能计入已经执行的刑期。也就是说先前的减刑裁定被"一笔勾销",不管先前罪犯被减刑几次、被减去的刑期有多长。这是因为减刑的根本目的是激励罪犯积极改造,是刑罚执行过程中对积极改造罪犯的一种奖励性措施,罪犯只有认真遵守监规,接受教育,积极改造,确实悔改且表现优异者,才能获得减刑、假释,经减刑后又故意犯罪的,表明其没有真正悔改,没有从原判处的刑罚中受到教育和改造,主观恶性较深,将之前裁定减去的刑期不计入已经执行的刑期,并不损害减刑制度的严肃性,更不会影响司法公平,相反更能彰显宽严相济的刑事政策,发挥刑罚的功能和实现刑罚的目的。

第五节　缓刑

案例187　郎某、何某诽谤案①

【知识点】

缓刑适用条件

【问题】

诽谤他人,能否适用缓刑?

【基本案情】

2020年7月7日18时许,被告人郎某在杭州市余杭区某小区快递驿站内,使用手机偷拍正在等待取快递的被害人谷某,并将视频发布在某微信群。后郎某、何某分别假扮快递员和谷某,捏造谷某结识快递员并多次发生不正当性关系的微信聊天记录。为增强聊天记录的可信度,郎某、何某还捏造"赴约途中""约会现场"等视频、图片。2020年7月7日至7月16日期间,郎某将上述捏造的微信聊天记录截图39张及视频、图片陆续发布在该微信群,引发群内大量低俗、侮辱性评论。

2020年8月5日,上述偷拍的视频以及捏造的微信聊天记录截图27张被他人合并转发,并相继扩散到110余个微信群(群成员约2.6万人)、7个微信公众号(阅读数2万余次)及1个网站(浏览量1000次)等网络平台,引发大量低俗、侮辱性评论,严重影响了谷某的正常工作和生活。

2020年8月至12月,此事经多家媒体报道后引发网络热议,其中,仅微博

① 本案例根据最高人民检察院指导性案例第137号:郎某、何某诽谤案编写。

话题"被造谣出轨女子至今找不到工作"阅读量就达4.7亿次、话题讨论5.8万人次。该事件在网络上广泛传播,给广大公众造成不安全感,严重扰乱了网络社会公共秩序。

事后,两被告人自动投案,如实供述自己的罪行,自愿认罪认罚,并积极赔偿被害人损失。

【处理结果】

2020年10月26日,谷女士向余杭区人民法院提起刑事自诉,要求以诽谤罪追究郎某、何某的刑事责任。余杭区人民法院于2020年12月14日立案受理。鉴于二被告人的犯罪行为已并非仅仅对被害人谷某造成影响,其对象选择的随机性,造成不特定公众恐慌和社会安全感、秩序感下降;诽谤信息在网络上大范围流传,引发大量淫秽、低俗评论,虽经公安机关辟谣,仍对网络公共秩序造成很大冲击,严重危害社会秩序,余杭区检察院建议将此案转为公诉案件。

2021年4月30日,杭州市余杭区人民法院一审认为,被告人郎某、何某捏造事实,通过信息网络诽谤他人,且情节严重,均已构成诽谤罪。考虑到二被告人具有自首、自愿认罪认罚等法定从宽处罚情节,能主动赔偿损失、真诚悔罪,积极修复法律关系,且系初犯,无前科劣迹等酌定从宽处罚情节,适用缓刑对所居住社区无重大不良影响等具体情况,法院当庭宣判,以诽谤罪判处被告人郎某、何某有期徒刑1年,缓刑2年。

宣判后,二被告人未提出上诉,判决已生效。

【相关法条】

1.《刑法》第72条第1款[缓刑适用条件]:对于被判处拘役、三年以下有期徒刑的犯罪分子,同时符合下列条件的,可以宣告缓刑,对其中不满十八周岁的人、怀孕的妇女和已满七十五周岁的人,应当宣告缓刑:

(一)犯罪情节较轻;

(二)有悔罪表现;

（三）没有再犯罪的危险；

（四）宣告缓刑对所居住社区没有重大不良影响。

2.《刑法》第246条［侮辱罪、诽谤罪］：以暴力或者其他方法公然侮辱他人或者捏造事实诽谤他人，情节严重的，处三年以下有期徒刑、拘役、管制或者剥夺政治权利。

前款罪，告诉的才处理，但是严重危害社会秩序和国家利益的除外。

通过信息网络实施第一款规定的行为，被害人向人民法院告诉，但提供证据确有困难的，人民法院可以要求公安机关提供协助。

【简要评析】

按照《刑法》第72条第1款的规定，对于被判处拘役、3年以下有期徒刑的犯罪分子，如果同时符合犯罪情节较轻、有悔罪表现、没有再犯罪的危险、宣告缓刑对所居住社区没有重大不良影响4个条件的，可以宣告缓刑。

本案中，被告人郎某、何某捏造事实，通过网络诽谤他人，造成他人名誉严重受损，而且严重破坏了社会秩序，二人的行为已经构成了诽谤罪，但考虑到二人有法定和酌定从宽处罚情节，综合来看，犯罪情节较轻、有悔罪表现、没有再犯罪的危险、宣告缓刑对所居住社区没有重大不良影响，因而人民法院对二人判处有期徒刑1年，缓刑2年。

案例188　姜某豪等非法控制计算机信息系统案[①]

【知识点】

缓刑适用条件

【问题】

对犯罪情节特别严重的被告人，能否适用缓刑？

---

① 本案例根据最高人民法院指导案例145号：张竣杰等非法控制计算机信息系统案编写。

【基本案情】

自2017年7月开始,被告人张某杰、彭某珑、祝某、姜某豪经事先共谋,为赚取赌博网站广告费用,相互配合,对存在防护漏洞的目标服务器进行检索、筛查后,向目标服务器植入木马程序(后门程序)进行控制,再使用"菜刀"等软件链接该木马程序,获取目标服务器后台浏览、增加、删除、修改等操作权限,将添加了赌博关键字并设置自动跳转功能的静态网页,上传至目标服务器,提高赌博网站广告被搜索引擎命中概率。截至2017年9月底,被告人张某杰、彭某珑、祝某、姜某豪链接被植入木马程序的目标服务器共计113台,其中部分网站服务器还被植入了含有赌博关键词的广告网页。后公安机关将4名被告人抓获到案。

【处理结果】

2019年7月29日,江苏省南京市鼓楼区人民法院作出一审判决:认定被告人张某杰、彭某珑、祝某、姜某豪均构成非法控制计算机信息系统罪,判处被告人姜某豪有期徒刑2年6个月,并处罚金人民币2万元,并分别判处其他被告人相应刑罚。

宣判后,被告人姜某豪提出上诉,其辩护人请求对被告人姜某豪宣告缓刑。南京市中级人民法院二审裁定:驳回上诉,维持原判。

【相关法条】

1.《刑法》第72条第1款[缓刑适用条件]:对于被判处拘役、三年以下有期徒刑的犯罪分子,同时符合下列条件的,可以宣告缓刑,对其中不满十八周岁的人、怀孕的妇女和已满七十五周岁的人,应当宣告缓刑:

(一)犯罪情节较轻;

(二)有悔罪表现;

(三)没有再犯罪的危险;

(四)宣告缓刑对所居住社区没有重大不良影响。

389

2.《刑法》第285条 [非法侵入计算机信息系统罪,非法获取计算机信息系统数据、非法控制计算机信息系统罪]:违反国家规定,侵入国家事务、国防建设、尖端科学技术领域的计算机信息系统的,处三年以下有期徒刑或者拘役。

违反国家规定,侵入前款规定以外的计算机信息系统或者采用其他技术手段,获取该计算机信息系统中存储、处理或者传输的数据,或者对该计算机信息系统实施非法控制,情节严重的,处三年以下有期徒刑或者拘役,并处或者单处罚金;情节特别严重的,处三年以上七年以下有期徒刑,并处罚金。

【简要评析】

根据《刑法》第72条第1款的规定,被判处3年以下有期徒刑或者拘役的犯罪分子,犯罪情节较轻、有悔罪表现、没有再犯罪的危险、宣告缓刑对所居住社区没有重大不良影响的,可以宣告缓刑。

本案中,被告人姜某豪及其他被告人链接被植入木马程序的目标服务器共计113台,植入了含有赌博关键词的广告网页,其行为已经构成《刑法》第285条规定的非法控制计算机信息系统罪,属于"情节特别严重"。一审法院依据本案的犯罪事实和姜某豪的犯罪情节,对其减轻处罚,量刑适当。但综合姜某豪犯罪行为的性质、所造成的后果及其社会危害性,不符合犯罪情节较轻,没有再犯危险的缓刑条件,因而不宜对其适用缓刑。

案例189 杨某宽非法买卖危险物质案[①]

【知识点】

禁止令

【问题】

对宣告缓刑的被告人如何适用禁止令?

---

① 本案例根据青海省高级人民法院(2020)青刑终10号刑事判决书编写。

【基本案情】

2018年3月,赵某1在无营业执照和经营许可证的情况下,经营、储存甲酸甲酯等危险化学品。2018年7月,赵某1让被告人李某刚帮助购买甲酸甲酯,李某刚遂订购30.5吨甲酸甲酯并联系柴某进行运输。柴某联系了被告人杨某宽和其一起将货运到赵某1的作坊。赵某1与其亲属赵某2、邱某1开始用塑料桶卸料,杨某宽帮助其接管,卸到第三桶时,赵某1让柴某打开车顶阀门放气,阀门打开后大量甲酸甲酯气体溢出,致使赵某1、赵某2、邱某1、柴某、杨某宽当场昏迷,除杨某宽以外其余4人经抢救无效死亡。经鉴定,死者均系吸入甲酸甲酯造成机体缺氧窒息死亡。

【处理结果】

青海省西宁市中级人民法院一审判决,被告人李某刚犯非法买卖危险物质罪,判处有期徒刑12年;被告人杨某宽犯危险物品肇事罪,判处有期徒刑3年,缓刑4年;禁止被告人杨某宽在缓刑考验期限内从事与安全生产相关联的特定活动。

被告人李某刚不服一审判决,提出上诉。青海省高级人民法院二审维持对杨某宽的判决,改判李某刚犯非法买卖危险物质罪,判处其有期徒刑11年。

【相关法条】

《刑法》第72条第2款[禁止令]:宣告缓刑,可以根据犯罪情况,同时禁止犯罪分子在缓刑考验期限内从事特定活动,进入特定区域、场所,接触特定的人。

【简要评析】

根据《刑法》第72条第2款的规定,对于被宣告缓刑的犯罪分子,可以根据犯罪情况,同时禁止其在缓刑考验期限内从事特定活动,进入特定区域、场所,接触特定的人。

本案中,被告人杨某宽和柴某在运输危险物质和卸货过程中违规操作,导致4人死亡的重大危害结果,构成危险物品肇事罪。考虑到杨某宽行为属过失犯罪,犯罪情节较轻,悔罪表现较好,宣告缓刑对其所居住社区没有重大不良影响,可依法对其在判处有期徒刑3年的同时,缓刑4年。为了防止其在缓刑考验期内可能导致的安全生产损害,需禁止其在缓刑考验期限内从事与安全生产相关联的特定活动。故人民法院在判处其有期徒刑3年,缓刑4年的同时,对其适用了禁止令。

案例190　董某某等抢劫案①

【知识点】

禁止令

【问题】

对因迷恋网络游戏而犯罪的人,在宣告缓刑的同时是否需要适用禁止令?

【基本案情】

被告人董某某、宋某某(时年17周岁)迷恋网络游戏,经常结伴上网,时常彻夜不归。2010年7月27日11时许,因网费用完,二被告人伙同王某(作案时未达到刑事责任年龄)持刀对被害人张某某和王某某实施抢劫,抢走张某某5元现金及手机1部,后将所抢的手机卖掉,所得赃款用于上网。

【处理结果】

河南省平顶山市新华区人民法院一审认定,被告人董某某、宋某某犯抢劫罪,分别判处有期徒刑2年6个月,缓刑3年,并处罚金人民币1000元。同时禁止董某某和宋某某在36个月内进入网吧、游戏机房等场所。

宣判后,二被告人均未上诉,判决发生法律效力。

① 本案例根据最高人民法院指导案例14号:董某某、宋某某抢劫案编写。

【相关法条】

《刑法》第72条第2款 [禁止令]：宣告缓刑，可以根据犯罪情况，同时禁止犯罪分子在缓刑考验期限内从事特定活动，进入特定区域、场所，接触特定的人。

【简要评析】

根据《刑法》第72条第2款的规定，对于被宣告缓刑的犯罪分子，可以根据犯罪情况，同时禁止其在缓刑考验期限内从事特定活动，进入特定区域、场所，接触特定的人。此规定是为了防止犯罪分子因接触特定的环境诱发新的犯罪。

本案中，被告人董某某、宋某某主要是因在网吧玩网络游戏需要网费而诱发了抢劫犯罪。二被告人长期迷恋网络游戏，网吧等场所与其犯罪有密切联系，如果将被告人与引发其犯罪的场所相隔离，有利于家长和社区在缓刑期间对其进行有效管教，防止他们再次犯罪。因此，人民法院在对二人宣告缓刑的同时，对其适用了禁止令。

案例191　胡某明等走私普通货物案[①]

【知识点】

缓刑的撤销

【问题】

缓刑考验期内发现被告人还有罪没判决的，该如何处理？

【基本案情】

被告人胡某明曾因犯污染环境罪于2016年11月7日被江苏省淮安市清

①本案例根据浙江省高级人民法院(2018)浙刑终159号刑事判决书编写。

浦区人民法院判处有期徒刑8个月,缓刑1年,并处罚金人民币15000元。

缓刑考验期内,胡某明被发现还犯有下列罪行没有判决:2015年10月,胡某明、胡某军(另案处理)明知李某(已判刑)等人销售的柴油系走私入境,仍与李某联系,安排严某龙等人向李某购买柴油并运回江苏省予以销售。截至2016年3月,胡某明、严某龙和胡某军支付给李某等人购买走私柴油货款共计8601969元,对应购买走私柴油的数量共计2263.67吨,偷逃应缴纳税款数额4741148.15元。严某龙、胡某明先后被公安人员抓获。

【处理结果】

温州市中级人民法院一审认为,被告人胡某明、严某龙的行为均已构成走私普通货物罪,判处被告人胡某明有期徒刑10年6个月,并处罚金人民币500万元。与前罪污染环境罪被判处的有期徒刑8个月,并处罚金人民币1.5万元并罚,决定执行有期徒刑10年8个月,并处罚金人民币501.5万元;判处被告人严某龙有期徒刑3年,并处罚金人民币40万元。

宣判后,胡某明、严某龙提出上诉。浙江省高级人民法院二审裁定:驳回胡某明的上诉。考虑到严某龙为从犯,且有坦白、认罪认罚等情节,改判其有期徒刑3年,缓刑4年,并处罚金人民币10万元。

【相关法条】

《刑法》第77条第1款[缓刑的撤销及处理]:被宣告缓刑的犯罪分子,在缓刑考验期限内犯新罪或者发现判决宣告以前还有其他罪没有判决的,应当撤销缓刑,对新犯的罪或者新发现的罪作出判决,把前罪和后罪所判处的刑罚,依照本法第六十九条的规定,决定执行的刑罚。

【简要评析】

根据《刑法》第77条第1款的规定,在缓刑考验期限内发现犯罪分子在判决宣告以前还有其他罪没有判决的,应当撤销缓刑,对新发现的罪作出判决,把前罪和后罪所判处的刑罚依照《刑法》第69条规定的数罪并罚原则,决定执行的刑罚。

本案中,胡某明因犯污染环境罪被判处有期徒刑8个月,缓刑1年,并处罚金人民币1.5万元。在缓刑考验期内,发现其还有走私普通货物罪没有判决,故依法应先撤销缓刑,然后对其走私普通货物罪进行判决。人民法院对该罪判处有期徒刑10年6个月,并处罚金人民币500万元,将该刑罚与污染环境罪所判处的有期徒刑8个月,并处罚金人民币1.5万元,按照《刑法》第69条规定的限制加重原则和并科原则,确定应该执行的刑罚为10年8个月,并处罚金人民币501.5万元。

需要注意的是,在数罪并罚时,已经经过的缓刑考验期不能从原判决或者新判决的刑罚中扣减。

案例192　陈某庆非法吸收公众存款案①

【知识点】

缓刑的撤销

【问题】

在缓刑考验期内犯罪,应该如何处理?

【基本案情】

被告人陈某庆因犯故意伤害罪于2014年1月14日被郑州市二七区人民法院判处有期徒刑9个月,缓刑1年。缓刑考验期自2014年1月25日起至2015年1月24日止。

2014年至2019年12月期间,陈某庆在担任河南某实业有限公司金山分公司、鸿鑫分公司、安徽宿州集资点负责人期间,以支付7%至20%不等的年息为诱饵,向社会不特定对象融资,并从中提取佣金。陈某庆负责的金山、鸿鑫、安徽办事处,以办理会员消费卡名义采用现金、刷卡方式共吸收905名集

---

① 本案例根据河南省郑州市中级人民法院(2021)豫01刑终218号刑事判决书编写。

资参与人资金 57839510 元,以预约认购股权名义共吸收 48 名集资参与人资金 926604 元。

【处理结果】

河南省郑州市二七区人民法院一审认定,被告人陈某庆犯非法吸收公众存款罪,判处其有期徒刑 4 年,并处罚金人民币 12 万元。

宣判后,郑州市二七区人民检察院抗诉认为,在缓刑考验期内,陈某庆实施了非法吸收公众存款犯罪行为,依法应当撤销缓刑,对新犯的罪作出判决,并与前罪所判处的刑罚数罪并罚。陈某庆不服一审判决,提出上诉。河南省郑州市中级人民法院二审改判:陈某庆犯非法吸收公众存款罪,判处有期徒刑 4 年,并处罚金人民币 12 万元,撤销故意伤害罪的缓刑,将故意伤害罪被判处的有期徒刑 9 个月与非法吸收公众存款罪被判处的有期徒刑 4 年并罚,决定执行有期徒刑 4 年 3 个月,并处罚金人民币 12 万元。

【相关法条】

《刑法》第 77 条第 1 款 [缓刑的撤销及处理]:被宣告缓刑的犯罪分子,在缓刑考验期限内犯新罪或者发现判决宣告以前还有其他罪没有判决的,应当撤销缓刑,对新犯的罪或者新发现的罪作出判决,把前罪和后罪所判处的刑罚,依照本法第六十九条的规定,决定执行的刑罚。

【简要评析】

根据《刑法》第 77 条第 1 款的规定,被宣告缓刑的犯罪分子,在缓刑考验期限内犯新罪,应当撤销缓刑,对新犯的罪作出判决,把前罪和新罪所判处的刑罚,依照《刑法》第 69 条规定的数罪并罚原则,决定执行的刑罚。

本案中,陈某庆因犯故意伤害罪被判处有期徒刑 9 个月,缓刑 1 年,但在缓刑考验期内犯非法吸收公众存款罪,故法院依法撤销缓刑,对陈某庆新犯的非法吸收公众存款罪判处有期徒刑 4 年,并处罚金人民币 12 万元,将该刑罚与故意伤害罪所判处的有期徒刑 9 个月,按照《刑法》第 69 条规定的原则进行数罪并罚,决定执行有期徒刑 4 年 3 个月,并处罚金人民币 12 万元。

需要注意的是,在数罪并罚时,已经经过的缓刑考验期不能从原判决的或者新判决的刑罚中扣减。

案例 193　王某宏聚众斗殴案[①]

【知识点】

缓刑的撤销

【问题】

缓刑考验期内被行政拘留,是否该撤销缓刑?

【基本案情】

被告人王某宏因犯聚众斗殴罪被判处有期徒刑 1 年,缓刑 2 年。判决发生法律效力后,王某宏被交付执行,进行社区矫正,矫正期限自 2017 年 12 月 29 日起至 2019 年 12 月 28 日止。2019 年 9 月 9 日,被告人王某宏在家中吸食毒品海洛因。经公安机关询问,其对吸毒的违法事实供认不讳。2019 年 9 月 11 日,王某宏被处以行政拘留 5 日。

【处理结果】

贵州省司法厅于 2019 年 10 月 8 日向贵州省高级人民法院提出撤销王某宏缓刑建议书。贵州省高级人民法院裁定:撤销对王某宏宣告缓刑 2 年的判决部分,对王某宏收监执行原判刑罚有期徒刑 1 年。

【相关法条】

《刑法》第 77 条第 2 款 [缓刑的撤销及处理]:被宣告缓刑的犯罪分子,在缓刑考验期限内,违反法律、行政法规或者国务院有关部门关于缓刑的监督管理

---

① 本案例根据贵州省高级人民法院(2019)黔刑更 617 号刑事裁定书编写。

规定,或者违反人民法院判决中的禁止令,情节严重的,应当撤销缓刑,执行原判刑罚。

【简要评析】

根据《刑法》第77条第2款的规定,在缓刑考验期内违反法律、行政法规、社区矫正监督管理规定、人民法院禁止令,情节严重的,应当撤销缓刑,执行原判刑罚。

本案中,罪犯王某宏在缓刑考验期限内,因吸食毒品被公安机关行政拘留5日,属于违法行政法规,情节严重的情形。王某宏虽未构成犯罪,但依法也应当撤销缓刑,执行原判刑罚。

第十五章　刑罚的执行

第一节　减刑

案例194　任某某故意伤害案[①]

【知识点】

减刑条件

【问题】

减刑适用条件有哪些?

【基本案情】

2009年3月10日,任某某与李某等人在李某的岳父家喝酒,当日21时许,任某某等人对在路旁与李某发生口角的徐某进行殴打,致使徐某胸部左侧肋骨骨折。因徐某患有血友病,于2009年4月21日死亡。

2012年3月30日,河南省正阳县人民法院一审认定,被告人任某某犯故意伤害罪,判处其有期徒刑3年,任某某于2012年5月14日被交付执行。刑罚执行期间,执行机关河南省信阳监狱提出减刑建议,报送河南省信阳市中级人民法院审理。该院于2014年9月1日立案后依法组成合议庭进行审理。经审

---

① 本案例根据河南省信阳市中级人民法院(2014)信刑执字第1344号刑事裁定书编写。

理查明,罪犯任某某在服刑期间能认罪悔罪,认真遵守法律法规及监规,接受教育改造;积极参加思想、文化、职业技术教育;积极参加劳动,努力完成劳动任务。受监狱表扬3次。

【处理结果】

河南省信阳市中级人民法院认为,罪犯任某某服刑期间确有悔改表现,符合减刑条件,可予减刑。遂裁定对罪犯任某某减去剩余刑期。

【相关法条】

1.《刑法》第78条[减刑适用条件与限度]:被判处管制、拘役、有期徒刑、无期徒刑的犯罪分子,在执行期间,如果认真遵守监规,接受教育改造,确有悔改表现的,或者有立功表现的,可以减刑;有下列重大立功表现之一的,应当减刑……

减刑以后实际执行的刑期不能少于下列期限:

(一)判处管制、拘役、有期徒刑的,不能少于原判刑期的二分之一;

(二)判处无期徒刑的,不能少于十三年;

……

2.《刑法》第79条[减刑程序]:对于犯罪分子的减刑,由执行机关向中级以上人民法院提出减刑建议书。人民法院应当组成合议庭进行审理,对确有悔改或者立功事实的,裁定予以减刑。非经法定程序不得减刑。

【简要评析】

根据《刑法》第78条第1款的规定,被判处有期徒刑和无期徒刑的犯罪分子如果认真遵守监规,接受教育改造,确有悔改表现的,或者有立功表现的,可以减刑。

本案中,罪犯任某某在刑罚执行期间,能认罪悔罪,认真遵守法律法规及监规,接受教育改造;积极参加思想、文化、职业技术教育;积极参加劳动,努力完成劳动任务,多次受到表扬。综上可见,任某某符合减刑条件,可以予以减刑。由于其实际执行的刑罚已经超过原判有期徒刑3年的1/2,可以减去余刑,予以释放。

案例195　蔡某等减刑监督案[①]

【知识点】

减刑条件

【问题】

对缓刑犯是否可以减刑?

【基本案情】

罪犯蔡某,因犯受贿罪于2009年12月22日被江苏省南京市雨花台区人民法院判处有期徒刑3年,缓刑4年,缓刑考验期自2010年1月4日起至2014年1月3日止。另有罪犯陈某某、丁某某、胡某等11人分别因犯故意伤害、盗窃、诈骗等罪被人民法院判处有期徒刑并宣告缓刑。上述12名缓刑罪犯,分别在南京市的7个市辖区接受社区矫正。2013年1月,南京市司法局以蔡某等12名罪犯在社区矫正期间确有悔改表现为由,向南京市中级人民法院提出减刑建议。

【处理结果】

2013年2月7日,南京市中级人民法院以蔡某等12名罪犯能认罪服法、遵守法律法规和社区矫正相关规定、确有悔改表现为由,依照《刑法》第78条规定,分别对上述罪犯裁定减去6个月、3个月不等的有期徒刑,并相应缩短缓刑考验期。

南京市人民检察院经审查认为,南京市中级人民法院对没有重大立功表

---

① 本案例根据最高人民检察院指导性案例第70号:宣告缓刑罪犯蔡某等12人减刑监督案编写。

现的缓刑罪犯裁定减刑,不符合法律规定。2015年1月21日,南京市中级人民法院重新作出刑事裁定,同意南京市人民检察院的纠正意见,对蔡某等12名缓刑罪犯不予减刑,剩余缓刑考验期继续执行。

【相关法条】

1.《刑法》第78条第1款 [减刑条件]:被判处管制、拘役、有期徒刑、无期徒刑的犯罪分子,在执行期间,如果认真遵守监规,接受教育改造,确有悔改表现的,或者有立功表现的,可以减刑;有下列重大立功表现之一的,应当减刑:

(一)阻止他人重大犯罪活动的;

(二)检举监狱内外重大犯罪活动,经查证属实的;

(三)有发明创造或者重大技术革新的;

(四)在日常生产、生活中舍己救人的;

(五)在抗御自然灾害或者排除重大事故中,有突出表现的;

(六)对国家和社会有其他重大贡献的。

2.最高人民法院《关于办理减刑、假释案件具体应用法律的规定》第18条:被判处拘役或者三年以下有期徒刑,并宣告缓刑的罪犯,一般不适用减刑。

前款规定的罪犯在缓刑考验期内有重大立功表现的,可以参照刑法第七十八条的规定予以减刑,同时应当依法缩减其缓刑考验期。缩减后,拘役的缓刑考验期限不得少于二个月,有期徒刑的缓刑考验期限不得少于一年。

【简要评析】

根据《刑法》第78条第1款和相关司法解释的规定,对于被判处拘役或者3年以下有期徒刑并宣告缓刑的罪犯,一般不适用减刑,但在缓刑考验期内有重大立功表现的,可以适用减刑。

本案中,康某等12名罪犯均被判处3年以下有期徒刑,且宣告缓刑,但在缓刑考验期内,并无事实证明他们有重大立功表现,因而不符合法定的减刑条件,依法不可以减刑。

案例196　王某减刑监督案①

【知识点】

减刑条件

【问题】

对有重大立功表现的缓刑犯是否可以减刑？

【基本案情】

王某2018年3月14日因犯诈骗罪被浙江省德清县人民法院判处有期徒刑3年，缓刑4年，并处罚金人民币6万元，缓刑考验期自2018年3月27日起至2022年3月26日止。考验期内，王某在浙江省德清县某街道司法所接受社区矫正。

2019年11月12日上午，王某在德清县某街道进行社区服务时，发现社区卫生服务站门口的道路上，一辆正在施工的热熔划线工程车上的液化气罐突然起火，危及周边安全。王某3次往返火场灭火，最后爬上工程车徒手将有随时被引爆风险的7个液化气罐全部拧紧，成功排除一起重大火灾爆炸险情。灭火过程中，王某身体多处受伤。事发地位于德清县城闹市区，来往车辆和行人较多，周边均为居民区，一旦发生爆炸可能造成重大事故。

另查明，王某原判罚金刑已履行完毕，其在社区矫正期间能够认罪悔罪，遵守法律法规和监督管理规定，积极参加教育学习和社区服务，在月度考核中多次获得表扬。

【处理结果】

2020年7月1日，湖州市司法局向湖州市中级人民法院提出对王某减刑

---

① 本案例根据最高人民检察院指导性案例第133号：社区矫正对象王某减刑监督案编写。

的建议。湖州市中级人民法院经审理认为,王某在排除重大事故中有见义勇为行为,且表现突出,构成重大立功,符合减刑的法定条件。且其在社区矫正过程中表现良好,遂于2020年7月13日依法裁定对王某减去有期徒刑6个月,缩减缓刑考验期1年。

【相关法条】

1.《刑法》第78条第1款 [减刑条件]:被判处管制、拘役、有期徒刑、无期徒刑的犯罪分子,在执行期间,如果认真遵守监规,接受教育改造,确有悔改表现的,或者有立功表现的,可以减刑;有下列重大立功表现之一的,应当减刑……

2. 最高人民法院《关于办理减刑、假释案件具体应用法律的规定》第18条:被判处拘役或者三年以下有期徒刑,并宣告缓刑的罪犯,一般不适用减刑。

前款规定的罪犯在缓刑考验期内有重大立功表现的,可以参照刑法第七十八条的规定予以减刑,同时应当依法缩减其缓刑考验期。缩减后,拘役的缓刑考验期限不得少于二个月,有期徒刑的缓刑考验期限不得少于一年。

【简要评析】

根据《刑法》第78条第1款和相关司法解释的规定,对于被判处拘役或者3年以下有期徒刑并宣告缓刑的罪犯,一般不适用减刑,但在缓刑考验期内有重大立功表现的,可以适用减刑。

本案中,罪犯王某因犯罪被判处有期徒刑3年,缓刑4年,在接受社区矫正期间,不顾个人安危,见义勇为,成功排除了一起重大事故,避免了重大伤亡事故,符合在"排除重大事故中,有突出表现的"重大立功条件。综合考虑其在社区矫正过程中的表现,法院认为其符合减刑条件,对其予以减刑,缩减其缓刑考验期1年。

第二节 假释

案例197 张某文故意伤害案[①]

【知识点】

假释条件

【问题】

假释需具备哪些条件?

【基本案情】

罪犯张某文因犯故意伤害罪被判处无期徒刑,剥夺政治权利终身。2004年6月2日,张某文被送至哈尔滨监狱服刑,入狱后被减刑5次。执行机关哈尔滨监狱经黑龙江省监狱管理局于2019年1月29日提出对张某文假释的建议,报送哈尔滨市中级人民法院。因案情重大,黑龙江省高级人民法院决定提审该案,并依法组成合议庭,于2019年4月24日公开开庭审理了该案。

经审理查明,罪犯张某文被判处无期徒刑,实际执行超过13年,在服刑改造期间,认真遵守监规,接受教育改造,确有悔改表现,其先后被哈尔滨监狱评为2014年度和2016年度监狱级罪犯改造积极分子、2015年"模范履职"标兵。其假释后有固定居所,居所所在地的司法局认为对罪犯张某文假释不会对其居住地社区产生不良影响,同意对其适用社区矫正。家属愿意作为保证人对其进行监管,有社区矫正工作人员对其实施社区矫正。假释后没有再犯罪的危险,符合假释条件。

[①] 本案例根据黑龙江省高级人民法院(2019)黑刑更61号刑事裁定书编写。

【处理结果】

黑龙江省高级人民法院对罪犯张某文予以假释。(假释考验期限,从假释之日起计算,即自2019年4月24日起,至2021年1月12日止)

【相关法条】

1.《刑法》第79条[减刑程序]:对于犯罪分子的减刑,由执行机关向中级以上人民法院提出减刑建议书。人民法院应当组成合议庭进行审理,对确有悔改或者立功事实的,裁定予以减刑。非经法定程序不得减刑。

2.《刑法》第81条[假释适用条件]:被判处有期徒刑的犯罪分子,执行原判刑期二分之一以上,被判处无期徒刑的犯罪分子,实际执行十三年以上,如果认真遵守监规,接受教育改造,确有悔改表现,没有再犯罪的危险的,可以假释。如果有特殊情况,经最高人民法院核准,可以不受上述执行刑期的限制。

......

对犯罪分子决定假释时,应当考虑其假释后对所居住社区的影响。

3.《刑法》第82条[假释程序]:对于犯罪分子的假释,依照本法第七十九条规定的程序进行。非经法定程序不得假释。

4.《刑法》第83条[假释考验期限]:有期徒刑的假释考验期限,为没有执行完毕的刑期;无期徒刑的假释考验期限为十年。

假释考验期限,从假释之日起计算。

【简要评析】

假释是鼓励犯罪分子积极改造,早日回归社会的激励措施。假释能降低行刑成本,节约司法资源。根据《刑法》第81条的规定,被判处无期徒刑的犯罪分子,实际执行13年以上,如果认真遵守监规,接受教育改造,确有悔改表现,没有再犯罪的危险的,可以假释。对犯罪分子决定假释时,应当考虑其假释后对所居住社区的影响。对于犯罪分子的假释,需由执行机关向中级以上人民法院提出假释建议书。人民法院应当组成合议庭进行审理,对符合假释条件的,裁定予以假释。非经法定程序不得假释。

本案中,罪犯张某文因故意伤害罪被判处无期徒刑,在服刑期间,认真遵守监规,接受教育改造,确有悔改表现,多次被减刑,多次获得荣誉称号,表明其人身危险性降低,没有再犯罪的危险,假释后对居住社区没有不良影响,且其实际服刑超过13年,经法定程序,黑龙江省高级人民法院依法裁定,对罪犯张某文予以假释。

案例198　张某明故意伤害案[①]

【知识点】

假释条件

【问题】

对假释条件中的"没有再犯罪的危险"如何认定?

【基本案情】

张某明因犯故意伤害罪,2006年8月23日被甘肃省天水市中级人民法院判处无期徒刑,剥夺政治权利终身。执行机关天水监狱于2021年3月12日提出假释建议,报送甘肃省天水市中级人民法院。该院依法组成合议庭于2021年3月23日公开开庭进行了审理。

经审理查明,罪犯张某明在服刑期间,认罪悔罪,服从管理,"三课"(思想政治教育、文化知识教育和生产技术教育)学习成绩合格,积极完成改造任务,受到监狱表扬7次。另查明,张某明家属代其缴纳了49000元赔偿款。矫正机关同意对其进行社区矫正,家属也出具保证书,保证积极配合矫正机关对张某明进行教育、监督和帮助。

[①] 本案例根据甘肃省天水市中级人民法院(2021)甘05刑更130号刑事裁定书编写。

【处理结果】

甘肃省天水市中级人民法院认为,罪犯张某明在劳动改造中能够认罪悔罪,遵守法律法规及监规,接受教育改造,积极参加"三课"教育,积极参加劳动,努力完成劳动任务,可以认定确有悔改表现。但罪犯张某明在犯罪中与多人结伙,持砍刀、匕首、啤酒瓶等凶器故意伤害他人致人死亡,系该案主犯,犯罪情节及后果严重,社会危害性大,故不能确认其"无再犯罪危险",不符合假释条件。遂裁定,对张某明不予假释。

【相关法条】

1.《刑法》第79条[减刑程序]:对于犯罪分子的减刑,由执行机关向中级以上人民法院提出减刑建议书。人民法院应当组成合议庭进行审理,对确有悔改或者立功事实的,裁定予以减刑。非经法定程序不得减刑。

2.《刑法》第81条[假释适用条件]:被判处有期徒刑的犯罪分子,执行原判刑期二分之一以上,被判处无期徒刑的犯罪分子,实际执行十三年以上,如果认真遵守监规,接受教育改造,确有悔改表现,没有再犯罪的危险的,可以假释。如果有特殊情况,经最高人民法院核准,可以不受上述执行刑期的限制。

……

对犯罪分子决定假释时,应当考虑其假释后对所居住社区的影响。

3.《刑法》第82条[假释程序]:对于犯罪分子的假释,依照本法第七十九条规定的程序进行。非经法定程序不得假释。

【简要评析】

根据《刑法》第81条的规定,对判处无期徒刑的犯罪分子,实际执行13年以上,如果认真遵守监规,接受教育改造,确有悔改表现,没有再犯罪的危险的,可以假释。对于犯罪分子的假释,需由执行机关向中级以上人民法院提出假释建议书。人民法院应当组成合议庭进行审理,对符合假释条件的,裁定予以假释。非经法定程序不得假释。

本案中,张某明虽然在服刑期间有一定的悔改表现,但结合其在故意伤害罪中的积极表现和共同犯罪中的主犯作用,可以得出其社会危害性和人身危险性大,其假释后有继续危害社会的可能,不能确定其没有再犯罪的危险,因而,甘肃省天水市中级人民法院认定其不符合假释的条件,依法裁定不予以假释。

案例199　吴某贷款诈骗案①

【知识点】

假释的撤销

【问题】

在假释考验期内,发现被假释的犯罪分子在判决宣告以前还有其他罪没判决的,如何处理?

【基本案情】

被告人吴某因犯诈骗罪,于2009年9月25日被遵义县人民法院判处有期徒刑5年,并处罚金5000元。2012年6月26日,经黔南布依族苗族自治州中级人民法院裁定,对吴某予以假释,假释考验期限至2014年3月17日,吴某于2012年7月6日假释出狱,此前已执行3年3个月19日。

在假释考验期内,被告人吴某被发现还有贷款诈骗罪没有判决。该犯罪事实为:2006年11月20日,被告人吴某伪造遵义县第三中学行政印章,提供虚假贷款材料,冒充遵义县第三中学在职教师,以购房为名,在遵义县农村信用合作联社信用贷款20000元。2007年2月13日,吴某为了骗取贷款,使用第一次的贷款材料,再次向该信用社申请信用贷款30000元,后归还了前次贷款本金20000元及利息,第二次骗取的贷款30000元未还。

_____

① 本案例根据贵州省遵义市中级人民法院(2015)遵市法刑三终字第230号刑事裁定书编写。

2013年11月11日,遵义县公安局根据报案,对吴某涉嫌贷款诈骗案予以立案侦查,并网上追逃。被告人吴某于2014年9月20日被抓获。

【处理结果】

贵州省遵义县人民法院一审判决:撤销对被告人吴某的假释;被告人吴某犯贷款诈骗罪,判处有期徒刑2年6个月,并处罚金人民币20000元;原判犯诈骗罪判处有期徒刑5年,并处罚金人民币5000元。数罪并罚,决定执行有期徒刑7年,并处罚金人民币25000元。

宣判后,被告人吴某认为不应该撤销其假释,原判量刑过重,提出上诉。遵义市中级人民法院二审裁定:驳回上诉,维持原判。

【相关法条】

1.《刑法》第70条[判决宣告后发现漏罪的并罚]:判决宣告以后,刑罚执行完毕以前,发现被判刑的犯罪分子在判决宣告以前还有其他罪没有判决的,应当对新发现的罪作出判决,把前后两个判决所判处的刑罚,依照本法第六十九条的规定,决定执行的刑罚。已经执行的刑期,应当计算在新判决决定的刑期以内。

2.《刑法》第86条第2款[假释的撤销及其处理]:在假释考验期限内,发现被假释的犯罪分子在判决宣告以前还有其他罪没有判决的,应当撤销假释,依照本法第七十条的规定实行数罪并罚。

【简要评析】

根据《刑法》第70条和第86条第2款的规定,在假释考验期限内,发现被假释的犯罪分子在判决宣告以前还有其他罪没有判决的,应当撤销假释,对新发现的罪作出判决,把前后两个判决所判处的刑罚依照《刑法》第69条的规定实行数罪并罚。

本案中,被告人吴某在假释考验期内,被发现还有贷款诈骗罪没有判决,对此,首先,应该撤销对其诈骗罪的假释。其次,对新发现的贷款诈骗罪进行判决。人民法院依法判处其有期徒刑2年6个月,并处罚金20000元。最后,将该判决与原判决认定的诈骗罪所判处的有期徒刑5年,并处罚金5000元,按照《刑法》第69条规定的原则进行数罪并罚。最终按照限制加重原则和并科原则,人民法院对吴某判处有期徒刑7年,并处罚金25000元。

需要注意的是,犯罪分子在假释之前已经执行的刑期3年3个月19日,需从新判决,即从有期徒刑7年当中减去。但是假释考验期不能折抵刑期,不能从新判决的刑罚中予以扣减。

案例200 董某科抢劫案①

【知识点】

假释的撤销

【问题】

被假释的犯罪分子,在假释考验期内犯新罪,如何处理?

【基本案情】

2010年4月16日,董某科因犯故意伤害罪被判处有期徒刑4年9个月,2012年5月25日被假释,假释考验期至2014年3月17日止。2014年2月14日12时50分许,罪犯董某科到被害人余某住处借钱,遭到拒绝后董某科萌生抢劫之念,遂趁余某不备,采取手机电源线勒颈、透明胶带缠绕头面部等手段,致余某因机械性窒息合并颅脑外伤死亡。董某科将余某的尸体塞入行李箱,藏于轿车后备箱,并劫走余某现金1600元、本田轿车一辆(价值人民币99820元)及钱包、笔记本电脑、平板电脑、手机(价值共计人民币10680元)等物。后董某科将余某尸体藏匿于家中。

---

① 本案例根据最高人民法院董科科抢劫死刑复核刑事裁定书编写。

【处理结果】

浙江省宁波市中级人民法院于2014年9月2日一审认定,被告人董某科犯抢劫罪,判处死刑,剥夺政治权利终身,并处没收个人全部财产;撤销假释,与前罪没有执行的刑罚并罚,决定执行死刑,剥夺政治权利终身,并处没收个人全部财产。

宣判后,董某科提出上诉。浙江省高级人民法院二审裁定:驳回上诉,维持原判。

【相关法条】

1.《刑法》第71条[判决宣告后又犯新罪的并罚]:判决宣告以后,刑罚执行完毕以前,被判刑的犯罪分子又犯罪的,应当对新犯的罪作出判决,把前罪没有执行的刑罚和后罪所判处的刑罚,依照本法第六十九条的规定,决定执行的刑罚。

2.《刑法》第83条[假释考验期限]:有期徒刑的假释考验期限,为没有执行完毕的刑期;无期徒刑的假释考验期限为十年。

假释考验期限,从假释之日起计算。

3.《刑法》第86条第1款[假释的撤销及其处理]:被假释的犯罪分子,在假释考验期限内犯新罪,应当撤销假释,依照本法第七十一条的规定实行数罪并罚。

【简要评析】

根据《刑法》第71条和第86条的规定,被假释的犯罪分子,在假释考验期内犯新罪的,应当撤销假释,对新犯的罪作出判决,把前罪没有执行的刑罚和后罪所判处的刑罚,按照《刑法》第69条规定的原则数罪并罚。

本案中,罪犯董某科在假释考验期内抢劫他人财物,且致人死亡,构成抢劫罪。对此,首先,应撤销其故意伤害罪的假释。其次,应对其假释考验期内所犯抢劫罪判处刑罚。人民法院依法判处董某科死刑,剥夺政治权利终身,并处没收个人全部财产。最后,按照《刑法》第71条的规定,将故意伤害罪没有执行的有期徒刑(假释考验期天数)与抢劫罪所判处的死刑,剥夺政治权利终身,并处没收个人全部财产,依照《刑法》第69条的规定,采用吸收原则决定进行数罪并罚,最终决定执行死刑,剥夺政治权利终身,并处没收个人全部财产。

第十六章　刑罚的消灭

案例201　马某龙抢劫案[①]

【知识点】

追诉时效

【问题】

抢劫致人死亡,犯罪嫌疑人20年后被发现,是否追诉?

【基本案情】

1989年5月19日下午,犯罪嫌疑人马某龙、许某刚、曹某波(后二人另案处理,均已判刑)预谋到被害人李某振家抢劫,并准备了面罩、匕首等作案工具。5月20日零时许,三人蒙面持刀进入李某振卧室。马某龙、许某刚、曹某波分别持刀逼住李某振及其妻子王某,并强迫其拿钱。李某振和王某喊救命,曹某波、许某刚随即逃离。马某龙在逃离时被李某振拉住,遂持刀在李某振身上乱捅,随后逃脱。事后,三人将抢得的现金380余元分掉。李某振被送往医院抢救无效死亡。

案发后,马某龙逃往黑龙江省七台河市打工。公安机关没有立案,也未对马某龙采取强制措施。2014年3月10日,吉林省公主岭市公安局在对辖区内一名叫"李红"的居民进行盘查时,"李红"交待其真实姓名为马某龙,并交代

---

① 本案例根据最高人民检察院指导性案例第20号:马世龙(抢劫)核准追诉案编写。

1989 年 5 月伙同他人抢劫李某振,并将李某振用刀捅死后逃跑的事实。当日,公主岭市公安局对马某龙立案侦查。检察机关对案件进行了必要的调查,查明被害人妻子王某和儿子因案发时受到惊吓患上精神病,靠捡破烂为生,生活非常困难,王某强烈要求追究马某龙刑事责任。案发地群众表示,李某振被抢劫杀害一案在当地造成很大恐慌,影响至今没有消除,对犯罪嫌疑人应当追究刑事责任。2014 年 4 月 8 日,吉林省人民检察院报最高人民检察院对马某龙核准追诉。

【处理结果】

最高人民检察院审查认为:犯罪嫌疑人马某龙伙同他人入室抢劫,造成 1 人死亡的严重后果,依据《刑法》第 12 条、1979 年《刑法》第 150 条的规定,应当适用的法定量刑幅度的最高刑为死刑。本案对被害人家庭和亲属造成严重伤害,在案发当地造成恶劣影响,虽然经过 20 年追诉期限,但被害方以及案发地群众反应强烈,社会影响没有消失,不追诉可能严重影响社会稳定或者产生其他严重后果。综合上述情况,依据 1979 年《刑法》第 76 条第 4 项的规定,决定对犯罪嫌疑人马某龙核准追诉。

2014 年 6 月 26 日,最高人民检察院作出对马某龙核准追诉的决定。2014 年 11 月 5 日,吉林省四平市中级人民法院根据 1979 年《刑法》第 150 条,认定马某龙犯抢劫罪,同时考虑其在接受公安人员盘问时,即交代抢劫、杀害李某振的犯罪事实,具有自首情节,判处其有期徒刑 15 年,并处罚金人民币 1000 元。被告人马某龙未上诉,检察机关未抗诉,一审判决生效。

【相关法条】

1.《刑法》第 12 条第 1 款 [溯及力]:中华人民共和国成立以后本法施行以前的行为,如果当时的法律不认为是犯罪的,适用当时的法律;如果当时的法律认为是犯罪的,依照本法总则第四章第八节的规定应当追诉的,按照当时的法律追究刑事责任,但是如果本法不认为是犯罪或者处刑较轻的,适用本法。

2.《刑法》第 87 条 [追诉时效期限]:犯罪经过下列期限不再追诉:

......

（四）法定最高刑为无期徒刑、死刑的,经过二十年。如果二十年以后认为必须追诉的,须报请最高人民检察院核准。

3.《刑法》(1979年)第76条 [追诉时效期限]:犯罪经过下列期限不再追诉:

......

（四）法定最高刑为无期徒刑、死刑的,经过二十年。如果二十年以后认为必须追诉的,须报请最高人民检察院核准。

4.《刑法》(1979年)第150条[抢劫罪]:以暴力、胁迫或者其他方法抢劫公私财物的,处三年以上十年以下有期徒刑。

犯前款罪,情节严重的或者致人重伤、死亡的,处十年以上有期徒刑、无期徒刑或者死刑,可以并处没收财产。

【简要评析】

追诉时效,是指刑事法律规定的,对犯罪分子追究刑事责任的有效期限。犯罪已过追诉时效期限的,不再追究刑事责任,刑罚归于消灭。根据法定最高刑的不同,追诉时效也不相同。法定最高刑为无期徒刑、死刑的,一般经过20年,不再追诉,刑罚也随之消灭。如果20年以后认为必须追诉的,须报请最高人民检察院核准,由最高人民检察院考虑具体案件的情形决定是否追诉。对于故意杀人、抢劫、强奸、绑架、爆炸等严重危害社会的犯罪,经过20年追诉期限,仍然严重影响人民群众安全感,被害方、案发地群众、基层组织等强烈要求追究犯罪嫌疑人刑事责任,不追诉可能影响社会稳定或者产生其他严重后果的,对犯罪嫌疑人应当追诉。

本案中,犯罪嫌疑人马某龙抢劫、杀人行为发生在1989年,当时公安机关并没有立案,直至2014年犯罪嫌疑人被抓获。抢劫罪的法定最高刑为死刑,案发后,公安机关未对犯罪嫌疑人采取强制措施,经过20年后一般不再追诉,不再追究刑事责任,刑罚消灭。如果20年以后认为必须对马某龙的抢劫行为予以追诉的,须报请最高人民检察院核准。最高人民检察院审查认为:犯罪嫌疑人马某龙伙同他人入室抢劫,造成1人死亡的严重后果。该案对被害人家庭和亲属造成严重伤害,在案发当地造成恶劣影响,虽然经过20年追诉期限,但被害方以及案发地群众反应强烈,社会影响没有消失,不追诉可能严重影响社会稳定或者产生其他严重后果。综合上述情况,依据1979年《刑法》第76条第4项的规定,决定对犯罪嫌疑人马某龙核准追诉,依法追究其刑事责任,刑罚追诉权没有消灭。据此,人民法院按照从旧兼从轻的刑法溯及力原则,根据马某龙的犯罪事实和情节,依据1979年《刑法》第150条对其判处15年有期徒刑,并处罚金1000元。

案例202　杨某云故意杀人案①

【知识点】

追诉时效

【问题】

故意杀人,犯罪嫌疑人20年后被抓获,社会影响消失的,是否追诉?

【基本案情】

1989年9月2日晚,杨某云与丈夫吴某禄因琐事发生口角,吴某禄殴打杨某云。后杨某云乘吴某禄熟睡之机,手持家中一节柏树棒击打吴某禄头部,后因担心吴某禄继续殴打自己,便用剥菜尖刀将吴某禄杀死。案发后杨某云携带儿子吴某(当时不满1岁)逃跑。1989年9月4日中午,吴某禄继父魏某向公安机关报案,公安机关于9月26日立案侦查,但未对杨某云采取强制措施。

杨某云潜逃后被拐卖嫁与安徽省凤阳县农民曹某。2013年3月,吴某禄亲属得知杨某云联系方式、地址后,多次到简阳市公安局、资阳市公安局进行控告,要求追究杨某云刑事责任。2013年4月22日,简阳市公安局及资阳市

---

① 本案例根据最高人民检察院指导性案例第22号:杨菊云(故意杀人)不核准追诉案编写。

公安局将杨某云抓获,后依法对其刑事拘留、逮捕,并通过简阳市人民检察院层报最高人民检察院核准追诉。检察机关先后对案件进行审查并开展了必要的调查。2013年6月8日,四川省人民检察院报最高人民检察院对杨某云核准追诉。

另查明,杨某云与吴某禄之子吴某得知自己身世后,恳求吴某禄父母及其他亲属原谅杨某云。吴某禄的父母等亲属向公安机关递交谅解书,称鉴于杨某云将吴某抚养成人,不再要求追究杨某云刑事责任。案发地部分群众表示,吴某禄被杀害,当时社会影响很大,现在事情过去二十多年,已经没有什么影响。

【处理结果】

最高人民检察院审查后认为:犯罪嫌疑人杨某云故意非法剥夺他人生命,虽然情节、后果严重,但属于因家庭矛盾引发的刑事案件,且多数被害人家属已经表示原谅杨某云,被害人与犯罪嫌疑人杨某云之子吴某也要求不追究杨某云刑事责任。案发地群众反映案件造成的社会影响已经消失。综合上述情况,本案不属于必须追诉的情形,依据1979年《刑法》第76条第4项的规定,决定对杨某云不予核准追诉。2013年7月29日,简阳市公安局释放了杨某云。

【相关法条】

1.《刑法》(1979年)第76条 [追诉时效期限]:犯罪经过下列期限不再追诉:
……

(四)法定最高刑为无期徒刑、死刑的,经过二十年。如果二十年以后认为必须追诉的,须报请最高人民检察院核准。

2.《刑法》(1979年)第77条 [追诉期限的延长]:在人民法院、人民检察院、公安机关采取强制措施以后,逃避侦查或者审判的,不受追诉期限的限制。

【简要评析】

追诉时效是指刑事法律规定的,对犯罪分子追究刑事责任的有效期限。犯罪已过追诉时效期限的,不再追究刑事责任,刑罚归于消灭。法定最高刑为无期徒刑、死刑的，追诉时效为20年。如果20年以后认为必须追诉的，须报请最高人民检察院核准，最高人民检察院考虑具体案件的情形决定是否追诉。

本案中，杨某云的故意杀人行为发生于1989年，2013年杨某云被抓获时，距案件发生已超过了20年。案发后，公安机关予以立案，但当时并未对杨某云采取强制措施，依照1979年《刑法》第77条的规定，本案不属于追诉时效延长的情形，仍然受追诉时效的限制。杨某云故意杀人，其法定最高刑为死刑，20年后如认为必须追诉的，须报请最高人民检察院核准。

本案因家庭矛盾引发，杨某云已经取得多数被害人家属的原谅，且被害人之子要求不追究杨某云刑事责任。案发地群众反映案件造成的社会影响已经消失。综合上述情况，超过20年追诉时效的杨某云故意杀人案，不属于必须追诉的情形，故此，最高人民检察院核准对杨某云不予追诉。即不再追究杨某云的刑事责任，刑罚归于消灭。

案例203　赖某利走私普通货物案①

【知识点】

追诉时效的延长

【问题】

犯罪嫌疑人被采取强制措施后潜逃的，是否受追诉时效的限制？

【基本案情】

被告人赖某利系珠海某公司副协理、负责人。2003年2月12日，该公司开发技术部主管赖某经请示赖某利同意，在未经海关许可且未补缴税款的情况下，将该公司以来料加工方式申报进口的制鞋用原材料剩料4821.54千克及其他料件777.47千克，以人民币75000元的价格销售给某鞋材加工厂。2003年2月14日，该批货物被海关缉私民警查获，其中保税料件经核定偷逃应缴税

---

① 本案例根据广东省高级人民法院(2016)粤刑终1708号刑事裁定书编写。

额人民币157142.87元。经查明,该公司曾采用类似方式将原材料剩料予以销售,销售保税料件共计23029.18千克,经核定偷逃应缴税额共计人民币392163.08元。

另,赖某利于2003年3月17日被取保候审,同年5月弃保潜逃,2015年8月15日被抓获。

【处理结果】

2005年5月,珠海市中级人民法院以走私普通货物罪判处某公司罚金人民币60万元,判决后,该公司已缴纳罚金人民币60万元。

2016年4月27日,珠海市中级人民法院一审判决被告人赖某利犯走私普通货物罪,判处有期徒刑9个月。

宣判后,被告人赖某利及其辩护人提出上诉认为,本案已超过追诉时效,依法不应再追诉。广东省高级人民法院二审裁定:驳回上诉,维持原判。

【相关法条】

《刑法》第88条第1款 [追诉期限的延长]:在人民检察院、公安机关、国家安全机关立案侦查或者在人民法院受理案件以后,逃避侦查或者审判的,不受追诉期限的限制。

【简要评析】

根据《刑法》第88条第1款的规定,在人民检察院、公安机关、国家安全机关立案侦查或者在人民法院受理案件以后,逃避侦查或者审判的,不受追诉期限的限制。即此种情况下,任何时候都可以对犯罪嫌疑人进行追诉。

本案中,被告人赖某利于2003年3月17日被取保候审,同年5月弃保潜逃,2015年8月15日被抓获归案,依我国《刑法》第88条的相关规定,赖某利在被立案侦查取保候审期间潜逃,逃避审判,不受追诉期限的限制。因此,被告人的上诉理由不成立,本案不属于超过追诉时效,不应予以追诉的情形,人民法院遂依法对其定罪处罚是符合法律规定的。